MAGLEV

RAIL TRANSIT TECHNOLOGY AND PRACTICE

磁悬浮轨道交通技术与实践

索晓明 等 著

人民交通出版社股份有限公司

北 京

内　容　提　要

本书基于北京、上海、长沙等磁悬浮轨道交通工程实践，系统介绍了磁悬浮列车的工作原理，阐述了常导短定子、常导长定子、低温超导、高温超导磁悬浮轨道交通技术体系。全书共5章，内容包括轨道交通发展概述，磁悬浮轨道交通构成、分类及原理，磁悬浮轨道交通技术，磁悬浮轨道交通工程实践和磁悬浮轨道交通展望。

本书可供从事轨道交通规划、设计等相关工作人员参考，也可供轨道交通专业院校师生以及对轨道交通领域感兴趣的读者阅读。

图书在版编目(CIP)数据

磁悬浮轨道交通技术与实践 / 索晓明等著. — 北京 : 人民交通出版社股份有限公司, 2025. 3. — ISBN 978-7-114-20167-7

Ⅰ. U237

中国国家版本馆 CIP 数据核字第 20254Y9A12 号

Cixuanfu Guidao Jiaotong Jishu yu Shijian

书　　名：磁悬浮轨道交通技术与实践
著 作 者：索晓明　等
责任编辑：吴燕伶
责任校对：赵媛媛
责任印制：张　凯
出版发行：人民交通出版社股份有限公司
地　　址：(100011) 北京市朝阳区安定门外外馆斜街3号
网　　址：http://www.ccpcl.com.cn
销售电话：(010)85285857
总 经 销：人民交通出版社股份有限公司发行部
经　　销：各地新华书店
印　　刷：北京建宏印刷有限公司
开　　本：787×1092　1/16
印　　张：15.25
字　　数：360千
版　　次：2025年3月　第1版
印　　次：2025年3月　第1次印刷
书　　号：ISBN 978-7-114-20167-7
定　　价：95.00元

作者简介

索晓明，中国铁路设计集团有限公司副总工程师，教授级高级工程师，天津市工程勘察设计大师，“新世纪百千万人才工程”国家级人选，享受国务院政府特殊津贴专家。我国铁路隧道、城市轨道交通和地下结构工程领域知名专家，行业重要的科学技术带头人。

长期从事磁悬浮轨道交通、长大铁路隧道、城市大直径盾构隧道、大型综合交通枢纽及城市轨道交通工程勘察设计与科学研究工作。编制《中低速磁浮交通设计规范》（CJJ/T 262—2017），主持我国首批具有自主知识产权的中低速磁悬浮交通示范线——北京市中低速磁悬浮交通示范线（S1线）勘察设计工作，将我国自行研发的中低速磁悬浮技术进行工程化应用。主持石太客专太行山长大隧道建造设计及技术研究，编制《铁路隧道防灾救援疏散工程设计规范》（TB 10020—2012），奠定了我国长大铁路隧道防灾救援体系和高速铁路隧道断面标准基础。主持我国第一座现代化交通枢纽北京南站、中国规模最大的高速铁路站房上海虹桥站、中国第一座大型地下综合交通枢纽于家堡站的结构设计与研究工作。

荣获“铁道部有突出贡献的中青年专家”“中国铁路总公司‘百千万人才’领军人物”“中华全国铁路总工会火车头奖章”等称号。曾获得全国优秀工程勘察设计银奖、全国优秀工程咨询一等奖、省部级科技进步奖20余项、省部级勘察设计咨询奖数十项。

本书编委会

前　言

磁悬浮轨道交通由于具有适用速度范围广（100~1000km/h）、安全可靠、节能环保等特点，对于填补速度空白、完善我国交通运输体系，促进区域经济一体化协同发展等具有重要意义。2019年9月，中共中央、国务院印发《交通强国建设纲要》，明确提出要合理统筹安排时速600km级高速磁悬浮系统、低真空管（隧）道高速列车等技术储备研发。

磁悬浮轨道交通是一个庞大的系统，涉及车辆、线路、轨道、供电、运控、材料等数十个专业。我国于20世纪80年代开始对磁悬浮列车进行研究工作，通过自主创新以及对国外技术的消化、吸收，我国磁悬浮技术不断取得突破。在中低速磁悬浮方面，我国于2018年成功研制出设计时速160km的中速磁悬浮列车，中低速磁悬浮列车技术已跨入世界先进行列，现运营的线路主要有长沙磁悬浮快线和北京中低速磁悬浮交通示范线（S1线）。在高速磁悬浮方面，2006年我国完成了上海磁悬浮示范线的建设，其最高运行速度和实验速度分别为430km/h和501km/h，是世界上第一条高速磁悬浮商业运营线；2021年，中国中车研制的时速600km高速磁悬浮交通系统在青岛成功下线，标志着我国掌握了高速磁悬浮成套技术和工程化能力。

多年来，中国铁路设计集团有限公司先后完成北京S1线、同济大学嘉定校区的"三个一"高速磁浮试验线、唐山中低速磁浮试验示范线的工程设计；主编《中低速磁浮交通设计规范》（CJJ/T 262—2017）、《磁浮铁路技术标准（试行）》（TB 10630—2019）等行业标准；参与低真空管道高速磁悬浮交通工程战略研究工作；结合工程需求，提出了磁悬浮轨道交通桥梁、承轨梁、路基、隧道等土建结构的变形、沉降、徐变等技术标准，研发了强弱电系统集成技术，专门的转向架拆装设备、特殊的检测设施，支持了我国磁悬浮轨道交通的发展壮大。

本书基于上述研究、设计工作，采用理论、试验和工程实践等手段，系统介绍了磁悬浮列车的工作原理，提出了磁悬浮轨道交通桥梁、承轨梁、路基、隧道等土建结构的变形、沉降、徐变等技术体系，阐述了不同制式磁悬浮轨道交通技术现状及工程实践情况。本书既有初步的理论探讨，也有相关技术及工程案例的介绍，是作者多年来在该领域研究成果的总结。

全书共5章。第1章，轨道交通发展概述，简单介绍了轨道交通、磁悬浮轨道交通的发展历程和现阶段的政策导向；第2章，磁悬浮轨道交通构成、分类及原理，简单介绍了车辆、限界、线路、轨道等磁悬浮轨道交通构成要素，基于不同特征将磁悬浮轨道交通系统进行八项分类，并阐述了磁悬浮列车的悬浮原理、导向原理、推进原理、制动原理；第3章，磁悬浮轨道交通技术,介绍了常导短定子、常导电长定子、低温超导、高温超导磁悬浮技术研究及实施现状;第 4 章,磁悬浮轨道交通工程实践,较系统地介绍北京磁悬浮交通示范线、上海磁悬浮交通示范线、长沙磁悬浮快线、日本山梨试验线、韩国仁川机场线工程实践情况;第 5 章,磁悬浮轨道交通展望,介绍了磁悬浮空轨(Sky-Tran)系统、低真空管道高速磁悬浮系统技术发展展望,并分析了我国磁悬浮轨道交通的发展前景。本书适合从事磁悬浮轨道交通研究、建设的技术人员参考,也可以作为磁悬浮轨道交通技术的培训教材。

本书编撰过程中得到了北京 S1 线设计、建设运营团队的大力支持和配合,并参考了我国上海、长沙磁悬浮,日本磁悬浮,韩国磁悬浮等工程的相关公开资料,特此表示由衷的感谢。另外,感谢出版社同仁为本书付出的辛勤劳动。感谢多年来项目组成员在理论研究、现场试验及工程实践中所做的贡献。书中部分内容参考了有关专家或学者的研究成果,均在参考文献中列出,在此一并致谢。

无论是磁悬浮轨道交通设计、建设技术,还是运营经验,都在不断进步,而且部分信息涉及知识产权和商业机密,给本书的编撰增加了难度。加之作者水平有限,虽几经改稿,书中难免存在错误和缺陷,请广大读者不吝赐教。

作　者

2022 年 10 月

目　录

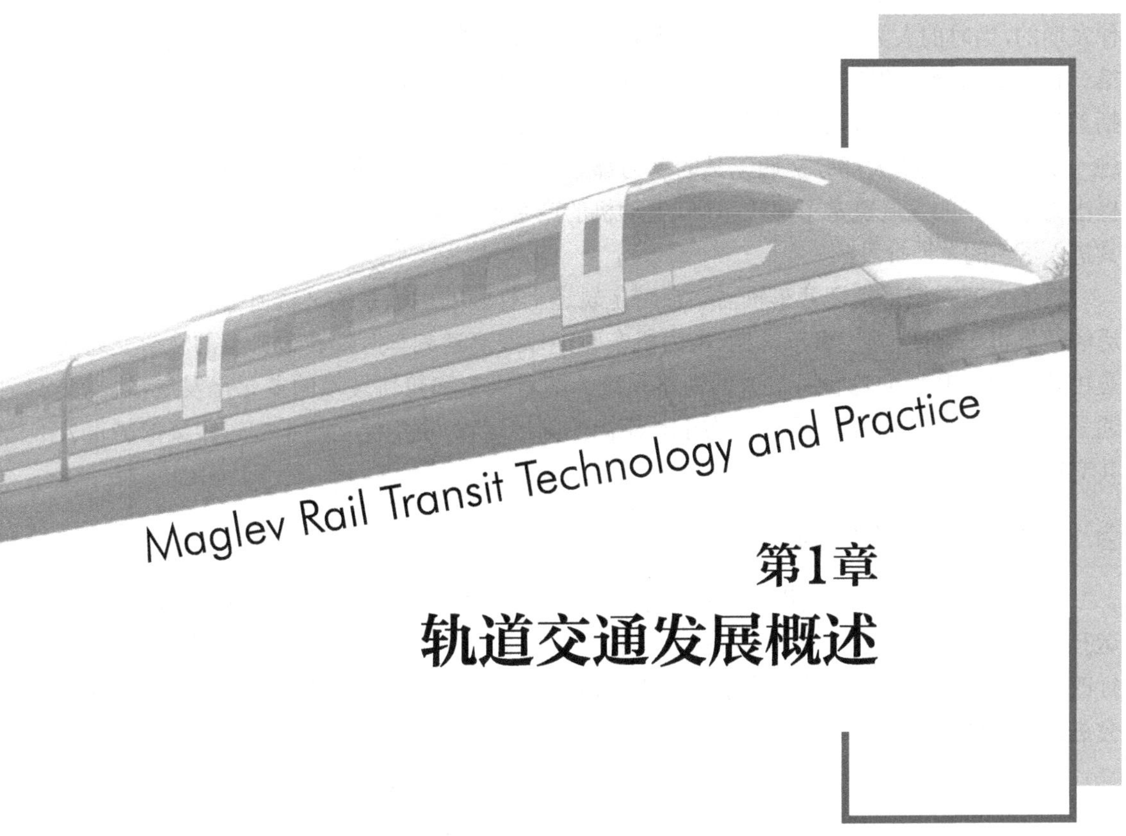

第1章 轨道交通发展概述

1.1 轨道交通的发展历程

交通工具是指用于人类代步或运输的装置，现已经成为现代人生活中不可缺少的重要组成部分。随着时代的发展以及科学技术的进步，人们周围的交通工具种类越来越多，这给每一个人的生活、工作都带来了极大的便利。

纵观交通工具的发展历程：最初的交通工具——马车，是由4000多年前中国夏朝的奚仲发明的，当时的人类驯服一些动物作为乘坐工具或交通动力。1776年，英国人瓦特制造了第一台有实用价值的蒸汽机，人类交通工具进入了飞速发展阶段，当时代表性的交通工具包括蒸汽火车、蒸汽汽车、蒸汽轮船等。随着汽油机、柴油机等内燃机的产生，交通工具得到了进一步的发展，现代大部分交通工具的动力都来自内燃机。1831年，法拉第电磁感应定律的提出为电动车的发展奠定了理论基础，电动机的产生使得交通工具有了洁净的能源，交通工具进入了新的发展阶段。

轨道交通系统是指运营车辆需要在特定轨道上行驶的运输系统。轨道交通系统的发展历经蒸汽机车时期、内燃机车时期、电力机车时期以及高速列车时期。最典型的轨道交通就是由传统火车和标准轮轨所组成的铁路系统。随着火车和轮轨技术的多元化发展，轨道交通呈现出越来越多的类型，不仅遍布于长距离的陆地运输，也广泛运用于中短距离的城市公共交通中。

1.1.1 蒸汽机车时期

蒸汽机车（图1-1）是利用蒸汽机，把燃料的化学能变成热能，再变成机械能，而使机车运行的一种火车机车。1776年，英国人瓦特制造出第一台有实用价值的蒸汽机，并不断进行改良（图1-2），从此，人类加快了进入工业时代的脚步，蒸汽机车成为这个时代文化和社会进步的重要标志和关键工具。

图1-1 蒸汽机车

图1-2 瓦特改良蒸汽机模型

蒸汽机车问世至今已有200多年历史。它的发展有两个方面：一方面是牵引力和功率的发展，表现为动轮轴数和辅助轴数的增加，锅炉和汽缸的加大；另一方面是热效率和机械效率的发展，表现为炉床面积和锅炉受热面积的增大、蒸汽压力和温度的提高、废热的利用、蒸汽机的改进以及滚动轴承的采用等。

瓦特发明蒸汽机后，英国人理查德·特里维西克创造了一辆铁路蒸汽机车。锅炉蒸汽压力为 0.294MPa，锅炉内装有一个平放的汽缸。机车有两对动轮，由齿轮传动；还装有一个大飞轮，借助于飞轮的旋转惯性动力，可保持汽缸活塞的往复运动。机车重 4.5t，时速 8km，能牵引 10t 货物，5 节车，可乘 70 名旅客。这一实践证实了两个重要现象：光滑的铁制机车驱动轮可在光滑的铁轨上运行而不会空转；机车可以拖动比机车本身重得多的东西。后人继续研究，得知轮轨间黏着力、黏着质量、黏着系数、黏着牵引力等存在相互关系，这个问题涉及如何能够利用有限的机车黏着质量牵引更多的载重，人们至今仍在探讨这个问题。

1814 年 7 月，英国发明家乔治·斯蒂芬森造出他的第一辆机车，该机车被誉为首次成功的机车，被称为旅行者号。1829 年 10 月，由乔治·斯蒂芬森之子罗伯特·斯蒂芬森主要设计建造的火箭号机车（图 1-3）参加了蒸汽机车比赛，该机车以运行可靠、速度最快的优势得奖。火箭号机车采用卧式多烟管锅炉，传热面积大，生成蒸汽快，锅胴与火箱拼接在一起，锅炉蒸汽压力为 0.345MPa；有两个与水平线成 35° 角斜装于锅炉后侧的汽缸；有一对装于机车前部的动轮，动轮车轴左右各装一曲拐，互成直角，使机车动轮曲拐停在任何位置均能起动，轴列式为 0-1-1。蒸汽从烟筒喷出，以诱导通风，促进燃烧。火箭号机车重 4t，能牵引装载质量 3 倍于机车自重的车厢。这是第一辆初具现代蒸汽机车基本构造特征的蒸汽机车。1830 年，罗伯特·斯蒂芬森又造出行星号机车，将卧式锅炉的内外火箱和烟箱制成一个整体，这种形式的锅炉后被称为机车式锅炉。行星号机车的两个汽缸装于锅炉前端的烟箱下部车架内侧水平位置，称为内汽缸式机车，只有一对动轮，装在后部，轴列式为 1-1-0，运行时可减轻上下颠抖。蒸汽机车的基本构造形式除广泛采用外汽缸式（汽缸装于车架前端两外侧）外，迄今无较大变化。

图 1-3 火箭号蒸汽机车

1830 年以后，美国以及其他一些国家先后开始制造蒸汽机车。这个时期，机车动轮由 2 ～ 3 对发展至 4 ～ 6 对。最早使用两轴引导的转向架是美国于 1832 年制造的“2-1-0”式“乔纳森兄弟”号机车，该机车在动轮后面装有较小的从轮，借助于从轮，机车可装载一个较宽大、较重的火箱。

1872 年，英商为推销近代交通工具，在天津原紫竹林码头一带，沿海河岸边的土路上铺设了一条环行 1.5km 的广告铁路，将一台总质量为 1020kg 的小火轮车安装在轻便的窄轨上，经试运转后，同年 9 月 14 日，火轮车开始免费载客运行。此消息传开后，轰动天津城。据天津《申报》报道：“此次火车之来中国，可谓创观，其制作也可谓精美之至，均甚便捷，甚为适用之物……”这一“广告火轮车”的出现，在一定程度上，给国人留下了一些新式运输工具的形象。

1876 年，中国第一条铁路 ——吴淞铁路建成通车（图 1-4），其采用英制先导号蒸汽机车（机车总重 1420kg），时速为 24 ～ 32km，该机车为我国第一台外国蒸汽机车。

1881 年 11 月 8 日，中国建成了第一条自办铁路——唐胥铁路（图 1-5）。在唐胥铁路修筑路基的同时，中国工人利用矿场起重机锅炉和竖井架的槽铁等旧材料，试制成功了一台

“0-3-0”型的蒸汽机车。该机车被英国专家命名为中国火箭号（图 1-6），为我国自制的第一台蒸汽机车。

图 1-4 吴淞铁路

图 1-5 唐胥铁路

图 1-6 中国火箭号蒸汽机车

1887 年，津沽铁路公司（原址为旧三岔河口西岸）从国外进口了数台小型蒸汽机车，其中一台为“0-2-0”型，此机车是现今仍保存完好、曾在津沽铁路上运行过的最古老的机车，并在国外展出过。该机车由英国制造，总质量为 1320kg，是世界上最小的蒸汽机车之一。从这台蒸汽机车出现到 1949 年，我国大地上行驶着英、美、德、法、日、比、俄等国的各种蒸汽机车。据 1949 年《铁道月刊》第 188 期记载，当时全国共有 4069 台蒸汽机车，其中有 8 个国家、30 多家工厂生产的 198 种型号，其中天津铁路管理局辖管的运用机车为 671 台。

1920 年以后，蒸汽机车的性能得到进一步改善。20 世纪 20—30 年代，机车的锅炉压力由 1.373MPa 提高到 2.000 ～ 2.069MPa（美国、加拿大最高），试验性高压机车的锅炉压力甚至高于 9.807MPa。试验性高压机车采用水管式锅炉，虽然热效率较高，但构造复杂、质量大、造价高、维护困难、维修费高，而且极易发生故障，运用可靠性差，因而未能正式投入运用。20 世纪 40—50 年代，有些国家进一步提高了过热蒸汽温度，如苏联“JIB”型和“2-4-2”型机车最高温度区间可达 430 ～ 440℃。奥地利人 G. 吉士林根所创造的高效率矩形通风装置，被 20 多个国家和地区采用。利用废气热加热给水的混合式给水加热器也得到广泛应用，我国的前进型、建设型和人民型蒸汽机车都安装了这种设备。

蒸汽机在交通运输业中的应用，使人类迈入了“火车时代”。第二次世界大战以后，随着科学技术的进步，蒸汽机车由于热效率低，逐渐被热效率高的内燃机车和电力机车所代替。

1.1.2 内燃机车时期

内燃机车指以内燃机作为原动力，通过传动装置驱动车轮的机车（图 1-7）。我国铁路上采用的内燃机绝大多数是柴油机，燃油在汽缸内燃烧，将热能转换为由柴油曲轴输出的机械能，但其并不直接用来驱动动轮，而是通过传动装置转换为适合机车牵引特性要求的机械能，再通过走行部驱动机车动轮在轨道上转动。

图 1-7　内燃机车

其传动方式主要包括液力传动和电传动。液力传动就是用一套液力传动装置，将柴油机的功率分别传至每根动轮上的车轴齿轮箱，从而驱动动轮。液力传动装置中最重要的传动元件是液力变矩器，里面充满工作油。当柴油机高速旋转时，带动液力变矩器里的泵轮叶片旋转，使工作油得到高压、高速能量，再传给与机车动轮连接的涡轮，使机车运行。电传动就是柴油机驱动发电机发电，然后向牵引电动机供电，电动机驱动车轮。电传动内燃机车与电力机车的驱动方式实质是一样的，不同的只是电力机车从接触网上取电，而电传动内燃机车则自备“电站”供电。电传动内燃机车自带的“电站”，占了机车很大质量，因此电传动内燃机车功率比电力机车要小一些，但不需要长距离供电系统。

19 世纪末，德国工程师鲁道夫·迪塞尔发明了柴油机，即以柴油为燃料的内燃机。1912 年，瑞士温特图尔市的絮尔泽工厂制造出了世界上第一台柴油机车，机车重 85t，功率 882kW。柴油机车不仅效率高，而且只需蒸汽机车 20% 的燃料费。

20 世纪初，许多国家开始探索试制内燃机车。1924 年，苏联制成一台电力传动内燃机车，并交付铁路使用。同年，德国用柴油机和空气压缩机配接，利用柴油机排气、余热加热压缩空气代替蒸汽，将蒸汽机车改装成为空气传动内燃机车。1925 年，美国将一台 220kW 电传动内燃机车投入使用，从事调车作业。20 世纪 30 年代，内燃机车进入试用阶段，30 年代后期，出现了一些由功率为 900 ～ 1000kW 的单节机车多节连挂的干线客运内燃机车。第二次世界大战以后，因柴油机的性能和制造技术迅速提高，内燃机车多数配装了废气涡轮增压系统，功率比战前提高约 50%，配置直流电力传动装置和液力传动装置的内燃机车的发展加快。到了 20 世纪 50 年代，内燃机车数量快速增长。20 世纪 60 年代期，大功率硅整流器研制成功，并应用于机车制造，出现了交 – 直流电传动的 2940kW 内燃机车。20 世纪 70 年代，单柴油机内燃机车功率已达到 4410kW。随着电子技术的发展，德国在 1971 年试制出 1840kW 的交 – 直 – 交流电传动内燃机车，从而为内燃机车和电力机车的技术发展提供了新的途径。内燃机车随后的发展，表现为在提高机车的可靠性、耐久性和经济性，防止污染以及降低噪声等方面不断取得新的进展。

中国从 1958 年开始制造内燃机车。1958 年，北京长辛店车辆工厂仿匈牙利 ND1 型机车，试制出中国第一台内燃机车——建设型 001 号直流电传动调车内燃机车，并在线路上进行了试运行。该机车试制了两台，采用柴油机，装车功率为 441kW。建设型 001 号机车的问世，结束了中国不能制造内燃机车的历史。以 ND1 型内燃机车为基础试制的两台内燃机车车体外形为流线型。其中一台机车的柴油机采用红旗 300 型，由两台并联（2×200kW），通过一组齿轮箱驱动直流发电机，其他电机、电器、行走部件及辅助系统部件完全按 ND1 型机车仿制；另一台机车除车体、车架外，完全按 ND1 型仿制，包括一台自制柴油机。同期，大连机车车辆厂成立了内燃机车设计小组，于 1958 年 6 月完成了巨龙型内燃机车的全部设计工作。同年 9 月底，大连机车车辆厂试制出两台巨龙型内燃机车（图 1-8）。该机车仿照苏

图 1-8 巨龙型内燃机车

联直流电传动干线内燃机车设计制造，装配的柴油机是从苏联进口的装车功率为 1471kW 的中速柴油机，采用直流电力传动，两台机车可以重联。巨龙型内燃机车虽然是仿照苏联机车设计的，但是做了不少改进设计。随后，这两台巨龙型内燃机车进行了许多试验、试运和改进。

1958 年 7 月起，戚墅堰机车车辆厂、上海交通大学、上海电机厂、无锡柴油机厂和华通开关厂开始联合设计双节重联 2940kW 先行型干线客运通用电传动内燃机车。同年 8 月 15 日完成设计，12 月 30 日试制出一节机车。先行型机车单节功率为 1471kW，采用直流电传，轴重 20t，机车装有两套独立的 735kW 柴油机发电机组，分别向前后转向架三台固定并联的牵引电动机供电，前后两套主路不并联。为了与主发电机构造相匹配，柴油机与发电机之间以同心两级圆柱齿轮变速器连接，从柴油机标定转速 1500r/min 降速至主发电机的额定转速 1000r/min。该变速器中有两组人字齿轮，其特点为功率输入与输出在同一中心线上，以便于柴油机与主发电机的布置。同期，四方机车车辆厂完成了 441kW 东风型液力传动内燃机车的设计。在此基础上，其进行了双节重联的 2940kW 卫星型干线客运液力传动内燃机车的设计，于 10 月前完成图纸设计后，立即投入了试制，并对 SF3010 型液力传动装置等部件进行了大量试验与改进。

1959 年 4 月 10 日，我国四方机车车辆厂制成了第一节卫星型机车。1961 年，我国对卫星型机车做了重大改进，到 1965 年共试制了四台机车，这为以后东方红 1 型机车的定型和批量生产打下了基础。卫星型液力传动内燃机车单节功率为 1471kW，柴油机采用仿德国 12 缸 12V175Z 型，机车转向架首次采用了无心盘牵引拉杆装置，液力传动装置参考德国经验采用了福伊特（Voith）液力传动装置的多循环圆结构形式。

中国采用的第一代电传动内燃机车是东风系列机车，共 1000 多台，包括东风系列干线货运内燃机车、东风 3 型客运内燃机车以及东风 2 型调车内燃机车，均为直流电传动机车。

1959 年开始，大连机车车辆厂和大连热力机车研究所联合对巨龙型内燃机车进行了一系列的试验改进，参照 T33 型内燃机车图纸，完成了定型和图纸整顿工作。1963 年，在 2100 型柴油机基础上，他们设计试制成功了 2 冲程 10 缸直列 10L207E 型中速柴油机。同时，由哈尔滨车辆工厂等厂所组成的联合设计组，参照苏联机车牵引电机组，设计出了新牵引电机组，并于 1963 年年底在哈尔滨车辆工厂试制成功。在此基础上，1964 年，大连机车车辆厂试制成功了 1323kW 的直流电传动干线货运内燃机车，同年将其投入批量生产。该机车后被正式命名为东风型机车。

1964 年，由大连机车车辆厂于 1963 年设计的 10L207 型柴油机在戚墅堰机车车辆厂试制成功。同年，戚墅堰机车车辆厂设计、试制成功了东风 2 型直流电传动调车内燃机车，并将其投入批量生产。该型机车装有 6L207 型柴油机和东风型机车牵引电机组。

1965 年开始，东风型机车改成电阻制动。1969 年起，部分新造的东风型机车齿轮传动比从 75/17 改为 71/21，机车的最高速度从 100km/h 提高到 120km/h，用于干线客运，该型机车被定名为东风 3 型内燃机车（图 1-9）。

1969 年，大连机车车辆厂还设计试制出一台采用二级增压的 2205kW 东风增压型机车。戚墅堰机车车辆厂也试制出一台二级增压的 1323kW 的东风 2 增压型机车。

四方机车车辆厂在对卫星型机车进行大量试验改进后，于 1966 年开始批量生产，并将其更名为东方红 1 型液力传动内燃机车。国内第一代东风、东风 2、东风 3 组成的东风系列和东方红 1 型，都是当时我国内燃机车的主型机车，为我国铁路以后内燃化的发展及内燃机车的设计制造奠定了坚实的基础。

随后，各机车厂先后研制成功了 240/275 系列、240/260ZJ 系列、16V200ZJ 系列和 16V280ZJ 系列新型柴油机以及新型机车转向架，有关工厂、研究所研制成功了交 - 直流电传动装置、电阻制动、新型宽高效液力变矩器和液力换向新技术以及新型增压器。在此基础上，各机车厂开发出了东风 4 系列、东风 7 系列、东风 8 系列等电传动机车和 DFH 系列、东方红系列、北京系列等液力传动机车。

东风 4 型、东风 4B 型、东风 4C 型机车组成的系列产品到 1994 年已生产 3000 多台，成为我国铁路运用量最多的主力干线内燃机车。1994 年，四方机车车辆厂在东风 4B 型机车的基础上开始研制东风 4E 型单司机室重载双节重联机车，该机车装车功率为 2×2430kW，最高速度为 100km/h。

在东风 4 型内燃机车（图 1-10）及 16V240ZJ 型柴油机基础上，1974 年，大连机车车辆厂会同唐山机车车辆厂以及其他单位一起开始设计 1213kW 东风 5 型电传动调车内燃机车，由唐山机车车辆厂于 1976 年试制出第一台机车专用 8V240ZJ 型柴油机。1982 年，为改进东风 5 型内燃机车性能，大连机车车辆厂和四方机车车辆厂联合，重新设计东风 5 型内燃机车。1984 年，大连机车车辆厂试制成功新东风 5 型内燃机车，采用装车功率 1213kW 的 8 缸直列式 8240ZJ 型柴油机，为 240/275 系列柴油机。新东风 5 型内燃机车消除了原型机车振动大等缺陷，机车的牵引性能有较大幅度提高。1985 年起，其由四方机车车辆厂批量生产。

图 1-9　东风 3 型内燃机车

图 1-10　东风 4 型内燃机车

为满足大型编组站的调车作业需要，1980 年，北京二七机车厂开始设计东风 7 型交 - 直流电传动调车内燃机车（图 1-11）。1982 年试制出第一台机车，采用装车功率为 1471kW 的 12V240ZJ-1 型柴油机。1985 年开始批量生产。随后，北京二七机车厂在东风 7 型内燃机车的基础上研制成功东风 7B、7C 型电传动调车内燃机车，这是中国单功率最大的电传动内燃机车。

1990 年年底，戚墅堰机车车辆厂试制出东风 9 型大功率交 - 直流电传动客运内燃机车（图 1-12），采用装车功率为 3610kW 的 16V280ZJA 型柴油机，最高时速 160km，这是第二代内燃机车中功率最大、速度最高的内燃机车。

图 1-11 东风 7 型内燃机车

图 1-12 东风 9 型内燃机车

第二代电传动内燃机车为交－直流电传动机车，主要是东风 4 系列干线内燃机车，到 1994 年年底，已有 4000 余台机车投入运用，占我国内燃机车总保有量的一半以上，遍布全国各铁路线上，成为我国主力内燃机车。第二代电传动内燃机车经过不断改进，技术上逐步成熟，性能不断完善，可靠性和耐久性也不断提高。

此外，四方机车车辆厂、资阳机车车辆厂、沈阳机车车辆厂、大连机车车辆厂等同期陆续设计制造了东方红系列、GK 系列、北京系列、太行系列、长征系列液力传动内燃机车，用于客运及货运行业中。东方红型液力传动、东风型电传动和北京型液力传动内燃机车为我国主要研制的三大系列的内燃机车，如图 1-13 ～图 1-18 所示。

图 1-13 东方红 3 型内燃机车

图 1-14 东方红 5 型内燃机车

图 1-15 东方红 21 型内燃机车

图 1-16 北京型内燃机车

图 1-17 GK1 型内燃机车

图 1-18 太行型内燃机车

为适应高原地区和高寒地区的铁路牵引，1965 年以来，大同机车车辆厂和长春机车车辆厂先后试制出了 2205kW 和长征 2 型 2940kW 交 - 直流电传动干线货运燃气轮机车，并分别于 1970 年和 1977 年交付铁路局运用。1987 年，长春机车车辆厂在长征 2 型机车基础上，试制出了改烧重油的交 - 直流电传动货运燃气轮机车，功率仍为 2940kW，并投入了运用。

2004 年，我国开始设计制造大功率机车，2008 年已有 760 台和谐型大功率机车交付运用。和谐型大功率机车分为交流传动电力机车和交流传动内燃机车（图 1-19）两大类，研发生产的五种型号都是世界上最先进的大功率机车。和谐型大功率交流传动干线货运内燃机车有两种型号：HXN3 型交流传动内燃机车和 HXN5 型交流传动内燃机车。20 世纪 80 年代末—90 年代初，我国相继研制出技术水平更高的第三代电传动内燃机车，其代表产品为东风 6 型、东风 11 型、东风 4D 型和东风 8B 型机车等。这些车型普遍采用微机控制新技术，有的机车还采用牵引电动机架悬式的转向架，技术含量较高。

图 1-19 和谐型内燃机车

我国铁路运输中担任牵引任务的有国产第一代和第二代液力传动内燃机车。第一代液力传动内燃机车，有红星型、东方红 1 型两种。第二代液力传动内燃机车，用于国内的有东方红 2 型、东方红 3 型、东方红 4 型、东方红 5 型、东方红 6 型、东方红 7 型、东方红 21 型及北京型共八种车型。

内燃机车的优点是启动迅速，功率大，热效率较高；缺点是构造复杂，制造、维修费用高，同时造成的污染大。随着铁路系统技术的不断发展，电力机车应运而生，内燃机车逐渐被电力机车替代。

1.1.3 电力机车时期

电力机车是一种非自带能源的机车。电力机车的优点是热效率比蒸汽机车高约一倍，功率大，过载能力强，牵引力大，速度快，整备作业时间短，维修量少，运营费用低，便于实现多机牵引，能采用再生制动，节约能量，而且不会造成空气污染，噪声小。

1866 年，德国工程师西门子与技师哈卢施卡联合创立电机公司，发明了强力发电机，制成世界上第一列电力机车。1879 年，在柏林的工商业博览会上，这辆世界最早的电力火车公开试运行。该列车用电动机车牵引，由带电铁轨输送电流，功率为 3 马力(约 2.2kW)，一次可运旅客 18 人，速度为 7km/h。1881 年，柏林郊外铺设了电车线路，该线路规模虽小，却是世界上最早用于营业的电车线路。同时德国又试验成功架空接触导线供电系统，使电力机车的供电线路由地面转向空中，机车的电压和功率都大大提高。

1895 年，在美国的巴尔的摩俄亥俄铁路线上首次出现了长途电力机车。机车重 96t，功率为 1080 马力(约 793.8kW)，采用 550V 直流供电。1901 年，西门子电机公司制造的电力机车创造了时速 160km 的纪录。1903 年 10 月 28 日，西门子公司研制的三相交流电力动车组，在同一线路上，破纪录地达到时速 210km。电力机车由于具有速度快、爬坡能力强、牵引力大、不污染空气等优势，得到快速发展，地下铁路也随着电力机车的出现而得以发展，铁路电气化为其后高速铁路的出现奠定了基础。

1932 年，匈牙利首先成功地在电气化铁路上，采用了 16kV 的工频单相交流电，由于技术复杂，这一先进技术直到 20 世纪 50 年代后才被广泛使用。1936 年，意大利布雷达公司试制出设计时速为 175km 的首台样车。1937 年，新型列车投入博洛尼亚—那不勒斯段运行，这是当时欧洲最为豪华舒适、速度最快的列车，该列车只配备头等舱，装备自动调温器、全景天窗和躺椅。1937 年 7 月 20 日，改进后的 ETR212 型电力机车达到了时速 203km。

我国制造电力机车已有半个多世纪。电力机车在我国铁路运用机车中占有很大比重，承担了铁路运输的主要角色。

1958 年，我国试制出中国第一台电力机车，即 6Y1 型干线电力机车。1962 年共试制 5 台机车，并在宝凤线上试运行。1967 年，在韶山型第 4 号机车的基础上，我国制成韶山型第 7 号机车。1968 年，韶山型机车正式定为韶山 1 型电力机车(图 1-20)，这称得上是我国真正意义上的第一台电力机车。

韶山 3(SS3)型电力机车是我国第二代客货运电力机车。韶山 3B(SS3B)型电力机车是双节 12 轴大功率干线货运电力机车，其电流制为工频单相交流。韶山 4 型电力机车(图 1-21)为两节重联，功率 6400kW，最高速度 100km/h，交－直流传动，采用 800kW 牵引电机。随后我国新造和改进派生了 12 种新产品，主要的车型有韶山 4B 型、韶山 7 型、韶山 8 型等。

图 1-20 韶山 1 型电力机车

图 1-21 韶山 4 型电力机车

韶山 7（SS7）型交 – 直流传动相控电力机车（图 1-22）的研制目的是通过采用 380 转向架，以适用于山区小曲率半径线路，减小机车轮缘磨耗，并提高机车牵引能力。韶山 8（SS8）型电力机车是用于准高速干线客运的交 – 直流传动相控电力机车。

进入 21 世纪后，以微机控制和交流传动的新技术为标志，开辟了电力机车的新时期。我国第一台交流传动 AC4000 型电力机车原型车来自国家“八五”重点科技攻关项目的研究成果。AC4000 型电力机车（图 1-23）是在 1000kW 交 – 直 – 交流传动地面试验系统基础上，结合我国交 – 直流传动电力机车的成熟技术和结构特点，吸收国外类似电力机车的先进技术而研制的。AC4000 型电力机车于 1996 年制成，证实了我国自己有能力开发交流传动电力机车，同时为实现中外合作、技术引进创造了有利条件，为我国交流传动电力机车发展写下了新的一页。

图 1-22　韶山 7 型电力机车

图 1-23　AC4000 型电力机车

1998 年，我国推出了韶山 9 型电力机车（图 1-24）。韶山 9 型电力机车功率为 4800kW，速度为 170km/h，6 轴。其内部布置采用侧墙夹层风道独立通风系统，并采用中央走廊，从而降低车内负压，提高滤尘效果。该车适用于大距离、长大坡度、大编组旅客列车的运输需要。从韶山 1 到韶山 9，从直流电传动到交流电传动，从牵引动力技术舞台的边缘到中心，电力机车技术的发展有了长足进步，运行速度不断提升。

图 1-24　韶山 9 型电力机车

2000 年，DJ 型九方电力机车研制成功，这是中国铁路的电力机车车型之一，也是中国第一种交流传动高速客运电力机车。DJ 型电力机车（图 1-25）采用交 – 直 – 交流传动，最高速度为 200km/h，采用安达（Adtranz）公司的水冷牵引变流器、交流传动控制系统、牵引电动机和微机控制系统。DJ 型电力机车可用于在既有铁路干线上牵引时速为 160km 的准高速旅客列车，并在高速铁路客运专线上双机重联牵引时速为 200km 的高速旅客列车。机车牵引功率为 4800kW，单轴功率达到 1200kW；单台机车牵引 18 节编组旅客列车，在平直道上的运行速度可达 160km/h，在 12‰上坡道仍可按 100km/h 运行。DJ 型机车采用关键部件国外采购、机车整机国内生产的方式，交流传动系统采用 Adtranz 公司的进口产品，包括大功率主变流器、异步交流牵引电动机、分散式微机控制系统。

和谐系列货运电力机车是我国制造的新一代交流传动货运机车。其分为每轴功率为1200kW的和谐1、2、3型（1、2型为8轴，3型为6轴）机车，以及每轴功率为1600kW的和谐1B、2B、3B型（均为6轴）9600kW大功率机车。其设计最高速度均为120km/h。2012年，我国新推出了专用于准高速客运的两款6轴机车，即单轴功率为1200kW、总功率为7200kW的和谐1D、3D型机车，其设计最高速度为176km/h，持续速度为160km/h。

HXDl型电力机车（图1-26）一般称为和谐电1型电力机车，是干线货运8轴大功率交流传动电力机车。该机车采用三相交流传动牵引系统，由两节完全相同的单端司机室4轴车通过内重联环节连挂成8轴机车，成为一个完整系统。该机车可在一个司机室对重联机车进行控制；装有远程重联控制系统，适合于多机分布式重载牵引；机车车体采用中央梁承载方式；采用独立通风方式；轴式为2（Bo-Bo）；每轴交流电牵引电动机功率为1200kW，8轴机车总功率为9600kW；基础制动为盘形制动系统，采用CCB 1I空气制动系统，电制动采用再生制动。机车最高运行速度为120km/h。

图1-25 DJ型电力机车

图1-26 HXD1型电力机车

HXD1型电力机车主要用于大秦铁路，牵引运煤重载货运列车。HXDl型机车双机可牵引20000t重载组合列车。

图1-27 HXD2型电力机车

HXD2（和谐电2）型（图1-27）电力机车是干线货运8轴大功率交流传动电力机车，具有三相交流传动牵引系统，采用标准化、模块化设计，每台机车由两节单端司机室的4轴车固定重联而成。机车车身采用整体承载式焊接车体结构，无横梁框架式波纹板侧墙，中间走廊；机车采用整体独立通风系统；分布式微机网络结构控制；机车轴重按25t设计，去掉车内配重可实现机车轴重23t的转换；采用滚动抱轴式电机悬挂，异步牵引电机，水冷变流机组，牵引传动控制系统为独立轴控方式，单轴功率为1200kW，机车总功率为9600kW，可单机牵引7000t重载列车；机车具备多机无线重联远程同步控制功能，三机重联满足20000t以上重载列车的牵引要求。机车还可以在40℃的环境条件下正常存放，采取加温和防寒措施后可正常运用。机车最高运行速度为120km/h。

HXD2 型电力机车是根据我国铁路线路的具体情况设计而成的。车辆在被命名为“和谐电”型之前，曾被称为“DJ4”，编号由 6001 起。HXD2 型电力机车是我国铁路机车技术现代化的重要产品之一。

HXD3（和谐电 3）型电力机车（图 1-28）具有三相交流传动牵引系统，机车使用了 6 轴，即前后各一个 3 轴转向架、每轴装有一台 1200kW 交流牵引电动机，整车输出功率为 7200kW，再生制动。最高运行速度为 120km/h。首辆机车于 2006 年出厂，曾被称为“神龙 1 型”（SLI），不久即改称为“和谐型”。首批编号 DJ30001 ～编号 DJ30017 的机车，使用永济 YJ85A 型牵引电机。HXD3 型电力机车广泛用于京沪、京广等干线铁路货运列车的牵引。

图 1-28 HXD3 型电力机车

HXD1B（和谐电 1B）型电力机车是大功率交流电传动 6 轴干线货运电力机车。它是中国铁路使用大功率 1600kW 的“和谐型”电力机车车型之一。HXDIB 型 6 轴电力机车参考了 EG3100 型电力机车。该型机车采用 IGBT 牵引变流器、单轴控制技术，单轴交流牵引电动机最大功率为 1600kW、总功率为 9600kW。首辆机车于 2009 年 1 月 16 日在株洲电力机车厂下线。2012 年在武汉北—郑州北区间承担 6000t 重载货物列车的牵引任务。

HXD2B（和谐电 2B）型电力机车是大功率交流电传动 6 轴干线货运电力机车，主要服务于中国西部、西北、华北地区，是使用大功率 1600kW 交流传动的 6 轴“和谐型”电力机车车型之一。该型机车采用中间走廊、整体独立通风系统、分布式微机控制系统、IGBT 功率模块变流器和异步牵引电动机，牵引电机采用滚动抱轴式悬挂装置，牵引控制装置采用独立轴控方式，单轴功率为 1600kW，总功率为 9600kW，可牵引 6500t 货运列车，最大运行速度达 120km/h。

HXD3B（和谐电 3B）型电力机车是大功率交流电传动 6 轴干线货运电力机车。其采用框架式承载车体、中央走廊设备布置方式、IGBT 元件水冷变流器、单轴交流电牵引电动机（最大功率 1600kW）、单轴控制技术、轮盘制动技术和微机网络控制系统；可提高机车的防寒性能；提高机车再生制动功率，将更多的电能反馈回接触网；车顶高压设备移至车内，可提高机车雨雾等天气抗污闪能力。单机总功率为 9600kW，最高运行速度为 120km/h，可单机牵引 5000 ～ 6000t 货物列车。

HXD1C（和谐电 1C）型电力机车是干线货运 6 轴交流传动电力机车，其设计参照了 HXD1 型和 HXD1B 型电力机车，其中包括使用 IGBT 模块的牵引变流器、网络控制系统等。HXD1C 型电力机车采用单轴控制技术，总功率为 7200kW。其可在线路坡度 12‰以下的路段，牵引 5000 ～ 5500t 货物列车。

HXD2C（和谐电 2C）型大功率交流传动电力机车具有技术先进、适用范围广、兼容性强、工艺性好、性价比高、维护方便快捷等明显优势。机车单轴功率为 1200kW，总功率达到 7200kW，可实现单机牵引 5000 ～ 6000t 重载货物列车。机车总体采用国际上先进的模块化设计方法，提高了产品形式的可塑性。机车采用宽 600mm 的中间走廊，增加了所有设备的易接近性；机车采用整体独立通风系统，可防止机械间设备及司机室的污染；机车采用完全的单轴控制技术，每台牵引电机对应一套独立的四象限整流器和逆变器。六根轴的牵引传动装置功率和控制在电气方面完全独立。车体采用整体承载的框架式焊接结构，能承受3000kN 的压缩载荷和 2500kN 的拉伸载荷。同时，机车还设有微波炉、冰箱、热水壶、水冲式整体卫生间等生活设施。

HXD3C（和谐电 3C）型机车是“和谐电型”交流传动电力机车系列中，首款适用于客货运的两用车型，配备有 DC600V 列车供电插座。其产品技术借鉴了先前制造的 HXD3 型机车和 HXD3B 型机车，是我国目前保有量最大的客运型机车。

HXD3C 型交流传动电力机车，是采用客、货通用平台，研制出的新一代列车供电机车。该机车为 6 轴交流传动，是在 HXD3 型、HXD3B 型电力机车国产化批量生产的基础上，吸纳和借鉴了这两种车型的优良性能。机车最大功率为 7200kW，最高运行速度为 120km/h，是我国铁路运输的急需车型。

HXD1D（和谐电 1D）型电力机车为大功率 6 轴干线客运电力机车，采用大功率（3300V/1200A）水冷变流器、大功率异步牵引电机、卧式主变压器、微机网络控制系统、DK2 制动机、全悬挂转向架、独立通风等技术，机车单轴功率 1200kW，最高运行速度为 160km/h。

HXD3D（和谐电 3D）型电力机车是交流电传动 6 轴干线客运电力机车，为 200km 等级的客运型机车，最大持续运行速度为 160km/h，功率为 7200kW，是国内大功率的客运型机车之一。

因 HXD3D 型机车与 HXDlD 型机车属于同一系列，参数也基本相同。随着东风 11G、韶山 7E、韶山 9/9G 这些准高速客运机车的逐步退役，HXDlD 与 HXD3D 将成为中国铁路干线准高速客运的主力军。

电力机车具有功率大、速度快、过载能力强、自身负重低、牵引力和加速度大、整备作业时间短、维修量少、能源利用率高、运营费用低、便于实现多机牵引、能采用再生制动以及清洁环保等优点。使用电力机车牵引能提高列车运行速度和承载重量，从而大幅度提高铁路的运输能力和通过能力，特别有利于旧线铁路的提速。我国的京广、京沪和京九等干线铁路进行电气化升级改造后，大面积开行电力机车，有效缩短了列车旅行时间。电力机车清洁环保，运行时不像蒸汽机车或内燃机车那样产生废气。供电气化铁路使用的发电厂在采用化石燃料时，均会控制废气排放，除此之外也可使用低污染的风力或水力发电，还能提高热效率。在噪声方面，电力机车在运行时也比内燃机车安静得多。在性能方面，电力机车不需像蒸汽机车或内燃机车那般自携很重的发动机和燃料，能减轻自重，因此在加、减速度和最高速度方面均优于蒸汽机车和内燃机车，可进一步缩减行车时间，目前是高速列车、动车组等的第一选择。

1.1.4 高速列车时期

20 世纪 60 年代出现的高速铁路为铁路运输带来了生机，它以高速、准点、舒适、安全、运量大、能耗低、占地少、污染轻等优势，在运输市场竞争中赢得了巨大成功，取得了明显的经济效益和社会效益。高速列车作为高速铁路的核心运输装备，是现代技术的集中体现。它包括机械、电子、计算机、控制和材料等许多高新技术，代表了当今机车车辆技术的最高水平。

从 20 世纪 50 年代开始，世界铁路受到来自新兴交通工具——汽车和飞机的激烈竞争，各国相继开始研究开发高速铁路。20 世纪 60 年代，世界上第一条高速铁路——日本东海道新干线（图 1-29）投入运营，它开创了世界高速铁路的新纪元。它的允许速度达 240km/h，后经改造提升到 270km/h，现在已形成了 2175km 的新干线网。

20 世纪 60 年代后期，欧洲的法国、德国、意大利等国家开始研究建设高速铁路，并于 20 世纪 80—90 年代初，陆续建成自己的高速铁路，并采用和创造了许多先进技术。法国高速列车 TGV-A（图 1-30）创造了世界轮轨铁路 515.3km/h 的最高速度纪录；德国高速铁路允许商业运行的最高速度达 330km/h；西班牙马德里—巴塞罗那线，最高运行速度可达 350km/h，是当时世界之最。

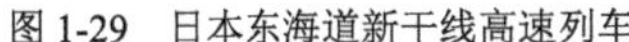

图 1-29　日本东海道新干线高速列车

图 1-30　法国 TGV-A 高速列车

高速铁路是一个具有国际性和时代性的概念。目前，世界铁路界对铁路速度的分档基本原则是：时速 100 ～ 120km 为常速；时速 100 ～ 160km 为中速或准高速；时速 160 ～ 200km 为快速；时速 200 ～ 400km 为高速；时速 400km 以上为超高速。西欧把新建时速达到 250 ～ 300km、既有线改造时速达到 200km 的称为高速铁路。1985 年，联合国欧洲经济委员会在日内瓦签署的《国际铁路干线协议》规定，新建客运列车专用型高速铁路时速为 300km 以上，新建客货运列车混跑型高速铁路时速为 250km 以上。这基本可以认定为高速铁路的国际标准，它明确了速度等级，同时强调是新建的铁路。按照这个标准，我国新建列车最高运行时速 300km 及以上的客运专线和城际铁路，客货混线以客为主、列车最高运行时速 250km 及以上的铁路，均属高速铁路。

我国高速铁路经过了近 20 年的发展历程。2020 年，我国铁路营业里程达 15 万 km，其中，高铁里程 3 万 km。

"和谐号"动车组 CRH1 型动车组（图 1-31）为 8 节车厢编组座车动车组，动车组轴重不大于 16t，牵引总功率为 5300kW，车体为不锈钢焊接结构，最高运行速度为 250km/h。

CRH1A 是用于时速 200km 级别的高速动车组。2005 年，广深铁路 40 列 CRH1A 上线，动车编号为 CRH1-001A ～ CRH1-040A。首发车次为 T971 次，由广州东站出发前往深圳站。

图 1-31　CRH1 型动车组

CRH1-001A ～ 011A 的风笛置于司机室挡风玻璃上方，而 CRH1-012A ～ 040A 的风笛则改放至列车首尾两端的连接器整流罩两侧。

现在，新一代 CRH1 使用了铝合金车身，以减轻重量、增强牵引系统、优化列车气密性及减少能源消耗。由于 CRH1 主要用于城际运输，加上车体外观与地铁列车相似，所以国内有人将 CRH1 型动车组称为“大地铁”。

CRH1B 是在 CRH1A 基础上扩编至 16 节车厢的大编组座车高速列车，但车体外观不变，编号为 CRH1-041B ～ CRH1-060B，最高运行速度为 250km/h。

CRH1E 为 16 节车厢的大编组卧铺动车组，每组包括 10 节动车，配 6 节拖车（10M6T），最高运行速度为 250km/h，是高速卧铺动车组。首批 12 列 CRH1E 型动车组编组中有 1 节豪华软卧车（WG）、12 节软卧车（WR）、2 节二等座车（ZE）和 1 节餐车（CA），全列定员 618 人。动车组编号为 CRH1-061E ～ CRH1-080E。后来，动车组从编号 CRHl-073E 起取消了高级软卧车，并以软卧车代替，全列定员增加至 642 人。

CRH2 型动车组系列为动力分布式、交流传动的电力动车组，采用了铝合金空心型材车体。

图 1-32 CRH2 型动车组

CRH2A 是用于时速 200km 级别的高速动车组（图 1-32）。2004 年 10 月 20 日，首批 60 列时速 200km 级别的动车组被正式定型为 CRH2A（CRH2A-2001-2060）。

CRH2A 的编组方式是 4 节动车配 4 节拖车（4M4T），每 4 节为一个单元，牵引功率为 4800kW，最高运行速度为 250km/h，列车装有两副受电弓。列车设有一等座、二等座和二等座车 / 餐车，其中一等座及二等座椅均可旋转。CRH2A 可两组重联运行。其装备了适应性更高的沿线接触网，并在驾驶拖车顶部装有多种信号天线。

CRH2B 型是 16 节长大编组动车组，编号为 CRH2B-2111 ～ CRH2B-2120。CRH2B 是在 CRH2A 基础上扩编至 16 节，并加装了半主动减振器、车端耦合减振（车端阻尼器）和车头的两侧车灯，也改进了空调的通风系统。其编组方式是 8 节动车配 8 节拖车（8M8T），牵引功率为 9600kW，最高运行速度为 250km/h。列车装有四副 DSA250 型受电弓。CRH2B 型长大编组动车组还取消了重联控制系统。

CRH2C 是用于时速 300km 级别的高速动车组。其是在 CRH2A 的 200km/h 平台基础上进行改良，把动车数量增至 6 节（6M2T），牵引功率为 7200kW，采用大型中空薄壁铝合金焊接结构，使用 DSA350 型高速受电弓，以及在受电弓两旁加装挡板等。CRH2C（第一阶段）的最高运行速度为 300km/h，最高试验速度为 350km/h，列车装有两副受电弓。其运用于新建的高速城际铁路及客运专线，编号为 CRH2C-2061 ～ 2090，可两组重联运行。其后，CRH2-09lC ～ CRH2-110C、CRH2-141C ～ CRH2-150C 的动车组，进行了多方面的改善设计：选用了大功率的 YQ-365 型交流牵引电动机（365kW），编组均为 8 节，8 节的短编组列车总功率提升至 8760kW，传动比也进行了相应修改，最高运行速度提高至 380km/h。

CRH2E 是在 CRH2B 大编组座车的基础上，设计出了 16 节长大编组的 CRH2E 型卧铺电力动车组，最高运行速度为 250km/h，全列车装有四副受电弓。

CRH3 型动车组（图 1-33）为新建的高速城际铁路及客运专线的 CRH 系列高速动车组。

CRH3A 型动车是以 CRH380BL 技术平台为基础，借鉴了 CRH380BL、CRH380CL、CRH380B、CRH5 型动车组的优点而研制开发的自主知识产权动车组。CRH3A 型动车组可以根据不同运营线路的需求，分别以 160km/h、200km/h、250km/h 三个速度等级运行，是既适合时速 200 ～ 250km 之间客运专线、又适合时速 160 ～ 250km 之间城际铁路运行的动车组。相对于此前国内运行的同一速度等级的动车组，该型动车组还有较强的成本优势和售后维护优势。

CRH3C 型动车组，编号为 CRH3-001C、CRH3-003C、CRH3-005C 以及 CRH3-006C。首组列车于 2008 年 4 月 11 日正式出厂。2008 年 6 月 24 日上午 9 时 13 分，第一列 CRH3-001C 列车在京津城际铁路的试验中创下了 394.3km/h 的最高速度。随着京津城际铁路于 2008 年 8 月 1 日正式通车运营，CRH3C 型动车组也于当日起正式投入运营，其运营时速达 350km。CRH3-013C 于 2009 年 12 月 9 日在武广客运专线进行试验，最高速度达到了 394.2km/h，创下了两车重联情况下的世界运营高速铁路最高速度纪录。

CRH5 型动车组（图 1-34）是向法国阿尔斯通和中国中车长春轨道客车股份有限公司（简称“中车长客公司”）订购的 CRH 系列动车组车款，以用于中国铁路第六次大提速里的快速铁路及当时正在修建的高速铁路，整个系列都比较耐高寒，其中 CRH5G 型最优。

图 1-33　CRH3 型动车组

图 1-34　CRH5 型动车组

CRH5 型动车中：CRH5A 由中车长客公司负责国内生产，5M3T，可实现两列重联运行，最高运行速度为 250km/h，实际运行速度不超过线路最高运行速度标准及其车型本身最高标称速度，耐寒性方面可承受温度范围可达 ±40℃。CRH5G 为耐高寒防风沙型，俗称高寒驴、高寒战士，由 CRH5H 改名而来，其设计运行速度为 250km/h，多用于东北和西北区域。CRH5E 为 16 车厢编组卧铺动车组，为高寒抗风沙型，车辆设计最高运行速度为 250km/h。CRH5J 为高速综合检测车，由原 CIT0 改名而来。CRH5G 技术提升型，在 CRH5G 基础上重新设计车身外观和动力性能，主要用于宝兰铁路等坡度较大的线路，由于车身加宽约 100mm，车内空间相对宽敞。

2004 年，我国分别与加拿大庞巴迪公司（CRH1）、日本川崎重工公司（CRH2）、德国西门子公司（CRH3）、法国阿尔斯通公司（CRH5）协议引进并生产动车组，涵盖了世界主要的动车组技术。CRH5中，A为8车厢的普通组，B为16车厢的大编组，C为中心组且速度最高，E为卧铺动车组，G为耐高寒型。速度可达300km/h的CRH380系列动车组分别是在CRH2和CRH3系列上改进而来的，并最终在CRH3的技术平台上开发了速度可达350km/h的新型动车组CR400AF/BF复兴号。而动力结构相对独特的CRH5技术平台则主要用于时速250km以下耐寒、防风、既有线路提速等动车组的开发。

CRH380A型电力动车组（图1-35），又称CRH-380型，是为营运新建高速城际铁路及客运专线而开发的，是“中国高速列车自主创新联合行动计划”的重点项目，最高运行速度为380km/h。我国原铁道部将所有自行发展关键技术、引进国外技术、联合设计生产的中国铁路高速（CRH）车辆均命名为“和谐号”。CRH380A系列为动力分散式、交流传动的电力动车组，采用了铝合金空心型材车体。CRH380A列车总数为40列（CRH380A-6001～CRH380A-6040），采用6动2拖的编组方式，牵引功率为9600kW，使用DSA350型高速受电弓，受电弓两侧为挡板。CRH380AL列车总数为100列，分别为CRH380A-6041L～CRH380A-6140L，采用了14动2拖的编组方式，牵引功率为20440kW，7个动力单元，56台牵引电动机，使用DSA350型高速受电弓，受电弓两侧为挡板。

CRH380B型动车组（图1-36）是在CRH3C基础上研发的新一代高速动车组，与CRH3C相比，其最高运行速度由350km/h提高到380km/h，最高试验速度为400km/h以上，性能优化以提高牵引功率、降低传动比及动车组气动外形减阻为主，而列车舒适度优化方面主要采取提高列车减震性能、车厢降噪、加强车内气压控制等方式。非统型CRH380BG型动车组列车总数为40列（CRH380BG-5546～CRH380BG-5585），全部由中车长客公司生产，采用4动4拖的编组方式，牵引功率为9200kW。统型CRH380B型动车组列车总数为97列（CRH380BG-5586～CRH380BG-5600、CRH380BG-5626～CRH380BG-5636、CRH380BG-5684～CRH380BG-5729、CRH380BG-5762～CRH380BG-5786）全部由中车长春轨道客车股份有限公司生产，是按照原中国铁路总公司的要求，根据运营经验和乘客乘坐需求，在各型动车组技术平台上，对列车的车型、定员、旅客服务设施、司机操作设施、列车的主要性能进行统一设计出来的动车组。该型车同样为高寒型，主要为津秦客运专线使用。

图1-35 CRH380A型动车组

图1-36 CRH380B型动车组

CRH380BK采用4动4拖的编组方式。该型号为CRH380BG的非高寒型，主要为京沪高铁、京广高铁等大部分除东北以外的地方使用。其是在借鉴统型CRH380BG高速动车组的基础上进行的再优化设计，座位布置和统型 CRH380BG 一样，列车外形及内部没有任何改变。CRH380BL 型动车组列车总数为 115 列，采用了 8 动 8 拖的编组方式，牵引功率为 18400kW。

CRH380C 型电力动车组（图 1-37）是 CRH380 家族中的成员之一，是继哈大高铁专用的 CRH380B 型高寒动车组后，又一款高寒动车组，也是国内首款 16 辆大编组高寒动车。CRH380C 型动车组最高运行速度为 380km/h，最高试验速度达 400km/h 以上。CRH380CL 型动车组列车总数为 25 列（CRH380C-6301L ～ CRH380C-6325L），采用了 8 动 8 拖的编组方式，牵引功率为 18400kW，采用了新头型及基于日立技术的永济牵引系统。列车由 1 辆商务车（又称 VIP 座车）、4 辆一等座车、10 辆二等座车和 1 辆餐车组成，定员为 1015 人。值得一提的是，CRH380C-6301L 的头型与其余 24 列的头型有区别：除 6301L 之外，其余车型车头增加了银色装饰板，车侧车窗范围的黑色涂装并非一体式，而是分体式，实际上可以将 6301L 当作量产试制车。

CRH380D 动车组（图 1-38）采用动力分散式，每列 8 节编组，共 4 节动车和 4 节拖车（4M4T）。列车可通过两组连挂方式增至 16 节。

图 1-37　CRH380C 型动车组

图 1-38　CRH380D 型动车组

"复兴号"动车组列车，是中国标准动车组的中文命名，是由原中国铁路总公司牵头组织研制、具有完全自主知识产权、达到世界先进水平的动车组列车。在 350km 时速下，"复兴号"动车组与"和谐号"CRH380 相比，总能耗下降了 10%。

"复兴号"CR 系列（图 1-39 ～图 1-41）与"和谐号"CRH 系列相比，"复兴号"高速动车组具有以下优势。

图 1-39　"复兴号"CR200 系列动车组

图 1-40　"复兴号"CR300 系列动车组

图 1-41 “复兴号”CR400 系列动车组

①寿命更长。中国标准动车组在降低全寿命周期成本、进一步提高安全冗余等方面加大了创新力度。为适应中国地域广阔、温度横跨 ± 40℃、长距离、高强度等运行需求,“复兴号”进行了 60 万 km 运用考核,设计寿命达到了 30 年,较“和谐号”多 10 年。

②车型设计更好。“复兴号”采用全新低阻力流线型头型和车体平顺化设计,运行更加节能。“复兴号”把受电弓和空调系统下沉到了车顶下的风道系统中,使列车不仅看起来更美,列车阻力也比既有 CRH380 系列降低 7.5% ～ 12.3%,列车在 350km/h 速度下运行,平均百公里能耗下降 17% 左右。

③车内空间更大。“复兴号”列车高度从 3700mm 增高到了 4050mm,将座位间距加大,车内空间也进行增大。

④舒适度更高。“复兴号”空调系统充分考虑减小车外压力波的影响,通过隧道或交会时,减小耳部不适感;列车设有多种照明控制模式,可根据旅客需求提供不同的光线环境;车厢内实现了 Wi-Fi 网络全覆盖,乘客旅途上网更加快速便捷。

⑤安全性更高。“复兴号”建立了强大的安全监测系统,全车设置了 2500 余项监测点,能够对轴承温度、冷却系统温度、制动系统状态、客室环境等进行全方位实时监测;它可以采集各种车辆状态信息 1500 余项,为全方位、多维度故障诊断、维修提供支持。此外,列车出现异常时,可自动报警或预警,并能根据安全策略,自动采取限速或停车措施。在车头部和车厢连接处,还增设碰撞吸能装置,在低速运行中出现意外碰撞时,可通过装置变形,提高动车组被动防护能力。

高速铁路缩短了旅客在行程上所用的时间,为人们提供了便利,产生了巨大的社会效益;并对沿线地区的经济发展起到了巨大的推动作用,节约能源,减少了环境的污染。随着经济水平的不断提高,人们对交通工具的需求不断提高,为了更好地适应人们的需求,磁悬浮等更加快速的轨道交通系统应运而生。

1.2 磁悬浮轨道交通发展历程

速度是人类在交通技术领域探索的永恒主题,随着车轮的出现,马车、汽车、火车等各种地面交通工具的运用推动了社会的发展。但轮与轨的组合在速度上存在极限。提升速度需要车轮与地面的摩擦力,而摩擦力的增加又会限制速度的提升,对于轮轨而言,速度与摩擦力的矛盾始终存在,对速度构成了限制。1922 年,德国的赫尔曼·肯佩尔(图 1-42)大胆地提出了磁悬浮的构想,并于 1934 年申请了磁悬浮列车的专利。磁悬浮列车在肯佩尔的设计稿上诞生了。

磁悬浮技术作为一种新兴的轨道交通客运方式,运用磁铁“同性相斥、异性相吸”的性质(图 1-43),使磁铁具有抗拒地心引力的能力,即“磁性悬浮”。科学家将“磁性悬浮”这种原理运用在轨道运输系统上,使列车完全脱离轨道而悬浮行驶,成为“无轮”列车,时速可达

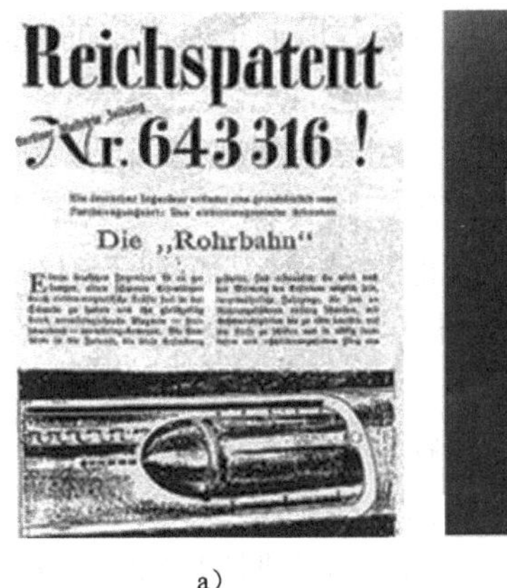
Reichspatent
Nr. 643316 !
Die „Rohrbahn“

a)　　　　　　b)

图 1-42　赫尔曼·肯佩尔及他的设计稿

几百千米以上。这就是所谓的“磁悬浮列车”，也称之为“磁垫车”。它消除了轮轨之间的接触，无摩擦阻力，线路垂直负荷小，速度高，无污染，安全、可靠、舒适。

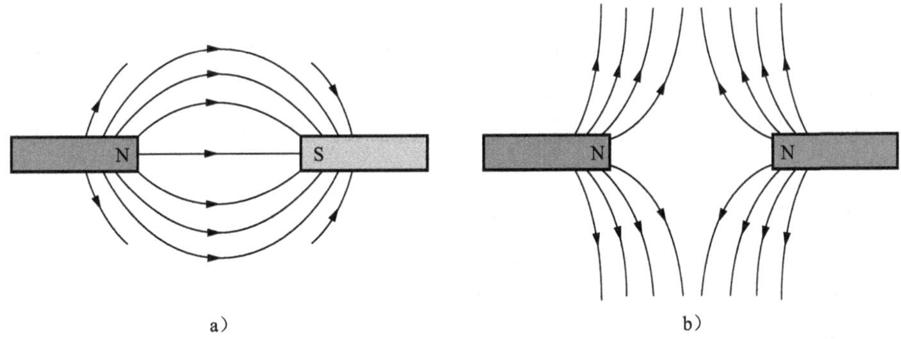

a)　　　　　　b)

图 1-43　磁铁“同性相斥、异性相吸”特性

因磁悬浮轨道交通在环保节能等方面较常规轨道交通有较大提升而受到政府和科研机构广泛的关注。其基本原理和结构形式都有别于我们所熟悉的传统轮轨交通。其独特的悬浮和导向功能是通过添加在悬浮架上的电磁铁，产生电磁吸力或斥力进行主动控制的。因此，磁悬浮列车在运行时不存在与轨道之间的机械接触，也避免了类似于传统轮轨列车需要依靠轮轨之间的机械接触实现牵引而带来的诸多弊端和问题。

传统的轮轨列车目前在提速方面发展十分迅速，我国以及很多西方发达国家高铁的运行速度已达到甚至超过了 300km/h 的高标准，但研究表明，若想在此基础上进一步提高速度，将受控于轮轨黏着极限条件，同时伴随而来的巨大噪声和剧烈振动，会严重影响周边环境，降低乘客的舒适性，且轮轨以及其他部件的机械磨耗迫使维修保养工作量和费用剧增。而磁悬浮列车高速运行时依然能保持低能耗、低噪声、小振动等多方面的优点，已经受到多数国家关注并将其大力发展为重要交通方向。

磁悬浮列车技术主要分为电磁悬浮（EMS）和电动悬浮（EDS）。电磁悬浮（EMS）是对车载电磁铁通电励磁，产生电磁场，电磁场与轨道上的铁磁性构件发生磁性相互作用，从而将列车向上悬浮于轨道上。电动悬浮（EDS）是当列车运动时，车载磁体的运动磁场在安装于线路上的悬浮线圈中产生感应电流，与车载电磁线圈通电时产生的磁场相互作用，产生一个向上的磁力，将列车悬浮于轨道上。

图 1-44　超导材料

超导材料在磁悬浮系统中具有十分重要的作用。超导体一旦进入超导状态，其磁通量将全部被释放，从而利于列车的悬浮。超导材料（图 1-44）是指具有在一定条件下呈现出电阻等于零以及排斥磁力线性质的材料。从 1911 年荷兰物理学家卡麦林·昂纳斯等人发现汞（Hg）在液氦 4.2K 附近呈超导态后，超导材料的研究就正式进入人们的视野。1911—1932 年，研究者们发现了铅（Pb）、锡（Sn）、铌（Nb）等金属元素超导材料，1932—1973 年，研究者们又在很多合金材料中发现了超导电性，但是在 1986 年前发现的超导材料的临界转变温度都很低。此后，美国商用机器公司（IBM）研究实验室的科学家，在镧钡铜氧化物（La-Ba-Cu-O）体系中发现了超导电性，其临界转变温度达到 35K，开创了高温超导研究的新纪元。随后，我国的科学家在超导技术研究上也有了质的突破，1987 年，朱经武和赵忠贤等各自独立研究制备了钇钡铜氧化物（Y-Ba-Cu-O，YBCO）陶瓷超导材料，其临界温度达到了 90K 以上。2001 年，日本科学家发现了二硼化镁（MgB_2）在 39K 附近表现出超导特性。2008 年，日本科学家发现了铁基超导体，其最高临界温度达到 56K。到目前为止，人们已经发现了上万种超导材料。

目前，磁悬浮列车技术的研究与开发主要集中在德国和日本，前者致力于开发高速 EMS 磁悬浮列车，后者既着力开发高速 EDS 磁悬浮列车，也发展适合城市轨道交通的低速 EMS 磁悬浮列车。我国磁悬浮轨道交通起步较晚，但经过数十年的努力，发展迅速，已有上海、北京、长沙磁悬浮线路通车运营。在其他国家，如美国、加拿大、瑞士、韩国等，磁悬浮列车技术也得到了发展，但他们有的得不到本国政府支持，有的起步较晚，还没有取得如德国和日本一样突出的成果。

1.2.1　德国磁悬浮轨道交通

世界上最早的磁悬浮轨道交通技术源于德国。德国人赫尔曼·肯佩尔提出了电磁悬浮原理，并在 1934 年获得了世界上第一项有关磁悬浮技术的专利。

1969 年，德国政府发起了一项关于全尺寸磁悬浮模型设计的研究项目。第一辆磁悬浮模型车被命名为 TransRapid 01（简称 TR01），由位于慕尼黑的一家叫作克劳斯·马菲公司（Krauss Maffei，简称 KM）的德国公司建造。该公司随即在私人—公共联合资金的资助下，进行了 TransRapid 磁悬浮列车的改进研究，分别于 1971 年、1972 年和 1973 年完成了 TR02、TR03 和 TR04 磁悬浮列车的建造。TR04 在 1973 年 12 月创造了载人 157mile/h（约 253km/h）的速度纪录。德国开展 TR 大规模验证是在 1979 年汉堡国际交通博览会上，由德国克劳斯·马菲公司（KM）、梅塞施密特·伯尔考·布洛姆公司（MBB）、蒂森·亨舍尔公司（Thyssen Henschel）合作组成技术攻关团队，开发出了 TR05 磁悬浮列车（图 1-45）。1979—1987 年，TR 试验设施（TVE）建成。TR06 磁悬浮列车

图 1-45　TR05 磁悬浮列车

(图 1-46)在 TVE 上进行了测试,最高速度为 256 mile/h(约 412km/h),并于 1990 年运行 4 万英里(约 6.4 万千米)后退役。TR07 磁悬浮列车(图 1-47)由位于卡塞尔的蒂森公司建造,速度达 280 mile/h(约 450km/h)。1998 年,安达(Adtranz)、西门子(Siemens)和蒂森(Thyssen)成立合资公司——磁悬浮高速列车国际公司(TransRapid International),并于 1999 年 8 月交付 TR08 原型车辆(图 1-48)。2008 年 7 月—2009 年 6 月,TR09 新型磁悬浮列车(图 1-49)在 TVE 试验线上进行了测试,最高速度达 550km/h。德国磁悬浮列车研发进程见表 1-1。

图 1-46　TR06 磁悬浮列车

图 1-47　TR07 磁悬浮列车

图 1-48　TR08 磁悬浮列车

图 1-49　TR09 磁悬浮列车

德国磁悬浮列车研发进程　表 1-1

时　间	进　程
1922 年	德国人赫尔曼•肯佩尔提出了电磁悬浮原理,并在 1934 年获得世界上第一项有关磁悬浮技术的专利
1968 年	德国因环境和能源问题迫切要求开发新的高速交通体系
1969 年	德国联邦交通部、联邦铁路公司和德国工业界参与了“高运力快速铁路的研究”
1971 年	德国第一辆磁悬浮原理车在一段 660m 长的试验线路上进行试验运行,原理车采用车辆侧的短定子直线电机驱动

续上表

时　间	进　程
1975 年	蒂森·亨舍尔公司在卡塞尔一家工厂中的 HMB1 号试验线上,率先实现了线路侧长定子直线同步电机驱动的磁悬浮车运行
1976 年	蒂森·亨舍尔公司在 HMB2 号试验线上进行了载人长定子试验车的运行
1977 年	德国联邦技术研究与技术部 (BMFT) 决定集中力量发展长定子直线同步电机驱动的常导交通系统
1978 年	德国政府决定在埃姆斯兰德修建一条磁悬浮试验线
1979 年	汉堡国际交通博览会展出了一段 900m 长的 TR 磁悬浮铁路示范线
1980 年	埃姆斯兰德的磁悬浮试验线正式开工
1988 年	TR06 试验速度达到 412.6km/h
1986—1989 年	蒂森·亨舍尔公司牵头,研制了面向应用的磁悬浮列车 TR07
1991 年	德国联邦铁路中心局和高校研究所的专家组成的一个工作组,用了近两年时间,对磁悬浮高速铁路 Transrapid 系统进行了全面的检验和评估,得出该系统在"技术应用上已完全成熟"的结论
1993 年	TR07 型磁悬浮列车在 TVE 试验最高速度达到 450km/h
1996 年 5 月 9 日—6 月 14 日	联邦议院和联邦参议院制定出《磁悬浮需求法规》
1997 年	德国决定在柏林和汉堡之间建一条全长 292km 的磁悬浮线
2000 年 6 月	中国上海市与德国磁悬浮国际公司合作进行中国高速磁悬浮列车示范运营线可行性研究
2008 年 7 月	在 TVE 试验线上开始 TR09 新型磁悬浮列车的测试
2009 年 6 月	TR09 测试完成,最高速度达 550km/h
近期	西门子、蒂森两大公司撤出合作,发展缓慢

德国政府对高速磁悬浮列车技术的支持体现在多个方面:德国政府通过分析研究决定技术发展方向,通过设立研究项目、建立试验线,为相关技术研发提供了大量资金支持,并制定了相关法规和磁悬浮线路修建计划,以推动磁悬浮列车走向实际应用。

(1)积极推动与支持磁悬浮相关研发工作

早在 1969 年,德国联邦交通部、联邦铁路公司和德国工业界开展了"高运力快速铁路的研究",其中就涉及磁悬浮高速铁路。在此基础上,在联邦政府的资助下,工业界开始了磁悬浮铁路的研究开发工作。1977 年,德国联邦技术研究与技术部(BMFT)经过系统分析认为,超导磁悬浮铁路所需的技术水平太高,短期内难以取得较大进展,遂决定集中力量发展长定子直线同步电机驱动的常导交通系统。1978 年,德国政府决定在埃姆斯兰德修建一条全长 31.5km 磁悬浮试验线,于 1980 年开工建设,并于 1984 年决定扩建南环线。2005 年,西门子公司、蒂森·克虏伯(Thyssen Krupp)公司等与德国交通、建筑与城市事务部签订合同,建立磁悬浮技术的未来发展计划。截至 2011 年 5 月,德国政府在磁悬浮测试和开发上总计投资超过 15 亿欧元。

(2)推出多条商用磁悬浮线路修建计划

为推动高速磁悬浮列车从技术走向实际应用,德国政府多次计划修建商用磁悬浮线路,但终因资金问题而被迫取消。

20 世纪 90 年代,德国西部的北威州就曾试图在城市密集的鲁尔区建设一条从杜塞尔多夫机场到多特蒙德市的商业运营线,最后因为融不到资金而不了了之。

1992 年 7 月，德国联邦交通部在评价 6 条可能的磁悬浮铁路应用线后，将柏林—汉堡线作为磁悬浮铁路第一条应用线，纳入“92 联邦交通线路计划”。1997 年 4 月，德国决定在柏林和汉堡之间修建一条全长 292km 的磁悬浮线路，原计划 1998 年下半年动工，2005 年投入商业运行。后来由于新的预测表明建设新线将面临亏损的危险，遂于 2000 年 2 月取消建设计划。

德国也曾计划在巴伐利亚州启动修建连接慕尼黑火车站和慕尼黑机场的磁悬浮线路项目。这条计划的磁悬浮线路全长 37km，巴伐利亚政府与德国铁路和西门子公司、蒂森·克虏伯公司签署了 18.5 亿欧元的项目合同。但根据项目承建方的核算，完成这一磁悬浮项目需要投入 34 亿欧元，几乎是预算的两倍，已突破各方承受能力，遭到了时任慕尼黑市长乌德（Ude）的强烈反对。2008 年 3 月 27 日，由于巨大的成本超支，德国政府取消了该计划。

（3）通过两部相关法律，促进磁悬浮商用线建设

为推动和规范商用线建设，德国于 20 世纪 90 年代中期通过了两部法律。1994 年 9 月 23 日，德国联邦议会通过了《磁悬浮系统规划法》，给出了德国官方规划高速磁悬浮线路时的法律先决条件。1996 年 5 月 9 日—6 月 14 日，联邦议院和联邦参议院制定了《磁悬浮需求法规》（Transrapid Requirement Law）。

1.2.2 日本磁悬浮轨道交通

日本高速磁悬浮和中低速常导磁悬浮列车的研究均始于 20 世纪 70 年代初期。高速磁悬浮选择了超导磁悬浮，并确定了磁悬浮中央新干线计划，持续研发了 ML、MLU、MLX 系列以及在 MLX 基础上开发的 L0 车型。日本目前已建有一条中低速磁悬浮线——东部丘陵线（Linimo 线），该线于 2005 年开通运营，是世界首条中低速磁悬浮线路；高速磁悬浮线——磁悬浮中央新干线工程也于 2014 年底正式开工。

对于高速磁悬浮，日本自 1970 年开始超导磁悬浮的研究。1972 年，日本国有铁路（Japanese National Railways，简称 JNR）开发研制了 ML100 常导磁悬浮实验列车（图 1-50），该实验列车在 480m 长的试验线路上达到了 60km/h 的速度。之后经过广泛深入的研究，日本决定高速磁悬浮铁路采用超导、直线同步电机驱动、磁斥式电动悬浮系统，并在其后的研究中一直采用这种方式。1979 年，ML500 实验车在宫崎试验线上创造了不载人运行速度达 517km/h 的世界纪录。1980 年，JNR 开发了 MLU001 试验车（图 1-51）。1987 年，日本铁路综合技术研究所（Railway Technical Reseach Institute，简称 RTRI）推出了试验车 MLU002（图 1-52）。1991 年，MLU002 在一次试验运行中被火灾毁坏，随后 JNR 推出了改进的 MLU002N（图 1-53）。1995 年，MLX01 进入山梨试验线，并于 1996 年开始试验。为使超高速大容量运输系统在 2018 年前能与其他运输系统进行竞争，日本在 2007 年确定了此后十年的技术开发路线，包括更加深入地验证长期耐久性、对有关降低费用的技术通过运行试验进行验证、对有关改善车辆空气动力特性的技术通过运行试验进行验证。2012 年，日本 JR 东海铁路公司（Central Japan Railway Company）公布了 L-Zero（L0）系列磁悬浮列车（“L”代表 Linear,“0”则表示像 0 系列新干线一样的第一代列车），其速度可达 311mile/h（约 500km/h），设计拉动 16 个车厢，每列车可承载 1000 名旅客。L0 是在 MLX01 的基础上研发的，于 2013 年 6 月通过了初步测试。日本高速磁悬浮列车研发进程见表 1-2。

图 1-50　ML100 磁悬浮列车

图 1-51　MLU001 磁悬浮列车

图 1-52　MLU002 磁悬浮列车

图 1-53　MLU002N 磁悬浮列车

日本高速磁悬浮列车研发进程　表 1-2

时间	进　程
1962 年	开始常导磁悬浮技术研究
1970 年	开始超导磁悬浮技术研究
1972 年	日本国有铁路(JNR)推出 2.2t 重的短定子线性电机驱动的 ML100 常导磁悬浮列实验车
1977 年	在南部九州建成 7km 超导磁悬浮列车试验线,即宫崎试验线
1979 年	ML500 实验车创造了不载人运行的世界纪录,速度高达 517km/h
1980 年	JNR 载人高速磁悬浮试验车 MLU001 开始在改造后的宫崎试验线上运行,并进行了人为不平顺轨道上的动力学测试
1982 年	MLU001 磁悬浮列车的载人试验获得成功
1987 年	日本 RTRI 推出了为商业运行准备的试验车 MLU002,在宫崎试验线上进行了侧向通过道岔试验
1990 年	日本运输省决定建设新的磁悬浮铁路试验线
1991 年	MLU002 在一次试验运行中被火灾毁坏,随后 JNR 推出了改进的 MLU002N
1995 年	研制出超导准商业运行磁悬浮车 MLX01
1997 年	MLX01 开始在山梨磁悬浮试验线上进行不载人高速试验运行,无载人走行速度达 550km/h
1999 年	MLX01 载人运行试验速度达到 552km/h,以及 1003km/h 的迎面会车相对速度
2000 年	山梨试验线第一期走行试验结束,完成“超导磁悬浮铁路实用技术评估”报告

续上表

时间	进　程
2002 年	新型试验车 MLX01-901 开始试验
2003 年	达到 581km/h，再次刷新地面交通工具最高试验速度
2005 年	山梨试验线第二期试验（2000 年 4 月—2005 年 3 月）结束，结论为已确立实用化的基础技术
2006 年	确定今后十年试验机技术开发路线：完善并确立与其他运输方式有一定竞争力的超高速大运量运输系统的实用化技术
2007 年	国土交通省认可日本铁道综合技术研究所提交的山梨试验线“技术开发基本计划”和“山梨试验线的建设计划”的变更，山梨试验线准备延长至 42.8km
2012 年	日本 JR 东海公司公布了 L0 系列磁悬浮列车
2013 年	L0 通过了初步测试
近期	建设磁悬浮中央新干线，逐步开通运营

在 JNR 开发高速超导磁悬浮列车的同时，日本航空公司（JAL）自 1972 年以来则一直致力于中低速常导磁悬浮列车（High Speed Surface Transport，HSST）的研究，希望用于机场到市区的快速轨道交通。1975 年，JAL 研制成功了 HSST-01 型磁悬浮试验车辆。1986 年，在温哥华交通博览会上，有 47 万人试乘了 HSST-03 试验车辆。1989 年，JAL 研制成功 HSST-05 试验车辆。之后，研究开始转向应用型磁悬浮技术方面。1990 年，JAL 在名古屋附近的大江动工兴建 1.5km 长的试验线，并于 1991 年 5 月开始试运行；试验线正线的最小转弯半径为 100m，最大坡度为 7%，最高运行速度 110km/h。1993 年 3 月，以日本运输省、建设省和其他单位的专家学者组成的可行性研究委员会对试验结果进行了论证，考察了 HSST 的噪声、振动和磁场的影响，结论是：HSST 是舒适的低污染交通系统，能够应对紧急情况，长期的运行试验证明其是可靠的，并且由于悬浮的优点，使得其维修量降低。HSST-01 ～ HSST-05、HSST-100 磁悬浮列车如图 1-54 ～图 1-59 所示。

图 1-54　HSST-01 磁悬浮列车

图 1-55　HSST-02 磁悬浮列车

2005 年 3 月，世界首条中低速磁悬浮线路——日本爱知县的东部丘陵线（Linimo 线）开通运营。Linimo 线起自名古屋市名东区藤丘，终至丰田市八草町，共有 9 座车站，全长 9.2km，为双线。该线自藤丘站起有 1.4km 的地下线，之后均为高架线路。Linimo 线采用 HSST 系统，最高速度约 100km/h，自 2005 年投入运营至今已取得了优良的运营业绩。图 1-60 为 Linimo 线运营的磁悬浮列车。

图 1-56 HSST-03 磁悬浮列车

图 1-57 HSST-04 磁悬浮列车

图 1-58 HSST-05 磁悬浮列车

图 1-59 HSST-100 磁悬浮列车

图 1-60 Linimo 线运营的磁悬浮列车

磁悬浮中央新干线是日本大型国家工程，由东京经名古屋通往大阪。日本《全国新干线铁道整备法》（简称《全干法》）通过后，1973 年，磁悬浮中央新干线依据该法确立了基本规划，并在随后的二三十年里进行了数次测试。2011 年 5 月起，磁悬浮中央新干线正式进入建设准备阶段。日本国土资源部于 2014 年 10 月 17 日批准东海旅客铁道公司（JR 东海）展开该线的工程。其东京—名古屋段预计于 2027 年开通，长约 286km、造价约 5 兆 5235 亿日元；名古屋—大阪段则预计于 2045 年完工，使全线长度达到 438km、总经费达约 9 兆日元。2014 年 12 月 17 日，力争 2027 年开通的东京品川至名古屋的磁悬浮中央新干线建设工程举行了“工程安全祈愿仪式”，在将修建地下枢纽的东京和名古屋车站破土动工。日本政府对磁悬浮技术的支持体现在以下几个方面：

（1）多届政府持续支持磁悬浮计划

超导磁悬浮中央新干线计划作为日本大规模的国家级大项目，受到日本中央政府、地方政府的关心。中央新干线在草创阶段时，即受到时任经济产业大臣兼首相竞选人田中角荣和其著作《日本列岛改造论》的支持；运输省历任大臣也一直遵循重视超导磁悬浮铁路的方针。

20 世纪 70 年代的日本已经着手发展磁悬浮列车，且在九州宫崎县铺设了一条试验线；

后因日本国铁的财务恶化，磁悬浮铁路计划一度被叫停。1987年，日本国铁解散后，其在日本中部的铁路业务以及东京与大阪之间的高铁线——东海道新干线均移交给新组的JR东海公司。1990年，日本政府对JR东海公司重新开展磁悬浮铁路的相关研究下达了许可令，许可其于当年2月起开始调查中央新干线沿线的地形和地质环境；同年6月，JR东海公司向运输省提出了在中央新干线的山梨县路段上建造新磁悬浮实验线的请求，并得到了许可。

日本政府的“Innovation25战略会议”将中央新干线作为期待20年后普及的近未来技术之一，并于2007年2月写进中间报告，加速其具体化的讨论。2008年10月，JR东海公司将20世纪90年代所进行的地形暨地质探勘结果制成报告书，上交给国土交通大臣金子一义。同年12月，JR东海公司开始遵照金子一义的指示，调查了另外四项中央新干线的相关项目，并于2009年12月将完成的报告书送交给国土交通省。2010年2月24日，国土交通大臣前原诚司就JR东海公司提出的整备计划、运营与建设等问题，征询运输政策审议会（运政审），该会在受理咨询时，也对长野县路段的选线问题（3个方案）进行了方案比较，并于10月20日时选定了穿越南阿尔卑斯山脉的直线方案。

2011年5月27日，国土交通大臣大畠章宏正式指定JR东海公司为中央新干线的运营者兼建设者，并核准了中央新干线的整备计划。2014年8月26日，JR东海公司依据《全干法》，向国土交通省提出了中央新干线的兴建许可请求。10月17日，国土交通大臣太田昭宏正式批准JR东海公司建造中央新干线的东京—名古屋段。

（2）对资金、政策、技术评估等全面支持

日本政府对于磁悬浮列车研发的资助始于20世纪80年代初。MLU001是在日本财政资助下研发的第一辆磁悬浮列车。1990年，日本磁悬浮列车技术研究得到政府资助，计划长42.8km的山梨磁悬浮试验线由政府提供补助资金500亿日元。负责铁路行政管理的运输省对于1997年春开始的超导磁悬浮铁路实用化技术的开发及试验，从预算、立项等方面给予全面支持，还计划在运输省铁道局设立超导磁悬浮铁路部。为使实用化试验获得成功，运输省于1997年1月设立由专家学者组成的超导磁悬浮铁路实用技术评估委员会，综合评价在山梨试验线上进行的试验结果，并于2000年、2005年就磁悬浮实用化的前景做出了初步结论。2006年底，日本超导磁悬浮铁路实用技术评估委员会对2007年之后的技术发展方向做出了安排。

在2005年度日本财务部预案中，国土交通省有关磁悬浮铁路10.23亿日元的预算被全额批准，其中，“超导磁悬浮铁路技术开发补助金”7.23亿日元，有关高温环境下实现超导状态的低成本绕组材料及磁铁的“高温超导电磁铁等技术深化开发费”1亿日元，有关调查大深度地下空间利用安全性的“中央磁悬浮铁路调查费”1亿日元。

（3）向外输出磁悬浮技术

现阶段，日本政府将基建输出定为经济增长战略的核心。希望以美国为首，向世界各国提供日本技术，由此拉动日本的经济增长。日本政府基本决定向美国无偿提供磁悬浮技术，瞄准的是美国华盛顿至马里兰州巴尔的摩之间的高速铁路计划，若这一计划采用日本的磁悬浮技术，工程耗资预计达1万亿日元。

近年来，日本不断对磁悬浮轨道交通技术进行研究探索，计划将于2027年开通首条正式磁悬浮干线，连接京东和名古屋，其规划最高速度为505km/h。

1.2.3 中国磁悬浮轨道交通

为了掌握磁悬浮技术，研制开发磁悬浮列车这一新型高效的交通工具，我国在20世纪80年代初期就开始了磁悬浮列车的相关研究。20世纪90年代以来，我国政府持续扶持磁悬浮列车系统研究，并在“十二五”期间提出“系统掌握高速磁悬浮技术，优化完善中低速磁悬浮技术”的目标。

1）国家自20世纪90年代以来持续扶持磁悬浮技术研究

1992年，国家正式将磁悬浮列车关键技术研究列入“八五”攻关计划，成立了磁悬浮列车“八五”攻关课题组。原铁道部科学研究院、西南交通大学、国防科技大学、中国科学院等单位对常导低速磁悬浮列车的悬浮、导向、推进、控制等关键技术进行了研究。

为了实现磁悬浮车辆的国产化以及研发出具有自主知识产权的磁悬浮列车，科技部于2003年设立863高新技术项目“高速磁悬浮交通技术研究重大专项”，组织全国有关高校、研究院所和飞机与轨道车辆领先企业共同攻关。

国家“十一五”科学技术发展规划中对高速磁悬浮交通领域做出如下要求：自主研发并掌握高速（500km/h）磁悬浮交通系统的车辆悬浮导向与车载控制技术、牵引供电控制技术、运行控制技术和系统集成等核心技术，建设磁悬浮列车高速试验运行环境（30km试验线）。2007年，国家中低速磁悬浮交通试验示范线——中低速磁悬浮列车唐山试验线工程被科技部列入国家“十一五”科技支撑计划。

“十二五”期间，我国在交通运输发展规划中，对磁悬浮发展提出了新的希望：按照安全可靠、先进高效、经济适用、绿色环保的要求，依托重大工程项目，通过消化、吸收再创新、系统集成创新以及原始创新，增强自主研发能力与核心竞争力，进一步提升技术和装备水平；加大交通运输新技术、新装备的开发和应用，加快推进具有我国自主知识产权的技术与装备的市场化和产业化，带动相关产业升级和壮大；研究制定能耗和排放限值标准，研究制定装备技术政策，促进技术装备的现代化；推进先进、适用的轨道交通技术与装备的研发和应用，全面实现现代化；通过工程应用带动技术研发，突破轨道交通通信信号、牵引制动、运行控制等关键核心技术，系统掌握高速磁悬浮技术，优化完善中低速磁悬浮技术。

2）高速磁悬浮线成功运营，国产化新型高速磁悬浮线加速研发

（1）上海建成世界首条商业运营高速磁悬浮线

上海高速磁悬浮线采用德国Transrapid 08磁悬浮系统，全线从浦东国际机场至龙阳路地铁站，长33km，最高运行速度为430km/h。2002年12月31日，首列三节编组磁悬浮列车成功实现单线通车试运行。2003年，上海高速磁悬浮线实现了双线两列车和三列车循环折返全自动运行，两列车以430km/h的最高速度交会运行，五节编组列车最高试验运行速度达501km/h。2004年5月，该线正式投入商业运营。如图1-61所示为Transrapid SMT磁悬浮列车。

图1-61 Transrapid SMT磁悬浮列车

（2）新型高速磁悬浮列车处于国产化研发阶段

2005 年 5 月，大连磁谷科技研究所有限公司继“中华 01 号”磁悬浮技术试验车（低速）成功运行后，成功研制出我国首辆拥有完全自主知识产权的“中华 06 号”轻型吊轨磁悬浮试验车。该车设计速度为 400km/h，结构受力简单，节省材料，减轻了轨道和车体的重量，便于高速运行，大大地降低了运行成本，其复线每千米建设费造价约 0.8 亿元人民币，仅相当于国外先进技术的 28%。

同济大学嘉定校区高速磁悬浮试验线于 2006 年 4 月建成并投入使用。该试验线是国内唯一的高速磁悬浮交通系统综合性研发试验平台，可为高速磁悬浮交通技术的研发、系统集成、软件调试、部件性能考核与改进提供试验条件，能实现一列车、五个分区、双端供电的试验环境。

2000 年，西南交通大学研制成功世界首辆高温超导载人磁悬浮试验车。2014 年，西南交通大学建成真空管道高温超导磁悬浮车环形试验线。2019 年，西南交通大学建成真空管道高温超导磁浮车高速试验平台，最高试验速度可达 400km/h，可开展高温超导磁浮车动力学、气动、振动、噪声等方面的研究。

2021 年，由我国 30 多家高校、科研院所和企业联合研制的，具有完全自主知识产权的时速 600km 高速磁浮交通系统在青岛成功下线，这是世界首套设计时速达 600km 的高速磁浮交通系统，标志着我国掌握了高速磁浮成套技术和工程化能力。

3）中低速常导磁悬浮进入验证阶段

（1）相关试验车研发进程

国防科技大学从 1986 年开始磁悬浮列车的原理型研究。1989 年，国防科技大学成功研制出我国第一台磁悬浮列车试验样车（图 1-62）。

图 1-62　磁悬浮列车实验样车

1992 年，国家成立了磁悬浮列车“八五”攻关课题组。原铁道科学研究院、西南交通大学、国防科技大学、中国科学院等单位对常导低速磁悬浮列车进行研究，并研制出 EMS 磁悬浮试验车。

1994 年，西南交通大学成功研制了 4 个座位、自重 4t、悬浮高度为 8mm、时速为 30km 的磁悬浮列车。

1995 年，国防科技大学在株洲电力机车研究所的支持下，花 90 万元研制成 1 台磁转向架，首次实现了全尺寸单转向架的载人运行。4 个磁转向架可承载 1 辆 14m 长的磁悬浮车。

1996 年，由铁道科学研究院主持，长春客车厂、中国科学院、国防科技大学参加，共同研制的设计时速为 100km，长 6.5m、宽 3m、重 4t，内设 15 个座位的单转向架磁悬浮试验车，在铁道科学研究院的环行试验线（轨距 2m、长 36m）上成功进行了试验，并于 1998 年 12 月通过了原铁道部科技成果鉴定。

2001 年 7 月，北京控股磁悬浮技术发展有限公司和国防科技大学联合国内其他单位完成了中国第一辆全尺寸磁悬浮列车的生产制造。至 2007 年，实现双车联挂成功运行 1 万 km。

2001年8月，西南交通大学与长春客车厂和株洲电力机车研究所联合试制完成国产磁悬浮车辆竣工下线。

2004年10月22日，由大连磁悬浮课题组首席科学家李岭群领衔的大连磁谷科技研究所有限公司成功研制出“中华01号”磁悬浮试验车。该试验车车长10.3m、宽3.12m、高2.86m，设计载客32人，最高时速110km，是专为城市公交运输设计的低速磁悬浮列车。

2011年9月1日—2日，原中国南车股份有限公司的《中低速磁悬浮试验线建设及车辆研制项目可行性研究报告》获得业内专家审批通过。2012年1月20日，中低速磁悬浮列车“追风者”在株洲电力机车有限公司成功下线。

2014年，西南交通大学牵引动力国家重点实验室与常州西南交通大学轨道交通研究院、同济大学磁悬浮中心以及国内多家企业联手，自主研制出时速可达140km的磁悬浮列车。

(2)2000—2010年间相继建立五条试验线

1999年，国防科技大学与北京控股磁悬浮技术发展有限公司合作，开始研究建造我国第一条中低速磁悬浮列车试验线。2001年9月，我国第一条长204m，包括一段100m半径弯道和千分之四坡度的中低速磁悬浮列车试验线在国防科技大学建成。该磁悬浮列车车厢长15m，可载客130人，设计时速150km。2002年，该试验系统实现2000km无故障运行。

2006年，青城山中低速磁悬浮列车工程试验线在四川省都江堰市建成并联调成功。试验线全长419.925m，由西南交通大学与有关单位合作。该线磁悬浮列车速度在80～160km之间。

上海中低速磁悬浮试验系统位于浦东新区临港。2004年上海市科学技术委员会启动科技攻关计划，上海磁悬浮中心与上海电气集团联合立项，在上海投资2.5亿元建设1.7km中低速磁悬浮试验线。2006年底，上海中低速磁悬浮试验线建成，同时完成了车辆组装与调试。2008年11月，上海低速磁悬浮线上实现三节连挂列车85km/h速度试验运行，同年12月，上海低速磁悬浮试验线实现了列车的101km/h试运行速度。

2009年，中低速磁悬浮列车唐山试验线工程在原中国北车唐山轨道客车有限公司竣工并通过验收。中低速磁悬浮列车唐山试验线全长1.547km，是中国首条中低速磁悬浮列车工程化试验示范线，由中国中铁六局集团有限公司、中铁宝桥集团有限公司等单位承建。

(3)北京、长沙中低速磁悬浮工程开通运营

国内第一条开始建设的中低速磁悬浮交通运营示范线——北京市中低速磁悬浮交通示范线(S1线)项目于2011年2月28日启动建设准备工作，并于2015年开工，2017年底开通运营。S1线东起石景山苹果园枢纽，终点为门头沟石厂站，全长10.2km，全部为高架线，由国防科技大学与北京控股磁悬浮技术发展公司共同开展技术工程化研发，工程总投资约64.23亿元。图1-63为北京S1线磁悬浮列车。

2014年5月5日，湖南省发展与改革委员会网站发布了《关于长沙磁浮工程可行性研究报告的批复》文件，同意在长沙建设长沙磁悬浮工程。线路起自长沙火车南站，终于黄花机场航站楼，正线全长约18.5km，均为高架线。车辆采用株洲电力机车有限公司生产的中低速磁悬浮列车“追风者”，最高设计速度为120km/h，最高运营速度为100km/h。项目法人为湖南磁浮交通发展股份有限公司，由其负责项目的投资、建设和运营。项目投资估算总额

为 41.95 亿元，技术经济指标为每千米 2.265 亿元。工程于 2014 年 5 月 16 日正式开工建设，总工期 20 个月，于 2016 年 5 月 6 日开通试运营。图 1-64 为长沙磁悬浮列车。

图 1-63 北京 S1 线磁悬浮列车

图 1-64 长沙磁悬浮列车

目前，我国已经有商用的磁悬浮 1.0 版列车以及磁悬浮 2.0 版列车基础，磁悬浮 1.0 版列车是首个商用列车，投入正式使用是在长沙，而且是第一个投入商用自主化的项目。株洲电力机车有限公司以及国防科技大学等单位倾力研究制造了该磁悬浮列车。磁悬浮 1.0 版列车，最高速度可达 100km/h，每列车最大可载 363 人。磁悬浮 2.0 版列车，优化了集成、牵引、悬浮、受流、轻量化、制动等相关技术，相比磁悬浮 1.0 版列车，磁悬浮 2.0 版列车是世界第一列用短定子进行直线电机快速磁悬浮列车，时速提高至 160km，优化了牵引辅助系统，提升牵引率 30%，最大载客量提高到 500 人，并于 2021 年投入长沙磁悬浮快线使用。磁悬浮 3.0 版列车相比磁悬浮 2.0 版列车又有技术突破，采用非接触感应供电取代有接触供电轨，爬坡能力提升 40%，同时其还配有“最强大脑”，可以实现自动化，进行无人操作和驾驶，并且加大了对安全的检测，通过大数据分析来排除隐患。2022 年，我国拥有完全自主知识产权的首列商用磁悬浮 3.0 版列车在同济大学高速磁悬浮试验线上完成了相关动态试验和系统联调联试。相信随着科技的进步，我国磁悬浮列车技术必将会在国际拥有一席之地。中国磁悬浮列车研发进程见表 1-3。

中国磁悬浮列车研发进程 表 1-3

时间	进　程
1986 年	国防科技大学开始磁悬浮列车的原理性研究
1989 年	国防科技大学成功研制出我国第一台磁悬浮列车实验样车
1994 年	西南交通大学成功研制了 4 个座位、自重 4t、悬浮高度为 8mm、时速为 30km 的磁悬浮列车
1995 年	国防科技大学首次实现全尺寸单转向架的载人运行
1996 年	由铁科院主持，长春客车厂、中科院电工所、国防科技大学参加，共同研制的磁悬浮试验车在铁科院试验线上成功进行了试验，并于 1998 年 12 月通过了原铁道部科技成果鉴定
1999 年	我国第一条中低速磁悬浮列车试验线开始研究建造。2001 年 9 月，我国第一条中低速磁悬浮列车试验线在国防科技大学建成
2001 年	采用德国 Transrapid08 磁悬浮系统的上海高速磁悬浮线开工建设，2002 年底试运营，2004 年正式运营
2004 年	大连磁谷科技研究所有限公司成功研制出“中华 01 号”磁悬浮技术试验车，这是我国首辆拥有自主知识产权的磁悬浮样车

续上表

时间	进　程
2006年	我国自行研制、设计、施工的首条中低速磁悬浮线路——青城山中低速磁悬浮列车工程试验线在四川省都江堰市建成并联调成功
2006年4月	位于同济大学嘉定校区的高速磁悬浮试验线建成并投入使用
2006年底	位于浦东新区临港的上海中低速磁悬浮试验线建成，同时完成了车辆组装与调试
2009年	中低速磁悬浮列车唐山试验线工程在中国北车唐山轨道客车有限公司竣工并通过验收
2014年	国内多家科研机构、院校以及企业联手，自主研制出时速可达140km的磁悬浮列车
2015年	北京市中低速磁悬浮交通示范线开工
2016年	5月6日，长沙磁悬浮快线开通试运营
2019年	西南交通大学建成真空管道高温超导磁浮车高速试验平台
2021年	我国具有完全自主知识产权的时速600km高速磁浮交通系统在青岛成功下线
2022年	我国拥有完全自主知识产权的首列商用磁悬浮3.0版列车完成相关动态试验和系统联调联试

1.2.4 其他国家磁悬浮轨道交通

1）美国

美国磁悬浮列车技术研究起步较早，但在1975—1990年期间停止了相关研究。20世纪90年代以来，美国组织了国家磁悬浮计划，但在第一阶段后，未能按照既定计划完成后三个阶段的实施。20世纪90年代末，美国设立并通过了“21世纪运输权益法案”，分别从高速和中低速两个方面设立相应磁悬浮发展计划，在此计划的支持下，美国磁悬浮列车技术迅速发展，出现了多种技术创新方案。美国也曾经计划多条高速磁悬浮商业线，但目前这些项目都由于资金未到位而处于暂停或等待状态。

（1）时断时续的支持政策及研发进程

早在1963年，美国麻省理工学院（MIT）的詹姆士•鲍威尔（James Powell）和戈登•丹比（Gordon Danby）就提出低温超导高速“磁悬浮交通概念”，并于1968年获得超导电动磁悬浮专利。该技术被日本超导高速磁悬浮列车所采用。

1965年，在“高速地面运输法”（The High Speed Ground Transportation Act）的支持下，美国磁悬浮列车的研究开发也相应扩大。1971年，联邦铁道局与国际航天研究所（SRI）和福特（Ford）科学研究所签订了关于开展超导磁悬浮列车系统可行性研究的合同。另外，麻省理工学院（MIT）进行了磁场平面特性的研究，并用小模型做了试验。1974年，福特科学研究所开始了设计、制造、试验时速为500km的磁悬浮列车的研究开发工作。1975年，随着“高速地面运输法”拨款支持的结束，美国政府停止了对各种高速地面运输系统模式研究的支持。

20世纪80年代后期，美国国内对磁悬浮列车的研究再次升温。1988年，以美国能源部为首，阿尔戈纳（Argonnu）国立研究所开展了关于高温超导体用于运输领域的评价研究，该研究的报告指出了研究开发磁悬浮列车的必要性。美国国会众议院议员莫伊尼汉（Moynihan）于1989年提出报告认为：磁悬浮列车是有效的运输工具，并要求将磁悬浮列车计划列入预算。在此建议下，美国组建了磁悬浮列车技术咨询委员会（MTAC）。

20世纪90年代，美国国会初步同意在公路网计划的拨款中，出资7.25亿美元支持磁悬浮列车技术的发展，联邦政府也组织了国家磁悬浮计划（National Maglev Initiative，NMI），以确定政府是否应积极鼓励这项技术的发展。1991 年，NMI 在获得 1200 万美元拨款后正式启动。NMI 共分四个阶段：第一阶段首先开展磁悬浮列车系统概念定义（System Concept Definition，简称 SCD）的研究。与贝克特尔（Bechtel）、福斯特米勒（Foster Miller）、克拉曼（Grumman）以及马格尼普兰（Magneplane）四家公司签定为期 10 个月的合同，由他们提出四个不同的 SCD，对磁悬浮列车技术提出详尽的描述与分析，要求时速为 482km。美国有数十家公司与实验室（如林肯实验室、通用电气公司、阿贡实验室等）参与了此项研究计划，总共投资 1000 万美元。为了评价这四个 SCD 以及将它们与法国的 TGV、德国的 TR07 进行比较，NMI 组织了政府磁悬浮系统评估（Government Maglev System Assessment，GMSA）小组。该小组由美国陆军工程军团（U. S. Army Corps of Engineers）牵头，参加的有美国交通部、美国能源部的阿贡实验室以及若干交通方面的专家。论证报告于 1993 年 6 月底完成。GMSA 小组评价出两个优选方案，进入第二个发展阶段——概念设计阶段。在概念设计阶段中，政府计划投资 2000 万美元，要求于 1994 年底（共 13 个月）完成。第三阶段是 1995 年开始的工程试验阶段，1997 年 6 月完成。第四阶段为实用线路建造阶段。然而，后三个阶段并没有如期进行。

1998 年 6 月，美国国会通过了“21 世纪运输权益法案”（Transportation Equity Act for the 21st Century，简称 TEA21），以法律形式规定要在美国发展磁悬浮交通技术，由联邦交通局（Federal Transit Administration，FTA）和联邦铁道局（Federal Rail Administration，FRA）具体负责，FRA 主要负责高速磁悬浮交通，FTA 主要负责城市磁悬浮技术（中低速磁悬浮）。

（2）高速磁悬浮列车技术发展缓慢

①高速磁悬浮商业线计划前景不明。

TEA21 中的 1218 部分创建了一项由联邦铁道局（Federal Railroad Administration，简称 FRA）主管的磁悬浮发展计划，计划背后的想法是通过一个 40 英里长度的项目来验证高速磁悬浮商业服务的可行性，以便在更长距离时考虑实施。联邦政府预算提供 5500 万美元用于通过竞争过程选出最有前景的项目；另提供 9.5 亿美元用于被选项目最终的工程建设。通过全国范围的竞争，联邦铁路管理局从 11 个项目中筛选出 7 条线路进行预建设计划。2001 年，联邦铁路管理局发布了磁悬浮发展计划的最终环境影响评估报告（PEIS）。综合考虑技术、环节、组织优势和地区配套资源后，FRA 从 7 条线路中选出 2 条线路，即巴尔的摩—华盛顿特区和匹兹堡机场—匹兹堡绿堡，进入后续的评估及初始项目开发，包括工程设计和分析环节。其他 7 个项目虽然未被 FRA 选中，但仍被鼓励继续进展并寻求其他资金来源。

②磁悬浮飞机（Magplane）研发转向磁悬浮管道（Magpipe）运输系统。

Magplane 磁悬浮飞机如同无机翼的飞机，安静地飞翔在槽型铝金属导轨道之上。Magplane 是美国麻省理工学院以蒙哥马利（Montgomery）教授为首的一些专家提出来的。20 世纪 70 年代，在美国自然科学基金支持下，其原理可行性被成功验证，研究者建造了 1∶25 的模型车，100m 长的试验线，进行了五代车数百次试验。Magplane 采用永磁电动悬浮、直线同步电机驱动、电磁道岔，设计方案包括两种类型：速度为 500km/h 的高速方案和速度为在 250km/h 的准高速方案，高速方案为超导方案，准高速方案为永磁方案。

Magplane 公司基于 Magplane 技术开发了一种磁悬浮管道运输系统，并在研究与运用上取得了较大进展。Magplane 公司 2007 年与内蒙古签署合作协议，将磁悬浮管道运输系统技术应用到煤炭及矿山资源物流运输市场。

③低速磁悬浮系统创新发展。

1999 年，FTA 将城市磁悬浮项目（Urban Maglev Program）列入 TEA21 发展计划，出资 3500 万美元，主要支持用于市内交通的中低速磁悬浮交通技术的研究与发展，主要成果包括：Maglev2000 公司采用超导 EDS 技术研制的 M-2000 磁悬浮列车、通用原子（General Atomics）公司的永磁 EDS 磁悬浮列车、MagneMotion 公司的电磁永磁混合悬浮 M3 磁悬浮列车、AMT 的磁悬浮系统等。

a. M-2000 磁悬浮系统。詹姆士•鲍威尔和戈登•丹比在其早期提出的超导磁悬浮系统的基础上开发了第二代超导 Maglev-2000 系统。在此基础上，佛罗里达 Maglev2000 公司正在开发 M-2000 系统，车辆采用超导四极磁铁，能够在 300mile/h 的速度下完成电子换道，即窄束轨道与平面轨道之间的平滑过渡，具有高性能、低成本的特点。Maglev2000 计划在佛罗里达州中心建一条 20 英里长的磁悬浮轨道，连接卡纳维拉尔港和泰特斯维尔地区机场。

b. M3 城市磁悬浮系统。MagneMotion 公司利用专有技术，采用永磁悬挂结构和线性同步电机推进 M3 磁悬浮项目，自 2003 年开始与 FTA 合作验证其专利技术的可行性。M3 聚焦于设计小型紧凑车辆，能够更为灵活地将乘客快速送往目的地。2008 年，MagneMotion 公司宣布获得 FTA630 万美元的资助，目标是开发时速为 100 英里的城市磁悬浮交通系统，相比高速磁悬浮系统，M3 更为实际和可以负担。M3 全尺寸系统已在马萨诸塞州丹弗斯克莱斯特进行了室内测试（12m 长轨道），并在欧道明大学（Old Dominion University）更长距离（78m）的室外轨道上进行了测试。2013 年，FRA 发布了 M3 在欧道明大学导轨上的测试结果。

c. Inductrack 磁悬浮系统。美国劳伦斯利弗莫尔国家实验室（Lawrence Livermore National Laboratory，简称 LLNL）提出的 Inductrack 磁悬浮系统是一种被动 EDS 系统，采用 Halbach 永磁阵列产生悬浮和推进动力。通用原子公司正在与 LLNL 合作开发采用 Inductrack 磁悬浮系统的低速城市运输系统。2002 年 10 月，通用原子公司在圣迭戈开始建造 120m 长的试验线路，于 2004 年 9 月建成，并进行各种测试，包括电气设备和动力性能（推进和悬浮等）。自 1999 年至今，LLNL 共研发了三种 Inductrack 系统，Inductrack Ⅲ更适用于重型货物的运输。2013 年，世界第一辆货运磁悬浮列车在圣迭戈的试验线上接受测试。

d. AMT 磁悬浮系统。美国磁悬浮飞机技术（AMT）公司认为德国、日本和中国的磁悬浮列车系统基于高科技导轨，技术复杂且造价昂贵（每英里花费约 5 千万美元至 1 亿美元）。AMT 公司将磁铁和控制装置设置在轻量车辆中，并开发了更为简单和“愚蠢”的导轨。AMT 公司磁悬浮系统类似于日本的 HSST，采用电磁 EMS 悬浮和直线感应电机 LIM 推进。2000 年 12 月，其开始在欧道明大学建设校园载客系统，后因缺乏资金，该系统成为学校研究项目的一部分。2006 年开始，AMT 公司在乔治亚州的科布建设全尺寸试验点，高架导轨约 2000 英尺，列车运行速度超过 35mile/h。

2）韩国

韩国对磁悬浮技术的研究始于 20 世纪 80 年代中期。现代精密加工公司于 1985 年完成第一辆技术论证车型 HML-01；1993 年开发出全尺寸示范车 HML-03，并在大田世界博览会上向公众进行了展示，车辆采用 HSST 技术，在 520m 试验线上运行速度达到 60km/h。1992 年，大宇重工成功制造了 3 辆实际大小的磁悬浮列车，并在长 100m 的大宇线上通过了所有性能标准的测试试验。韩国机械材料协会联合现代集团于 1994 年开始一项由韩国科技部资助的中低速磁悬浮列车项目——KOROS Maglev。他们合作设计的 UTM 运输系统（Urban Transit Maglev）商业化样机 UTM-01 于 1997 年 11 月完成并在韩国羽田长 1.3km 的 Taeduk 试验线上进行了全面试验，最高速度可以达到 70km/h。

1999 年后，为早日推出商业化的磁悬浮运营线路，韩国主要对 UTM-01 进行改进并开展 UTM-02 的开发工作。1999 年，韩国现代集团、大宇重工和韩进重工三家车辆制造单位组建韩国轨道公司（KOROS），该公司于 2002 年改组更名为 ROTEM 公司。2005 年 5 月，ROTEM 公司和韩国机械材料学会联合开发的磁悬浮列车在大田研究院长 1.3km 的线路上成功进行了试运行，最高速度 110km/h。

2007 年，韩国建设交通部下属的建设交通技术评价院作为磁悬浮列车实用化项目主管机构，通过对包括仁川、大邱、大田与光州四座城市的考察，确定在仁川机场候机厅和龙游站之间 6.1km 的区间建设磁悬浮列车示范运营线。2012 年 11 月，由韩国政府、仁川市、仁川机场公社和现代铁路公司等共同投资 4145 亿韩元建造的城市磁悬浮列车进行了试运行。这种列车没有车轮，由车辆下方“倒 U 字形”开口状的电磁石代替车轮作用，只要电磁石得到电力供应，列车就能悬浮在空中，在电磁力的作用下向前行走。列车悬浮在线路上方 8mm 的位置运行，最高时速可达 110km。2016 年 2 月，该系统投入正式载客运行。图 1-65 ～图 1-67 为韩国相关磁悬浮列车。

图 1-65　UTM-01 磁悬浮列车

图 1-66　ROTEM 磁悬浮列车

图 1-67　仁川磁悬浮列车

韩国还将规划环绕永宗岛、总长 37.4km 的延伸路线。另外，韩国大田市已选定磁悬浮列车作为城市轨道交通 2 号线的大众运输工具，并投入 13 亿 2709 万美元的预算，修建 28.6km 和 7.4km 两条磁悬浮列车路线。

3）加拿大

1971年，加拿大三所大学（多伦多大学、麦吉尔大学、女王大学）联合组成磁悬浮研究小组。在开始的几年里，通过大规模的试验研究了电动支承、导向和驱动技术的基本性能和电动悬浮车辆的动力学问题。20世纪70年代末期，该研究小组建造了旋转试验台，用来对电动悬浮系统和无铁芯长定子直线同步电机进行试验。1979年，加拿大研制了一台模型试验车，采用直线同步电机牵引，速度480km/h。在理论研究和试验检验的基础上，加拿大曾在EDS技术领域里制定了周密的、接近于使用程度的车辆研制规划，分析了全长592km、行车速度450km/h的多伦多—渥太华—蒙特利尔磁悬浮线的可能性。但后来未见研制接近使用的样车和试验铁路。

2012年，加拿大Magnovate公司成立。Magnovate公司试图将其专有的磁悬浮运输方案Magline投入商业化运营。Magline通过利用"分组交换"模式，使得列车可以在主轨道上不减速的情况下实现离线停靠。这种模式可以让更多车次行驶在轨道上。该公司目前正在开展两个项目：一是建立高速交通系统的全尺寸原型，以便开展后续验证试验，原型预计花费1500万美元；另一个项目是在卡尔加里大学、红鹿学院和阿尔伯塔大学建立局部Magline交通系统，运行速度为150km/h。这些系统最终将融入更大的交通网络，即一条连接埃德蒙顿（Edmonton）和卡尔加里（Calgary）两个城市、长度为300km的高速（500km/h）磁悬浮线，预期成本是36亿美元，即每千米成本约为1200万美元。

近年来，加拿大又宣布将建设"磁悬浮真空列车"交通系统，多伦多到蒙特利尔车程将从6h缩短至39min，以解决交通问题。

4）瑞士

瑞士在20世纪70年代提出瑞士地铁（Swissmetro）的概念。Swissmetro是一个地下管道旅客运输系统，高速、高频地联结瑞士主要城市和地区，并进一步联结到欧洲主要城市。地下50～100m处为2根分离的内径为6.5m的单线管道，在管道内减小空气压力，隧道中每隔15km将会安置一个气泵来维持这种接近真空状态。车辆采用磁悬浮系统，由同步直线电机驱动，速度达到600km/h。

1981年，该项目得到洛桑联邦理工学院专家的支持并进行了初步可行性研究；1985年得到日内瓦州和铁辛州的官方支持。1989年，联邦政府投入50万瑞士法郎进行初步研究。

1992年，瑞士地铁公司成立，该公司的主要任务是筹备和实施"瑞士21世纪超高速地铁工程"，并进行实验室研究和进一步论证。

近年来，瑞士又提出了真空管道高速磁悬浮列车等高速磁悬浮方案，进一步发展磁悬浮技术。

1.3 我国发展磁悬浮轨道交通的必要性

磁悬浮轨道交通是新型的地面交通系统，磁悬浮列车正常运行时的最高速度可达到400～500km/h，是目前速度最快的地面交通工具，这个速度区间也刚好弥补了铁路与航空之间的速度断层。实证研究表明，异地旅行最好能控制在3h以内，这样既不会感觉疲劳，也可以做到朝发夕至，节省异地住宿费用。因此，对于200～1500km区间的距离，磁悬浮应该是极佳的交通工具。磁悬浮交通和轮轨铁路交通一样，比公路交通更有利于节约土地。根据资料分析，在同等单位运输能力下，高速公路占地是磁悬浮铁路的三倍。选择磁悬浮交通可以在节省旅行时间的同时，节省城市交通建设空间，减少对土地资源的占用，具有较好的经济效益和社会效益。

2016 年，国家重点研发计划"先进轨道交通"重点专项"磁悬浮交通系统关键技术"项目启动申报，以进一步大力发展我国磁悬浮轨道交通系统的关键技术；2019 年"磁悬浮交通系统关键技术"项目顺利通过中期检查。

（1）我国发展磁悬浮轨道交通，可以作为缓解交通运输供需紧张局面的一种重要途径，符合我国高速客运轨道交通行业迅速发展的需要。我国幅员辽阔，南北长约 5500km，东西宽约 5200km，各省（区、市）之间的距离多数在 1000 ～ 2000km 之间。经济发展导致大城市间的交通需求快速增长，这对提高客运交通速度提出了迫切要求。此外，由于我国人口众多，石油资源有限，远距离交通不能像美国那样以高耗能的航空为主，选择包括磁悬浮在内的高速轮轨交通无疑是一种可行的发展方向，这就为电气化高速铁路和磁悬浮交通提供了很大的发展空间。近年来，我国快速发展的电气化高速铁路，已经在与民航的竞争中体现出了优势。目前电气化铁路运行速度为 200 ～ 350km/h，而磁悬浮列车的速度可达 400 ～ 500km/h。磁悬浮交通运行速度介于高速铁路与飞机之间，填补了高速客运交通的空白速度区间，该优势能够在现有交通体系中找到自己的位置并发挥作用。

（2）我国发展磁悬浮轨道交通，同样是保护环境、节约资源的一种合适选择。经过多年的建设和发展，我国的交通运输系统已经呈现出一定程度的密集性，可供交通运输业发展的资源越来越有限，例如可用于修建交通设施的土地资源减少。城市交通枢纽的建设需要考虑如何更节省和有效地使用空间；自然条件比较脆弱的地区建设交通系统，需要考虑当地生态环境和地理条件的承受能力。磁悬浮交通相对于其他交通方式，具有节约土地、环境污染少等突出优点。发展磁悬浮轨道交通可以实现交通运输发展与环境保护和节约资源相互兼容的目的。

（3）我国发展磁悬浮轨道交通，也有利于磁悬浮交通技术的发展，其增值效应有助于产业优化。磁悬浮轨道交通集磁悬浮、直线驱动、超导等高科技于一体，并吸取了机械加工、材料科学、交通工程等方面的最新技术成果，凝聚着一系列的高新技术。随着磁悬浮技术在交通中的应用，一个个与之相关的高度技术密集型产业——磁悬浮产业已经诞生，并日益引起世人关注。作为一个新兴的工业和技术领域，磁悬浮技术在德国、日本等发达国家发展较早，具有一定优势。但中国经过多年的技术积累，也已经具备了一定的基础，并拥有自己的科研团队。在建设和研究上海磁悬浮示范线过程中，我国在引进德国技术的基础上，对磁悬浮技术进行自我消化并逐步实现国产化。目前我国在磁悬浮轨道基础设施方面基本全部实现了"中国制造"，独立开发了具有自主知识产权的线路和轨道技术，并获得多项专利技术。这些都是我国发展磁悬浮交通的有利条件。上海磁悬浮示范线成功后，我国成为世界上第一个建设磁悬浮商业运营线的国家。随后我国又建设了北京、长沙磁悬浮线。未来中国可以上海、北京等地为磁悬浮应用和技术研究中心，以磁悬浮技术为核心向其他技术领域渗透，形成新的经济增长点。磁悬浮交通技术是一种综合性技术，由其衍生而出的是一个庞大的技术群体。磁悬浮技术不仅仅应用于轨道交通，还可以带动机电、冶金、信息、建筑、设备及备件等产业的发展。随着磁悬浮技术的不断演进以及应用领域的不断拓展，将催生更多的高新技术产业，这些高新技术对新兴产业的形成和经济发展起着重要作用。应该看到，磁悬浮产业不仅仅是一个技术密集型的制造业，也是一个技术密集度很高的服务业。在磁悬浮轨道交通产业化过程中，伴随一系列配套的工业服务业，这些服务业同样具有极高的科技含量。可见，由磁悬浮技术带来的技术扩散和增值效应，对于推进我国高科技产业发展，加快产业结构升级与优化具有一定的意义。当前，应及时抓住发展高速磁悬浮轨道交通的契机，培育一批从事磁悬浮研究与产业化工作的骨干力量，为未来我国在相关产业的发展奠定基础。

（4）我国发展磁悬浮轨道交通，首先应在战略上形成一个整体规划，在战略上对铁路和磁悬浮轨道交通进行定位和分工。加强技术和应用的研究，分析高速铁路与磁悬浮轨道交通的优劣势，从更长远的视角分析和论证发展磁悬浮轨道交通的意义和可行性。在综合交通体系建设中，合理布局高速公路、高速铁路与磁悬浮轨道交通线路，避免重复建设。其次，需积极探索磁悬浮轨道交通项目建设与运营的投融资体制。由于磁悬浮轨道交通项目投资大，周期长，不适宜全部由政府出资建设，应吸引民间资本参与投资，承担风险和分享收益。因此我们可以在严格论证基础上，制定行业标准，选定更多可行的项目，适时开始实际的投资建设，使磁悬浮轨道交通在我国交通运输中真正发挥作用。鉴于磁悬浮技术可能对产业经济产生积极正面的影响，现阶段国家在战略高度上给予了磁悬浮轨道交通更高、更广的发展平台。

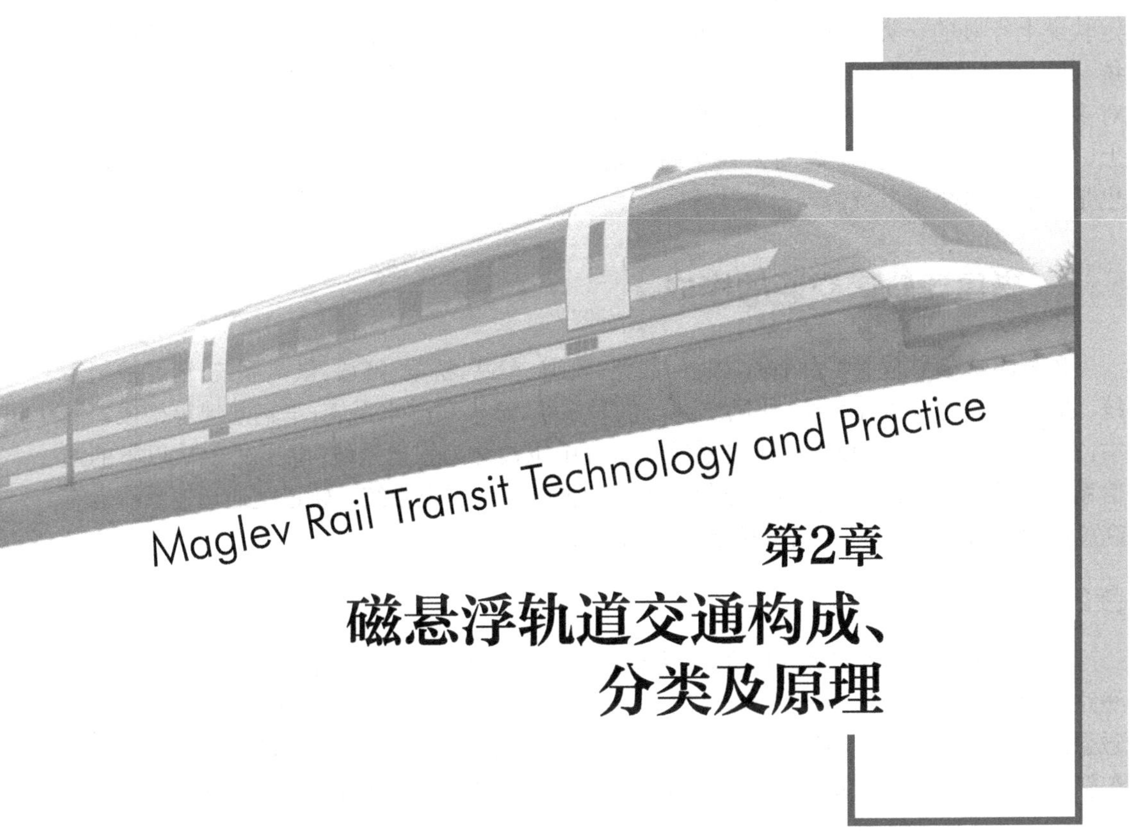

第2章
磁悬浮轨道交通构成、分类及原理

人类从诞生之初就对距离充满好奇，距离越远，梦越神秘……人类开始尝试各种各样的能为双腿助力的工具，速度越快，梦越神奇……马车、自行车、汽车、蒸汽机车、内燃机车、电气化机车、飞机、高铁……随着社会经济的发展和科学技术的进步，人们对速度的要求也与日俱增。

轨道交通的出现无疑是人类交通史上的一个里程碑，其将分散的、无序的近距离交通运输工具进化为大型的、公共的远距离交通运输设施。轨道交通是指运营车辆需要在特定轨道上行驶的一类交通工具或运输系统。我们最为熟悉的轨道交通就是传统的铁路系统，其由车辆和标准铁路所组成。随着车辆形式和铁路技术的多元化发展，以及社会发展对多元化出行的需求，轨道交通的类型呈现更多的变化，在原来的长距离陆地运输的基础上，城市及城市间中短距离的公共交通迅速发展起来。本书所讲的磁悬浮轨道交通自然也是属于轨道交通系统的一个分支。

2.1 磁悬浮轨道交通的构成

磁悬浮轨道交通主要由车辆、限界、线路、轨道、车站、桥梁、隧道、供电系统、运行控制系统、通信系统、综合监控系统、通风空调与供暖系统、给水和排水系统、车辆基地等构成。其中，交流电电压在 24V 以上的供电系统在工程中也被称为强电系统；电压在 24V 以下的通信系统、运行控制系统、综合监控系统在工程中被统称为弱电系统。轨道交通运输系统具有高度集中的特点，各个环节紧密相连、协同配合。

2.1.1 车辆

磁悬浮车辆是对外服务的媒介，是人们享受磁悬浮轨道交通系统的入口。因此，行驶在线路上的车辆是与我们接触最为紧密的一部分。磁悬浮车辆在运行时不与地面接触，它是磁悬浮交通系统中最核心的设备之一。随着磁悬浮铁路的发展以及系统制式的不断演变，车辆也随之不断地更新发展。近几十年的发展更为显著，轨道交通技术较为领先的国家对磁悬浮车辆提速升级十分重视，技术发展很快。

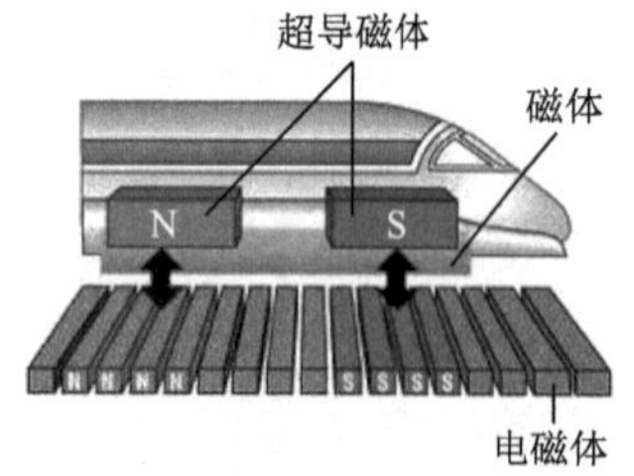

图 2-1 磁悬浮车辆原理示意图

磁悬浮车辆的原理并不深奥。如图 2-1 所示，它是运用磁铁“同性相斥，异性相吸”的基本物理原理，使位于上部的磁铁具有抵抗重力引力的能力，即“磁性悬浮”。将“磁性悬浮”的原理运用在轨道交通系统上，由直线电动机提供列车运行所需动力，利用感应原理驱动车辆向前行驶，使列车完全悬浮在轨面上脱离轨道前进。由于轨道与车轮之间没有摩擦，时速可达几百千米，若能很好地解决风阻问题，则时速能达到更高。这便是我们所说的“磁悬浮列车”。

与传统轮轨车辆相比，磁悬浮车辆的下部没有像轮轨那样的轮对和轴向，只有直线电机的初级电枢，支撑车辆的电磁铁、液压支撑轮、制动夹钳、悬浮控制设施等。悬浮转向架和悬浮控制是磁悬浮交通车辆独有的。

以超导磁悬浮车辆（图 2-2）为例，对磁悬浮车辆的构造进行介绍。图 a）和图 b）分别是“⊥”形和“U”形导轨上的磁悬浮车辆。磁悬浮车辆的外形与甲壳虫十分相似，车厢采用轻型结构制造而成。磁悬浮车辆型式主要有端车和中车有两种，端车指带有司机室的车辆，中车指无司机室的车辆。根据线路运能需求和系统牵引能力，一般由 2 节端车与若干节中车编组成一列车。各节车辆之间由车钩连接，车钩具有弹性缓冲功能，能抑制车厢间的相对移动。司机室与客室之间、客室与客室之间设有贯通门，使各节车辆可以相互连通。车辆的结构和参数是决定线路结构和参数的主要依据。

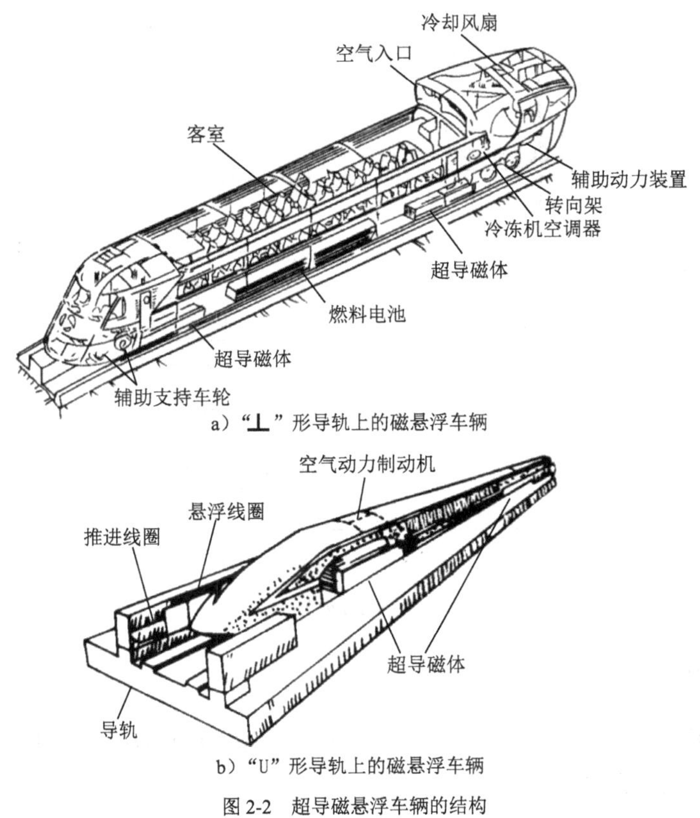

a）“⊥”形导轨上的磁悬浮车辆

b）“U”形导轨上的磁悬浮车辆

图 2-2　超导磁悬浮车辆的结构

从功能结构划分，磁悬浮车辆主要包括磁悬浮转向架及其上安装的电磁铁、二次悬挂系统和车厢。车厢内部空间主要由客室、司机室和动力室三部分构成。客室即为乘客使用的空间，在整列车中占的比重较大，客室内设若干座椅。动力室里设有辅助动力装置、车载蓄电池、应急制动系统和悬浮控制系统等电气设备，还有为客室提供舒适乘车环境的冷冻机和冷却风扇等空调设备。

磁悬浮车辆按照不同的分类方式可以分为很多种类，如图 2-3 所示。国际上有代表性的几种磁悬浮列车有：高速常导磁悬浮列车、低速常导磁悬浮列车以及高速超导磁悬浮列车。高速常导磁悬浮车为德国研制的 TR 系列；低速常导磁悬浮车为日本研制的 HSST 系列；高速超导磁悬浮车为日本研制的 ML 系列。目前，世界磁悬浮列车技术领域中，日本和德国两个国家占据领先地位。后面的章节将对各种系统制式的车辆分类、原理及技术参数进行详细介绍。

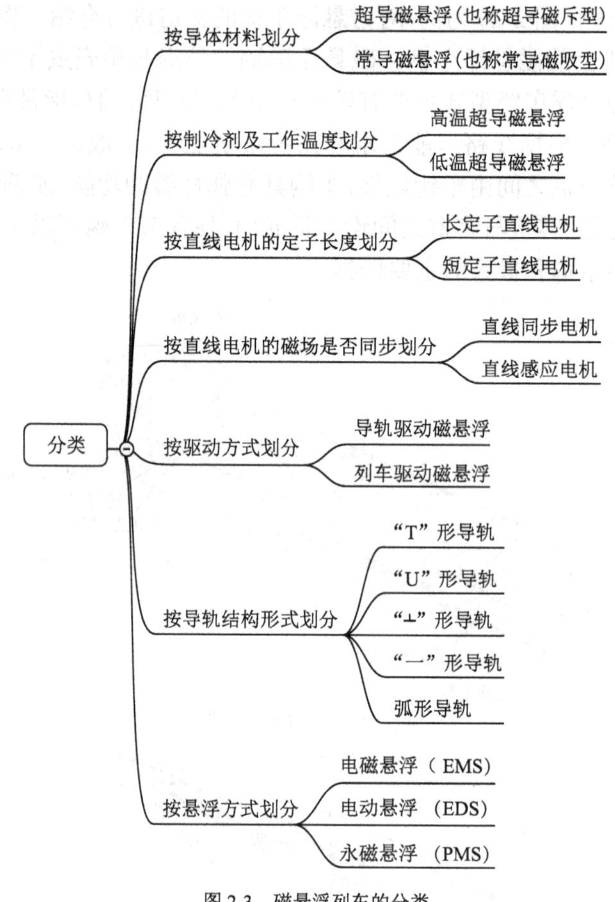

图 2-3　磁悬浮列车的分类

2.1.2 限界

限界是指为了确保车辆在线路上运行的安全,防止机车车辆撞击邻近构筑物和设备等,而对车辆和接近线路的构筑物、设备所规定的不允许超越的轮廓尺寸线。限界分为车辆限界、设备限界和建筑限界三类。车辆限界是指车辆在平直线上正常运行状态下所形成的最大动态包络线,用以控制车辆制造,以及制定站台和站台门的定位尺寸。设备限界是指车辆在故障运行状态下所形成的最大动态包络线,用以限制行车区的设备安装。建筑限界是指在设备限界基础上,满足设备和管线安装尺寸后的最小断面。一般而言,车辆轮廓线<车辆限界<设备限界<建筑限界<结构外轮廓,如图 2-4 所示。

限界除了与列车的性能有关,还与线路的水平曲线半径、竖曲线半径、轨道横坡、过站速度等因素有关。图 2-5 就是车辆在曲线段由于曲线几何偏移、轨道超高或欠超高(未平衡离心加速度)引起的车辆倾斜、曲线上轨道参数及车辆参数变化引起的附加偏移等因素叠加,使得水平曲线段限界加宽。此外,高架或地面线路还要考虑测风载荷。设计限界越大,工程的安全度越高,但工程量和工程投资也随之增加。因此,合理确定限界,既要考虑保证列车运行安全,也要考虑系统建设成本。

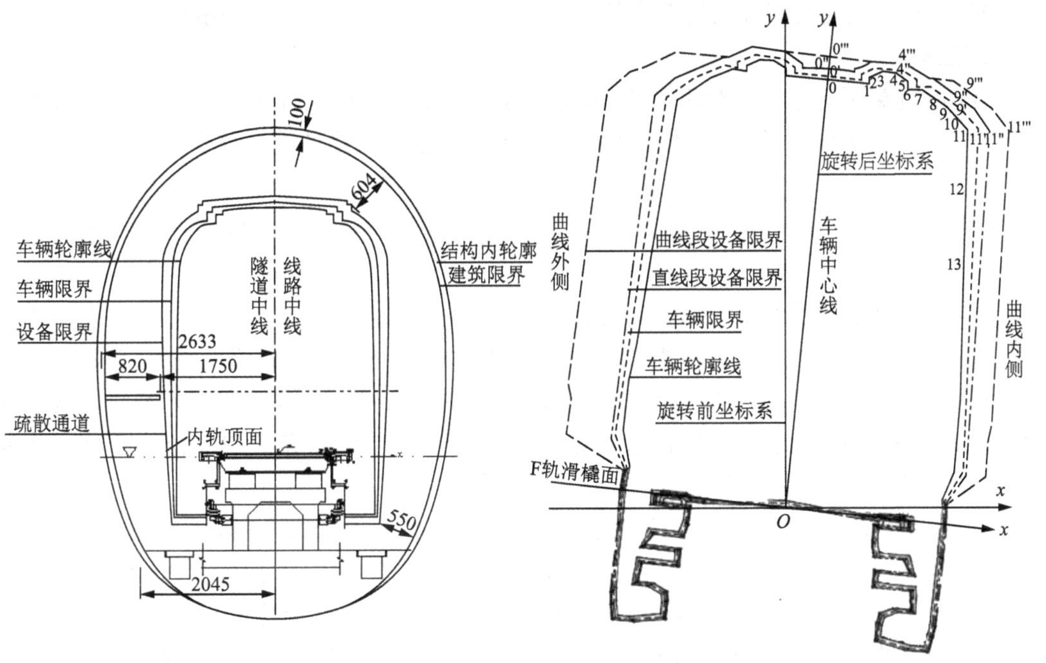

图 2-4　车辆轮廓及限界图(尺寸单位:mm)

图 2-5　曲线段限界加宽示意

2.1.3　线路

线路是磁悬浮轨道交通系统的基石,这一点与轮轨交通系统一样,它是决定我们的列车从哪里来,到哪里去的根本。在磁悬浮项目建设之前,工程师首先要规划列车行驶的线路。多条线路交织起来,形成像蜘蛛网一样四通八达的线网。轨道交通工程通过线网连接你我的生活,线网在规划时一般需考虑承接城市总体规划和城市轨道交通远景线网规划的要求,同时在线路选择时以客流为依据,并将车站设置在主要客流集散点、各类交通枢纽及轨道交通的换乘点等区域。线网规划的宗旨就是为了方便大众出行,最终在磁悬浮轨道交通的各运营线之间,以及与其他交通方式之间,形成便捷的换乘方式。另外,线路的走向选择还需要考虑沿线地理环境、地形条件、线路所经区域特征等情况以及行车安全、消防、减振、降噪、景观、节能减排和居民隐私等相关要求。

线路是磁悬浮轨道交通的基础组成部分,线路走向对轨道交通的作用、定位及带动周边地区的发展起着至关重要的作用。敷设方式一般以地面、高架敷设方式为主,在有特殊要求的地段,也可采用地下敷设方式,其中线路正线宜采用架空、全封闭敷设方式。线路的平面位置和高程及敷设方式与轮轨系统类似,均需根据城市现状,规划的道路、管线和其他构筑物、地面建筑物、文物古迹保护要求,地形与地貌,工程地质与水文地质条件,环境与景观,采用的结构类型与施工方法,以及运营要求等因素,经技术经济综合比较后确定。

在运行中,磁悬浮列车的车辆与轨道不接触,列车的行驶和制动不再依赖轮轨间的黏着力,而是利用直线电机产生的电磁牵引力。这使得磁悬浮列车与传统轮轨列车相比,转弯半径更小,爬坡能力更强,线路对地形的适应性非常灵活。

磁悬浮轨道交通线路按其运营中的地位和作用分为正线、配线和车场线。

1）正线

正线是贯穿所有车站、区间、供车辆载客运营的线路。正线行车速度高、密度大，要保证行车安全和乘坐舒适，线路标准要求高。正线线路按其正线条数可分为单线线路和双线线路。

单线线路（图 2-6）是运营区间内只有一条正线的线路。在同一区间或同一闭塞分区内，同一时间只允许一列车运行，对向列车的交会和同向列车的越行只能在车站或避让线内进行。单线铁路运输效率低，在改革开放前的普速铁路时期较为常见。一般是在有交通刚需但客货流量又很有限的地方修建，如广梅汕铁路。还有些地区的铁路受到经济成本、地势环境或施工技术的制约，迫不得已只能先建成单线铁路，如成昆铁路。单线铁路可以建成环形轨道，通过单向周而复始地环行，解决往返方向车辆的问题，一般在磁悬浮列车或单轨列车的实验路段项目里特别常见。

双线线路（图 2-7）又称复线线路，是指一定里程区间范围内有两条正线的线路，并分设了上行线和下行线，方向相反的列车在不同轨道上行驶。普速铁路时期，双线线路在国内较少。高铁时代，随着国内经济水平、科学技术、人口数量和区域交流等大幅度提高，双线线路成为中国铁路的主要形式，不仅复线化改造了一大批既有普速铁路，而且兴建了多条一次性完工的双线电气化高速铁路和城市轨道交通线路。铁路线路采用左侧行车制，而城市轨道交通系统双线线路采用右侧行车制。

图 2-6 单线线路

图 2-7 双线线路

2）配线

配线是为了保证正线运营，合理调度列车，为空载列车提供折返、停放、检查、转线及出入段作业而配置的线路。配线速度要求低，标准比正线低。磁悬浮轨道交通的配线主要包括折返线、停车线、渡线、车辆段出入线等。

（1）折返线

折返线是指在线路两端终点站或中间站，为能开行折返列车而设置的专供改变列车运行方向的线路。轨道交通线路中，全线的客流分布一般不太均匀，通常需要根据行车交路的要求，在终点站与中间站或中间站与中间站之间开行折返列车，这些可折返的车站需配置折返线。列车的折返方式可以采用站前折返，也可以采用站后折返。通常站后折返的安全性高且站内交叉干扰小，而站前折返有利于节省工程投资。

（2）停车线

停车线指用于正线运行中列车临时存放的线路，也称存车线或待避线。停车线的基本功能是用于故障车临时待避，也兼作临时折返和停放线功能。其一般在车站一端单独设置，使故障车及时下线，退出运营，维持正线正常运行。因此停车线布置的密度与运营方便性和灵活性密切相关，当然也涉及工程规模和造价，为此需在运营方便与工程造价之间寻找到中间的平衡点。

（3）渡线

渡线是指用来连接两条平行铁轨的一段铁轨，使行驶于某路线的列车可以换轨至另外一条路线。

（4）出入线

出入线是引导列车从一条线路转移到另一条线路的设施，一般由两组单开道岔及一条连接轨道组成。考虑运营安全，出入线的接轨点设在车站端部，不可在区间接轨。出入线应按双线双向运行设计，并避免与正线平面交叉，这是设置出入线在功能上保持灵活性和安全性的基本原则，因此出入线应以设置于两条正线之间为宜。

3）车场线（图 2-8）

图 2-8　车场线示意图

车辆基地是以车辆停放、检修和日常维修为主体，集中车辆段（停车场）、综合维修中心、物资总库、培训中心及相关的生活设施等组成的综合性生产单位。车场线是在车辆基地车辆检修作业用的线路，行车速度较低，限量标准只要满足厂区作业要求即可。

2.1.4　轨道

与线路系统相同，轨道系统也是磁悬浮轨道交通的基石，轨道系统是指用条形的钢材铺成的供列车行驶的路线，引导车辆运行，承受列车荷载和约束列车方向的设备或设施的总称。轨道结构是轨道设备或设施中用于车辆支撑和导向并将列车荷载传向下部结构的组合体，应具有足够的强度、稳定性、耐久性和适量弹性，确保列车安全、平稳、快速运行和乘客舒适。

磁悬浮轨道交通系统的轨道结构主要包括轨排、扣件、支撑块、承轨台、道岔及基础以及附属设备。磁悬浮列车的悬浮、导向和推进设备，有一部分安装在车辆上，而另一部分安装在轨道上，因此轨道结构必须与之相适应。尤其是直线电机，对轨道平面的要求是较为严格的。磁悬浮轨道交通使用的感应轨和轨道上的连接扣件均采用无磁钢。

一般线路的轨道结构可分为两种，即低置轨道结构和高架轨道结构。

①低置轨道结构：在磁悬浮线路与现有的交通线（公路、铁路）平行的情况下，轨道可以在平地上铺设在路堑、隧道和原结构如桥梁或者车站建筑物等处。这种建造在平地上或基本上贴着地面建造的轨道结构被称为低置轨道结构。低置轨道结构轨道顶面距地面高度在1.35 ～ 3.5m。这个高度可以保证排水及小动物通过的要求。在桥梁和隧道过渡地段，是在完成桥隧基本结构的基础上，用低置轨道结构的方式将支承梁固定在初级支承结构上。低置轨道如图 2-9 所示。

图 2-9　低置轨道示意图

②高架轨道结构（图 2-10）：高架轨道结构就是架设在空中的轨道结构，将轨道构件架设在桥梁结构上，轨道顶面至地面的高度为 3.5 ～ 20m。

图 2-10　高架轨道结构

磁悬浮轨道交通所使用的轨道结构有多种形式，常用的有“T”形、“U”形、“⊥”形、“一”形导轨和弧形导轨。本章 2.2.7 节将对其进行详细介绍。

道岔是车辆从一股轨道转入或越过另一股轨道的线路连接设备。作为轨道交通系统，磁悬浮线路上设置道岔是必不可少的，需要采用道岔来改变列车的运行方向，但道岔的形式和传统铁路大不相同。磁悬浮列车使用时，车体包住轨道，轨道转换需采用轨道整体移动方式，所以磁悬浮交通的道岔远比轮轨系统复杂。其不采用尖轨、辙叉形式。目前国内外投入运营的几条中低速磁悬浮线路都采用关节联动型道岔，包括单开式、两开式、三开式和组合式交叉渡线道岔（图 2-11）。道岔系统是机电一体化设计的典型，其主要部分包括梁体结构（含垛梁）、锁定装置、驱动装置、控制装置、走行轨等。道岔构成部件有主动轨、从动轨、调整轨、结合轨、转动装置、锁定装置和操作机构等。当需要改变磁悬浮列车的运行方向时，主动轨转动，从动轨也随之转动，当转到规定部位时，由结合轨进行连接。调整轨调整定位后，由锁定装置进行锁闭。于是，列车可以安全地转变运行方向。多次试验证明，其安全性、可靠性和耐久性是完全可以得到保证的。图 2-12 为北京 S1 线车辆段咽喉区交叉渡线图。

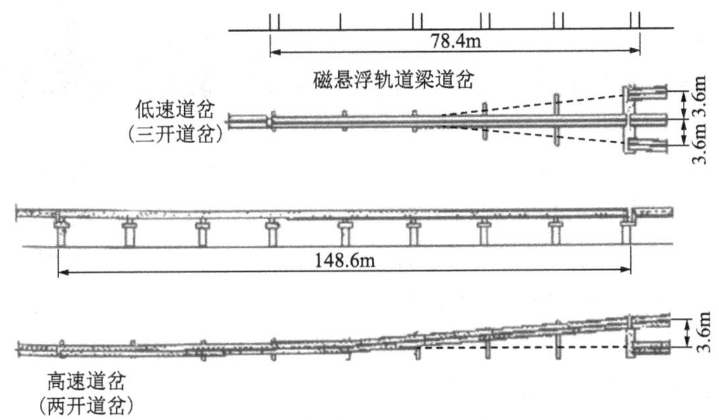

图 2-11　道岔形式

图 2-12　北京 S1 线车辆段咽喉区交叉渡线图

2.1.5　车站

列车行驶的路线确定了，那地铁车站又要建在哪里呢？依据城市规划，地铁车站一般会选择建在住宅区、商业区等主要客流集散点，以方便市民出行，同时考虑土地利用、与其他交通方式换乘便捷性、周边环境条件等因素。

轨道交通的车站作为客流的节点，是乘客出行的基地，也是跟我们的日常生活联系最紧密的一部分。旅客上下车以及相关的客票服务等作业都是在车站进行的，同时轨道交通车站也是列车到发、通过、折返、临时停车的地点。车站的建设既要满足新建线路的换乘需要，大多数时候还要考虑与既有市政规划的结合，因此车站形式多种多样。车站按位置可分为地面站、地下站、高架站（图 2-13）；按运营性质可分为中间站、区域站、换乘站、枢纽站、联运站、终点站；按站台形式可分为岛式车站、侧式车站、混合式车站。

图 2-13　高架车站效果图

一座标准车站通常由站厅、站台、出入口通道、楼扶梯、售检票口等组成。乘客由出入口安检后进入车站站厅，在售票机买票，经过检票闸机进站，通过楼扶梯到达站台层候车，车辆进站停靠稳定并打开列车门和车站站台门，乘客在停车时间内上、下列车。从进入车站到上车启程，加上候车时间，一般全程不超过 10min，旅客即可通过车站进入到轨道交通为人们编织的运输网，享受社会发展带来的出行便利。

车站除有乘客出行经过的公共区外，还有设备管理用房区域。用于布置站内管理人员的办公室、通信信号等弱电系统机房、变电所等强电机房、空风空调机房、水泵房的功能性房间。如图 2-14 为高架车站剖面图。

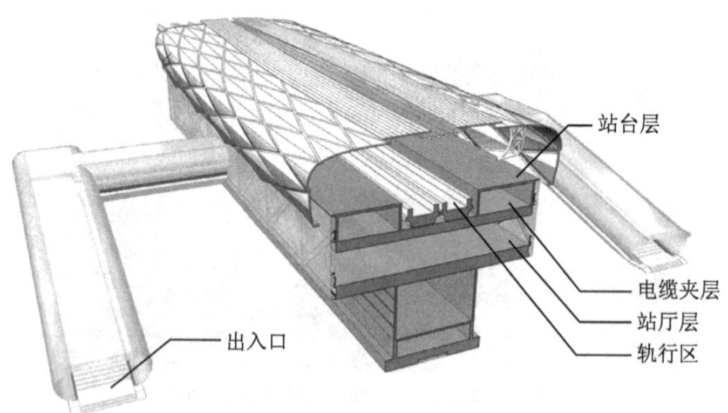

图 2-14　高架车站剖面图

车站的总体布局，应符合城市规划、城市交通规划、城市轨道交通线网规划、环境保护和城市景观的要求，妥善处理好与地面建筑、城市道路、地下管线、地下构筑物及施工时交通组织之间的关系，减少房屋拆迁和管线改移。同时，车站设计还应满足高峰小时客流量要求，保证乘客乘降安全、疏导迅速、布局紧凑、便于管理，并应具有良好的通风、照明、卫生、防灾等设施，为乘客提供安全、舒适的乘车环境。

随着我国轨道交通建设的蓬勃发展和城市交通网的逐步建立，车站在城市轨道交通系统中所处的枢纽地位和重要作用得到了进一步重视。车站的开发和物业的结合越来越具有重要的经济和社会效益，不但可以高效利用有限的轨道交通的建设资金，同时也让车站的作用得到充分发挥，进一步推动沿线土地价值的提升。

2.1.6 桥梁

磁悬浮轨道交通与其他轨道交通系统一样，可以修建在路基上、隧道内，或者修建在高架桥上。由于磁悬浮列车与线路的耦合关系，磁悬浮轨道交通的线路必须具有一定的高度。考虑减少与城市或其他道路的干扰，尽量少占土地，并使线路具有足够的平顺性和刚度等问题，修建地下线路与高架线路可同时满足以上要求，但地下线路工程量较大、施工困难、造价昂贵，因此，修建高架线路（图 2-15）具有更大的优越性，国内外许多地区的磁悬浮轨道交通均采用高架线路。

图 2-15　高架线路示意图

磁悬浮轨道交通线路大多采用桥梁架设方式。线路上部结构为包括用于联结悬浮、导向和推进设备的精密焊接的钢结构或钢筋混凝土结构的支承梁，下部结构为钢筋混凝土支墩和基础。磁悬浮轨道交通的桥梁与普通轮轨桥梁不同，主要表现在桥梁跨度和刚度的要求更加严格，因此制造和施工精度要求较其他轨道交通系统要高。

磁悬浮轨道交通线路对梁式结构的允许跨度有严格规定，主要是为了满足磁悬浮列车这种特殊车辆安全平稳运行的要求，由于磁悬浮列车悬浮运行时，车轨之间的缝隙较小且精度要求较高，车辆对轨排的平顺度要求严格，轨排磁极面平顺度和全长平面度小于其他轨道交通系统，因此的对轨道下桥梁的刚度提出了严格要求。当挠度较大时，支座转角必然会大，线路形成突变，不能维持连续平顺的曲线，会影响磁悬浮车辆的安全平稳运行，也不利于磁悬浮这种特殊轨道的养护。

2.1.7 隧道

随着磁悬浮轨道交通的发展，由于地面交通的紧张，在城市中心城区有时需采用地下敷设方式。在跨江、跨海区间，采用地下敷设也是一种常用的工程方案。地下隧道根据工法不同，主要分为用放坡开挖或护壁施工的明挖隧道、用盾构法或矿山法施工的暗挖隧道和用沉管法等特殊方法施工的隧道形式。

1）明挖法

明挖法是指一种先将地面挖开，在露天情况下修筑衬砌，然后再覆盖回填的地下工程施工方法，多用于施工场地较为开阔的浅埋地下区间。明挖法是软土地下工程施工中最基本、最常用的施工方法。图 2-16 为明挖法基坑。

图 2-16 明挖法基坑

明挖法的优点是施工技术简单、快速、经济及主体结构受力条件较好等，在没有地面交通和环境等条件限制时，应是首选方法。但其缺点也是明显的，如阻断交通时间较长、噪声与震动大等。

2）暗挖法

暗挖法即不挖开地面，采用在地下挖洞的方式施工。矿山法和盾构法等均属暗挖法。

①盾构法。盾构法是施工中的一种全机械化施工方法（图 2-17）。它是将盾构机械在地中推进，通过盾构外壳和管片支承四周围岩，防止发生往隧道内的坍塌。同时在开挖面前方用切削装置进行土体开挖，通过出土机械运出洞外，靠千斤顶在后部加压顶进，并拼装预制混凝土管片，形成隧道结构的一种机械化施工方法。

盾构机于 1847 年发明，它是一种带有护罩的专用设备。利用尾部已装好的衬砌块作为支点向前推进，用刀盘切割土体，同时排土和拼装后面的预制混凝土衬砌块。盾构机掘进的出渣方式有机械式和水力式，以水力式居多。水力盾构在工作面处有一个注满膨润土液的密封室。膨润土液既用于平衡土压力和地下水压力，又用作输送排出土体的介质。

盾构机既是一种施工机具，也是一种强有力的临时支撑结构。盾构机外形上看是一个大的钢管机，较隧道部分略大，它是设计用来抵挡外向水压和地层压力的。它包括三部分：前部的切口环、中部的支撑环以及后部的盾尾。大多数盾构的形状为圆形，也有椭圆形、半圆形、马蹄形及箱形等其他形式。

盾构法具有明显的优越性：a. 在盾构的掩护下进行开挖和衬砌作业，有足够的施工安全性；b. 地下施工不影响地面交通，在河底下施工不影响河道通航；c. 施工操作不受气候条件的影响；d. 产生的振动、噪声等环境危害较小；e. 对地面建筑物及地下管线的影响较小。因此成为城市轨道交通地下区间主要的施工方式。

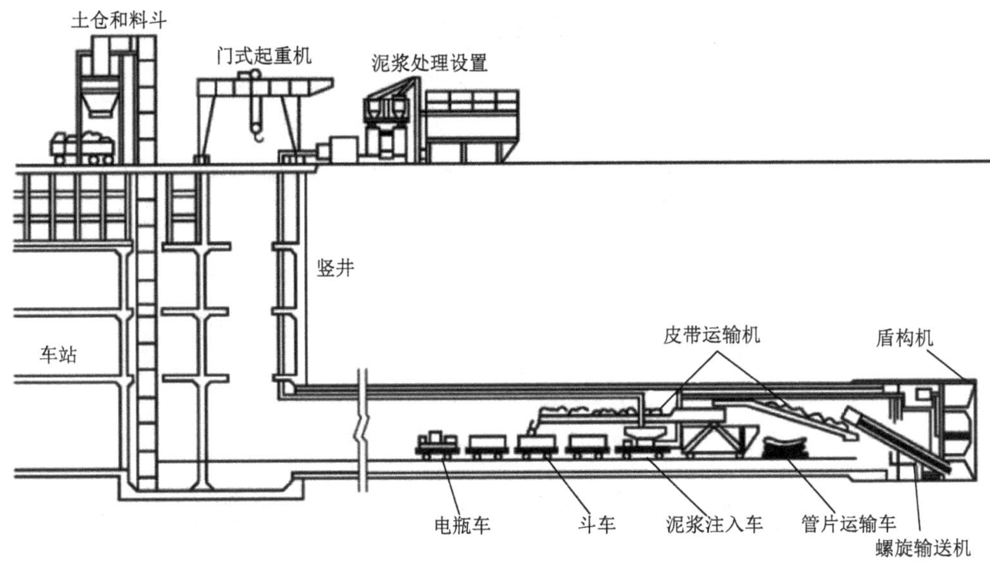

图 2-17　盾构法施工示意图

地下隧道的设计应减少施工中和建成后对环境造成的不利影响，以及城市规划引起周围环境的改变对结构的作用。主体结构和使用期间不可更换的结构构件，应根据使用环境类别，按设计使用年限为 100 年的要求进行耐久性设计。

②矿山法。矿山法指的是用开挖地下坑道的作业方式修建隧道的施工方法，主要用钻眼爆破方法开挖断面而修筑隧道及地下工程。矿山法是一种传统的施工方法。因借鉴矿山开拓巷道的方法而得名。

它的基本原理是，隧道开挖后受爆破影响，造成岩体破裂形成松弛状态，当地层松软时，则可采用简便挖掘机具进行开挖，并根据围岩稳定程度，在需要时应边开挖边支护。基于这种松弛荷载理论依据，其施工方法是按分部顺序一块一块地开挖，分部开挖时，断面上最先开挖导坑，再由导坑向断面设计轮廓进行扩大开挖。分部开挖主要是为了减少对围岩的扰动，分部的大小和多少视地质条件、隧道断面尺寸、支护类型而定。在坚实、整体的岩层中，对中、小断面的隧道，可不分部而将全断面一次开挖。如遇松软、破碎地层，须分部开挖，并配合开挖及时设置临时支撑，以防止土石坍塌，所以该工法支撑复杂，木料耗用多。矿山法施工工序如图 2-18 所示。

3）沉管法

沉管法是预制管段沉放法的简称，是在水底建筑隧道的一种施工方法。沉管隧道就是将若干个预制段分别浮运到海面（河面）现场，并一个接一个地沉放安装在已疏浚好的基槽内，以此方法修建的水下隧道。沉管隧道纵断面如图 2-19 所示。

其施工顺序是先在船台上或干坞中制作隧道管段（用钢板和混凝土或钢筋混凝土），管段两端用临时封墙密封后滑移下水（或在坞内放水），使其浮在水中，再拖运到隧道设计位置。定位后，向管段内加载，使其下沉至预先挖好的水底沟槽内。管段逐节沉放，并用水力压接法将相邻管段连接。最后拆除封墙，使各节管段连通成为整体的隧道。在其顶部和外侧用块石覆盖，以确保安全。如图 2-20 所示。

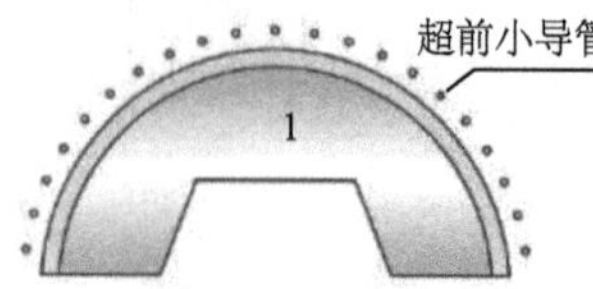

a）施作1部超前小导管，注浆加固地层；开挖1部土体，施作初期支护

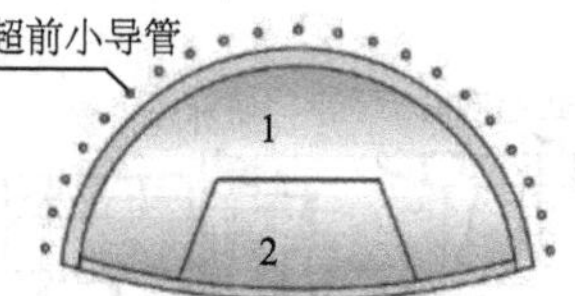

b）开挖2部核心土，并施作临时仰拱

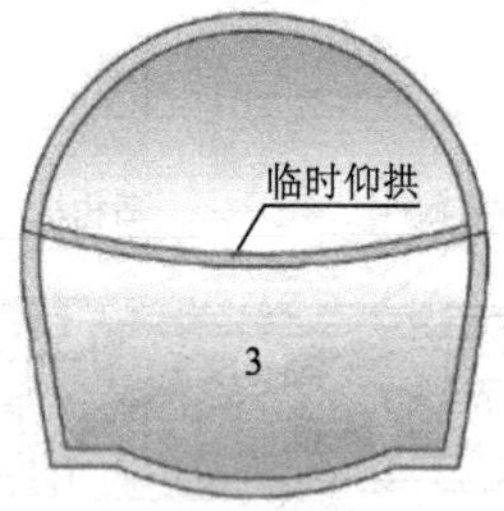

c）开挖3部核心土体，施作初期支护

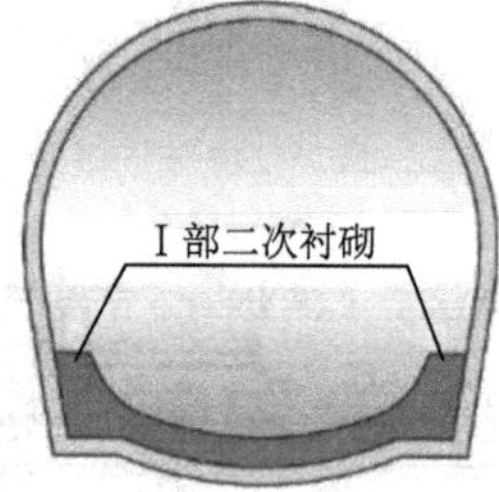

d）施作 I 部二次衬砌

e）拆除临时仰拱，施作 II 部二次衬砌，封闭成环

图 2-18　矿山法施工序图

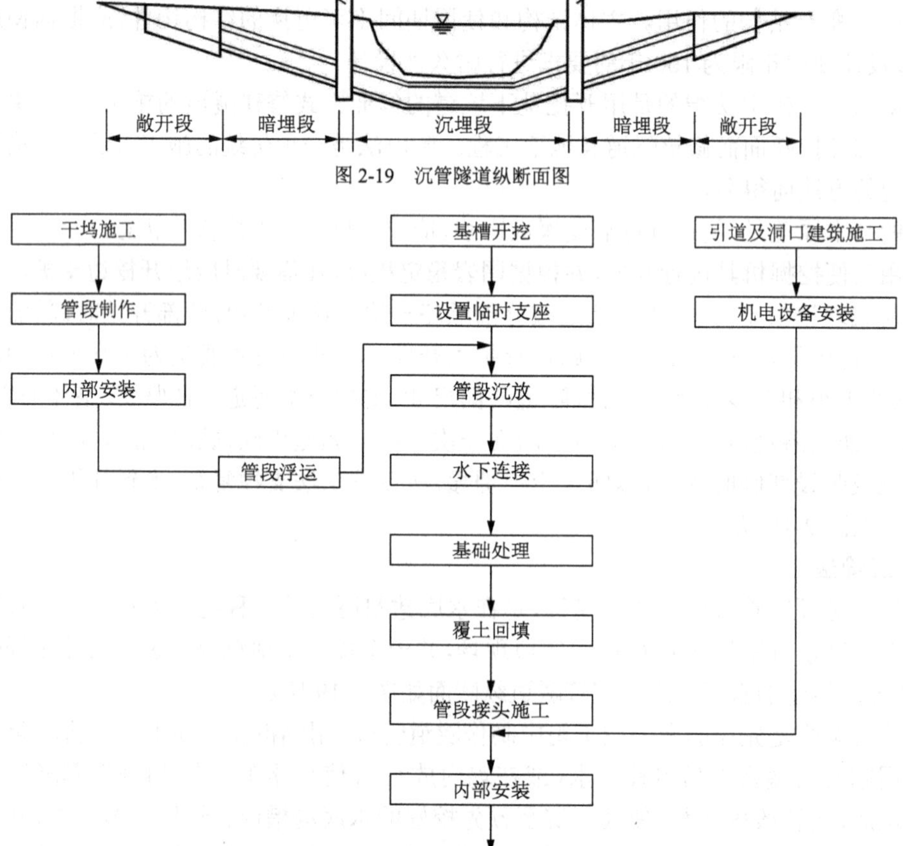

图 2-19　沉管隧道纵断面图

图 2-20　沉管法施工流程图

目前世界上最长的跨海大桥——港珠澳大桥的 6.7km 海底隧道就是采用海底沉管法施工完成的（图 2-21）。

图 2-21　港珠澳大桥沉管管段

2.1.8　供电系统

供电系统是系统的动力源泉，如果把磁悬浮列车比作是一匹马的话，那么供电系统便是沿途的草料。供电系统应包括电源系统、牵引供电系统、动力照明供电系统、电力监控（SCADA）系统和综合接地系统（图 2-22）。电源系统应包括外部电源、主变电所（或电源开闭所）及中压供电网络；牵引供电系统应包括牵引变电所和牵引网；动力照明供电系统应包括降压变电所和动力照明配电系统。

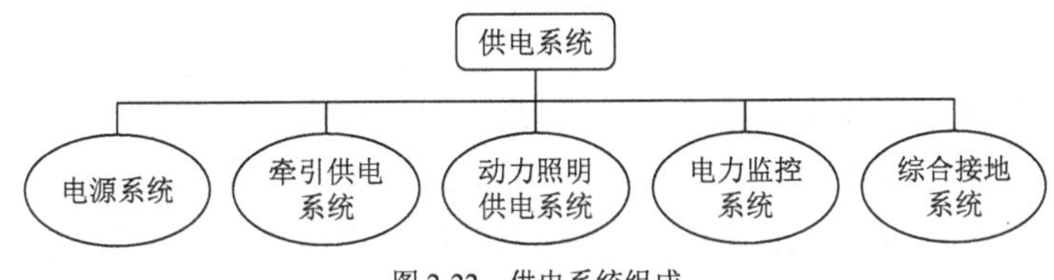

图 2-22　供电系统组成

1）电源系统

电源系统应包括外部电源，无论何种轨道交通形式，其供电系统的供电电源一般都取自城市电网。通过城市电网一次电力系统和主变电所实现电力的输送或变换，最后以适当的电压等级和一定的电流形式（直流或交流），通过中压供电网络，供给车辆和降压变电所，如图 2-23 所示。

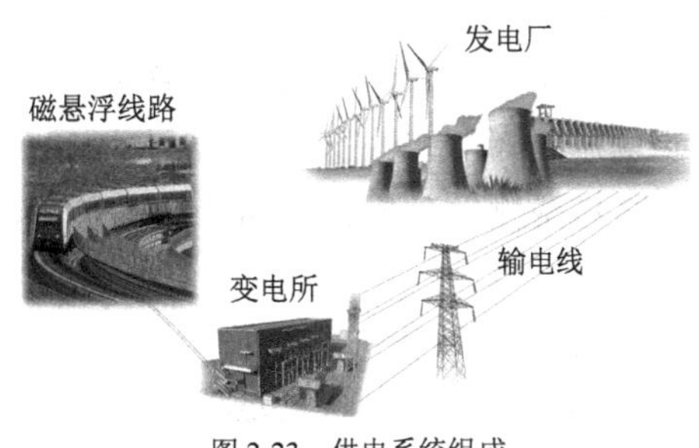

图 2-23　供电系统组成

2）牵引供电系统

牵引供电系统通过牵引变电所、馈电电缆以及沿线分布的开关站向车辆提供电流，用以牵引列车运行。从原理上，牵引供电系统是磁悬浮列车正常运行的基础。

牵引供电系统中包括牵引变电所、馈电电缆、开关站以及定子电缆等设备，为磁悬浮列车提供运行时所需要的动力。由主变电所提供的工频电源经过牵引变电所降压、整流、逆变、升压后，向馈电电缆输出变压、变频电流。馈电电缆将牵引变电所输出的电流送至沿线分布的定子开关站。由定子开关站根据列车的位置确定向哪一定子段送电。

（1）牵引变电所

牵引模块由多个变流器单元组成。当定子段换接采用三步法时，每个牵引模块由三个变流器单元组成；当定子段换接采用两步法时，每个牵引模块由两个变流器单元组成。另外根据牵引功率模块容量与用途不同，变流器单元又分高功率、中功率和低功率三种。高功率模块适应于牵引能力要求高的场合，例如某些距离较长或具有长大坡道的牵引供电区间、需要较大爬坡能力的场合；中功率模块适应于运行速度较小的供电区间；低功率模块一般应用于低速行驶的维修基地内列车移动。

高功率模块包括整流变压器、整流器、直流环节、制动斩波器及制动电阻、逆变器、输出变压器；中功率模块包括整流变压器、整流器、直流环节、制动斩波器及制动电阻、逆变器；低功率模块包括整流器、直流环节、制动斩波器及制动电阻、逆变器。由于高功率模块及中功率模块功率较大，其电源应直接从主变电所母线上取，而低功率模块功率较小，其电源一般直接取自车站或维修基地降压变电所的交流电。输出变压器采用自冷干式、三相五柱式变压器，避免了三次谐波引起的变压器本体温升。每个变频器组有一套输出变压器，中功率模块变频器组中只有一台逆变器且没有输出变压器，采用电抗器输出。

（2）馈电电缆

牵引模块馈电电缆简称馈电电缆，负责向沿线定子开关站供电，每回馈电电缆由三相电缆组成。

（3）定子开关站

定子开关站是将一个牵引供电分区两个牵引变电所间划分为若干个供电区域定子段，使一个牵引区域等效为一组较短的定子段，因此牵引模块驱动的将是一个较小的电动机，以减少线路损耗。而数个驱动装置的交替切换，可保证机车的正常平稳运行。

定子开关站主要由中性点接触器柜、进线电缆柜及馈线接触器柜组成，根据沿线定子绕组的分段型式及连接需要，这三种设备数量不同将构成不同类型的定子开关站。

（4）定子绕组电缆

定子绕组电缆指嵌于轨道两侧定子铁芯槽中用以形成行波磁场的三相电缆，这种行波磁场用于对机车进行牵引或制动。为了提高直线同步电机的效率，三相定子绕组电缆布置在轨道两侧并分成长度相等的定子段，只有磁悬浮列车经过时，才通过定子开关站对该定子段进行供电。

3）动力照明供电系统

动力照明供电系统是将交流中压电压降压变成交流 220V/380V 电压，为运营需要的各种机电设备提供低压电源。它包括降压变电所和动力照明配电系统。

根据设置的位置不同，降压变电所可以分为车站降压变电所、车辆段或停车场降压变电所、控制中心降压变电所；根据主接线的形式不同，降压变电所又可以分为一般降压变电所、跟随式降压变电所；当降压变电所与牵引变电所合建时，将形成牵引降压混合变电所；另外，有的地面线路采用了箱式降压变电所。

4）电力监控系统

电力监控系统也称为 SCADA 系统，它以计算机、通信设备、测控单元为基本工具，为变配电系统的实时数据采集、开关状态检测及远程控制提供基础平台；它可以和检测、控制设备构成任意复杂的监控系统，在变配电监控中发挥了核心作用，可以帮助消除孤岛、降低运作成本、提高生产效率，加快变配电过程中异常的反应速度。

在磁悬浮轨道交通系统中，全线的牵引变电所和降压变电所大多为无人值守变电所，主变电所为有人值守变电所，牵引供电系统的设备通过 SCADA 系统在综合调度控制中心进行监控。

电力监控系统应能满足调度人员在控制中心对主变电所（或电源开闭所）、牵引供电系统及动力照明供电系统的主要设备运行状态进行监视、控制和测量的要求，使供电系统安全、可靠、经济地运行。电力监控系统由控制中心的主站、各变电所子站和信息通道组成。主站的设计主要考虑主站的位置，主站系统设备的配置方案，各种设备的功能、形式和要求，系统容量、远动信息记录格式和人机界面形式要求。通道的设计包括通道的结构形式、主/备通道的配置方式、远动信息传输通道的接口形式和通道的性能要求。电力监控系统主站的结构方式一般采用以太网通信方式。

电力监控系统监控的范围应包括主变电所（或电源开闭所）、牵引变电所、降压变电所、牵引网设备的遥控、遥信、遥测。

在大部分设置了综合监控系统项目中，电力监控系统深度集成于综合监控系统，即控制中心电力监控主站系统、车辆段供电车间电力监控复示系统和通信通道纳入综合监控系统，供电系统负责变电所综合自动化系统。

5）综合接地系统

综合接地就是将轨道系统沿线的牵引供电回流系统、电力供电系统、信号系统、通信及其他电子信息系统、建筑物、道床、站台、桥梁、隧道等需要接地的装置通过贯通地线连成一体的接地系统。同时该贯通地线也是牵引回流的一个主要回路，从原理上来说，其实就是一个共用接地系统并通过等电位连接构成的一个等电位体。

供电系统中电气装置与设施的外露可导电部分，除有特殊规定外，均应接地。供电系统一般采用共用接地系统，其接地电阻不大于接入设备要求的最小值。主变电所中主变压器的二次侧中性点适合采用小电阻接地方式，降压变电所中动力变压器的二次侧中性点则直接接地，低压动力照明系统一般采用 TN-S 系统接地形式。直流牵引供电系统正负极接触轨和牵引变电所中的直流设备均应绝缘安装。

在车站及车辆基地同样需要设置车体安全接地装置。在人员出入车辆处，车辆应通过车体安全接地装置接地。对车辆维修基地检修作业线路上的接触轨，也设置检修时所需的安全接地装置。

2.1.9　运行控制系统

运行控制系统是上述各子系统的指挥官，它着眼于单个列车也服务于整个运输网，让整个系统生机勃勃又井井有条。轨道交通系统安全保障的关键技术是列车运行控制技术，在轮轨技术领域其体现为列车运行自动控制（简称列控）（Automatic Train Control，ATC）系统;在磁悬浮技术领域其体现为运行控制(Maglev Automatic Train Control,MATC)系统。轮轨系统和磁悬浮系统技术特征有很大差别,因此两种运输工具的安全概念不尽相同且安全保障技术有很大差异。不同于轮轨系统中采用的被动控制方式,磁悬浮列车运行采用了主动控制方式:通过实时反馈列车运行过程中的各种信息来及时调整列车运行状态,以保障列车运行的安全性和舒适性。

目前,世界各国已投入运营的磁悬浮轨道交通项目以短距离、中低速为主,其制式更倾向于城市轨道交通领域,因此,本章以城市轨道交通中地铁的列控系统作对比,介绍磁悬浮运控的发展现状。

1)地铁列控系统

地铁与国铁在列控系统方面的核心设计理念基本相同,直线电机驱动地铁车辆仍采用车轮和钢轨来支撑和引导车辆运行,所以仍可采用长期运用成熟的、安全可靠的轨道电路信号系统,即其列控系统与传统模式相同。地铁系统的特点是行车密度大、列车为电动车组、线路封闭、运营较简单;国铁注重列车与计划运行图的准确契合(准点率)。两者控车级别存在代差,所以地铁的列控系统比国铁的发展要快。世界上许多国家都根据本国地铁的特点开发了地铁列控系统。

目前我国的地铁列控系统,主要包括列车自动监控(ATS)、列车自动防护(ATP)、列车自动运行(ATO)、计算机联锁(CI)四个子系统。各子系统之间相互协调,实现地面控制与车上控制结合、现地控制与中央控制结合,构成一个以安全设备为基础,集行车指挥、运行调整以及列车运行自动化等功能为一体的列车自动控制系统。

2)磁悬浮轨道交通的运行控制系统

磁悬浮轨道交通的运行控制(MATC)系统(图2-24)是一个安全控制与防护系统。其主要功能包括操作与显示、列车自动运行、驾驶顺序控制、进路防护、道岔防护、牵引切断、列车防护、定位功能和速度曲线监控等。其基本任务是控制列车的运行,确保列车运行的安全,提高运输组织的效率,实现列车运行的自动化。所以,磁悬浮铁路的运行控制系统不仅仅是实现列车运行的安全控制和防护,它还兼有列车运行的管理和调度等功能。

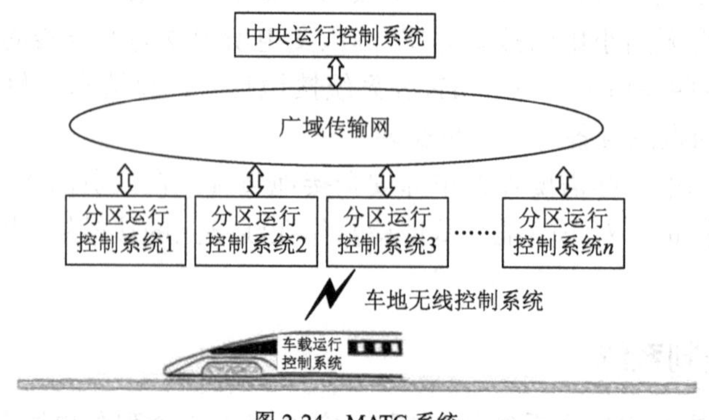

图2-24 MATC系统

要保证磁悬浮列车高速、安全地运行,并能根据运行中车辆线路的状况随时调整运行计划,迅速处理运行中的各种突发事件,列车的运行控制就必须自动化进行。磁悬浮铁路运行控制系统按照已存储的行车时刻表对列车运行进行中央自动化控制，包括准确按照时间和地点操纵列车的驱动和制动过程。常规的列车控制任务不是由司机操作而是完全由运行控制系统来履行。因此该系统具有很高的自动控制和防护特性，一般无须人工干预列车的运行，只是在需要清除故障时才由控制人员按照操作顺序进行人工干预。

（1）按功能分类

MATC系统按照功能分为列车自动监控（ATS）、列车自动防护（ATP）、列车自动运行（ATO）和计算机联锁（CI）四个系统。其传输网络（不含车地通信网络）应采用封闭的专用网络。

①列车自动监控（ATS）。

列车自动监控（ATS）系统负责提供人机接口，对全线列车的运营管理和列车状态进行监测，主要实现以下功能：MATC系统的上层管理功能；监督、控制、管理列车间的有效、节能运行；运行图编辑与维护功能；提供与其他系统（如PIS）的接口。

ATS系统是一个分布式的计算机监控系统，分布于系统管理中心、设备集中站等，包含与计算机联锁和ATP/ATO子系统接口部分的设备以及监控全线列车运行以及与发车指示和旅客信息系统接口的必要设备。

②列车自动防护（ATP）。

列车自动防护（ATP）系统对列车运行安全负责，是整个MATC系统的安全核心。其负责列车间的安全间隔与超速防护；配合轨旁设备，实现列车速度测量；在配有站台门时，还负责车门和站台门的联锁关系。

ATP系统以控制列车停车为最高安全准则。车地连续通信中断、列车完整性电路断路、列车超速、列车的非预期移动、车载设备重要故障等均能导致列车强迫制动。ATP系统执行强迫制动控制时，会切断列车牵引，列车停车过程中不得中途缓解。

③列车自动运行（ATO）。

ATO系统主要实现以下功能：负责调整列车的运行，如加速、减速、惰行和到站的定点停车；保证到站停车位的精确度；优化列车运行曲线，为旅客提供优质服务；ATO或无人驾驶自动折返；车门、站台屏蔽门监控；列车运行自动调整及列车节能控制等。

ATO系统由多个智能单元通过总线构成，包括人机界面、主机单元、测速测距单元、通信板、输入输出单元、车地通信单元以及电源单元。

TO系统应能提供多种区间运行模式，满足不同行车间隔的运行要求，能适应列车运行调整的要求。系统的控制过程应满足列车运行的舒适性和准时性的要求。

④计算机联锁（CI）。

计算机联锁（CI）系统采用计算机联锁系统及设备，CI系统应采用二乘二取二或三取二冗余结构。该系统确保进路上道岔、信号机和区段的联锁，在联锁条件不符时，严禁进路开通。敌对进路必须相互照查，不得同时开通。CI系统能办理列车和调车进路，根据需要设置相应的防护进路。进路解锁一般采用分段解锁方式。联锁道岔具备单独操纵和进路选动功能。CI系统及设备可通过自动站间闭塞、进路式闭塞实现MATC系统降级运用。

CI系统主要控制：进路的解锁和取消、信号机关闭和开放、道岔操纵及锁闭、区间临时限速、扣车和取消、遥控和站控、站台紧急关闭和取消。其还具有对室内外联锁设备规定的检测功能、音响或语音报警功能及自诊断能力。

(2)按系统位置分类

MATC 系统是整个磁悬浮轨道交通系统正常运转的根本保障，其按系统位置分为控制中心系统、地面设备系统、车载设备系统和车辆基地系统。

MATC 系统的任务还包括调度、处理与记录列车运行和各方面的故障诊断数据，为操作人员与乘客介绍最新信息。

①控制中心系统。

控制中心系统由 ATS 系统的控制中心设备、电源设备和维护监测设备构成。控制中心系统负责安排行车计划，编制运行图。它根据线路条件按计划发出列车，当出现故障或冲突时，根据情况的变化改变或撤销计划:通过比较预定计划和实际运行情况，实现整个系统的优化运行。为了保证计划的正常执行，控制中心通过数据传输设备从下属分散控制系统取得各种信息，进行计算分析并提出运行调整计划。同时，控制中心系统还负责保存各种技术数据，用于进一步的统计分析和故障诊断工作。此外，控制中心系统还负责向乘客发布列车运行信息。

②地面设备系统。

地面设备系统由 ATS 系统的车站设备、计算机联锁设备、区域控制器设备、车地通信(TWC)设备、列车占用检测设备、电源设备和维护监测设备构成。

地面设备系统直接参与列车的控制和运行。它的功能是保证各区段内列车安全运行，对区段各种设备状况进行监控和维护，传送数据至运行控制中心并在非计划情况下执行运行控制中心的指示，对设备状态和列车运行进行人工干预。

MATC 系统借助轨道上的数字密码化的位置标记准确地测定列车的位置，不断监控列车是否超过了容许速度的限制。如果超过，则系统会自动切断相应供电区间的电源。如果需要，还可以开启列车制动装置，保证运行安全。此外，系统还可以确保路段上列车之间的距离，保护岔道及车站里的人员安全以及保证运营设施的安全。

③车载设备系统。

车载设备系统应由车载列车自动防护(ATP)设备、列车自动运行(ATO)设备和车地通信(TWC)设备构成。车载控制系统的主要任务是对各种车载设备进行检测和控制，保证它们正常工作通过移动无线传输，车上的列车保护系统始终和分散控制系统保持联系。同时，它也与运行控制中心保持无线通信联系，随时将列车运行状况数据传给运行控制中心并接受后者对行车计划的调整命令。车载控制系统的监控设备会随时比较当前运行数据与计划运行数据，一旦两者的差别超出允许范围，就启动列车保护系统，使列车迅速减速或停车。

MATC 系统是各种高新技术(包括检测技术、有线和无线通信技术、数据处理技术和自动控制技术等)的集成，在磁悬浮交通系统中占有非常重要的地位。

④车辆基地系统。

车辆基地系统可部分或全部纳入 MATC 系统的控制范围，根据车辆基地的规模和作业性质而定。根据需要，停车场也可仅纳入 ATS 系统的监控范围。

2.1.10　通信系统

通信系统是用以完成信息传输过程的技术系统的总称。现代通信系统主要借助电磁波在自由空间的传播或在导引媒体中的传输机理来实现，前者称为无线通信系统，后者称为有线通信系统。

当电磁波的波长达到光波范围时，这样的电信系统特称为光通信系统；其他电磁波范围的通信系统则称为电磁通信系统，简称为电信系统。由于光的导引媒体采用特制的玻璃纤维，因此有线光通信系统又称光纤通信系统。一般电磁波的导引媒体是导线，按其具体结构可分为电缆通信系统和明线通信系统；无线电信系统按其电磁波的波长则有微波通信系统与短波通信系统之分。另外，按照通信业务的不同，通信系统又可分为电话通信系统、数据通信系统、传真通信系统和图像通信系统等。由于人们对通信的容量要求越来越高，对通信的业务要求越来越多样化，所以通信系统正迅速向着宽带化方向发展，而光纤通信系统将在通信网中发挥越来越重要的作用。

磁悬浮轨道交通的通信系统通常由专用通信系统、民用通信引入系统、公安通信系统构成。各系统独立组网，建设成一个技术先进、安全可靠、经济实用、运营维护方便的通信网络。

1）专用通信系统

专用通信系统主要由传输系统、无线通信系统、公务电话系统、专用电话系统、无线通信系统、广播系统、时钟系统、视频监视系统、办公自动化系统、乘客信息系统等子系统组成。视频监视系统多采用高清数字摄像机技术，专用视频监视系统与警用视频监视系统采用双网合一设置组网方案，实现全线各车站内全方位视频监视覆盖。专用无线通信系统也应实现全线用无线通信场强覆盖。专用通信系统应符合正常运营方式和灾害运营方式的通信需求。在正常运营方式时，应为运营管理提供通信；在灾害运营方式时，应为防灾、救援和事故处理的指挥提供通信。

2）民用通信引入系统

民用通信引入系统主要用于满足公众通信服务的要求，将电信运营商移动通信系统全线覆盖。

3）公安通信系统

公安通信系统主要包括警用传输、警用计算机网络、警用有线电话、警用电视监视、警用无线通信、电源及接地等系统。公安通信系统应满足公安部门在中低速磁悬浮轨道交通范围内的通信要求，并应在突发事件发生时，为公安部门应急调度指挥提供通信。

通信系统要满足提高运输效率、保证行车安全、提高现代化管理水平和传递各种语音、数据、图像和文字等信息的要求，并应做到系统可靠、功能合理、设备成熟、技术先进、经济实用，满足灾害或事故的情况下应急处理、抢险救灾的通信要求。

专用通信、民用通信和公安通信系统宜实现资源共享。通信系统的传输系统利用不同路径的两条通道构成自愈保护环，主要设备和模块都具有自检功能，故障时自动切换并报警，控制中心可监测和采集车站设备运行和检测的结果，以保障系统故障得到及时发现和检修，确保运营通信安全。

2.1.11 综合监控系统

综合监控系统(ISCS)是通过建立一套综合的软、硬件网络平台,实现对其集成与互联系统的协调、管理、监视及控制。

综合监控系统应采用集成和互联方式构建,在将电力监控系统、环境与设备监控系统集成到综合监控系统中的同时,也将火灾自动报警系统、信号系统、闭路电视系统、广播系统、乘客信息系统、自动售检票系统、门禁系统、站台门系统、时钟系统等集成到综合监控系统中。综合监控系统具有为线网运营指挥中心提供信息、实现线网运营协调管理的功能,通过综合监控系统,可实现对全线机电设备系统的监控及运营指挥。

综合监控系统采用中央级和车站级两级管理,中央级、车站级和现场级三级控制的分层分布式结构。综合监控系统单独组建连接车站级、中央级的系统骨干传输网络,该网络是双环冗余的工业级千兆以太网。图2-25为车站级车控室,图2-26为中心级控制大厅。

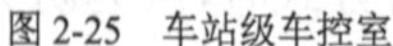
图2-25 车站级车控室

图2-26 中心级控制大厅

综合监控系统面向的对象为控制中心的值班主任、行车调度员(行调)、电力设施设备调度员(电调)、环境设备调度员(环调)、维修调度员(维调)和总调度员(总调),车站的值班站长、值班员,以及维修中心的维修管理人员和车辆段管理人员。

2.1.12 通风空调与供暖系统

通风空调与供暖系统简称暖通空调系统,是控制和影响建筑内部空气环境因素的核心组成部分。磁悬浮轨道交通的内部空气环境控制的服务范围应包括车站站厅、站台、出入口通道、车站内的设备及管理用房、区间隧道和其他辅助建筑,按照室内空气环境需求有选择地设置各分系统。各分系统承担着线路运营过程中建筑内部通风、空调、供暖以及出现事故时的事故通风、防烟、排烟等空气环境控制作用。

1) 通风系统

通风系统是指用自然通风或借用机械外力通风的方式,排除室内环境中的余热、余湿、废气及有毒、有害气体等,或将品质优于室内的气体引入室内环境,以满足生产及生活需要。其一般分为局部通风、全面通风、事故通风等模式。

车站内和地面附属建筑的通风与一般民用建筑类似。区间隧道通风系统的服务范围为除车站停车隧道以外的其他隧道(含辅助线)。区间隧道通风系统的配置需要满足列车正常运行、阻塞运行、火灾事故运行和早、晚隧道冷却通风运行的要求。当区间隧道过长导致有可能出现 2 列及以上列车同时处于同一区间运行时，应设置中间风井，中间风井的位置应结合消防疏散组织、温度控制、通风效果、施工难度及地面条件统一考虑设置。

2）空调系统

空调是空气调节的简称，是以冷热交换为基础的。简单说是指利用设备和技术对室内空气的温度、湿度、清洁度及气流速度进行调节，以满足人们对于环境的舒适性要求或生产对环境的工艺要求。满足人类或其他生物对舒适感要求的空调，一般称之为舒适性空调；而主要用来满足工艺生产过程和设备运行要求的空调系统，一般称之为工艺性空调。

磁悬浮轨道交通车站的空调含舒适性空调与工艺性空调，但舒适性空调又有别于一般的舒适性空调。车站办公管理用房的室内设计温度为 27℃，与常规的传统舒适性空调的要求是一致的。但车站站厅、站台公共区是人员密集、短时间逗留的公共场所，乘客完成一个乘车过程，从进站、候车到上车，在车站仅 3 ～ 5min，下车出站约 3min，其余时间在列车车厢内。乘客在站厅和站台的时间特别短，只是通过和短暂停留，为了节约能源，只考虑乘客由地面进入车站有较凉快的感觉，满足于“暂时舒适”就可以了。一般人们对温度变化有明显感觉的温差为 2℃以上，因此，《中低速磁浮交通设计规范》（CJJ/T 262—2017）规定，当车站采用空调系统时，地面和高架车站站厅内的夏季设计温度应为 29 ～ 30℃；地下车站夏季站厅空调设计温度比室外计算干球温度低 2 ～ 3℃，且不应超过 30℃，站台空调设计温度比站厅设计温度低 1 ～ 2℃。设备房间的空调按工艺要求设置不同的温度标准。

3）供暖系统

供暖系统是空调系统在温度调节范畴内的补充，一般是指严寒和寒冷地区利用热媒（热水、蒸汽等），将热量从热源输送至室内末端，并通过末端以多种形式将热量输配至室内的系统。其一般分为集中供热和分散供热两种系统形式。集中供热是指设置集中热源，通过管网将热量输配至多个单体建筑甚至大片区域的采暖系统，是我们市区内最为常用的采暖形式。是否属于集中采暖系统主要看采暖热源是否集中设置并与采暖末端分离。一般常见的集中热源有热电厂等工厂余热、锅炉、热泵机组等，采暖末端根据建筑功能及装修布置多种多样，最为常见的有散热器、地板采暖盘管、空调机组、风机盘管等。

磁悬浮轨道交通的地下车站由于结构外墙埋于地下，没有外窗，围护结构不与室外低温冷空气直接接触，围护结构散热量较小。加之站内人员较多，广告、照明、售检票等设备散热量也较大，因此，站厅站台公共区能满足最低温度不小于 12℃的要求，公共区可不设置采暖系统。地上车站不同，对于最冷月份室外平均温度高于 -10℃的地区，地面车站和高架车站的站厅、站台可不设置供暖系统；最冷月份室外平均温度低于 -10℃的严寒地区，车站的站厅可以设供暖系统，站台由于直接与室外连通，不设供暖系统。当站厅设置供暖系统时，站厅的出入口和站厅通向站台的楼梯口、扶梯口需要设热风幕，避免热量的过度扩散和浪费。

寒冷或严寒地区，无论地上站还是地下站的运营管理人员用房，一般需要考虑采暖才能满足室内人员热舒适需求。该供暖系统可与供冷（空调）系统结合设置，共用一套输配及末端系统，夏季为人们送来清凉，冬季为大家带来温暖。

4）防、排烟系统

防、排烟系统是通风系统中的一种特种形式，是指建筑内设置的用以防止火灾烟气蔓延扩大的防烟系统和排烟系统的总称。防烟系统是指采用自然通风或机械加压送风方式，防止烟气进入疏散通道、疏散楼梯间、避难走道等逃生安全区的系统；排烟系统是指采用自然排烟或机械排烟方式，将烟气排至建筑物外的系统。如图 2-27 所示，当某建筑区域发生火灾时，火灾发生区域进行排烟，将高温、有毒的烟气直接排至建筑室外，以保证人员的疏散条件。疏散楼梯间进行加压送风的防烟设计，楼梯间保证一定的正压值，以阻止烟气进入疏散楼梯间内。在区间隧道内设置的排烟系统，其主要功用是在发生火灾事故时为旅客逃生创造条件。

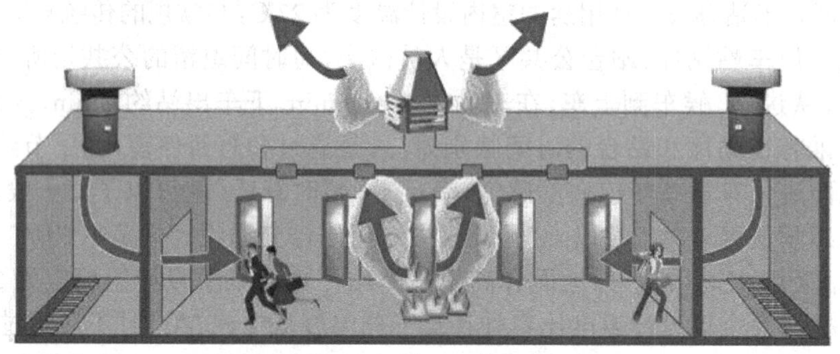

图 2-27 防烟、排烟示意图

磁悬浮轨道交通防火灾贯彻“预防为主，防消结合”的方针。火灾事故按一条线路、一座换乘车站及其相邻区间的防火设计按同一时间发生一次火灾考虑。在火灾发生后，防烟、排烟系统设备应根据火灾发生地点，按设计模式自动执行系统的指令。图 2-28 为列车在隧道区间内发生火灾时的逻辑图。

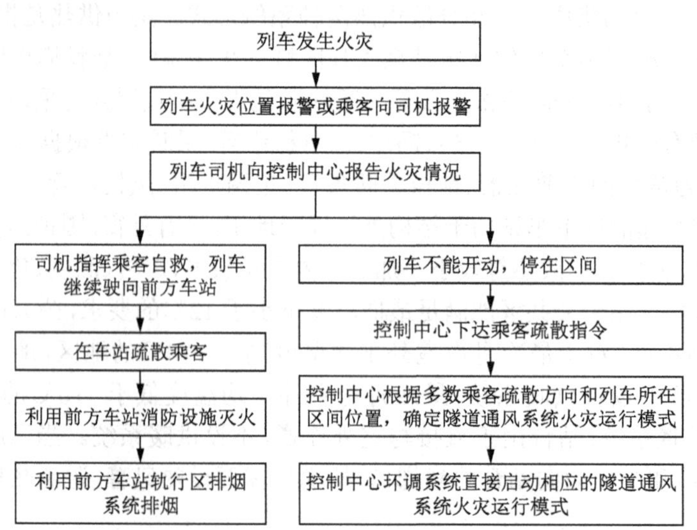

图 2-28 列车在隧道区间内发生火灾时的逻辑图

上述各分系统自成体系又彼此联系，合力构成了暖通空调系统，旨在为乘客及工作人员出行提供良好的室内舒适性环境，为其他设备系统的正常运行提供室内环境保障，是必不可少的一个子系统工程。

2.1.13　给排水系统

给排水系统分为给水系统及排水系统，既关乎生活又影响生产，同样是磁悬浮轨道交通内的一个重要子系统工程。其中给水系统根据用水用途可分为生活用给水系统（满足车站内旅客、工作人员的用水）、生产用给水系统（满足列车、空调机组等设备用水）、消防用水系统三个系统。在磁悬浮轨道交通设计中，一般采用生产、生活、消防分设的给水系统，不可混接。给水系统的水源可来自于城市市政管网供给，也可采用自备井供水。

排水系统按照排水来源可划分为生活污水（主要是卫生间污水）、车站主排（车站及区间产生的废水）、洞口及屋面雨水（洞口、屋面、雨棚产生的雨水）、局排（楼梯及机房局部排水）四种排水系统，在地铁轨道交通领域，因多属于地下工程，污废水的排放多采用压力提升排水方式，而在磁悬浮轨道交通工程内，因高架部分较多，多采用重力流。因市政工程一般配套有市政排水管网，大部分工程的污废水分别经化粪池、废水井后均可便捷接入市政管网。

2.1.14　车辆基地

一路飞驰的磁悬浮列车不能一直奔跑。它也是需要休息和养护的。我们要给它们建一个“家”——车辆基地。

车辆基地是轨道交通系统的重要单位之一，是负责列车车辆的运营、整备、管理、停放及维修、保养的场所，同时也是车辆基地工作人员的办公场所，包含临时住宿等。车辆基地应包括车辆段（停车场）、综合维修中心、物资总库、培训中心和其他生产、生活、办公配套设施。列车每天运行结束后，就会驶回车辆基地休息停放。车辆各系统设施定期进行的检查、调试、检修等工作也在车辆基地开展。

车辆基地的设计，应结合线路初期、近期和远期统一规划，分期实施。车辆按初期配置；站场股道、房屋建筑和机电设备等按近期设计；用地范围应按远期确定。车辆基地的功能、布局和各项设施的配置，根据工程的运营需要、城市轨道交通线网内车辆基地的规划布置和既有车辆基地的功能及分布情况确定。图 2-29 为北京 S1 线车辆基地。

图 2-29　北京 S1 线车辆基地

车辆基地选址应符合城市总体规划，与周边环境、景观相协调；具有良好的与车站接轨条件，减少空车走行的距离；宜避开工程地质和水文地质不良的地段，应具有良好的排水条件；具有良好的市政接驳条件，便于城市电力、自来水、燃气、有线电视等管线引入，便于雨污水管线接驳，便于市政道路连接；具有足够的有效用地面积及远期发展余地。这些都是设计师们需要考虑的问题。

2.2 磁悬浮轨道交通的分类

2.2.1 按应用范围划分

应用范围主要体现在线路长度、在路网中的作用、最高运行速度及所属管理部门等方面。由于世界范围内正式运营的磁悬浮线路较少，因此参考轮轨式轨道交通的划分方法，将磁悬浮轨道交通划分为干线磁悬浮、城际磁悬浮和城市磁悬浮。

（1）干线磁悬浮

轨道交通干线包括特别繁忙干线、繁忙干线和干线，线路长度一般超过 500km，在国家重要的交通运输大通道担当客运主力，连接经济发达地区、经济大区或大中城市，在路网中起重要的骨干作用。轨道交通干线最高运行速度一般要达到高速或超高速铁路的速度范围，一般归铁路部门或交通部门经营管理。例如高铁线路京沪线、京广线等。

目前，磁悬浮轨道交通领域尚无运营的干线线路。当年京沪高速铁路建设立项初期，我国各领域就充分讨论过采用磁悬浮技术建造还是采用轮轨技术建造这条干线，但最终还是选择了轮轨技术。随着磁悬浮技术的研究和发展，尤其是高速、超高速甚至亚音速、超音速列车的问世，干线磁悬浮将会给我们带来新的出行体验。

（2）城际磁悬浮

城际磁悬浮线路长度在 500km 以下、连接客运繁忙的相邻两大城市。运行速度一般达到中高速铁路的速度范围，一般归铁路部门或交通部门经营管理。目前，尚无运营线路。据悉，日本正在建设东京至名古屋磁悬浮线路，线路长度 286km，设计时速为 500km，属于城际磁悬浮。

（3）城市磁悬浮

城市磁悬浮线路长度一般不超过 100km，承担市内交通、机场内交通或机场与市区间交通的任务。由于运行距离较短，列车的运行速度一般是在中低速的速度范围内，线路较长时，也可设计为高速磁悬浮。其一般归市政部门管理。我国的上海磁悬浮列车示范运营线、长沙磁悬浮快线、北京 S1 线均属于城市磁悬浮。

2.2.2 按运行速度划分

交通工具速度域划分与其技术原理密不可分，且随着技术的发展，速度域划分也并非一成不变。

传统轮轨铁路的速度域通常划分为四个等级，即普速铁路（120km/h 以下）、提速铁路（120 ～ 160km/h）、准高速铁路（160 ～ 200km/h）和高速铁路（200 ～ 400km/h）。

基于磁悬浮非接触运行的基本原理，其应用速度范围可覆盖从城市轨道交通速度直至数个马赫，这一宽泛的速度范围被定义为全速度域。根据磁悬浮轨道交通的应用和研究现状，可将其划分为中低速域、中速域、高速域、超高速域四个等级（表 2-1）。速度域的分界线是模糊而不是精确的，随着技术的发展，速度域既有可能重叠，也有可能调整。

磁悬浮轨道交通的速度域划分（单位：km/h）　　表 2-1

中低速域	中　速　域	高　速　域	超高速域
80 ～ 200	200 ～ 400	400 ～ 1000	1000 ～ 10000

（1）中低速域

在中低速域，日本于 1974 年开始的研发以最高速度 300km/h 为目标，目前最高商业运行速度在 80 ～ 120km/h。西南交通大学及中车株洲电力机车有限公司、中车大连机车车辆有限公司的中低速磁悬浮设计目标速度已达到 160km/h，研究表明，中低速域的速度潜力有望达到 200km/h。

中低速域磁悬浮交通具有转弯半径小、爬坡能力强、振动噪声低等优势，其短板是承载能力有限，适用于中等运量的城市轨道交通。长沙磁悬浮快线、北京 S1 线均属于中低速域磁悬浮。

（2）中速域

中速域的速度范围为 200 ～ 400km/h，介于高速域与中低速域之间的速度区间。

高速轮轨交通在 200 ～ 400km/h 的速度范围内展现出巨大的优势，在这个速度域，磁悬浮交通目前还没有工程化运用的范例。

（3）高速域

在高速域，德国、日本的磁悬浮列车工程化速度均达到了 500km/h。中国速度为 600km/h 的高速磁悬浮列车也于 2019 年下线。高速域的划分覆盖轮轨高铁与航空间的空白。我国的上海磁悬浮列车示范运营线设计运营时速为 430km/h，运行最高速度达 505km/h，是高速域磁悬浮的代表。

根据 2016 年 7 月颁布的《中长期铁路网规划》，到 2025 年中国高铁里程将达到 3.8 万 km，"八纵八横"高速铁路主通道将实现相邻大中城市间 1 ～ 4h 交通圈。截至 2019 年 2 月，我国正在运营的民航机场共有 235 座，国内远距离城市间基本上能实现 4h 通达。在此背景下，发展高速域磁悬浮仍有其必要性。高速域磁悬浮，可视为轮轨高铁向更高速度的延伸，填补了轮轨高铁与航空客运的速度空白，可强化轮轨高铁已有的优势和经济聚集效应。

（4）超高速域

超高速域从亚音速直至超音速，将轨道交通置于真空管道环境中是目前唯一的途径，依赖磁悬浮实现车辆非接触运行也是必然选择，两者合而为一形成了真空管道磁悬浮技术路线。

在轨道交通应用方面，随着列车速度超过 600km/h，必然要与真空管道概念结合，以减小巨大空气阻力的影响，形成真空管道磁悬浮高速轨道交通。西南交通大学高温超导真空管道磁悬浮和美国 HTT 等公司的真空管道磁悬浮，都把速度 1000km/h 作为基本目标，如果进一步考虑轨道交通速度目标值选定的原则，如优势距离、旅行时间、时间价值、跨线运输、工程投资、未来发展等诸多因素，作为公共运输工具，1000～2000km/h 速度范围是未来一段时间努力的目标。

2.2.3 按导体材料划分

磁悬浮轨道交通的核心驱动装置是直线电机，或称线性电机。根据直线电机绕组所用材料的不同，目前磁悬浮轨道交通划分为常导磁悬浮和超导磁悬浮两种类型。

1）超导磁悬浮

超导磁悬浮也称超导排斥型磁悬浮，以日本 ML 为代表。它是利用超导磁体产生的强磁场在列车运行时与布置在地面上的线圈相互作用，产生电动斥力将列车悬起，悬浮气隙较大，一般为 100mm 左右，技术相对复杂，并需屏蔽发散的电磁场，速度可达 500km/h 以上。

超导材料在周围环境温度低于其临界温度后出现电阻几乎为零的状态，称为超导状态。在超导状态下，由于超导材料的电阻为零，用它所制成的绕组一旦施加电流之后，其中的电流会永久地流动下去，由此可以得到数十倍于永久磁铁的磁场强度。超导电磁铁能产生强大的磁场，具有极高的工作效率，因此可以使列车获得较大的悬浮高度和更快的运行速度。其缺点主要是超导磁铁结构复杂、体积庞大，并且为了使超导绕组始终处于超导状态，在列车上还要配置制冷装置。

超导磁悬浮轨道交通依靠制冷剂使超导绕组维持在超导状态。目前超导磁悬浮常用的制冷剂为液氮和液氦。根据两者工作温度的不同，磁悬浮轨道交通又可划分为高温超导磁悬浮和低温超导磁悬浮两类。

（1）高温超导磁悬浮

高温超导磁悬浮是利用在外磁场中高温超导体独有的强磁通钉扎特性，使超导体能随外磁场变化感应出阻碍这种变化的超导强电流，从而不需要主动控制就能实现稳定悬浮和导向的技术。

液氮的工作温度为 77K（-196℃）。采用适合于该工作温度的超导材料制作线圈绕组的磁悬浮称为高温超导磁悬浮，目前一般采用液氮作为高温超导线圈绕组制冷剂。2000年，西南交通大学超导技术研究所研制成功了世界首辆载人高温超导磁悬浮实验车“世纪号”（图 2-30），导轨由 NdeFB 永久磁体和铁组成，超导材料使用以钇（Y）为主的钇钡铜氧（YBaCuO）高温超导体块材。图 2-31 为高温超导磁悬浮列车悬浮示意图。

图 2-30　高温超导磁悬浮实验车“世纪号”

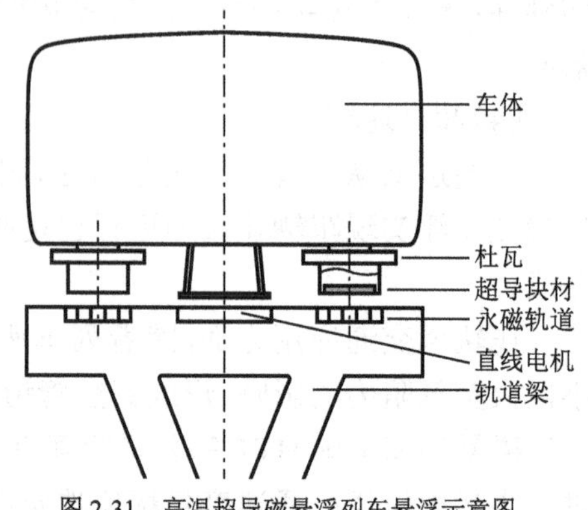

图 2-31　高温超导磁悬浮列车悬浮示意图

值得注意的是，高温超导磁悬浮的工作温度未必是固定的。随着超导技术的发展，磁悬浮轨道交通所使用的高温超导工作温度可能会升高。将来也有可能使用常温超导磁悬浮材料，到那时还可能会出现常温超导磁悬浮轨道交通。

（2）低温超导磁悬浮

低温超导技术采用在列车车轮旁边安装小型超导磁体，在列车向前行驶时，超导磁体则向轨道产生强大的磁场，并和安装在轨道两旁的铝环相互作用，产生一种向上浮力，消除车轮与钢轨的摩擦力，起到加快车速的作用。

液氦的工作温度为 4.2K（-269℃）。采用适合于该工作温度的超导材料制作绕组并且采用液氦作为超导绕组制冷剂的磁悬浮称为低温超导磁悬浮。日本的 ML 磁悬浮系统就是采用低温超导磁悬浮系统，超导绕组使用铌钛（NbTi）合金制造。日本使用的低温超导的原理如图 2-32 所示。

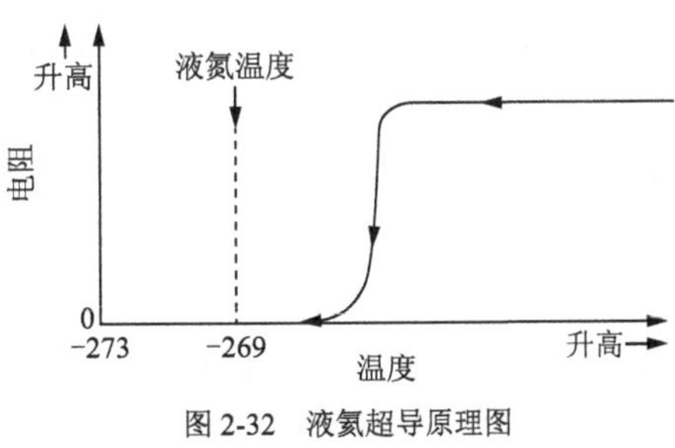

图 2-32　液氦超导原理图

2）常导磁悬浮

常导磁悬浮也称常导磁吸型磁悬浮，德国 TR 系统和日本 HSST 系统均使用常导磁悬浮技术。它是利用普通直流电磁铁电磁吸力的原理将列车悬起（图 2-33），悬浮的气隙较小，一般为 8 ～ 10mm。常导型高速磁悬浮列车的速度为 400 ～ 500km/h，适合于城市间的长距离快速运输。

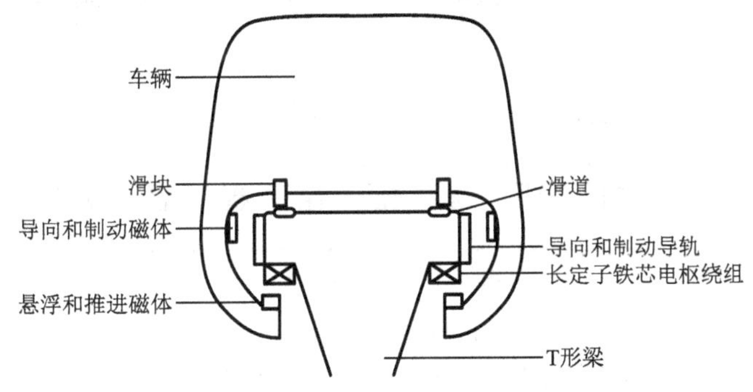

图 2-33　常导磁悬浮系列车悬浮意图

常导磁悬浮有技术较简单、养护维修方便等优点。其主要缺点是线圈绕组中电阻较大，因此该种直线电机的功率损失较大，并且线圈绕组容易发热，列车的运行速度也会受到一定的限制。

我国的磁悬浮设计标准《中低速磁浮交通设计规范》（CJJ/T 262—2017）和《高速磁浮交通建设标准》（建标 161—2012）都采用常导电磁悬浮技术。

2.2.4　按直线电机的磁场是否同步划分

导轨磁场与车辆磁场可以同步运行，也可以不同步运行。据此可以将磁悬浮轨道交通划分为直线同步电机和直线感应电机两种类型。

1）直线同步电机（Linert Synchronous Motor，LSM）

LSM 一般采用长定子技术，转子磁场与定子磁场同步运行，控制定子（初级线圈、导轨侧）磁场的移动速度就可以准确控制列车的运行速度。高速、超高速磁悬浮线路一般使用该种长定子直线同步电机。该种电机技术复杂，一般用于长大干线交通或城际交通系统之中。德国的 TR 和日本的 ML 系统均使用这种直线同步电机。

直线同步电动机与直线感应电动机一样，也是由相同的旋转电动机演化而来的，其工作原理与普通的旋转电动机相同，如图 2-34 所示。其因 20 世纪 60 年代后作为高速地面运输的推进装置以及 20 世纪 80 年代后作为提升装置的动力而变得重要起来。与普通同步电机一样，它具有多相电枢绕组和直流励磁的磁场。直流磁场的励磁方式可以是常规式的，也可以由超导体励磁绕组来励磁，还可以采用永磁体。虽然从原理上看，直线同步电动机作为电枢移动式或是磁场移动式都可以，但似乎后一种形式更实用些。在直线同步电动机中，定子绕组产生的气隙行波磁场和磁极磁场的共同作用，气隙磁场对磁极动子产生电磁推力。若定子固定不动，则转子在这个电磁推力的作用下就沿着行波磁场运动的方向做直线运动。磁极移动的速度与行波磁场的移动速度一致。如图 2-34 所示。

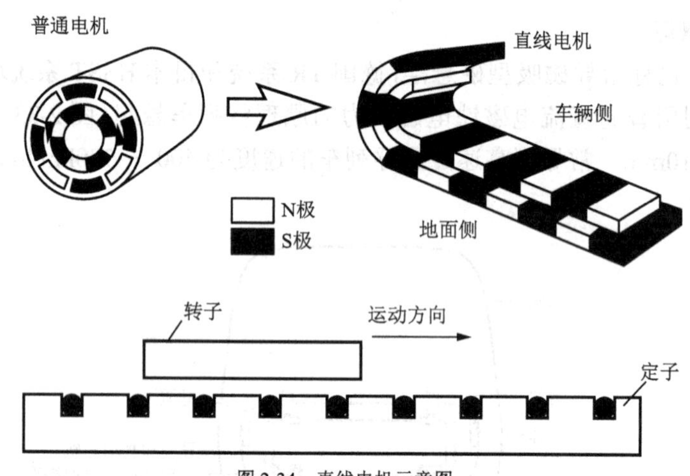

图 2-34　直线电机示意图

2）直线感应电机（Linert Inducation Motor，LIM）

LIM 的转子磁场与定子磁场不同步运行，故也被称为直线异步电机。次级线圈（导轨侧）的磁场移动速度低于初级线圈磁场的移动速度。

短定子直线感应电机结构比较简单，制造成本较低。其缺点是效率和功率因数相对较低，运行中需要地面供电装置对磁悬浮列车接触供电，不能实现车辆、线路之间完全无接触的运行，所以更适合中低速磁悬浮线路使用，适用于城市轨道交通。日本的 HSST 系统及目前我国自行研制的磁悬浮系统大部分使用这种直线感应电机。

2.2.5　按直线电机的定子长度划分

根据直线电机的定子长度的不同，直线电机可以划分为长定子直线电机和短定子直线电机。据此，磁悬浮也分为长定子直线电机磁悬浮和短定子直线电机磁悬浮。

1）长定子直线电机

长定子直线电机的定子设置在导轨上，其定子绕组可以在导轨上无限长地铺设，故称为“长定子”。长定子磁悬浮一般采用导轨驱动技术，列车的运行速度和运行工况由地面控制中心直接控制。长定子直线电机通常用在高速及超高速磁悬浮轨道交通中，适用于干线及城际铁路领域。图2-35、图2-36分别为长定子直线电机示意和直线电机绕组原理图。

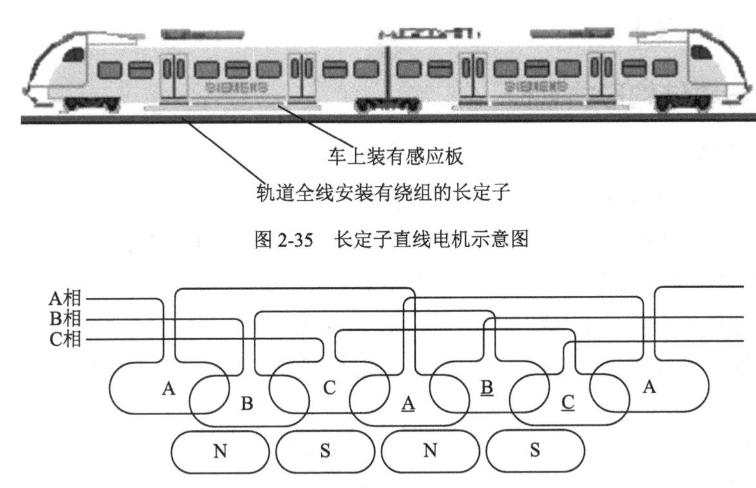

图2-35　长定子直线电机示意图

图2-36　长定子直线电机绕组原理图

2）短定子直线电机

短定子直线电机的定子设置在车辆上。由于其长度受列车长度的限制，故称为“短定子”。短定子磁悬浮一般采用列车驱动技术，列车的运行速度和运行工况由司机直接控制。短定子直线电机通常用在中低速磁悬浮线路中，适用于城市轨道交通领域。图2-37为短定子直线电机示意图。

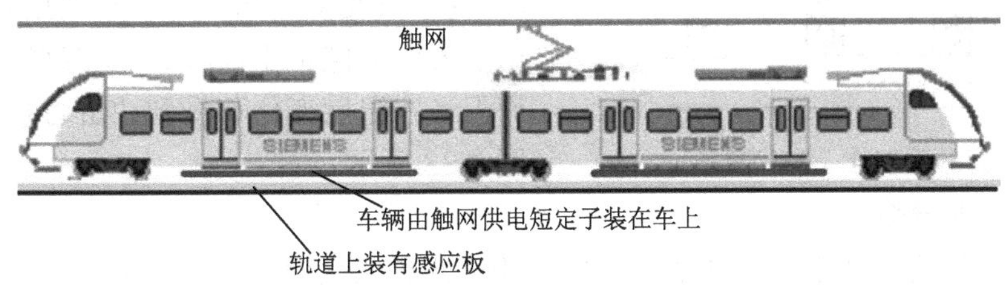

图2-37　短定子直线电机示意图

2.2.6　按驱动方式划分

列车的运行工况（牵引、惰行、制动）及运行速度完全由定子绕组中的移动磁场控制。按照直线电机的初级线圈（定子线圈）的安设位置不同，磁悬浮轨道交通可以划分为导轨驱动和列车驱动两种类型。

1）导轨驱动磁悬浮

导轨驱动也称为路轨驱动。直线电机的初级线圈（定子线圈）设置在导轨上，采用长定子同步驱动技术。其列车的运行工况及运行速度由地面控制中心控制，列车司机不能直接控制。该系统形式适合于高速运行，一般用于干线或城际交通。德国的TR系统和日本的ML系统均使用这种导轨驱动技术。

2）列车驱动磁悬浮

中低速磁悬浮直线电机的初级线圈（定子线圈）设置在车辆上，故这种磁悬浮制式也称为列车驱动的磁悬浮。其列车的运行工况及运行速度由列车司机控制。该系统形式适合于中低速运行，一般用于城市轨道交通。日本HSST系统和我国自行研制的磁悬浮系统大都使用这种列车驱动的技术。

2.2.7 按导轨结构形式划分

1）"T"形导轨

该种导轨梁的横断面为"T"形。直线电机的驱动绕组及悬浮绕组均安装在导轨梁两侧翼的下方，导向绕组安装在两侧翼的外端。导轨梁直接安装在桥墩上。德国高速磁悬浮和日本中低速HSST系统均采用这种导轨结构形式。

由于这种磁悬浮列车"抱"着导轨运行，故遇突发事故时的安全性更好一些，并且线路设计中的最小曲线半径也可以更小一些。但它对轨道梁的加工精度和列车的悬浮及导向的控制要求很高。

德国方案为T形轨道，单线或复线的磁悬浮高速铁路由每段25m或50m长的钢结构或混凝土支承梁构成。支承梁可设在地面或高架上，也可设在桥上或隧道中。轨道主要由两个相关的部分组成：主支承梁和两侧的悬臂梁，悬臂梁将局部的悬浮、推进和导向力传给主支承梁，长定子铁芯及线圈、导向元件等都固定在悬臂梁上。车辆包在线路外面的防脱轨系统对线路上部边缘以下的建筑接近界限有一定的要求，因此线路支承梁必须有一定的高度，支承梁在支座间应处于不受预应力的状态。由于悬浮间隙很小，要求轨道有很好的刚性，从而保证在温度变化和受到冲击力时不变形。如图2-38所示。

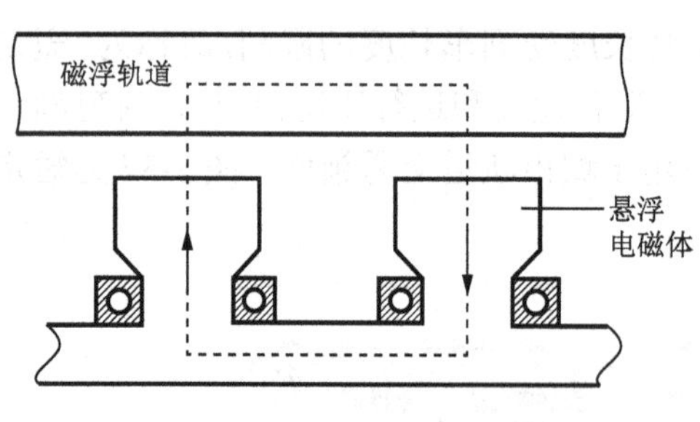

图2-38 德国TR悬浮原理示意图

2）"⊥"形导轨

这种导轨结构类似于城市轨道交通中的跨座式独轨交通。日本在早期磁悬浮试验线曾经采用过这种结构形式。由于这种导轨的凸出部分侵占车辆的底部空间，影响车厢的载客率，所以目前一般不再采用这种导轨结构形式。

3）"U"形导轨

这种导轨梁的横断面为"U"形，列车在"U"形槽中运行。地面的驱动、悬浮及导向绕组均安装在"U"形槽的内侧壁。这种导轨梁可以采用高架结构架设在桥墩上，也可以采用无砟轨道形式铺设在路基上。与"T"形导轨的要求相比，"U"形轨道梁的加工精度及对列车的悬浮控制、导向控制的要求较低，但对最小曲线半径的要求更高一些（即要求最小曲线半径更大一些）。日本的ML系统目前采用这种导轨结构形式（图2-39）。

日本混凝土结构的线路断面呈"U"形，在侧壁内侧安装用于悬浮和导向的"8"字形线圈

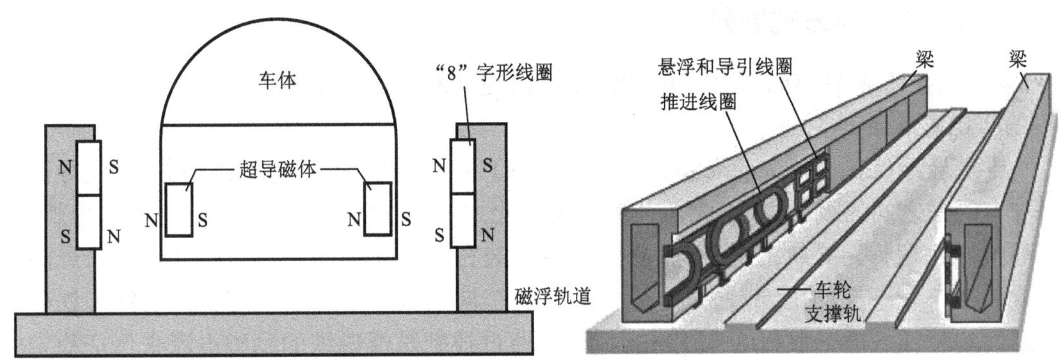

图 2-39　日本 ML 系统"U"形导轨示意图

及用于牵引的直线电机线圈，由于线路呈"U"形，列车运行时，辐射噪声较低，由于应用超导，轨道不需要铁芯，仅为空气芯铝线圈。

4）"一" 形导轨

这种导轨梁的横断面为"一"形（图 2-40），地面绕组均安装在导轨梁的正上方，车辆绕组均安装在车辆的正下方，列车在导轨梁上方运行。这种导轨梁一般架设在桥墩上，采用高架结构，特点是结构简单，但导向功能稍差一些，因此主要适用于中低速磁悬浮。我国西南交通大学研制的"世纪号"高温超导磁悬浮采用这种导轨结构形式。

5）弧形轨道

美国 Magplane 方案的轨道横截面为近似的弧形，半径为 2.1m，轨道 4.5m 宽。轨道被分为 3 部分，如图 2-41 所示，左右两侧为用于悬浮的铝板，大约 2cm 厚，160cm 宽，悬浮力是通过列车上磁铁的运动，在铝板里感应电流而产生。中间为推进绕组，作为直线电机的定子绕组，车载磁体为永磁铁。由于悬浮气隙较大，轨道的精度要求较低。轨道采用整体高架结构，在必要的地方采用大跨度，用钢筋或水泥加固。在轨道设计中考虑了在任意位置的突然停车和重新起动。由于悬浮气隙较大、铝板导轨重量轻，故轨道的加工精度要求较低，可以大幅度降低导轨的造价。

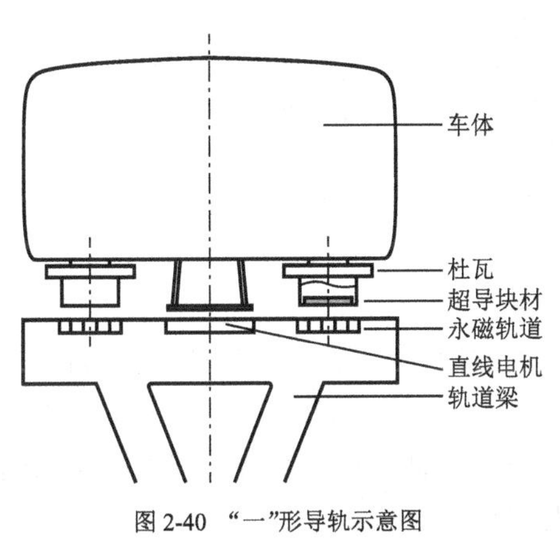

图 2-40　"一"形导轨示意图

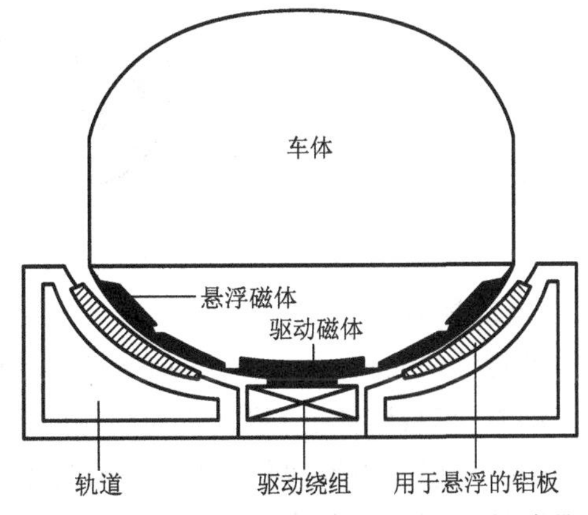

图 2-41　美国 Magplane 磁悬浮列车弧形轨道示意图

2.2.8 按悬浮方式划分

磁悬浮列车从悬浮机理上可分为电磁悬浮、电动悬浮和永磁悬浮三种。

1）电磁悬浮

电磁悬浮（ElectromagneticSuspension，EMS）也称磁吸式悬浮，该方式利用的是导磁材料与电磁铁之间的吸引力，绝大部分悬浮采用此方式。电磁悬浮一般采用“T”形导轨，车辆环抱导轨运行。导轨上的驱动、悬浮绕组安装在导轨侧翼底部，车辆上的驱动、悬浮绕组安装在车辆下翼的上缘，通过电磁作用将列车向上吸起悬浮于轨道上。磁铁和铁磁轨道之间的悬浮气隙一般为 8 ～ 12mm。列车通过控制悬浮磁铁的励磁电流来保证稳定的悬浮气隙。

德国 TR 系统及日本 HSST 系统均采用这种悬浮方式。这种悬浮方式由于采用磁铁异性相吸的原理，磁场在直线电机的初级、次级线圈之间基本上可以形成闭合回路，磁场向外界扩散较少，电磁污染程度很低，磁场对人的影响可以忽略不计。

德国 TR 系统利用悬浮架两侧的可控直流电磁铁与导轨间的吸力来提升车体，为了保证悬浮的稳定性，必须外加反馈控制来调节电磁铁的线圈电流，从而改变提升力的大小，使提升力与车体重力保持动态平衡。其悬浮原理如图 2-42 所示，在悬浮电磁铁中通入直流电流，悬浮电磁铁与轨道中的铁芯之间产生电磁吸引力将车体浮起。如果不加控制，悬浮电磁铁将牢牢吸附在轨道铁芯上，列车无法行走。为此在悬浮电磁铁附近装有气隙传感器，测量悬浮电磁铁与轨道铁芯之间的距离（即悬浮气隙）。根据测量的距离，不断调整悬浮电磁铁中的电流，以保持悬浮气隙在 10mm 左右，车上的导向电磁铁对轨道侧面产生侧向吸力以导向车辆。该类型悬浮的特点在于无论处于何种速度或停车，均能保持车体悬浮状态，不需要辅助轮，但其悬浮和导向需要主动控制。

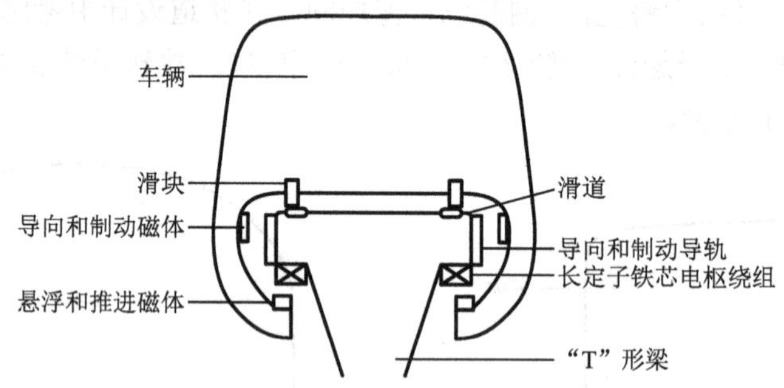

图 2-42 德国高速磁悬浮列车悬浮和牵引结构示意图

2）电动悬浮

电动悬浮（ElectrodynamicsSuspension，EDS）也称为磁斥式磁悬浮或感应斥力悬浮。当列车运动时，车载磁体（一般为低温超导线圈或永久磁铁）的运动磁场在安装于线路上的悬浮线圈中产生感应电流，两者相互作用，地面绕组产生的磁场与车辆绕组产生的磁场同性相斥将车辆悬浮起来。电动悬浮的悬浮高度一般为 100 ～ 150mm。

与电磁悬浮相比，电动悬浮系统依靠励磁线圈和短路线圈的相对运动得到斥力，所以在静止时不能悬浮，必须达到一定的运行速度（120 ～ 150km/h）后才能起浮，不适用于低速运行的线路。电动悬浮系统在应用速度下，悬浮间隙较大，不需要进行主动控制。

电动悬浮可以采用"⊥"形导轨，车辆跨在导轨上运行。日本早期的 ML 系统采用这种悬浮方式。磁斥式磁悬浮还可以采用另一种导轨结构形式，即"一"形导轨。速度比较低的磁悬浮轨道交通可以采用这种悬浮方式。我国西南交通大学研制的高温超导磁悬浮采用这种悬浮方式。

日本的 ML 系统采用磁吸、磁斥混合并且以磁斥式为主的悬浮系统。在"U"形导轨侧壁内侧的地面悬浮绕组产生上下极性不同的一组磁场，若车辆侧的磁场与地面侧的磁场相适应，则导轨侧壁的磁场会对车辆磁场产生上吸下斥的混合作用，使车辆悬浮起来。这种悬浮方式也可以称为混合式悬浮方式。

磁斥式磁悬浮由于采用磁铁同性相斥的原理，初、次极线圈所产生的磁场在直线电机内部不能闭合，故其电磁污染比磁吸式磁悬浮要大许多。

日本的 MLU 型系列磁悬浮列车属于电动悬浮型（Electro Dynamic Suspension，EDS），其悬浮原理如图 2-43 所示，该悬浮方式为侧壁零磁通悬浮式。磁悬浮车在静止或低速运行时不能起浮，靠类似飞机的橡皮轮支撑，此时，车载低温超导磁体的中心线与轨道侧壁"8"字形短路线圈中心线重合，"8"字形短路线圈中，上、下半部线圈交链的磁通相互抵消为零，因此在"8"字形短路线圈中无感生电流和悬浮力产生。当列车运行达到一定速度收起支撑轮时，车载低温超导磁体下沉，低温超导磁体中心线偏离"8"字形短路线圈中心线，因而"8"字形短路线圈中上半部线圈交链的磁通减少，下半部交链的磁通增大。由楞次定律可知，上半部线圈感应的磁场方向与车载低温超导磁体的磁场方向相同，下半部线圈感应的磁场方向与车载低温超导磁体的磁场方向相反。同极相斥产生的推力会形成一个向上的分力，异极相吸产生的吸引力也会形成一个向上的分力，一推一拉形成磁悬浮车的悬浮力。列车运行速度越快，感应的磁场越强，悬浮力越大，直到把列车浮起来。起浮速度为 100 ～ 150km/h。系统推进与 TR 系统相近，直线电机初级线圈分布在 U 形槽侧壁上，励磁磁极则为车载超导体磁体。车上发电也与 TR 系统类似。悬浮和导向不需要主动控制，在高速时可将车体悬浮 10 ～ 15cm，最大为 30cm。其适用于高速行车，需要低温超导技术，技术难度较大。

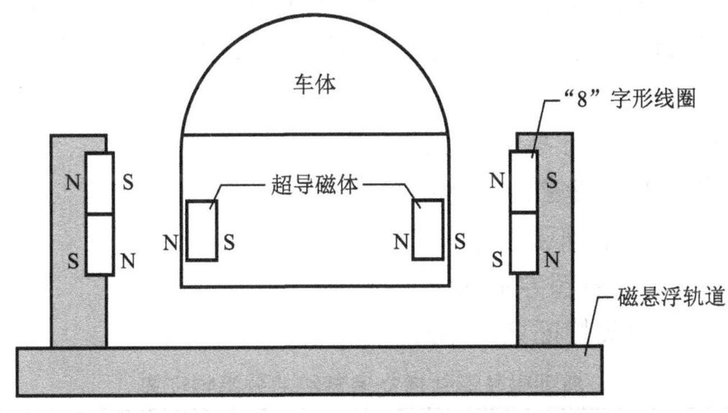

图 2-43　日本超导高速磁悬浮列车悬浮和牵引结构示意图

3）永磁悬浮

永磁悬浮（Permanent Magnet Suspension，PMS），这种列车采用永磁材料制成，不需其他任何动力支撑，车辆能够始终保持悬浮状态。即永久磁铁与轨道（由电磁轨道或导磁材料）相斥并保持在槽口中线可悬浮运行，磁动机由永磁转子轮和直线定子铁靴构成，定子与转子之间不接触，依靠永磁场产生吸力或拉力，从而驱动磁悬浮列车运行或制动。

美国在积极推进应用的是永磁 Magplane，它属于永磁悬浮型。Magplane 的悬浮磁铁和驱动磁铁皆为永磁体，间隙可达 5 ～ 15cm。其在悬浮和导向上使用了 20mm 厚的弧形铝板轨道，这种结构具有高速转弯的优点。这种方案需要加辅助轮，为了安全起见，Magplane 的设计者计划在行驶的全程不收回辅助轮，而是将其固定在列车下面。整个列车技术相对简单。高速磁悬浮列车系统与其他磁悬浮列车系统相比，有许多的创新之处，最显著的特点就是永磁悬浮、电磁道岔、自稳定的控制系统等，以下分别介绍这几个创新点。Magplane 方案采用永磁方案，永磁体的使用比起超导悬浮列车更经济，不存在一套精密的制冷系统，简化了磁悬浮列车系统，同时不会出现日本超导高速磁悬浮列车 MLU 系统在试验时曾出现的超导体失超而引发的事故，使得磁悬浮系统可靠性大大提高，同时也使得原理更简单，建造更方便。对磁悬浮系统来说有一个震荡的过程，从安全角度，系统不需要防止与地面碰撞。而对旅客来说，存在振动则会感觉不舒服，为阻尼这些振荡，磁铁不是粘在列车上，而是有一个可以运动的装置，使得其在列车底部运动，并可吸收掉能量，这个可以运动的范围大约 20mm，频率大约是 1 周。磁铁在车体下面只是径向运动，因为磁铁下面有一个稳定机构，不能上下运动，列车动起来后，所有的磁块都在不断地运动。速度更高时，有像飞机一样的稳定翼，振动幅度 10mm 左右，用空气动力学原理来控制列车系统的晃动。列车在拐弯时允许倾斜 10°，这样列车在通过半径为 2km 的曲线时，仍可保证 360km/h 的速度，而且乘客感觉和坐飞机一样舒适，该方案目前还在设计与改进过程中。和传统的列车自动控制系统不同，Magplane 的控制系统除检测列车的位置外，还要检测列车的姿态。控制系统对这些信号处理后，发出控制信号来控制磁块。

2.2.9 典型磁悬浮轨道交通系统的分类特征

上面总结了磁悬浮轨道交通常见的几种分类方法。不可否认，因为磁悬浮轨道交通涉及众多领域的营造技术，从不同的角度考虑，还有其他多种分类方法。

与上述的众多分类方法类似，由于磁悬浮铁路技术目前正处在蓬勃发展、百花齐放的阶段，目前在世界范围内也有众多形式的磁悬浮系统。其中几种具有代表性的磁悬浮轨道交通系统包括：

①ML 系统：日本低温超导高速磁悬浮系统。

②TR 系统：德国常导高速磁悬浮系统。

③HSST 系统：日本中低速磁悬浮系统。

④世纪号系统：中国高温超导中低速磁悬浮系统。

上述磁悬浮系统的分类特征见表 2-2。

典型磁悬浮轨道交通系统的分类特征表　　表 2-2

分类特征	日本 ML 系统	德国 TR 系统	日本 HSST 系统	中国世纪号系统
应用范围	干线、城际	干线、城际	城际、市内	试验阶段
速度（km/h）	603	450	110	300

续上表

分类特征	日本ML系统	德国TR系统	日本HSST系统	中国世纪号系统
线圈导体	低温超导	常导	常导	高温超导
直线电机	长定子、同步	长定子、同步	短定子、异步	短定子、异步
驱动方式	导轨驱动	导轨驱动	列车驱动	列车驱动
悬浮方式	电动悬浮	电磁悬浮	电磁悬浮	电动悬浮
导轨结构	“U”形	“T”形	“T”形	“一”形

2.3 磁悬浮轨道交通系统原理

悬浮是指物体克服重力且不与周围其他物体接触的一种稳定或随机平衡的状态。目前的悬浮技术主要包括磁悬浮、光悬浮、声悬浮、气流悬浮、电悬浮、粒子束悬浮等。

所谓磁悬浮就是利用磁场来实现悬浮的一种方法，它利用磁力克服重力实现悬浮。一个磁悬浮系统通常至少包括两个子系统，一个用于产生磁场，另一个用来改变或俘获磁场，从而实现稳定悬浮。

我国在各行各领域都在对磁悬浮进行科学研究及工程应用。在磁悬浮材料方面，钢铁研究总院正在研究应用新兴材料石墨烯制造的永磁体，或可带来永磁悬浮技术的飞跃发展。在磁悬浮技术的其他应用方面，代表世界最高技术水平、能效比更高的磁悬浮制冷离心机已大规模应用在一大批大型建筑中。天津飞旋科技有限公司也在自行研发磁悬浮分子泵等创新技术产品。清华大学、西安交通大学、浙江大学等高校在磁悬浮领域也取得了显著成果，如山东大学磁悬浮研究中心将磁悬浮技术运用到了风力发电机、人工心脏泵、高速主轴等众多领域当中，不断拓展着磁悬浮技术的应用范围，为我国的磁悬浮技术发展做出了重要的贡献。

磁悬浮轨道交通的原理是运用磁铁“同性相斥、异性相吸”的性质，依靠电磁吸力或电磁斥力使列车具有抗拒地心引力的能力，即“磁性悬浮”，实现列车与地面轨道间的无机械接触，再利用线性电机驱动列车运行。虽然磁悬浮列车仍然属于陆上有轨交通运输系统，并保留了轨道、道岔和车辆转向架及悬挂系统等许多传统机车车辆的特点，但由于列车在牵引运行时与轨道之间无机械接触，因此从根本上克服了传统列车轮轨黏着限制，解决了机械噪声和轮轨磨损等问题，是一种新型的运载工具。

2.3.1 磁悬浮列车的悬浮原理

传统轮轨系统的钢轨和车轮踏面构成轮轨列车的支撑系统，使列车保持在轨道上稳定运行；而磁悬浮列车的支撑则是依靠磁悬浮技术。

磁悬浮有三个基本原理。第一个原理是当靠近金属的磁场改变，金属上的电子会移动，并且产生电流。第二个原理是电流的磁效应，当电流在电线或一块金属中流动时，会产生磁场，通电的线圈就成了一块磁铁。第三个原理是磁铁间会彼此作用，同极性相斥，异极性相吸。现在我们再来看看磁悬浮是如何作用的：磁铁从一块金属的上方经过，金属上的电子因磁场改变而开始移动（原理一）。电子形成回路，所以接着也产生了本身的磁场（原理二）。

图 2-44 以最简单的方式来表达这个过程：移动中的磁铁使金属中出现一块假想的磁铁。这块假想磁铁具有方向性，因是同极性相对，因此会对原有的磁铁产生斥力。也就是说，如果原有的磁铁是北极在下，假想磁铁则是北极在上；反之亦然。因为磁铁的同极相斥（原理三），让磁铁在一块金属上方移动，结果会对移动中的磁铁产生一股往上推动的力量。如果磁铁移动得足够快，这个力量会大得足以克服向下的重力，举起移动中的磁铁。所以当磁铁移动时，会使得自己浮在金属上方，并靠着本身电子移动产生的力量保持浮力。这个过程就是所谓的磁悬浮，这个原理可以运用在列车上。如图 2-45 所示，如果在列车的地板上安装一些磁铁，列车一旦开动（例如，可以收起的充气胎），就可产生向上的力量。这个时候，列车就像飞机在跑道上加速准备起飞。当向上的力量足够时，就可使得列车离开地面，浮在金属导轨之上。事实上，列车经过特别的设计，使得车厢在离地面 10 ～ 150mm 处。这样列车就可以飞速前进了。

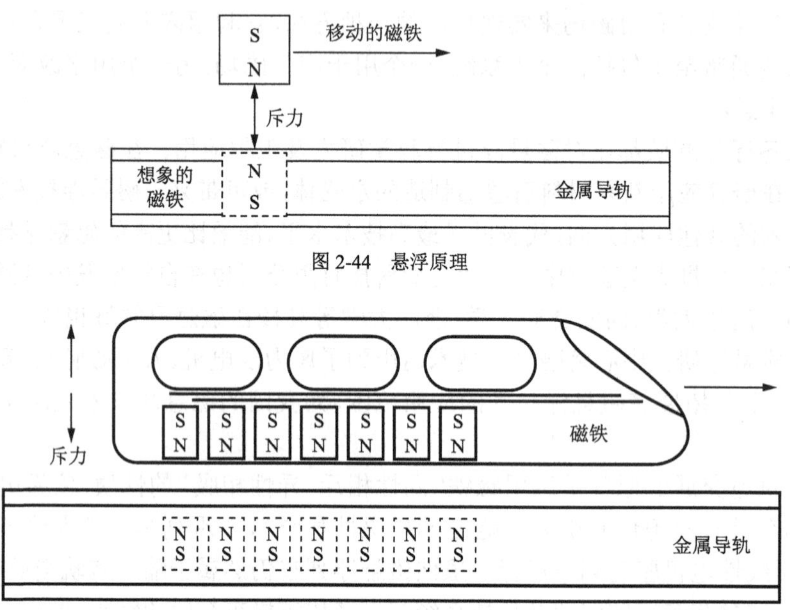

图 2-44　悬浮原理

图 2-45　磁悬浮列车示意图

从以上的讨论可以发现磁悬浮列车的一个优点。因为没有轮子和铁轨，它就没有轮轨间的摩擦力所造成的能量损失。如此一来，相比传统列车，磁悬浮列车减少了一个主要能量损耗来源。理论上，就只剩下风阻会影响列车的行车速度了。如果观察一下列车是怎样行进的，就可以发现磁悬浮列车的第二个优点。虽然同极性会相斥（用以产生浮力），但异性可以相吸。磁悬浮列车就是运用这个原理前进的。当列车下方导轨因电子运动而产生浮力的同时，两侧导轨的线路开始通电，产生另一组比列车稍前的磁铁。经过特殊安排，导轨上的南极会靠近列车上的磁北极。由于这股吸力，列车得以往前移动。通过调整导轨两侧的电流，得以让这股吸引磁力恰好落在列车前方。事实上，列车是陷在所谓的磁波或磁场之中。可以想象导轨两侧移动的磁铁产生一股波浪，列车就像骑在这浪头的冲浪者一样，如图 2-46 所示。

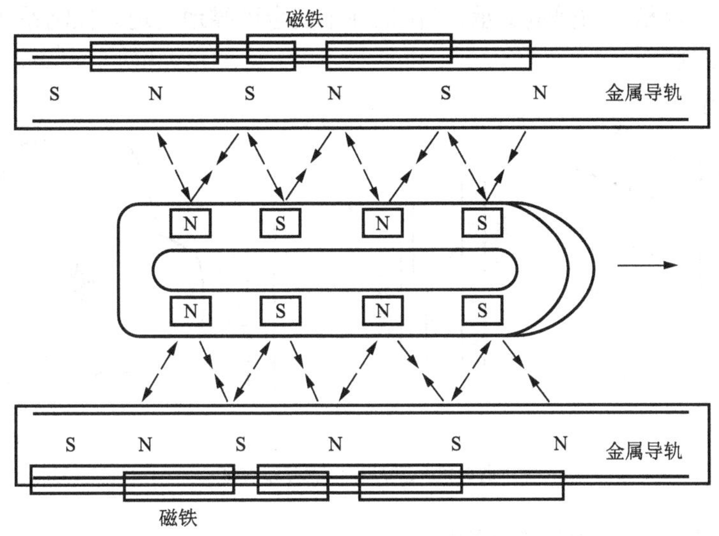

图 2-46 磁悬浮列车周围的磁波

下面介绍常导磁吸式（EMS）和超导磁斥式（EDS）列车的具体悬浮原理。

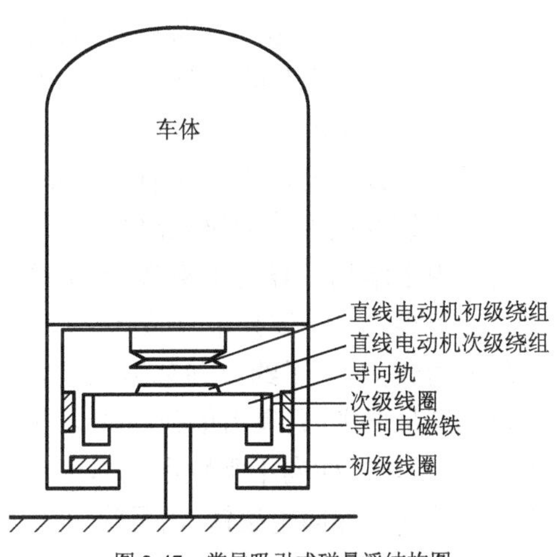

图 2-47 常导吸引式磁悬浮结构图

常导磁吸式（EMS）是利用装在车辆两侧转向架上的常导电磁铁（悬浮电磁铁）和铺设在线路导轨上的磁铁，在磁场作用下产生的吸引力使车辆浮起，如图 2-47 所示。车辆和轨面之间的间隙与吸引力的大小成反比。为了保证这种悬浮的可靠性和列车运行的平稳性，使直线电机有较高的功率，必须精确地控制电磁铁中的电流，使磁场保持稳定的强度和悬浮力，使车体与导轨之间保持大约 10mm 的间隙。通常采用测量间隙用的气隙传感器来进行系统的反馈控制。这种悬浮方式不需要设置专用的着地支撑装置和辅助的着地车轮，对控制系统的要求也可以稍低一些。

超导磁斥式在车辆底部安装超导磁体（放在液态氦储存槽内），在轨道两侧铺设一系列铝环线圈。列车运行时，给车上线圈（超导磁体）通电流，产生强磁场，地上线圈（铝环）与之相切割，在铝环内产生感应电流。感应电流产生的磁场与车辆上超导磁体的磁场方向相反，两个磁场产生排斥力。当排斥力大于车辆重量时，车辆就浮起来。因此，超导磁斥式就是利用置于车辆上的超导磁体与铺设在轨道上的无源线圈之间的相对运动，来产生悬浮力将车体抬起来的，如图 2-48 所示。

由于超导磁体的电阻为零，在运行中几乎不消耗能量，而且磁场强度很大。在超导体和导轨之间产生的强大排斥力，可使车辆浮起。当车辆向下位移时，超导磁体与悬浮线圈的间距减小，电流增大，使悬浮力增加，又使车辆自动恢复到原来的悬浮位置。这个间隙与速度的大小有关，一般到 100km/h 时车体才能悬浮。因此，必须在车辆上装设机械辅助支承装置，如辅助支持轮及相应的弹簧支承，以保证列车安全可靠地着地。控制系统应能实现起动和停车的精确控制。

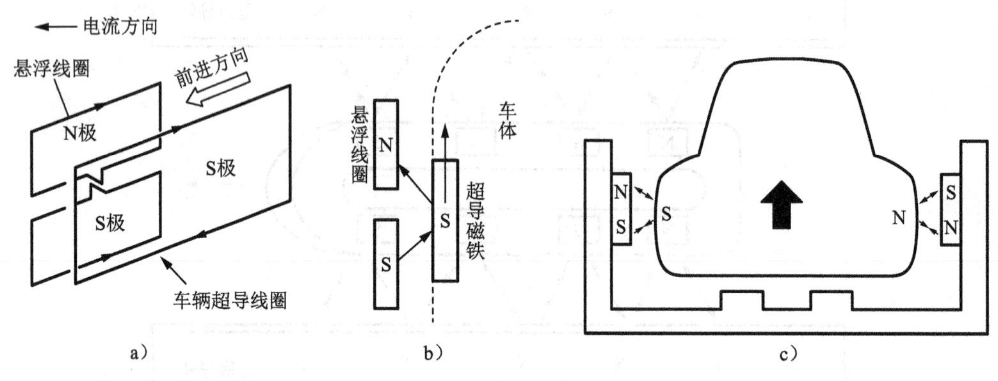

图 2-48　超导磁斥式悬浮结构图

2.3.2 磁悬浮列车的导向原理

普通轮轨列车施加垂向和横向约束才能沿轨道方向行驶，轮轨列车靠轮沿实现垂向和横向约束。轮轨列车的导向是靠车轮轮缘与钢轨之间的相互作用实现的。

磁悬浮列车的悬浮与导向可以是分开的两个独立系统，如德国的 TR 型磁悬浮列车；也可以是一个既有悬浮功能又有导向功能的混合系统，如日本的 HSST 磁悬浮列车。对悬浮和导向系统互相独立的磁悬浮列车，导向力和悬浮力是靠独立的电磁铁进行独立控制来完成的。由于增加了导向电磁铁，列车结构比较复杂，而且轨道也多了导向轨，增加了轨道造价。对于高速磁悬浮列车，因为运行速度高，由于轨道横向不平顺及过弯道时引起的横向动态附加力较大，为了约束列车沿轨道方向运行，需要的导向力较大，用悬浮磁铁产生的横向力很难满足要求，只有用单独的导向电磁铁才能实现。而对于中低速磁悬浮列车，运行速度较低，由于轨道横向不平顺和过弯道时引起的横向动态附加力较小，需要的导向力较小，不必采用独立的导向电磁铁，用悬浮电磁铁产生的横向力就能满足导向要求，而且磁悬浮列车和轨道结构也变得较简单。

在悬浮与导向为混合系统的磁悬浮列车中，悬浮电磁铁一般采用"U"形，轨道采用倒"U"形，电磁铁的磁极面为细长形，电磁导向力靠边沿磁场产生，如果磁极较宽，电磁铁为粗短形，则导向力占的比例很小。在悬浮与导向为独立系统的磁悬浮列车中，为了提高悬浮力与电磁铁重量之比（即悬浮比），磁极做得较宽，悬浮电磁铁导向力较小，所以必须安装独立导向电磁铁进行导向。

在中低速常导磁悬浮列车中采用被动导向的连续电磁铁，模块纵向连接采用球铰连接可以简化系统结构，增加模块的导向刚度，同时提高系统悬浮可靠性。

现按常导磁吸式和超导磁斥式两种情况的导线原理简述如下：

（1）常导磁吸式的导向系统与悬浮系统类似，是在车辆侧面安装一组专门用于导向的电磁铁。车体与导向轨侧面之间保持一定间隙。当车辆左右偏移时，车上的导向电磁铁与导向轨的侧面相互作用，使车辆恢复到正常位置。控制系统通过对导向磁铁中的电流进行控制来保持这一侧向间隙，从而达到控制列车运行方向的目的。德国的 TR 系统就采用这种方式。

（2）超导磁斥式的导向系统可以采用三种方式构成。

①在车辆上安装机械导向装置实现列车导向。这种装置通常采用车辆上的侧向导向辅助轮，使之与导向轨侧面相互作用（滚动摩擦）以产生复原力，这个力与列车沿曲线运行时产生的侧向力相平衡，从而使列车沿着导向轨中心线运行。

②在车辆上安装专用的导向超导磁铁，使之与导向轨侧向的地面线圈和金属带产生磁斥力，该力与列车的侧向作用力相平衡，使列车保持正确的运行方向。这种导向方式避免了机械摩擦，只要控制侧向地面导向线圈中的电流，就可以使列车保持一定的侧向间隙（图2-49）。

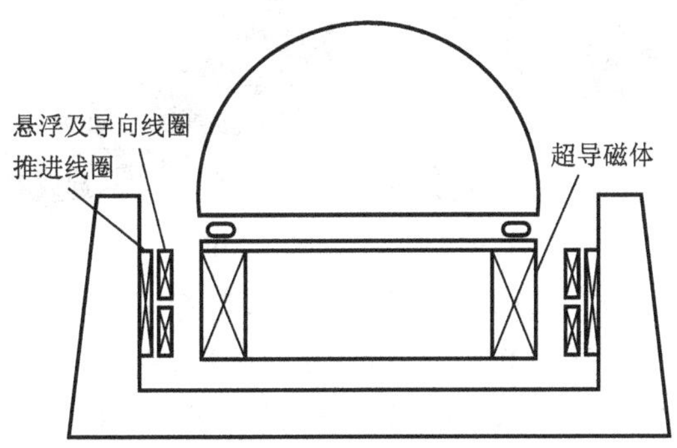

图2-49　悬浮、导向及推进线圈的设置方式

③利用磁力进行导引的“零磁通量”导向系铺设“8”字形的封闭线圈。当列车上设置的超导磁体位于该线圈的对称中心线上时，线圈内的磁场为零；而当列车产生侧向位移时，“8”字形的线圈内磁场为零，并产生一个反作用力以平衡列车的侧向力，使列车回到线路中心线的位置（图2-50）。

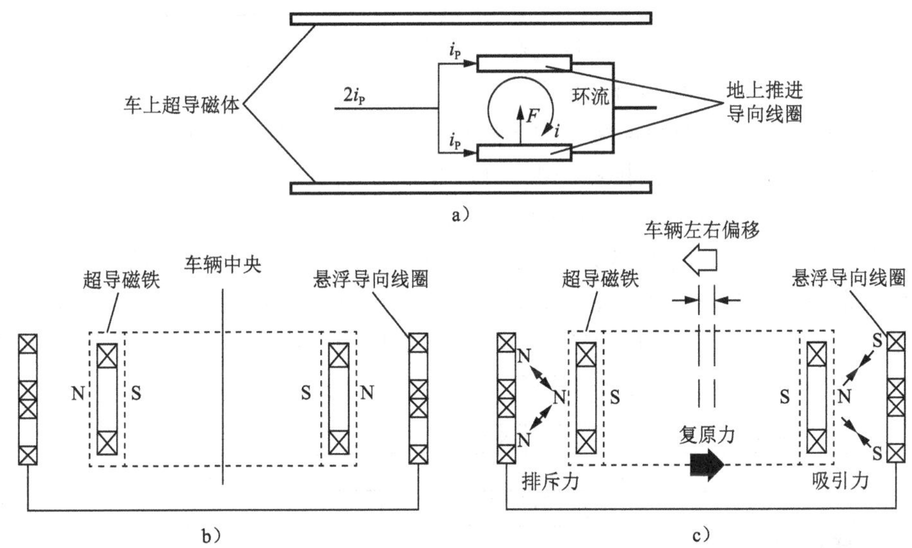

图2-50　悬浮、导向及推进线圈的设置方式

2.3.3　磁悬浮列车的推进原理

常规轮轨交通的电力机车，受电弓从输电网接受电力，之后传送给设在转向架上的传统旋

转电机，在电机动力的作用下车轮与轨道之间产生摩擦力进而驱动列车行驶，也称为黏着牵引。

磁悬浮列车由于悬浮起一定的高度，使车轮与导轨脱离，故不能依靠它们之间的摩擦力产生牵引力使车辆前进。磁悬浮列车推进系统最关键的技术是把旋转电机展开，形成一种叫作直线电机的推进装置作为列车的牵引动力。直线电机是从旋转电机演变而来的。它的基本构成和作用原理与普通旋转电机类似，就如同将旋转电机沿半径方向切开展平而成。如图 2-51 所示，展开以后，其传动方式也就由旋转运动变为直线运动。

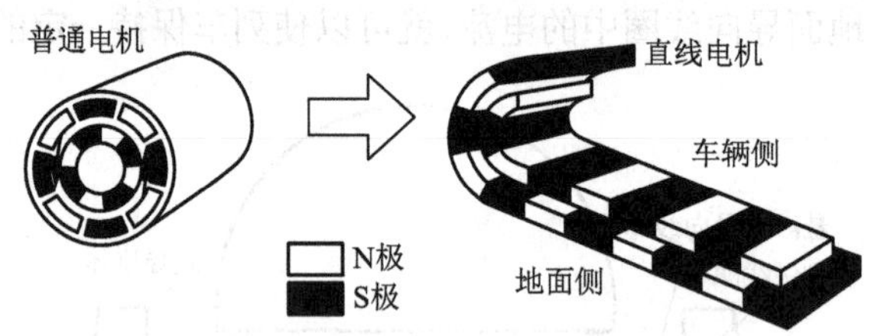

图 2-51 直线电机示意图

直线电机最主要的优点是：结构简单，推进力大，运行可靠，灵活性大，适应性强，不受离心力限制以及无噪声、无振动等。其实，在轮轨交通领域，由于技术、安全和经济等方面的原因，特别是轮轨间黏着条件的限制，近代高速轮轨接触式传动系统已经达到了最大的限制速度。20 世纪初，许多发达国家均在探索取代传统的接触传动的新途径，已经纷纷开展了对直线电机的研究。图 2-52 为典型直线电机推进示意图。

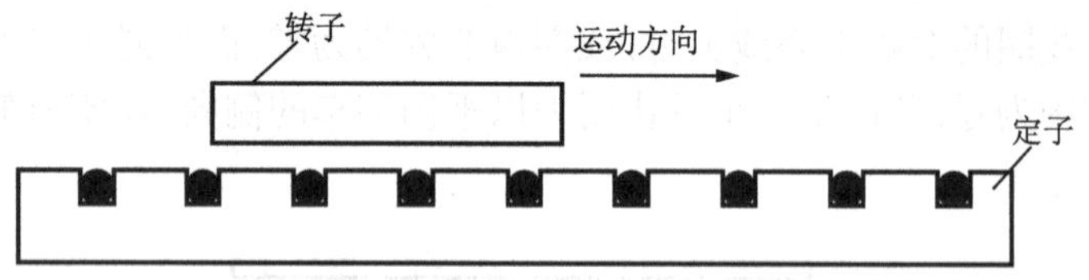

图 2-52 典型直线电机推进示意图

为了节约能源，超高速磁悬浮铁路一般将地面上的若干个推进绕组相互串联为一个个的分区（Section），各分区的地面绕组中一般情况下无电流通过，只在车辆通过该分区时绕组才接通电流。电流通过地面推进绕组（日本 ML 系统的推进绕组位于“U”形导轨的侧壁上）后，绕组逐次变为电磁铁（N 极和 S 极），会产生前述的地面直线移动磁场。

日本在每节车辆两端两侧都安装有超导磁铁，超导磁铁产生超导磁场 N 极和 S 极。通过控制使得前方地面磁场与车辆超导磁场的极性相反而产生吸引力，后面相邻地面磁场与车辆超导磁场产生的极性相同而产生排斥力，使得车辆向前运动。这与常规旋转电机中转子与旋转磁场协同动作使转子旋转的原理是相同的，如图 2-53 所示。

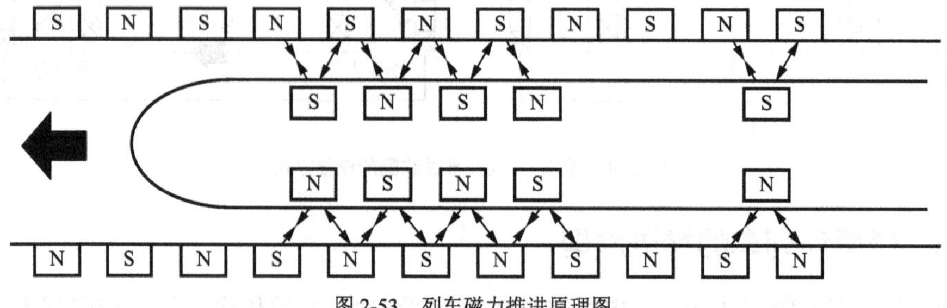

图 2-53 列车磁力推进原理图

在磁悬浮列车上采用的直线电机，按“定子”和“转子”的设置位置分为长转子、短定子式和长定子、短转子式。此种方式是将电机的“转子”线圈安装在车辆上，“定子”线圈安装在轨道上。

直线电机的推进原理是：当“定子”线圈接通电流后，产生磁场，沿轨道方向平行移动，“转子”线圈切割磁场产生电流（或给“转子”线圈通电流），“转子”线圈在“定子”磁场中受电磁力作用，使“定子”和“转子”之间产生相对直线运动，推动列车前进。推进力的大小取决于“定子”磁场的强度、“转子”线圈的电流以及线圈的长度。

直线电机既然是从旋转电机演变而来，自然也有直线同步电机和直线异步电机之分。在磁悬浮铁路上，直线电机的固定部分只能设置在地面上，运动部分放置在车辆上。

其运动部分是“转子”还是“定子”，要根据不同形式的直线电机而定。在实际应用中，直线电机的“定子”和“转子”不可能完全相等，因为在相等的情况下，在列车行进过程中，其相互的电磁耦合部分会越来越小，影响正常运行。必须将“定子”和“转子”制造成长短不等，使长的那一级尽可能地长，才能保证在所需行程范围内，得到尽可能满意的电磁耦合状态，从而获得最大的推进力。

一些研究磁悬浮列车起步较早、进展较快的国家，对这两种形式的直线电机都进行了研究，根据不同的磁悬浮方式，采用不同的直线电机，投入使用阶段。

常导磁吸式磁悬浮铁路，一般均采用直线异步电机。在磁悬浮列车上安装三相电枢绕组，在轨道上安置垂直的铝制感应轨。这种方式结构比较简单，容易维护，造价低，投入使用时间短，适用于中低速运输系统；主要缺点是功率偏低，不利于高速运行。其中，德国的 TR 型快速动车和上海引进的 Transrapid06 号磁悬浮列车，以及日本的 HSST 型磁悬浮列车都采用这种形式。

随着超导技术的发展，直线同步电机被提到了应用日程。在超导磁斥式磁悬浮铁路上多采用长定子直线同步电机。处于超导状态下的导体一旦有电流通过，理论上即可保持永久通电状态，无须再继续供电。其超导电磁体安装在车辆上，在轨道沿线设置无源闭路线圈或非磁性金属板。当磁悬浮列车上的超导电磁体通过地面闭路线圈或非磁性金属板时，由于电磁感应而出现的两者之间的排斥力使车体浮起。同时作为磁悬浮装置的超导电磁线圈的采用，为直线同步电机的励磁线圈处于超导状态提供了方便条件。它们可以共存于同一个冷却系统中，或者同一线圈同时起到悬浮、导向和推进的作用。

长定子直线同步直线电动机推进系统是高速磁悬浮列车应用中的一种先进的推进技术，与短初级普通异步直线电动机推进方式相比，虽然其一次性安装、制造成本高一些，但是它的电机工作效率高、功率因数高，且取消了受流线，故其较后者节能，运行成本低，对供电电网污染小。

图 2-54 是长定子直线同步电机的结构剖面图。其中定子部分安装于轨道上，不可移动转子部分安装于车辆底部，可由定子产生的行波磁场驱动。定子铁芯分段设置，每一段由一定

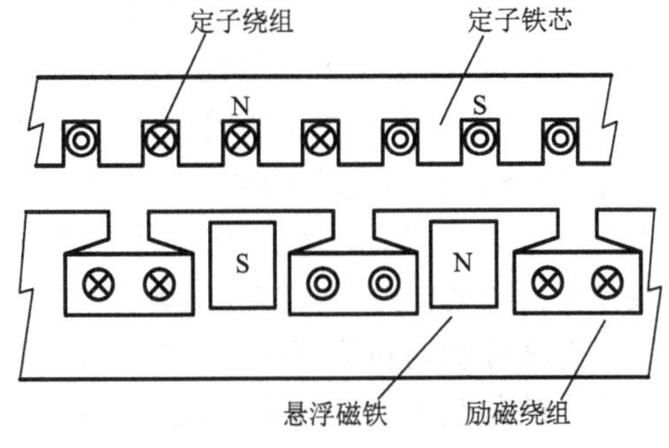

图 2-54　长定子直线同步电机剖面图

长度硅钢片黏结组合而成。定子铁芯上均匀分布了开口槽，整距分布。绕组采用集中绕组，这些主要是考虑到工艺的要求。绕组是多芯的铝导线，预先成型，然后由专门的下线机器安装到槽内。悬浮磁铁是一个电磁铁，励磁绕组安装在转子大槽内。另外悬浮磁铁的极靴上面还开有小槽，这些是直线发电机的绕组安放的地方。长定子直线同步电机的定子、转子的极距稍有不同，这样可以削弱齿谐波。

长定子直线同步电机的定子由地面变电站提供频率可变的三相交流电。这时将产生一个行波磁场，其速度由电源的频率以及定子极距决定。车辆上的励磁绕组通入直流电将产生一个磁性不变的磁场，它在空间的移动速度与车辆的速度相当。

正常运行时，长定子直线电机定子的磁场和转子的磁场相互吸引，产生一个悬浮力，在一般的直线电机中，称为单边磁拉力，显然它的大小与相互作用的两个磁场大小有关，在磁场大小不变的情况下，它的大小与气隙的大小密切有关，当气隙到达一定的大小后，产生的悬浮力与车辆的重量相当，系统处于稳定平衡状态。因此要维持一定的气隙，悬浮力要跟随车辆的重量而改变，这里可通过调节悬浮磁铁的励磁电流来实现。这就是磁悬浮列车的悬浮工作原理。对系统而言，气隙大小的检测非常重要。长定子直线同步电机的悬浮系统与推进系统共同形成一个气隙磁场，如果在任意功角情况下，调节一个变量势必引起另一个变量的变化，为了能够实现解偶控制，必须使电枢反应减到最小，即气隙中的磁场由励磁电流所决定。因此，正常运行时，控制系统使气隙合成磁场轴线与悬浮磁极轴线正交，使电枢反应减到最小，可以使推力实现最大化，也可使系统的悬浮力与推力的相互偶合程度减到最小。

悬浮磁极的极靴上还开有小槽，这是一个直线发电机，可以说系统对能量的利用非常的巧妙，结构也很紧凑。直线同步电机由于定子铁芯开槽，气隙除存在传递能量的基波外，还有许多谐波。基波的速度与车辆的速度相当，不存在相对运动，而气隙中谐波与车辆存在相对运动，列车速度越快，相对速度越大，在转子磁极上的发电机线圈中产生感应电势。由于励磁磁极的磁动势要比电枢磁动势大很多，发电机线圈中感应电势主要由于励磁磁场的谐波分量产生。当发电机外接负载时，感应电势在发电机的线圈产生电流，而且随车速的增加而增加。所以，在车速比较低时，车上的设备是由蓄电池供电的，到达一定的速度后，用电设备就由直线发电机来供电，并给蓄电池充电，保证下一次启动时使用。

2.3.4 磁悬浮列车的制动原理

日复一日，各式各样行驶在轨道上的列车川流不息，联系着脚下和远方，沟通着社会中的你、我、他，满足了人们的出行和货运需求，在人类交通工具的发展史上，写下了浓墨重彩的一笔，也推动着人类文明的发展。就像奔腾的马儿需要缰绳一样，当高速运行的列车需要停靠、转弯或者遇到故障时，列车同样需要有迅速、有效的措施来满足制动要求。列车制动指人为地制止列车的运动，包括使它减速、不加速或停止运行。对已制动的列车或机车解除或减弱其制动作用，则称为“缓解”。

为施行制动和缓解而安装在列车上的一整套设备，总称为列车“制动装置”。由制动装置产生的与列车运行方向相反的外力，称为“制动力”，这是人为的阻力。由于行车安全的需要，制动力比在列车运行中由自然原因产生的阻力一般要大得多。

1）按制动方式分类

列车制动按制动方式可分为摩擦制动、动力制动和电磁制动，详细分类如图 2-55 所示。

（1）摩擦制动

摩擦制动，是机械制动的一种形式。就是设置摩擦部件，在列车制动时阻止车轮的转动，将列车的运行动能通过摩擦转变为热能。轨道交通车辆常用的摩擦制动方式主要有闸瓦制动和盘形制动。

①闸瓦制动。过去，铁路机车车辆采用的制动方式最普遍的是闸瓦制动。闸瓦制动，又称为踏面制动。用铸铁或其他材料制成的瓦状制动块，在制动时抱紧车轮踏面，通过摩擦使车轮停止转动，如图 2-56 所示。在这一过程中，制动装置要将巨大的动能转变为热能消散于大气之中。而这种制动效果的好坏，主要取决于摩擦热能的消散能力。使用这种制动方式时，闸瓦摩擦面积小，大部分热负荷由车轮来承担。列车速度越高，制动时车轮的热负荷也越大。如用铸铁闸瓦，温度可使闸瓦熔化；即使采用较先进的合成闸瓦，温度也会高达 400 ～ 450℃。当车轮踏面温度增高到一定程度时，就会使踏面磨耗、裂纹或剥离，既影响使用寿命也影响行车安全。闸瓦制动的允许极限速度为 160km/h，在高速列车上只能起到辅助作用，是作为诸如盘形制动、再生制动的辅助。

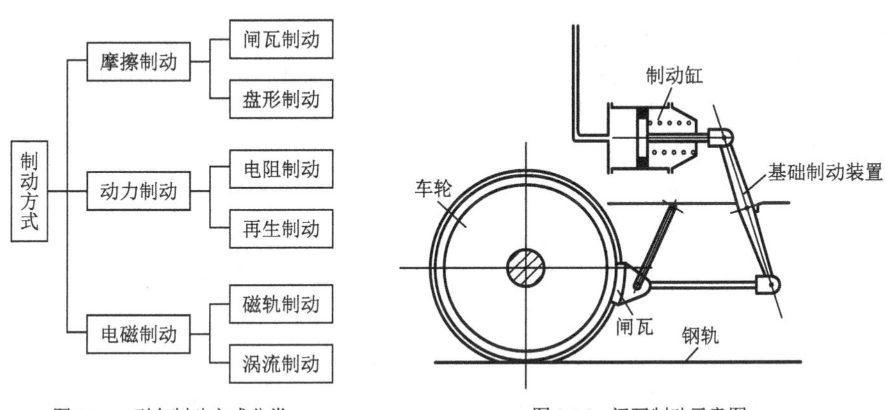

图 2-55　列车制动方式分类

图 2-56　闸瓦制动示意图

②盘形制动。由于闸瓦制动原理，车轮踏面的形状和材料不能轻易改变，且在制动过程中应尽量减少踏面的磨耗。因此，闸瓦制动的性能提高受到影响。为了有效地提高摩擦制动的性能，人们在车轮或车轴上专门设置了用于制动时摩擦的制动盘，代替与车轮踏面的摩擦，这就是盘形制动，如图 2-57 所示。

它是在车轴上或在车轮辐板侧面安装制动盘，用制动夹钳使以合成材料或者粉末冶金制成的两个闸片紧压制动盘侧面，通过摩擦产生制动力，使列车停止前进。由于作用力不在车轮踏面上，盘形制动可以大大减轻车轮踏面的热负荷和机械磨耗，且制动平稳、噪声小。盘形制动的摩擦面积大，而且可以根据需要安装若干套，制动效果明显高于闸瓦制动，尤其适用于时速 120km 以上的列车，这正是各国普遍采用盘形制动的原因所在。但不足的是车轮踏面没有闸瓦的磨刮，将使轮轨黏着恶化；制动盘使簧下重量及冲击振动增大，运行中消耗牵引功率。踏面制动和盘形制动都要通过轮轨之间的黏着来实现，因此都属于黏着制动。

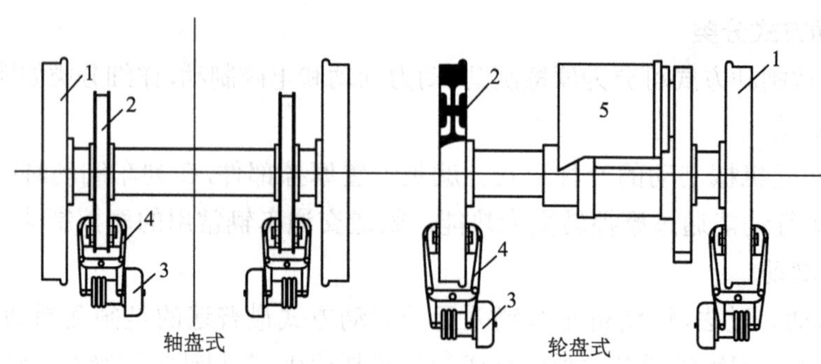

图 2-57 盘形制动示意图

1- 轮对；2- 制动盘；3- 单元制动缸；4- 制动夹钳；5- 牵引电机

制动盘分为轴装式和轮装式。轮装式的制动盘较贵且对运用环境敏感，因此只用于动车组上，当轴中间的位置要留给动轮传动机构或由于轮对本身轮径小，轴装盘较小而制动效率不够的情况下才采用轮装式。制动盘表面采用烧结材料是一项新技术，烧结材料比合成材料具有更高的耐热性，并能提高 40% 的制动能力，前提是制动盘基体必须是高合金钢。研制的第一代烧结涂层在制动盘上有燃烧斑点，并且磨耗很大，但不像合成材料涂层那样，潮湿时制动力下降大。经工艺调整，磨耗问题有所好转，但又有了受潮后摩擦特性下降的缺点。到目前为止，这一问题已经解决，但制造成本昂贵。

③闸瓦与盘形联合制动。采用两种方式同时制动，通过闸瓦对轮对的清扫和打磨作用，可以使轮轨黏着系数提高，闸瓦制动可承担 25% 的制动力。制动初速度为 160km/h 时，闸瓦制动承担的制动力必须降低；制动初速度为 200km/h 时，则必须完全放弃闸瓦制动，以降低踏面过热产生的负面影响。尽量避免使用闸瓦与盘形联合制动的情况有：

a. 装用防滑器后，联合制动不会缩短制动距离。

b. 联合制动易使轮对产生滑槽，运行噪声增大。制动初速度为 140km/h 和 160km/h 时，在 25m 远时测量噪声，联合制动要比纯盘形制动噪声高 6 ～ 10dB，且明显增加了车辆质量。

（2）动力制动

动力制动在制动时，将牵引电机变为发电机，使列车动能转化为电能，对这些电能的不同处理方式形成了不同方式的动力制动。轨道交通车辆上采用的主要有电阻制动和再生制动。

①电阻制动。电阻制动是将发电机发出的电能加入电阻器中，使电阻器发热，即电能转变为热能。电阻器上的热能靠风扇强迫通风而散于大气中。电阻制动一般能提供较稳定的制动力，但车辆底架下需要安装体积较大的电阻箱。

②再生制动。再生制动是把电动车组的把牵引电机转换成发电机，将动能通过电机转化为电能后，可使走行轮对在无磨耗情况下制动，且制动力调节方便，产生的电能可以通过电阻释放或反馈到电网，提供给别的列车使用。再生制动通过控制逆变器的输出频率，使三相异步电机的定子同步转速低于转子转速，即转差率 $S < 0$。此时牵引电机处于发电机状态，将列车的动能转化为电能；电机产生三相交流电，经逆变器整流成直流，直流经四象限整流器逆变为单相交流电；单相交流电经牵引变压器回馈到电网上去。再生制动的缺点是，这种制动要受电网制约，当电网断电时，不能使用再生制动。图 2-58 为再生制动原理图。

(3)电磁制动

电磁制动是依靠磁极与磁极间的相互作用力来实现列车制动的方式。轨道交通车辆常用的摩擦制动方式主要有磁轨制动和涡旋制动。

①磁轨制动。磁轨制动(图 2-59)在转向架构架侧梁下通过升降风缸安装有电磁铁,电磁铁下设有磨耗板。制动时将电磁铁放下,使磨耗板与钢轨吸住,列车的动能通过磨耗板与钢轨的摩擦转化为热能。

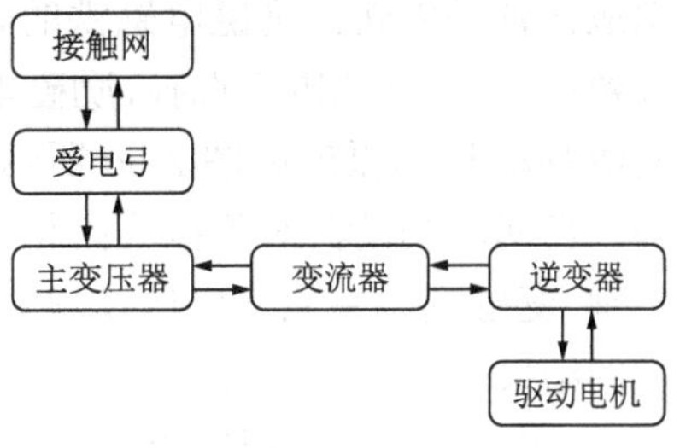

图 2-58　再生制动原理图

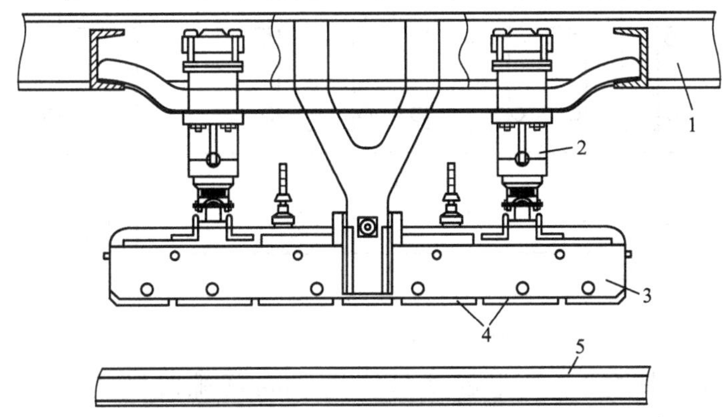

图 2-59　再生制动原理图

1- 转向架构架侧梁;2- 升降风缸;3- 电磁铁;4- 磨耗板;5- 钢轨

磁轨制动的制动力取决于磁铁长度、磁铁对钢轨的吸引力和轨道与极靴间的摩擦系数。在速度为 250km/h 时,制动力达到 3 ～ 3.5kN。每辆车若装 4 组电磁铁,在高速下可实现 0.25m/s^2 的制动减速度。由于极靴与钢轨间摩擦阻力随速度降低而增加,故在速度为 50km/h 以下时应禁止使用。每块电磁铁的功耗约为 lkW,极靴寿命的总制动距离可达 2000km。

其优点是制动力不受轮轨之间黏着系数的影响,受气候影响小,使用磁轨制动可改善轮轨黏着,且能得到较大的制动力。其缺点是装备电磁制动系统需要高额投资,附加自重较大,并且磁轨制动对钢轨磨耗大。因此,轨道电磁制动常被高速列车用作紧急制动时的一种补充制动手段,在紧急制动情况下使用。

②涡流制动。涡流制动是一种非接触式电磁制动方式,其利用导体(即 ECB 盘)在磁场内切割磁力线产生电涡流,使导体(即 ECB 盘)内部发热,消耗车辆运动能量,达到使车辆减速或停车的目的。

涡流制动有两种形式:一种是旋转型电磁涡流制动装置;另一种是线性(轨道型)电磁涡流制动装置。

线性(轨道型)电磁涡流制动装置像磁轨制动一样以钢轨为作用对象,制动电磁铁沿轨道方向 N 极、S 极交互布置。制动时,钢轨感应出电流,由于钢轨感应出的电流和磁场也是交变的,所以能产生制动力,列车动能转换成热能移入钢轨。线性(轨道型)电磁涡流制动装置是在转向架两侧的两个车轮之间装设一个长度为 1200 ～ 2000mm 的条形磁铁,而电磁感应体则是钢轨。励磁电磁铁的磁极沿钢轨呈多极分布，即磁极的N极、S极交替配置，磁极数在4～40范围内选择，励磁电磁铁的极面与钢轨面的垂直距离不小于6mm，线性电磁涡流制动基本原理如图2-60所示。在列车静止状态（v=0）时将会产生垂直于轨面的垂向力。当涡流制动器对于钢轨做相对运动时（$v \neq 0$），将产生一个非恒定磁场，根据电磁感应定理，变磁通将感应出电压及涡流。此二次涡流的磁场是与制动器的磁场反向的。磁场叠加的结果使得在运行方向上铁芯前端部分的磁场被削弱，后部的磁场被加强，从而使垂向力减小，在与运行方向相反的方向上形成一个水平分力及制动力。

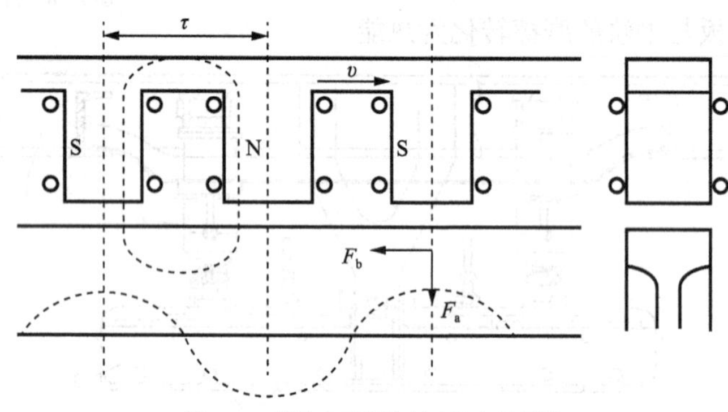

图2-60 线性电磁涡流制动基本原理图

如图2-61所示，曲线1、2是电磁铁与轨道7mm间隙时制动力与速度的关系，在v=250km/h时，100%的励磁（28kW的励磁功率）可产生7.2kN的制动力；50%的励磁（14kW的励磁功率）可产生4.3kN的制动力。涡流制动对电磁块与钢轨间的气隙很敏感，气隙每变1mm，制动力变化10%，随着速度的增加，磁铁与钢轨垂直吸引力增加。这种制动方式无磨耗，无级可调且与轮轨黏着无关，但其存在消耗电能大，必须从列车汇流母线吸取电能；钢轨发热，在续发电车密集区段影响线路稳定性；感应电磁场影响轨道通信等缺点。

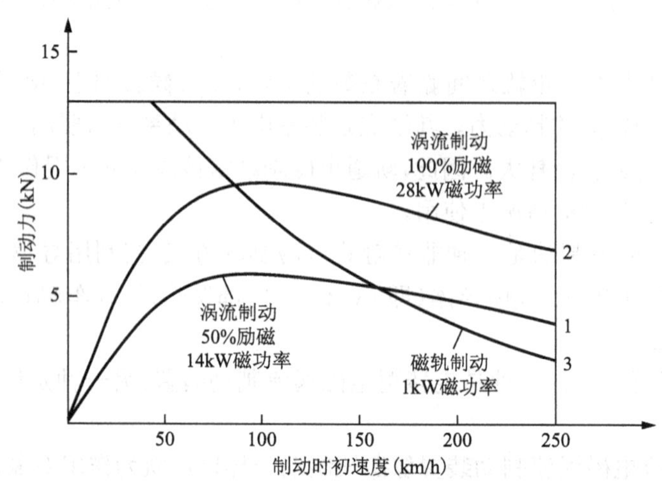

图2-61 磁轨制动和涡流制动的制动力与速度的关系

轮盘涡流制动与轨道涡流制动原理相当，只是把感应对象变为镶在轮轴上的感应制动转子，从而产生轮对上的制动力，难题是散热问题，目前在德国极少使用。图 2-62 为轮盘涡流制动原理图。

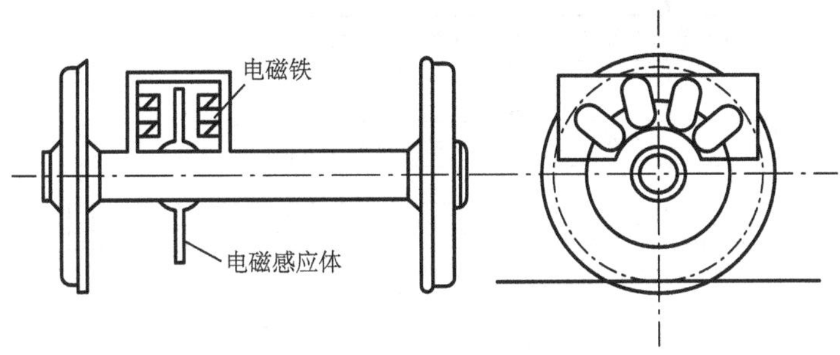

图 2-62　轮盘涡流制动原理图

2）按制动用途分类

列车制动按用途可分为常用制动和紧急制动两种。在正常情况下为调节或控制列车速度包括进站停车所施行的制动，称为常用制动。它的特点是作用比较缓和，而且制动力可以调节，通常只用列车制动能力的 20% ～ 80%，多数情况下只用 50% 左右。在紧急情况下为使列车尽快停住所施行的制动，称为紧急制动。它的特点是作用比较迅猛而且要把列车制动能力全部用上。从施行制动的瞬间起，到列车速度降为零的瞬间止，列车驶过的距离，称为制动距离。它是综合反映列车制动装置性能和效果的主要技术指标。列车重量越大，运行速度越高，就越不容易在短时间、短距离内停下来。

3）磁悬浮列车制动

磁悬浮列车像其他轨道交通车辆一样，也有制动问题，但磁悬浮列车基本上可以不考虑黏着问题，这是磁悬浮列车的一个显著的不同点。

同推进原理相同，当列车需要减速时，就在相当于定子的悬浮电磁铁中通入反相交变电流，这样产生的与列车行进方向相反，磁场就会给列车制动力，使得列车减速。此时加速与减速所用时间相等。另外，除了电制动外，列车在制动过程中尚存在空气阻力，如不通入反向电流面，仅停止供电，一样能得到减速刹车的效果，只是加速度较小。它是一种被动式的在各种制动模式下都起作用的制动力，其大小与列车速度平方成正比。

磁悬浮列车主要采用三种制动方式：①再生制动或电阻制动，一般采用电阻制动；②机械制动；③涡流制动。

磁悬浮列车车载涡流制动系统的组成包括向涡流制动装置提供制动命令的列车运行控制系统（即 OCS 的部分功能）、列车车载计算机控制系统、列车车载检测诊断系统、向涡流制动装置提供电源的列车供电系统（包括直线感应发电机和蓄电池后备电源）、涡流制动控制系统、涡流制动可控励磁电源、制动磁极、连接支撑机构以及磨耗板、导向轨（在涡流制动技术中称为感应板，安装在轨道梁的侧面）等组成。其组成原理如图 2-63 所示。

励磁电源的输出电流根据涡流制动控制系统的输出指令可以调整，通过控制励磁电源的输出电流就可以控制和调整涡流制动装置所产生的制动力。另外，涡流制动控制系统应当具有检测诊断功能，能够将涡流制动系统的运行状态反馈给列车运行控制系统（OCS）。

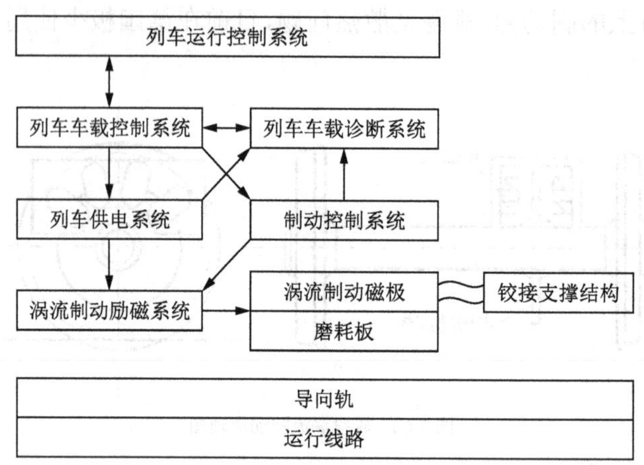

图 2-63　涡流制动系统的组成

涡流制动发生作用时，通过励磁电源产生可控斩波输出，向涡流制动磁极提供励磁电源。此时，励磁所提供的原始动力一方面产生涡流制动力，向列车提供制动力以产生减速度，另一方面也产生电磁吸力，使得磁极克服弹簧的阻尼作用而产生纵向位移，当电磁吸力足够大时，涡流制动磁极的磨耗板与轨道梁的感应板发生摩擦而产生摩擦制动力，即机械摩擦。故当列车遇到紧急情况施加强制制动时，运行控制系统首先安全切断牵引系统，然后启动车载涡流制动器制动列车，当列车速度降至 50km/h 时，涡流制动力大为减弱，列车将启动涡流制动电磁铁旁边的制动磨耗板，夹住列车导向轨，依靠机械摩擦力制动，当列车速度降至 10km/h 时，列车放下滑橇，关闭涡流制动系统，列车脱离悬浮状态，依靠车底的滑橇滑行至停车点。

综上，磁悬浮列车制动时，可以采用反向直线同步电机或异步电机的推力来制动，另外附加涡流制动。涡流制动的基本原理比较简单，利用励磁电磁铁与钢轨或钢圆盘（简称感应体）的相对运动，在感应体中产生感应（动生或感生的）电势，产生涡流，使列车的动能变成感应体中的热能，并通过感应体把热量散发出去，也可解释为由于感应体中的涡流产生的磁场与励磁电磁体产生的磁场相互作用，气隙中的磁场发生变化，形成垂直分量与水平分量的作用力，水平分量的作用力与列车的前进方向相反，即制动力。低速时，由于涡流制动产生的制动力比较小，磁悬浮列车要采用其他措施，把涡流制动改变成异步发电机工作状态以及配合滑块摩擦制动来解决。

电阻制动和涡流制动用于在高速时制动全程；机械制动是一种滑块制动，仅在低速制停时使用。涡流制动是只有在紧急制动或者第一套制动装置（电阻制动）失效时采用的一套独立的制动装置。目前有的学者正在试着开发用于磁悬浮列车的油压制动装置。

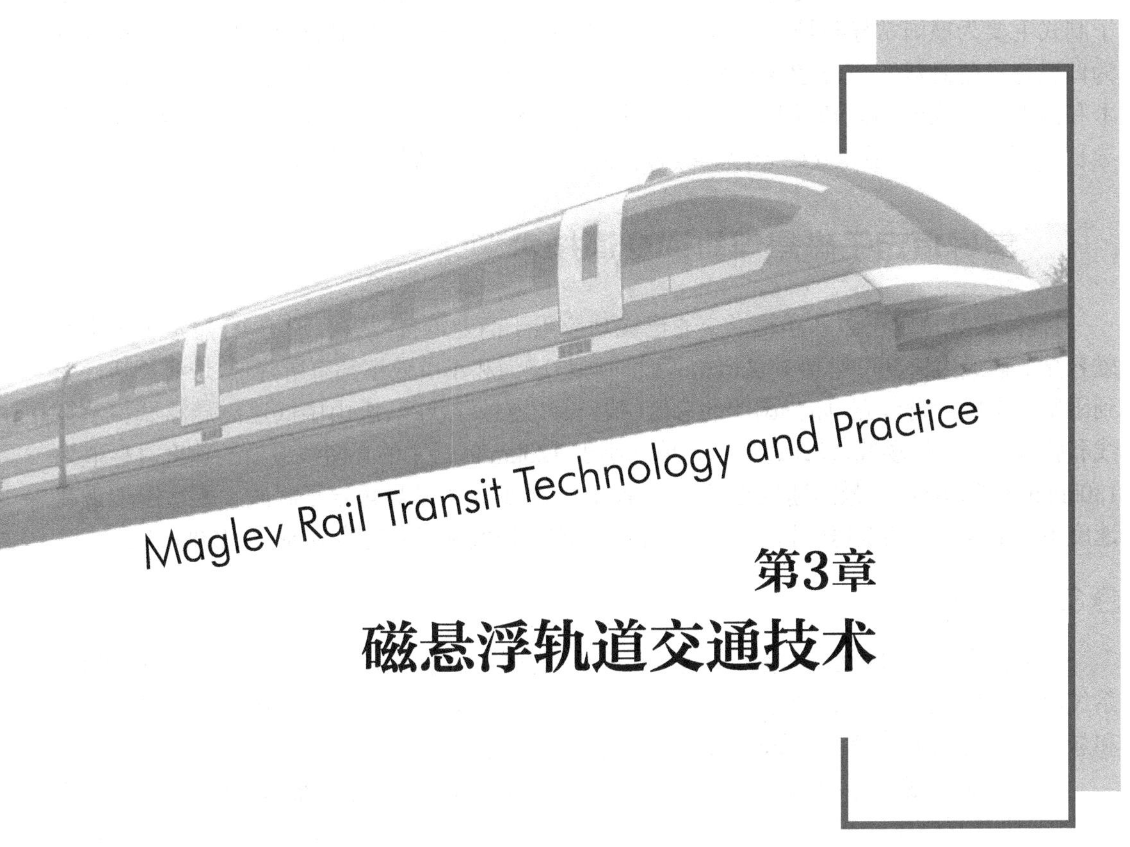

第3章
磁悬浮轨道交通技术

从磁悬浮轨道交通技术来看，区分磁悬浮轨道交通的主要特征是悬浮方式和牵引方式（直线电机的定子长度）的不同。按照悬浮方式，磁悬浮轨道交通可分为常导电磁悬浮（也称为磁吸式悬浮）、超导电动悬浮（也称为磁斥式悬浮）、永磁悬浮等。按照牵引方式，磁悬浮轨道交通可分为长定子牵引和短定子牵引。

现阶段，常导短定子磁悬浮列车基本采用电磁悬浮（EMS）方式，普遍认为其适用于中低速磁悬浮轨道交通。高速磁悬浮主要采用常导长定子制式和超导长定子制式，常导长定子制式主要为德国常导磁悬浮 TR 系统。而超导电动悬浮根据超导材料工作温度又可以分为低温超导磁悬浮和高温超导磁悬浮两大类，主要包括日本低温超导长定子斥力型悬浮技术和西南交通大学高温超导长定子斥力型悬浮技术。本章重点介绍常导短定子磁悬浮、常导长定子磁悬浮、低温超导磁悬浮、高温超导磁悬浮轨道交通技术现状。

3.1 常导短定子磁悬浮轨道交通技术

目前，常导短定子磁悬浮轨道交通已成功应用于商业运营线路。理论上，短定子牵引的磁悬浮车辆最大速度可达到 160km/h，但此时爬坡能力和牵引效率都有所降低，选线灵活性受到限制。实际运营线路，如我国的北京 S1 线、长沙磁悬浮快线、唐山中低速磁悬浮试验示范线和韩国的仁川机场线，设计速度目标值均小于 120km/h；日本的丘陵线设定的速度目标值为 130km/h，实际运行中，最高速度也低于 120km/h。普遍认为常导短定子制式主要适用于最高速度小于 160km/h 的低速磁悬浮轨道交通工程，现阶段实际运营速度为 80 ～ 120km/h。

3.1.1 车辆

车辆由车体、转向架与二系悬挂装置、牵引缓冲装置、悬浮和导向系统、牵引系统、制动系统、车载供电系统、列车控制系统、辅助电源系统、空调通风系统等部分组成。悬浮转向架和悬浮控制有别于一般轮轨车辆，磁悬浮交通车辆独有的装备。

常导短定子磁悬浮列车采用 EMS 型磁悬浮方式，以“T”形导轨形式为例，如图 3-1 所示，列车的悬浮高度一般在 10mm 左右。磁悬浮列车的悬浮力主要由悬浮系统和导向系统提供，如图 3-2 所示。其原理是通过上浮力和侧向力产生的合力来提供列车的悬浮力。上浮力的产生是依靠车体下部安装的电磁铁与铁轨下方的磁铁相互吸引，车体与地面轨道发生磁铁反作用将列车浮起，电磁铁与铁轨之间的空隙由空隙感应器对电流值进行控制，以保证恒定。侧向力的产生是通过车辆转向架侧部的导向电磁铁与轨道侧面的反作用力，使车辆与轨道保持一定的侧向距离，向车辆提供气隙稳定、可靠的非接触支撑力，实现列车的悬浮。悬浮间隙的调整是通过悬浮控制系统控制电磁铁与轨道之间的间隙，如果间隙小于设定间隙（8 ～ 10mm），则减小电磁铁电流，使电磁力减小，电磁铁与轨道之间的间隙就会变大；如果间隙大于设定间隙，则加大电磁铁电流，使电磁力增大，电磁铁与轨道之间的间隙就会变小。这样不断调节电磁铁与轨道之间的间隙，使它保持在设定间距左右。通过高度控制阀来调节空气弹簧的高度，正常高度时高度阀调节杆水平放置，如果载重发生变化，高度控制阀调节杆使控制高度阀充气或向大气中排气，从而维持空气弹簧的高度，也就控制了列车地板面高度的稳定。

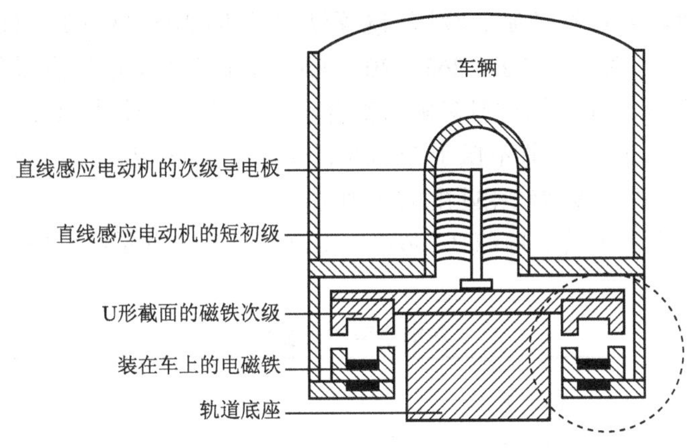

图 3-1　EMS 型磁悬浮列车

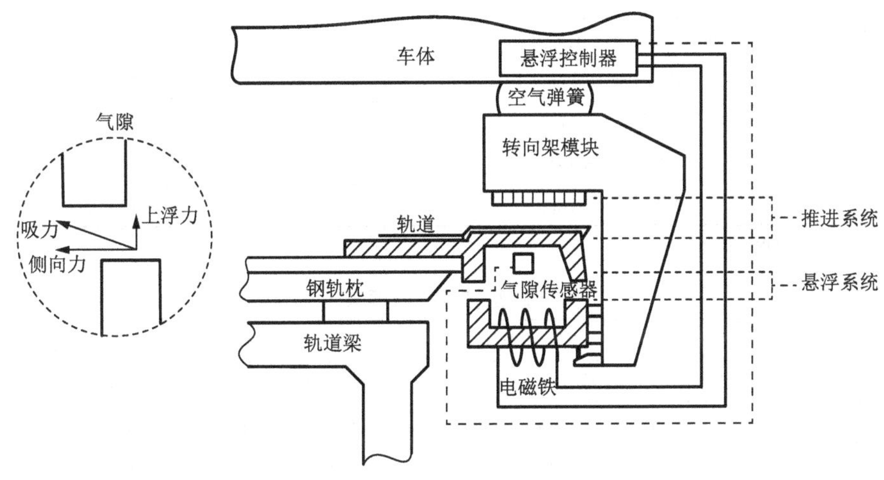

图 3-2　EMS 磁悬浮列车局部示意图

悬浮控制系统对左右导向的间隙控制和调整与上述类似。

磁悬浮列车要沿着轨道运动起来还需要推进力，即列车的牵引力。列车的牵引力是由磁悬浮车上的直线感应电机来实现的。磁悬浮列车两侧各有一个直线同步电机，在非切换状态，两者共同产生悬浮力来平衡车辆的重量，共同产生推力推进列车运行。在车辆侧面搭载可变电压（VVVF）逆变器和电机线圈等产生移动磁场的装置，在轨道一侧安装产生涡电流的铝板（反应板），推力就是由这个移动磁场与涡电流产生的电磁力。

应急悬浮电源提供故障情况下车辆悬浮，容量满足 20 ～ 30 min。当悬浮转向架出现故障，失去全部悬浮和牵引能力时，将无法通过悬浮模块来控制车辆与轨道梁的横向和垂向间隙。应急用的液压支撑轮将车体支撑起来，脱离轨面，在外部动力牵引下，能够低速通过线路曲线段。

常导短定子磁悬浮列车短定子直线电机的定子设置在车辆上，转子展开铺置于线路轨道上，定子长度受列车长度的限制。如前所述，短定子磁悬浮一般采用列车驱动技术，当定子绕组通电后，转子中感应产生磁场，由此产生电磁牵引力驱动列车前进，列车的运行速度和运行工况由车载设备直接控制。我国《磁浮铁路技术标准（试行）》（TB 10630—2019）、《中低速磁浮交通设计规范》（CJJ/T 262—2017）规定，车辆供电电压宜采用直流 1500V，可采用直流 750V。车辆车体结构材料多采用铝合金材料或复合材料，要求车体机构应满足压缩载荷不低于 350kN，拉伸载荷不低于 280kN 的要求。车辆应设置防漏电保护装置，车辆上应装设与车站和车辆段接地轨相匹配的接地电刷。

《磁浮铁路技术标准（试行）》（TB 10630—2019）、对车辆主要技术规格及车辆加减速性能要求见表 3-1、表 3-2。

车辆主要技术规格 表 3-1

序　号	技 术 要 点	车 辆 型 式	
		端　车	中　车
1	车体基本长度（mm）	≤ 16000	≤ 15000
2	车体基本宽度（mm）	3000、2800	
3	车辆最高点距基准面高度（mm）	≤ 3780	
4	车辆地板面高度（mm）	≤ 970	
5	车内净高（mm）	≥ 2100	
6	车辆最大静载荷（kN/m）	≤ 25	
7	额定悬浮间隙（mm）	8 ～ 10	

注：车体基本宽度可根据情况确定。

车辆加减速性能要求 表 3-2

最高运行速度（km/h）	加速度（m/s^2）		减速度（m/s^2）	
	起动平均加速度	平均加速度	常用	紧急
120	0 ～ 40km/h 时，≥ 1.0m/s^2	0 ～ 120km/h 时，≥ 0.35m/s^2	1.1	1.3
160	0 ～ 70km/h 时，≥ 0.8m/s^2	0 ～ 160km/h 时，≥ 0.35m/s^2	0.8	1.0

北京 S1 线采用国产中低速磁悬浮列车，由 6 辆动车车辆编组而成（其中头尾车为带司机室的动车，其他为中间动车），列车全长 89.6m，采用 DC1500V 正、负极轨供电，侧式授流方式，最高运行速度 100km/h。

长沙机场线采用中低速磁悬浮列车，采用 3 列车编组方案。列车设计最高速度 100km/h，每列车按 3 节编组设计，总长 48m，最大载客量为 363 人。车体宽度 2800mm，列车长度（两端车钩连接面之间长度）48280mm，Mc 车车体长度 15700mm，M 车车体长度 15000mm，车辆最大高度（距轨面）3700mm，最高速度 100km/h，自动控制运行方式。

日本名古屋线列车由 ATO 系统自动驾驶，3 节车编组成列，共有 8 列车。车辆宽度 2.6m，车辆长 14/13.5m，高 3.45m，每车 5 转向架；三辆编组定员 244 人（头尾车 80 人，中间车 84 人），三辆编组总长度为 43.3m。

韩国机场线由 2 辆车编组成列，车辆宽度 2.7m，车辆长 12m，高 3.45m，每车 4 转向架；最大载客量 230 人，2 辆编组总长度为 24m；空车重 19t/ 车，满载 26.5t/ 车。

国内外已投入商业运营的常导短定子磁悬浮项目车辆主要技术参数见表 3-3。

国内外已投入商业运营的常导短定子磁悬浮项目车辆主要技术参数　　表 3-3

技术参数	北京 S1 线	长沙磁悬浮快线	日本丘陵线	韩国机场线
编组	6 辆编组	3 辆编组	3 辆编组	2 辆编组
车体参数	长 15.6m/14.6 宽 3.0m 高 3.7m	长 16m 宽 2.8m 高 3.7m	长 14/13.5m 宽 2.6m 高 3.45m	长 12m 宽 2.7m 高 3.45m
供电电压	1500V	1500V	1500V	1500V
最高速度	80km/h	100km/h	100km/h	110km/h
载客量(AW3)	1030 人	363 人	248 人	230 人
座椅布置	纵向座椅	横排及纵排座椅	横排座椅	纵向座椅
悬浮能力	36t（5 转向架）	35t（5 转向架）	35t（5 转向架）	30t（4 转向架）

3.1.2 线路

磁悬浮列车能够离开地面一定高度运行，但必须在地面上有可靠的支承和导向系统，因此，磁悬浮轨道交通虽然不像一般轮轨交通对线路的依附性那么强，但也必须要有线路作为运行基础。总体而言，磁悬浮轨道交通小半径大爬坡的能力更强，在线路选择方面更加灵活。

唐山中低速磁悬浮试验线结合车辆转向架的特点对线路平面 *R*-100m（图 3-3）及 *R*-50m 的曲线进行了试验验证，在限速条件下中低速磁悬浮线路最小曲线半径可达到 *R*-50m，其中 *R*-100m 可应用于出入线及车场线，*R*-50m 可应用于车场线困难地段，正线建议半径在 *R*-100m，以考虑正线速度需求。同时，验证了线路纵断面最大坡度可设置为 70‰，可应用于线路困难地段，为考虑乘客的舒适度，建议在正线上谨慎使用大坡度。

图 3-3　唐山试验线 *R*-100m 小半径曲线

我国《中低速磁浮交通设计规范》（CJJ/T 262—2017）规定：中低速磁悬浮交通线路应采用双线，并按右侧行车，上、下行独立运行。正线宜采用架空、全封闭敷设方式。线路宜结合轨排模式 1.2m 的倍数设计，线路不宜采用复曲线。原则上，线路平面曲线半径应根据线路性质、行车速度、工程难易程度，并结合周边环境因地制宜地合理选用。最小曲线半径要求见表 3-4。

最小平面曲线半径(单位:m) 表 3-4

线　　路	一般情况	困难情况
正线	150	100
出入线、联络线	100（最大总重量状态）	75（整备状态重量）
车场线	75	50

线路最大横坡角不应大于 6°，最大允许欠超高时的横坡角不应大于 2.3°，道岔不应设置横坡。横坡应在缓和曲线范围内渐变，横坡扭转率不宜大于 5′/m，困难情况不应大于 7′ 12″/m。线路平面圆曲线与直线之间应根据曲线半径、横坡设置及设计速度等因素设置缓和曲线，缓和曲线线性宜采用三次抛物线形。

道岔附带曲线可不设缓和曲线，但其曲线半径不得小于道岔导曲线半径。正线、联络线及车辆基地出入线上的圆曲线最小长度不宜小于 18m；困难情况下，不得小于 14.4m，车辆线不应小于 3.6m；正线、联络线及车辆基地出入线，两相邻曲线间，无超高的夹直线最小长度，应满足表 3-5 的要求。

夹直线最小长度(单位:m) 表 3-5

正线、联络线、出入线	一般情况（$v \geq$ 30km/h 时）	0.5v
	困难时最小长度	18
车场线	同向曲线	3.6
	反向曲线	14.4

注：v 为列车通过夹直线的运行速度。

线路正线最大纵坡不宜大于 60‰，困难地段最大纵坡可采用 65‰。在山城城市的特殊地形地区，经技术经济比较，有充分依据时，最大坡度可采用 70‰。联络线和出入线的最大坡度不得大于 70‰。道岔宜设置在平坡上，需设置在坡道上时，坡度不得大于 3‰。两相邻坡段的坡度代数差大于或等于 2‰时，应设圆曲线形的竖曲线连接，最小竖曲线半径见表 3-6。

最小竖曲线半径(单位:m) 表 3-6

线　别		一般情况	困难情况
正线	区间	5000	2000
	车站端部	3000	1500
联络线、出入线		1500	
车场线		1000	

北京 S1 线正线为双线，疏散平台设置在两线之间，直线地段线间距采用 4.6m，曲线地段需加宽，设置单渡线的位置根据道岔的需求不小于 6.23m，正线平面最小半径 200m，最大坡度 53‰，车场线最小曲线半径为 75m。

长沙机场磁悬浮线正线数目为双线，线路长约 18.5km，线间距直线及曲线半径大于 500m 地段（无疏散平台及设备）采用 3.7m，直线段（有疏散平台）采用 4.4m，曲线地段加宽。

日本丘陵线最高运营速度 100km/h，线路最大坡度 60‰，平面最小曲线半径 75m，最小竖曲线半径为 1500m，轨距为 1.7m。

韩国机场线两线间线间距 4.5m，线路最大坡度 70‰，平面最小曲线半径 50m，最小竖曲线半径为 1500m，轨距为 1.85m。

国内外已投入商业运营的常导短定子磁悬浮项目线路的主要技术参数见表 3-7。

国内外已投入商业运营的常导短定子磁悬浮项目线路主要技术参数 表 3-7

技术参数	北京 S1 线	长沙磁悬浮快线	日本丘陵线	韩国机场线
线路长度(km)	10.2	18.55	8.9	6.1
车站数量(座)	8	3	9	6
最高速度(km/h)	80	100	100	110
单程运行时长(min)	12	19.5	15	15
曲线半径 最大纵坡	最小半径 75m; 最大纵坡 53‰	最小半径 100m; 最大纵坡 41‰	最小半径 75m; 最大纵坡 60‰	最小半径 50m; 最大纵坡 70‰
线间距(m)	4.6 ~ 6.23	4.5 ~ 5.8	直线地段 4.4	直线地段 4.5
桥梁型式	梁上梁为主	单梁为主	单梁为主	单梁、横向连接
竖向挠跨比	1/3800	1/4600	1/1500	1/4000

3.1.3 轨道

《磁浮铁路技术标准(试行)》(TB 10630—2019)规定短定子磁悬浮轨道线路静态平顺度应符合表 3-8 的要求。曲线横坡角宜采用内轨降低横坡角的 1/2，外轨抬高横坡角的 1/2 设置。曲线最大的横坡角为 6°，未被平衡最大加速度允许值为 0.4 m/s^2 时，对应横坡角为 2.3°；未被平衡最大加速度允许值为 0.59 m/s^2 时，对应横坡角为 3.4°。曲线的横坡角应在缓和曲线内递减，无缓和曲线或其长度不足时，应在直线段内递减。横坡扭转率不宜大于 0.12°/m。

短定子磁悬浮轨道线路静态平顺度 表 3-8

序号	项目	容许偏差	备注
1	轨距	±1mm	
2	水平	±1.5mm/3m	四磁极面水平共面度
3	高低	1.5mm/4m 3mm/10m	单磁极面沿轨道方向平面度。测量弦长 4m 或 10m
4	轨向	1.5mm/4m 3mm/10m	单磁极面沿轨道方向直线度。测量弦长 4m 或 10m
5	轨缝错位	±1mm	前后相邻轨排之间的竖向 / 横向轨缝错位

轨排由 F 型导轨、轨枕、连接件及紧固件组成。标准轨排长度宜为 12m。非标轨排长度宜为 1.2m 的整数倍，最短长度不应小于 3.6m。轨枕铺设间距宜为 1.2m，轨排连接处轨枕间距宜为 0.8m。特殊情况下铺设间距应为 0.6 ~ 1.2m。轨排静载试验后，F 型导轨两磁极面下挠值的差值不应大于 0.5mm，轨排不应产生永久变形。F 型钢所选择钢种的饱和磁通密

度不应小于 1.4T。轨排 F 形导轨接头标准轨缝宜按 15 ～ 20mm 取值。承轨台宜采用钢筋混凝土结构，混凝土强度等级宜为 C40。道岔相邻岔位转辙时间不宜大于 15s。线路末端应设置车挡，高架线车挡的允许撞击速度不应低于 25km/h，地面线及地下线车挡的允许撞击速度不应低于 15km/h。

《中低速磁浮交通设计规范》（CJJ/T 262—2017）规定，超高顺坡率不宜大于 2‰，困难地段不应大于 3‰。轨道结构几何精度要满足表 3-9 中相关要求。

轨道结构几何精度要求 表 3-9

项　　目	容 许 偏 差
轨距（两规面中心距离）	±3mm
轨排磁极面平面度	±1.5mm/3m
前后高低（10m 弦矢高）	3mm/10m
轨向（10m 弦矢高）	3mm/10m
轨道接缝允许偏差（竖向 / 横向）	±1mm/±1mm

道岔设备供电采用一级负荷，接地电阻当采用综合接地电阻时，电阻值不应大于 1Ω；采用分散接地时，电阻值不应大于 4Ω；防雷接地电阻值不应大于 10Ω。道岔由信号系统控制，同时具有集中控制、现场控制、手动控制方式，并具有系统检测、故障诊断保护和报警功能，道岔转辙时间不大于 15s，同时道岔区宜设置视频监视设施。

轨道支撑结构钢筋混凝土与预应力混凝土梁式桥跨结构在列车净荷载和温度荷载作用下，其变形限值见表 3-10。轨道铺设后，轨道梁的徐变上拱值不宜大于 5mm。

轨道梁变形容许值 表 3-10

轨 道 梁 型	竖 向 挠 度	温 度 变 形
简支梁	$L/3800$	$L/6200$
连续梁	$L/4600$	$L/7600$

唐山中低速磁悬浮试验线开展了桥梁结构参数和桥梁截面型式选用研究。

①多种桥梁跨度及结构型式：设计梁跨包括 18m、24m 标准跨度，17.7m+27m+17.7m 小半径连续梁，道岔范围的连续板梁，50m 极限小曲线范围 12m+12m 的连续梁。二期工程跨度为 4×10.5m 钢筋混凝土连续梁 +3×（4×12）m 钢筋混凝土连续梁 +35m 道岔钢梁 +4×11.215m 钢筋混凝土连续梁，岔线跨度为 4×11.296m 钢筋混凝土连续梁。

②应用于磁悬浮系统的新型抗震拉力调高支座研发：开发、研制了具有自主知识产权的磁悬浮列车轨道的支承结构——LTGZ 型拉力调高支座。其特点就是可以承受拉力、调节高度、抗震、多向转动等多功能于一体。

③开展了梁部静载试验：试验内容包括桥梁外观检查、结构控制截面挠度及扭转变位、结构控制截面应力、支座位移、结构裂缝出现及扩展。

④解决了预制梁与轨排在竖曲线范围的安装接口问题：梁顶面为直线，在竖曲线范围内不能直接安装轨排，采用在梁内预埋钢筋架梁后进行承轨台浇注，调节承轨台高度，适应轨排安装。凸曲线范围承轨台加高最大值为 72mm，凹曲线范围内承轨台加高最大值为 20mm。

⑤桥梁截面及桥墩：一二期桥梁结构形式相同，上部结构采用小“U”梁，截面为U形腹板等截面箱梁，梁高为1.3m，顶板宽度1.5m，底板宽度1.3m；桥墩采用直径1.3m的圆柱墩，采用中间带刻槽的圆端形桥墩，基础采用直径1.5m单桩。

唐山中低速磁悬浮试验线验证了轨道结构及各组件的选型及主要标准。

①导轨与钢枕通过螺栓连接，组成轨排，轨排为刚性框架，导轨与钢枕间无纵向及横向相对位移。轨排安装时，轨排中部钢枕上一组锚固螺栓冻结（锚固螺栓顶死钢枕底面上长圆孔的余量），轨排因轨温变化热胀冷缩时，由轨排中部向两端伸缩。

②轨排长度一般为1.2m的整倍数，轨排中部的轨枕间距为1.2m，轨排两端及两组轨排接头处轨枕间距为0.8m。特殊长度的轨排可根据实际情况确定轨枕间距，但其中间部分不得大于1.2m，端部及接头处不得大于0.8m。

③结合轨排的上述特点、供货商在厂内的铸造条件、运输条件、轨枕间距、现场安装以及与桥梁孔跨的匹配，对导轨及轨排的标准长度和模数进行了研究和选择，基本确定12m为标准轨排，1.2为轨排的模数，最小轨排3.6m，后续设计中要以此为基础考虑桥梁孔跨及配套的其他设施。

④对三种导轨接头形式（JⅠ、JⅡ、JⅢ）的适用范围进行了验证，其中JⅠ型应用于路基支墩地段及固定支座间距不大于12m的桥梁地段；JⅡ型接头应用于桥梁固定支座间距不大于24m的桥梁地段；JⅢ型接头应用于固定支座间距大于24m的桥梁地段。

⑤基本明确不同钢枕的使用范围，钢枕有长枕及短枕两种形式，桥上及路基一般地段采用长枕，路基圈梁上采用短枕。

⑥承轨台结构及其要求：在桥上及路基支墩上的承轨台，采用二次浇注钢筋混凝土结构。承轨台混凝土强度等级C40，内布钢筋。桥梁及路基支墩施工时，预埋竖向钢筋，加强承轨台与梁面及路基支墩的联结。承轨台分为一般钢筋混凝土承轨台、JⅢ型接头承轨台、路基圈梁地段承轨台三种形式，该线对这三种型式的承轨台都进行了研究。一般钢筋混凝土承轨台长400mm、宽400mm、高130mm。竖曲线地段由于桥梁原因，承轨台需加高，加高量按现场实际情况确定，并调整上下层钢筋间距，其最大加高量约为72mm；JⅢ型接头承轨台的结构型式与一般钢筋混凝土承轨台相同。不同之处主要是结构尺寸；路基圈梁或库内柱式结构的承轨台，由于路基圈梁或立柱结构宽度为200mm左右，布置钢筋混凝土承轨台困难，故采用了在圈梁内预埋钢板，轨排安装时再在钢板上焊接钢支墩，轨排固定在钢支墩上的结构形式。

⑦枕下垫板及轨排锚固的需求及做法。在一般地段，钢枕下设弹性垫板、铁垫板及调高垫板，弹性垫板可使轨道结构具有适量弹性，铁垫板可减小上部结构对承轨台的作用力，同时承轨台施工时可作为轨排安装支架；调高垫板可调整轨面高低。轨排通过锚固螺栓及承轨台中预埋的螺栓套管固定。在路基圈梁地段，短钢枕下设一层弹性垫板，垫板下为焊接钢墩，轨排通过锚固螺栓固定在钢墩上。在JⅢ型接头，“井”字形轨枕安装在承轨台上，框架沿线路纵向是“工”字形类似钢枕的结构，其下设弹性垫板及“U”形铁垫板。“U”形铁垫板下部焊接锚筋，承轨台浇注时将其固定在承轨台上，铁垫板上设螺栓孔，通过锚固螺栓把“井”字框架固定在承轨台上。

⑧曲线超高的设置。曲线超高地段，轨面绕基准点旋转（钢枕顶面中心点）。道床的曲

线超高，采取外轨抬高超高值的一半、内轨降低超高值的一半的办法设置。曲线超高值在缓和曲线内递减顺接。线路曲线超高应按公式 $h=15.7481v^2/R$ 进行计算，式中 h 为外轨起高量，v 为通过曲线时列车行驶速度，R 为曲线半径，曲线最大超高值 209mm（左右轨面连线与水平面夹角为 6°），困难情况下可考虑有 0.4m/s^2 的未被平衡横向加速度（2° 19′）。

唐山中低速磁悬浮试验线（图 3-4）对道岔可用性和主要参数进行了验证，道岔为钢梁，采用挠型结构，全长 34.764m，道岔梁高 3.036m。

a）

b）

图 3-4　唐山中低速磁悬浮试验线轨道试验图片

北京 S1 线轨距采用的数值为 2000mm。轨道轨排由 F 型导轨、磁极板、A 型钢轨枕、B 型钢轨枕、接头组件及连接螺栓组成，F 型导轨采用热轧 F 型钢，理论质量为 126.5kg/m。导轨上覆铝制感应板，厚度为 4mm；钢轨枕采用热轧 H 型钢，理论质量为 94.15kg/m，轨枕上部两侧预留与导轨连接的螺栓孔，下部两侧预留与扣件连接的螺栓孔，钢轨枕采用 A、B、C、D 四种型号，其中每片轨排中间有 1 根 B 型钢轨枕、其余均为 A 型钢轨枕，C 型钢轨枕用于库内轨道，D 型钢轨枕只要与 JⅡ 接头配套使用；轨排长度一般为 1.2 的整数倍，长度在 3.6 ～ 12m，标准长度轨排主要有 12m、6m 等，非标准轨主要出现在曲线左线含内业断链地段和包含纵坡投影几何差地段。曲线地段的导轨根据曲线曲率加工，曲线内侧及外侧导轨相应加长和缩短。道岔整机由三段钢箱梁、两端垛梁、行走台车、支撑底板、主梁横向锁定机构、主梁竖向锁定机构、曲柄驱动机构、道岔梁回转定心机构、轨道连接板、动力轨连接部分及伸缩关节、控制系统等组成。单个轨缝的宽度为 10mm。JⅠ 型、JⅡ 型、JⅢ型，分别设 1 个、2 个、4 个轨缝，即最长 JⅢ接头伸缩量为 40mm，制约了简支桥梁的最大跨度为 84m。车辆段库内轨道采用 TF-1 型扣件，其余扣件采用 TF-2 型扣件，扣件连接钢轨枕与混凝土短轨枕。根据不同轨道结构型式，轨下基础主要由承轨台和承轨梁组成。双线桥地段设置承轨梁，承轨梁采用钢筋混凝土结构，混凝土强度等级为 C40，采用“π”形结构，高 930mm，肋板内预埋接触轨支座。承轨梁按其铺设地段不同，分为一般地段承轨梁和道岔区承轨梁；按其长度又可分为标准承轨梁和非标承轨梁，标准承轨梁主要包括 2.9m、2.5m、2.1m、1.7m、1.3m 等，其余均为非标承轨梁。

长沙磁悬浮快线轨道设计轨距 1860mm，采用 F 型导轨，F 型导轨横断面宽 375mm，理论重量 126.5kg/m，平面曲线、竖曲线地段均采用相应厂制曲线型 F 型导轨，桥梁地段设计标准 F 型导及轨排长度为 25m。设计轨缝宽度正常工作情况下不大于 15mm，特殊情况下不大于 30mm。柜子采用 H 形轨枕，轨枕间距一般地段 1200mm，接头处轨枕进行加密。设计全线采用承轨台式钢筋混凝土整体道床。轨道结构精度要求：轨距 1860±1mm，水平 1.5mm，轨向及高低 1.5mm/4m，F 型导轨接缝横向错位＜ 0.2mm，F 轨接缝垂向错位小于 0.1mm。同一横截面四磁极面共面度≤ 1mm，轨排长度方向任意 4m 磁极面共面度≤ 1.5mm。

日本丘陵线轨距为 1700mm，在起点藤丘站站后、纪念公园站站前及站后、车辆基地以及终点站八草站站后均设置了道岔。一般采用双箱梁结构，将两片原本独立的箱梁横向连接在一起，成为一个整体结构，在两侧加装防护栏杆，该防护栏杆有部分降噪作用。正线一般采用双跨混凝土梁，也采用了多跨混凝土连续梁，有条件的地段采用对称结构为主，跨越公路或建筑结构时，采用悬臂梁结构或门式桥墩。

韩国机场线轨距为 1850mm，正线在仁川机场站设置铰接的交叉渡线，还设置有 2 处两开道岔和 1 处三开道岔，车辆段设置有 2 处两开道岔和 4 处三开道岔。道岔梁采用槽形梁的形式。

国内外已投入商业运营的常导短定子磁悬浮项目轨道的主要技术参数见表 3-11。

国内外已投入商业运营的常导短定子磁悬浮项目轨道主要技术参数　　表 3-11

技 术 参 数	北京 S1 线	长沙机场线	日本丘陵线	韩国机场线
轨距	2000mm	1860mm	1700mm	1850mm
线间距	4.6 ～ 6.23m	4.5 ～ 5.8m	直线地段 4.4m	直线地段 4.5m
桥梁型式	梁上梁为主	单梁为主	单梁为主	单梁、横向连接
竖向挠跨比	1/3800	1/4600	1/1500	1/4000

3.1.4　供电系统

常导短定子磁悬浮轨道交通供电系统应由外部电源、牵引供电系统、动力照明供电系统和电力监控系统组成，其中牵引供电系统应包括牵引变电所和接触轨系统；动力照明供电系统应包括降压变电所和动力照明配电系统。牵引网的供电电压制式多采用直流 1500V，满足一级负荷供电要求。与传统轨道交通相比，由于磁悬浮轨道交通供电系统采用专用负极轨回流方式，其绝缘等级与正极轨相同，基本消除了杂散电流影响，因此不必设置杂散电流防护系统。短定子磁悬浮轨道交通不设置接地系统，当直流供电回路中某处发生绝缘降低甚至轨发生接地故障时，原铁路供电系统中的各种保护都无法检测到此故障，只能任其存在和发展，直至供电回路的绝缘破坏到一定程度，引起较大短路电流，才能由大电流保护切除。为了防止这种危害，短定子磁悬浮轨道交通供电系统中需要在直流牵引负极与大地间设置接地漏电保护，一旦发生接地故障，便会产生泄漏电流并被检测到，可根据泄漏电流大小采取相应措施。

《中低速磁浮交通设计规范》（CJJ/T 262—2017）规定：采用集中式供电方案的中压供电网络电压等级宜取 35kV，采用分散式供电方案的中压网络电压等级与向其供电的城市电网电压等级一致。变电所宜采用有载调压主变压器，主变电所电源侧宜设置谐波监测装置和预留谐波治理装置位置，谐波治理装置宜分散设置在牵引变电所和降压变电所内。对于直流牵引进线的故障或异常运行方式，当进线开关采用断路器时，应设置大电流脱扣保护和过电流保护装置。中低速磁悬浮交通牵引网应由正极接触轨和负极接触轨组成。正极接触轨和负极接触轨分别通过上网电缆和回流电缆与牵引变电所直流母线连接。牵引网应满足远期高峰小时车辆运行载流量及最低网压要求。接触轨能持续向车辆供电，并在轨道的运行速度内，可靠地向车辆受流器馈电。正极、负极接触轨应安装在轨道梁两侧，在温度变化情况下，接触轨应可以自由伸缩。牵引变电所所在车站的进站端应设置接触轨电分段；在正线和车辆维修基地之间的接触轨上应设置电分段；在正线上下行接触轨间应设置分电段。接触轨受流面材料的硬度应大于磁悬浮列车受流器与接触轨部分的材料硬度。接触轨带电部分和结构体、车体之间的最小净距应满足表 3-12 的要求。

接触轨带电部分和结构体、车体之间的最小净距（单位：mm） 表 3-12

标称电压	静　态	动　态	绝对最小动态
DC750V	25	25	25
DC1500V	150	150	60

中压供电网络采用开环双环网接线。牵引系统采用直流 1500V 供电制式，采用侧部正负极接触轨授流方式。通过自建主变电所或电源开闭所将城市电网的高压或中压电源引入磁悬浮交通，再通过系统内部中压供电网络（环网电缆）向牵引变电所和降压变电所供电，牵引变电所内的整流机组将中压交流电降压整流成 1500V 直流电并传送至接触轨，接触轨分为正极轨（供电轨）和负极轨（回流轨），正极轨通过车辆上的受流器向磁悬浮车辆馈电，负极轨同样通过受流器引导回流，从而构成完整的供电回路。磁悬浮列车受电后，悬浮电磁铁与轨排产生相互作用力，将列车浮起，另外列车上安装的直线电机与轨道上安装的感应板形成了电机的两极，牵引磁悬浮列车前进。由此看出，中低速磁悬浮交通除列车牵引模式及受流方式与传统轮轨交通有区别以外，其与城市电网接口的高、低压交流供电部分和直流牵引供电部分均与传统轮轨交通相同，负荷的性质也基本相同。

长沙磁悬浮工程供电系统采用 10kV 分散供电方式，全线共设 3 座开闭所（与相邻的牵引变电所合建）。牵引变电所 10kV 侧采用单母线分段接线，并设置母线分段断路器。两套 12 脉波牵引整流机组一次侧分别通过断路器接在同一段 10kV 母线，并联运行构成等效 24 脉波整流。DC1500V 侧采用单母线接线。接触轨供电分段在满足正线正常运行时双边供电、任意一座牵引变电所解列时越区供电需要的同时，还满足接触轨的检修要求。牵引供电制式采用 DC1500V 正极接触轨授电、负极接触轨回流方式，正、负极接触轨均绝缘安装；电压波动范围为 1000 ～ 1800V。牵引网带电部分与结构体、车体的最小空气间隙符合《城市轨道交通直流牵引供电系统》（GB/T 10411—2005）的规定，即静态为 150mm，动态为 100mm，绝对最小动态为 60mm。牵引网绝缘件爬电距离应≥ 250mm。在有条件的情况下可适当加大绝缘水平。在各种动、静荷载作用下，绝缘支撑装置的合成拉伸应力、合成压应力和螺孔剪应力的安全系数＞ 3.0。

日本丘陵线车辆动力与韩国机场线车辆动力相同，均使用 DC1500V 直流电，车载 1 台逆变器控制 10 台直线电机；车下供电设备要求确保最低电压在 1100V 以上，以保障车辆的稳定运行。

3.1.5 运行控制系统

运行控制系统由行车指挥和列车运行控制设备组成，并应设置故障监测和报警设备，包括正线信号运行控制系统和车辆基地信号系统。正线信号运行控制系统系统宜采用基于通信的列车自动控制（CBTC）系统，系统应包括列车自动监控（ATS）、列车自动防护（ATP）、列车自动运行（ATO）等子系统。运行控制系统应满足磁悬浮铁路环境的电磁兼容要求。

《磁浮铁路技术标准（试行）》（TB 10630—2019）规定：ATC 系统能力应与线路规模、运行能力相适应。ATC 系统监控和管理的列车数量应按最小追踪间隔能力所需列车数量设计，并应留有不小于 30‰的余量。新线设计车载信号设备配备数量，宜按初期或近期配属列车数量计列。车辆基地 / 停车场可部分或全部纳入 ATC 控制范围。ATP 和联锁子系统的安全完整等级（SIL）应满足现行标准《轨道交通可靠性、可用性、可维修性和安全性规范及示例》（GB/T 21562—2008）的要求；ATP 系统内部设备之间的信息传输也应符合故障导向安全原则。ATP 系统应具有完善的道岔区安全防护措施，防止列车冒进道岔。ATO 系统可具有司机监控下的列车自动运行、列车全自动运行等水平等级。ATO 定点停车精度应根据站台计算长度、列车性能和站台门的设置等因素选定。定点停车精度宜为不大于 ±0.3m。

《中低速磁浮交通设计规范》（CJJ/T 262—2017）规定：运行控制（MATC）系统宜采用基于通信的车辆运行自动控制系统。MATC 系统应由车辆指挥设备和车辆运行控制设备组成，应设故障监测和报警设备。MATC 系统涉及行车安全的设备、电路、接口应符合故障—安全原则，采用的安全系统、设备应通过安全认证。磁悬浮列车的正常运行应由 MATC 系统自动控制。ATP 子系统和连锁子系统的安全完整性等级（SIL）应为 4 级。MATC 系统车地信息的传输可采用无线自由波、波导管、泄漏电缆或感应环线等方式。MATC 系统可采用无人驾驶模式、ATO 自动运行模式、ATP 自动防护驾驶模式、限制人工驾驶模式、非限制人工驾驶模式。MATC 系统应能降级运用，应实现故障弱化处理，并应满足故障复原的要求。列车自动监控（ATS）系统应具有列车自动识别、追踪、车次号显示，运行图编制及管理，进路自动或人工控制，列车运行自动调整，列车运行和设备状态自动监视，操作与数据记录、回放、输出及统计处理，车辆修程及乘务员管理，系统故障复原处理，列车运行模拟及培训功能。ATS 系统的计算机及网络应采用冗余技术，可设置调度员工作站、调度长工作站、运行图编辑工作站、系统维护工作站。ATP 系统应具有以下功能：检测列车位置，实现列车间隔控制；监督列车运行速度，实现列车超速防护控制；防止列车误退行等非预期的移动；为列车车门、站台屏蔽门等开闭提供安全监控信息；实现车载运行控制设备的日检；记录司机操作。ATP 系统应采用连续式控制方式，宜采用速度—距离制动模式。ATP 系统应以导致列车停车为最高的安全准则。列车自动运行（ATO）系统具有站间自动运行、车辆定点停车、ATO 或无人驾驶自动折返、车门及站台屏蔽门监控、列车运行自动调整、列车节能控制功能。站台定点停车精度宜为 ±0.30m。运行控制系统供电负荷等级为一级负荷，应设置两路独立电源；车载设备应由车载直流电源直接供电。

北京 S1 线信号系统采用基于交叉感应环线的列车自动运行控制（ATC）系统（包括

ATS 系统、ATP 系统、ATO 系统、CI 系统，共设置 3 个信号设备集中站，分别是石厂站、桥户营站、金安桥站。信号系统各子系统间通过信息交换网络构成闭环系统，通过车载、轨旁、车站和控制中心设备完成列车运行的自动控制。在连续式信号（通过交叉感应环线实现轨旁和列车之间的连续信号）下，ATP/ATO 系统保证列车的运行安全和连续监控。系统具有自检和自诊断功能。CI 子系统是保证列车运行安全，实现轨道区段、道岔、信号机之间正确联锁的基础设备，满足“故障导向安全”原则。可确保正线区域内车辆的运行、折返、出入段及转线等作业的安全。信号系统设置地面信号机、计轴等设备，与联锁设备共同构成后备系统。通信系统由专用通信系统和警用通信系统构成，各系统独立组网，建设成一个技术先进、安全可靠、经济实用、运营维护方便的通信网络。专用通信系统主要包括传输、公务 / 专用电话、专用无线通信、电视监视、广播、时钟、门禁、集中录音及集中告警、电源及接地等系统。全线电视监视系统采用高清数字摄像机技术，专用（或运营）电视监视系统与警用电视监视系统采用双网合一设置组网方案，实现全线各车站内全方位视频监视覆盖。正线专用无线通信系统漏缆安装方式经唐山试验线验证，采用与疏散平台结合形式，实现全线专用无线通信场强覆盖。

长沙磁悬浮快线正线信号系统配置 ATS 系统、CI 系统、ATP 系统及维护监测报警系统。正线总体方案采用计轴 + 应答器 + 局部连续通信设备构成的点 - 连式 ATP 信号系统方案。列控方式采用目标—距离连续控制模式；车辆段信号系统采用计算机联锁及集中监测系统，配置 ATS 站机设备、ATP 防冒进道岔设备。

日本丘陵线东部丘陵线信号系统采用基于感应环线的车地无线通信方式，可无人驾驶自动运行，司机室也设置有手动驾驶设备，以满足驾驶练习、进出检修厂以及发生异常情况下实施人工驾驶；在线路中心敷设有专门的脉冲用线圈进行测速定位；各车站设置有车站控制设备，控制车辆和站台门。此外，车辆除了装备了 ATO、ATC、车站控制发送接受器等与无人驾驶相适应的设备外，还采用了列车综合管理系统（TIMS），采用 TIMS 作为 HSST 系统列车运行控制的核心，其目的是支持列车自动运行和方便检修、减少车辆的贯通线、通过逻辑化计算来减少所需零件数量，使系统向通用系统方向发展。

韩国机场线采用 ATO 系统运行，最短运行间隔可达 90s；采用无人驾驶自动运行模式，司机室也设置有手动驾驶设备；ATP 系统进行车辆监测、车速计算并传输轨道信息；ATS 系统进行监测、管理和控制车辆的运行。信号系统包括地面信号系统和车载信号系统。

3.2 常导长定子磁悬浮轨道交通技术

常导电长定子磁悬浮采用电磁悬浮原理，利用在车体底部的可控悬浮电磁铁和安装在导轨底面的铁磁反应轨（定子部件）之间的吸引力使列车浮起，导向磁铁从侧面使车辆与轨道保持一定的侧向距离，保持运行轨迹。高度可靠的电磁控制系统保证列车与轨道之间的平均悬浮间隙保持在 10mm，两边横向气隙均为 8 ～ 10mm。常导长定子制式采用直线同步电机（LSM）驱动，定子铁芯沿轨道布置，与悬浮系统紧密耦合，调节定子供电频率与电压、电流幅度，即可改变磁悬浮列车的运行速度；定子设置在线路轨道上，定子绕组沿轨道无限长铺设，列车质量与设计时速的增大没有关系，同时，常导长定子制式轨道结构一般采用“T”形结构，磁悬浮车辆环抱轨道运行，安全性较好；采用无接触、无摩擦和无磨损的支承、导向与驱动技术，相同速度条件下，噪声、振动比轮轨铁路要低。

常导电长定子磁悬浮轨道交通的悬浮、导向精确控制等方面技术复杂，对轨道路基要求较轮轨高，工程投资比轮轨大，因此应用于比目前轮轨更高速度的交通中才有其更好的技术经济性。常导长定子制式主要为德国常导磁悬浮 TR 系统，该系统已成功应用于上海磁悬浮示范线。上海磁悬浮示范线设计速度为 430km/h，最高试验速度 505km/h，最高运营速度 430km/h，已累计安全运载乘客约 6000 万人次，商业应用技术相对成熟。我国中车青岛四方机车车辆股份有限公司论证认为常压条件下 600km/h 磁悬浮列车商业运营初步可行，并已开展 600km/h 常导长定子高速磁悬浮列车样车设计。考虑到常导长定子磁悬浮提速至 600km/h 以上时存在较明显的无线通信传输及反电动势技术问题，现阶段可认为常导长定子磁悬浮技术主要适用于运行速度不超过 600km/h 的工程。

3.2.1　车辆

根据《磁浮铁路技术标准（试行）》（TB 10630—2019）：长定子磁悬浮铁路车辆在车站、辅助停车区、维修基地需要设置车辆辅助供电设施，可采用动力轨授流或无接触授流。采用动力轨授流器授电，供电电压宜为 DC 330V；车辆采用无接触授流，地面发射线圈电流、频率等参数及安装接口需与车载感应线圈相匹配。车辆主要技术规格应满足表 3-13 要求。车载电网设备的配置除应符合正常运行要求外，还应满足故障运行和救援的要求。车载电网应采用冗余设计，应保证列车安全到达预定停车点。车辆所有电气设备箱 / 壳体设有良好接地保护，确保操作及检修维护人员的安全，车辆应设置与车站和车辆段内接地轨相匹配的接地电刷。

车辆主要技术规格　　表 3-13

序　号	项　目	车辆型式	
		端车	中车
1	车辆基本长度（mm）	约 28000①	24768②
2	车体基本宽度（mm）	≤ 3700	
3	车辆最大高度③（mm）	≤ 4400	
4	车内净高（mm）	≥ 2050	
5	车体地板面高度④（mm）	910	
6	电磁铁模块系统长度（mm）	3096	
7	额定悬浮间隙（mm）	8 ～ 13	
8	紧急制动减速度（m/s^2）	减速度平均值≥ 1.1，减速度最大瞬时值≤ 1.5	

注：①两贯通道连接面间的距离，悬浮模块长 3096mm×7.5+ 车头部分。

②以车端连接装置中心线为尺寸基线，悬浮模块长 3096mm×8。

③车辆断面轮廓最大高度（不含天线）。

④在落浮、空气弹簧充气状态下的距离轨面尺寸。

德国应用型磁悬浮高速列车名为欧罗巴号（TR），车内装修按航空防火标准进行设计。车厢由铝型材梁和三明治蜂窝铝板通过焊接和铆接的方式构成。基于空气动力学研究成果，TR 列车行驶过程中空气涡流很少，车厢整体密闭性很高，因此基本不会因为空气压力波导致乘客不适。

车厢的减振装置共有两层，第一层减振装置是电磁铁与悬浮架之间的弹簧，而空气弹簧则提供车体与轨道间的第二层减振作用。在每节车的车厢和悬浮架之间安装了个空气弹簧，每个弹簧载重量为 2t。每节车厢有 16 个导向摆杆与悬浮架相连，实现悬浮架相对于车厢有侧向运动自由度，且不阻碍垂直方向空气弹簧的功能。TR 车辆主要技术参数见表 3-14。

TR 车辆技术参数

表 3-14

项　目	TR07		TR08	
	两端车（车头）	中间车	两端车	中间车
长度（m）	26.99	24.77	27.21	24.77
宽度（m）	3.7			
高度（m）	4.16			
运行速度（km/h）	300 ～ 500		构造速度 505km/h；运营速度 430km/h	
客车自重（t）	80	49.1	52.9	50.3
客车承重（t）	12	15.4	9.1	14.2
货车自重（t）	47.3	46.2		
货车载重（t）	14.7	18.3		
车厢坐位（坐）	92（最多）	126（最多）	56（首车）、78（尾车）	110

图 3-5　TR09 车辆

德国在 TR08 基础上，对列车部分参数进行了改进，改进的 TR09 常导长定子磁悬浮列车（图 3-5）最高行驶速度达到了 550km/h。

车载电气设备包括悬浮、导向、紧急制动、车载控制系统、照明、空调和车载电源设备等。车载电源通过车上的直线发电机获得电能，并由车载蓄电池储存。列车运行时，发电机定子线圈中产生感应电势，当列车达到一定速度（100km/h 左右）后，该感应电势可提供足够的电能，供车体用电，同时对车载蓄电池充电。当列车需要紧急停车时，使用车载的电涡流制动器。

上海龙阳路—浦东机场线磁悬浮车辆设计，不考虑车内布置的差异，共分端车和中间车两种车型，最小编组为两个端车，中间车可任意增加。端车一般设置 7.5 个悬浮电磁铁，头部下方部分伸出电磁铁，因此端车长度为悬浮模块长 3096mm×7.5+ 车头伸出电磁铁部分长度。上海长定子磁悬浮车辆端车长度约为 27200mm，车头长度可根据空气动力学要求增加长度，约 28000mm；M 车下方设置连续的 8 个电磁铁，M 车长度为悬浮模块长 3096mm×8=24768mm。上海磁悬浮线头车空载 56t，正常允许总重 62t；中间车空载 53t，正常允许总重 64.5t，车辆载荷约 25.6kN/m。

3.2.2 线路

常导长定子磁悬浮轨道交通线路平面最小圆曲线半径应综合考虑轨道梁和功能件的设计、加工和安装要求，根据线路设计速度和工程条件比选确定。

按照《磁浮铁路技术标准（试行）》（TB 10630—2019）的规定，在平曲线地段应设置横坡，区间正线横坡一般不宜超过 8°，困难情况下不应超过 12°。车站站台段线路不宜设置横坡，困难条件下不应超过 3°。辅助停车区线路应采用较小的横坡角，并不应超过 6°。道岔区不应设置横坡。平直线路上仅为排水设置的横坡角不应超过 1.5°。平面缓和曲线应采用一波正弦型缓和曲线，最小缓和曲线长度应满足允许侧向加速度时变率和允许横坡扭转率的要求。

满足最大侧向加速度时变率要求的缓和曲线最小长度为：

$$L_{\min}=\left|2\times\frac{a_{ye}\times \mathrm{SGN}\ (R_{He})-a_{ya}\times \mathrm{SGN}\ (R_{Ha})}{a_{y(\max)}}\times\frac{v}{3.6}\right| \tag{3-1}$$

满足最大侧向加速度时变率要求的缓和曲线最小长度为：

$$L_{\min}=2\left|\frac{a_e-a_a}{\Delta a_{\max}}\right| \tag{3-2}$$

式中： a_{ye}——缓和曲线终点的侧向加速度（m/s^2）；

a_{ya}——缓和曲线起点的侧向加速度（m/s^2）；

R_{He}——缓和曲线终点的曲线半径（m）；

R_{Ha}——缓和曲线起点的曲线半径（m）；

SGN——数值的正负号；

v——设计速度（m/s）；

$a_{y(\max)}$——允许最大侧向加速度时变率：正线取 $0.5m/s^3$，线路控制点取 $1.0m/s^3$，道岔取 $2.0m/s^3$；

a_a——缓和曲线起点横坡角（°）；

a_e——缓和曲线终点横坡角（°）；

$\Delta a_{\max}$——线路允许最大扭转率。

区间正线最大坡度不宜大于 50‰，困难条件下不应大于 100‰，最大坡度可不考虑平面曲线折减和隧道阻力折减。区间和站内正线线间距按表 3-15 选用。

区间及站内正线最小线间距（单位：m） 表 3-15

适用条件	$v \leqslant 300$km/h（一般情况：当 $\alpha>10°$ 或 $5°<\alpha\leqslant 10°$ 且 $R\leqslant 3500$m 时）		$v\leqslant 400$km/h	$v\leqslant 500$km/h	$v\leqslant 600$km/h
明线	4.4	4.5	4.8	5.1	5.6
隧道	5.1	5.1	5.1	5.6	5.6

为保证旅客乘坐舒适度，由线路决定的最大加速度和冲击等舒适度参数应不超过表 3-16 中规定的限值。

舒 适 度 指 标 值 表 3-16

项　目	单位	一般情况下	困难条件下
允许最大启动 / 制动加速度（a_x）	m/s^2	1.0	1.5
允许最大未被平衡离心加速度（a_y）		1.0（指向外侧） 0.5（指向内侧）	1.25（指向外侧） 0.5（指向内侧）
允许最大垂向加速度（a_z）		−0.5（上凸） +1.0（下凹）	−0.6（上凸） +1.2（下凹）
允许纵向冲击	m/s^2	0.5	
允许侧向冲击		0.5	线路控制点：1.0 道岔区：2.0
允许垂向冲击		0.5	线路控制点：1.0
允许合成冲击		1.0	

TR 双线铁路的线间距是 4.4m（对应设计时速 300km）、4.8m（对应设计时速 400km）、5.1m（对应设计时速 500km），限界宽度为 10.1 ～ 11.4m，轨距为 2.8m。TR 系统磁悬浮列车的爬坡能力很强，限制坡度高达 100‰。在 300km/h 的速度下，最小曲线半径约 1600m，不到普通轮轨铁路的三分之一。

TR 系统缓和曲线、竖曲线缓和曲线长度可参照表 3-17、表 3-18 设计。

TR 缓和曲线设计参数 表 3-17

最高速度 （km/h）	平面最小曲线半径 （m）	最小缓和曲线长度 （m）	最小竖曲线半径（m）	
			凸曲线	凹曲线
100	350	120	600	
200	705	300	5145	2575
300	1590		11575	5790
400	2825	350	20575	10290
430		350	23790	11890
500	4415		32150	16075

TR 竖曲线缓和曲线长度计算表 表 3-18

行车速度 （km/h）	一般情况（m）		困难情况（m）	
	a_x=−0.5m/s²（上凸）	a_x=+1.0m/s²（下凹）	a_x=−0.6m/s²（上凸）	a_x=+1.2m/s²（下凹）
100	28	56	17	33
200	56	112	34	67
300	84	168	50	100
400	111	222	67	133
430	119	239	71	143
505	140	280	84	168

注：允许法向冲击角 $a_z=0.5m/s^3$（一般情况），$a_z=1.0m/s^3$（困难情况）。

TR 系统线路超高横坡角缓和曲线采用正弦形曲线，旋转轴为线路中心线。超高横坡缓和曲线范围与线路平面缓和曲线相对应。TR 系统线路其他设计参数见表 3-19。

TR 系统线路其他设计参数　　表 3-19

项目	参数
双线基础面积	11.5m^2/m（高架结构）
双线面积使用量	11.8m^2/m（低置结构）
	12.0m^2/m（一般地区）
	22.8m^2/m（丘陵地区）
线路静活载重	25kN/m
活载动力系数	1.20 ～ 1.60
线路宽度	2.8m（侧向导轨间距）
线路结构	高架、低置
高架桥下净空	一般 4.7m
高架梁跨度	12 ～ 31m
梁体材料	预应力混凝土或钢结构

根据线路所处地段的地形地物、允许侧向加速度标准及行车速度，计算线路极限最小圆曲线半径，如表 3-20 所示。根据线路允许最大侧向冲击、扭转率和法向冲击等指标，线路最小缓和曲线长度如表 3-21 所示。

线路极限最小圆曲线半径　　表 3-20

行车速度(km/h)	一般地段(自由测向加速度 1.0m/s^2)	困难地段(自由测向加速度 1.25m/s^2)
100	509	437
200	994	918
300	2235	2065
400	3973	3671
430	4591	4242
505	6333	5736

注：线路横坡角 12°，线路纵坡角 0°。

线路最小缓和曲线长度　　表 3-21

行车速度（km/h）	曲线半径（m）	按最大允许侧向冲击	按最大允许扭转率		按最大允许法向冲击	设计采用值
			0.15°/m	0.10°/m		
100	650	97	80（圆曲线横坡角 =6°）	120（圆曲线横坡角 =6°）	86	120
200	900	292	160（圆曲线横坡角 =12°）	240（圆曲线横坡角 =12°）	172	300
320	2260	491	160（圆曲线横坡角 =12°）	240（圆曲线横坡角 =12°）	276	500
350	4000	105	160（圆曲线横坡角 =12°）	240（圆曲线横坡角 =12°）	302	400
400	4500	286	160（圆曲线横坡角 =12°）	240（圆曲线横坡角 =12°）	344	350
430	8000	141	80（圆曲线横坡角 =6°）	120（圆曲线横坡角 =6°）	293	350
505	8000	206	80（圆曲线横坡角 =6°）	120（圆曲线横坡角 =6°）	345	800

注：纵坡为零且缓和曲线起点线路横坡角为 0°，终点线路横坡角等于圆曲线横坡角。最大允许侧向冲击 a_y=0.5m/s^3，最大允许法向冲击 a_z=0.5m/s^3。

3.2.3 轨道

常导长定子磁悬浮列车悬浮高度约 10mm，因此对导轨梁加工和装配的质量和精度提出了很高的要求。

根据《磁浮铁路技术标准（试行）》（TB 10630—2019）：轨道功能区定子面与滑行面间的轨道钳距为 398mm。轨道功能区定子面、滑行面和导向面长波误差、短波误差、功能面不平顺度应满足表 3-22 要求。

线路长、短波误差和功能面不平顺度的限值 表 3-22

项目		滑行面（z 向）	导向面（y 向）	定子面
长波误差限值（mm）	简支梁	-3/+5	$\pm(Z_{i理}/Zmax)\times(L/12384)$	$\pm Z_{i理}/Zmax$
	双跨连续梁		$\pm(Z_{i理}/Zmax)\times(L/12384)$（$x_i \leqslant 0.421L$）；$\pm(L/1238)$（$x_i > 0.421L$）	$\pm Z_{i理}/Zmax$（$x_i \leqslant 0.421L$）；±1（$x_i > 0.421L$）
短波误差限值（mm）	—	±2.0		±1.0
功能面不平顺度（mm/m）	梁跨内	3	±2.0	±1.5
	梁端	1.5	±1.0	±0.75

轨道功能区定子面、滑行面和导向面的偏差和错位应满足表 3-23 要求。

各功能面允许偏差和错位限值 表 3-23

分项		方向	梁跨内	梁端
允许偏差和错位（mm）	滑行面	x 向（相对理论位置偏差）	±2	+5.0，-1.0
		y 向（相对理论位置偏差）	±16	
		z 向（相邻滑行轨错位）	0.2	0.6
	导向面	x 向（相对理论位置偏差）		+5.0，-1.0
		y 向（相邻导向轨错位）	0.6	1
		z 向（相对理论位置偏差）	±10	
	定子面	x 向（相对理论位置偏差）	±2	
		y 向（相对理论位置偏差）	±2	
		z 向（相邻定子铁芯错位）	0.4	0.6

轨道功能区定子面、滑行面和导向面的偏转值应满足表 3-24 要求。

功能面偏转限值 表 3-24

导向面偏转（°）	梁跨内	±arctan（1mm/155mm）
	梁端	±arctan（0.5mm/155mm）
滑行面偏转（°）	±arctan（0.5mm/75mm）	
定子面（°）	底面偏转	±arctan（0.2mm/92.5mm）
	左右侧横坡偏转	±arctan（2mm/1110mm）

轨道功能区定子面、导向面的 x 向间隙偏差应满足表 3-25 要求。

功能面 x 向间隙偏差限值 表 3-25

导向面		±2.0
定子面	梁端	±2.0
	梁跨内	±1.0

轨道功能区轨道宽度偏差应满足表 3-26 要求。

轨道宽度公差限值 表 3-26

梁跨内	±2.0mm
梁端	±1.0mm

轨道梁的系统长度应为标准定子单元长的整数倍。计算列车活载用作整体计算时，应计入列车动力系数作用。在活载作用下，应控制由简支梁桥下部结构和简支梁弹性变形引起的功能面顺桥向弹性水平位移。

德国 TR 系统采用梁式结构支撑轨道，以保证磁悬浮列车运行平稳与安全的要求。高架轨道导轨梁长度为 6×62m，标准跨度为 31m，可以将两个标准跨度（31m）的简支梁联结成 62m 的连续梁。高架轨道结构适用于轨面至地面高差 3.5 ～ 20m 的路段，尽量采用 24.78m 或 30.96m 的标准跨径。常规的高架轨道为 4.7m 高，架在混凝土支柱上。低置轨道一般采用 6 ～ 12m 的标准跨度和 1.25 ～ 3.5m 的高度，这个高度可以保证排水及小动物通过的要求。在低山丘陵地区，当路堑段较长时，可采用低置轨道结构。供电轨采用支架固定在轨道梁上。支架固定在轨道梁腹板上，位置可作调整。供电轨的标准长度是 8242mm，自重 91kg。供电轨由铝合金和不锈钢材料复合加工而成。道岔是一个多跨连续钢梁，长度与道岔侧向允许通过速度有关，侧向过岔速度不大于 200km/h 者称为高速道岔，侧向过岔速度不大于 100km/h 者称低速道岔，长度分别为 148.6m 和 78.4m。

上海磁悬浮示范线悬浮电磁铁和导向电磁铁与线路功能面之间的平均距离要保持在 10mm 左右，因此对轨道有很高要求。一是要求轨道结构刚度满足在列车载荷和温度变化的情况下，变形及挠度均需要控制在很小的范围内。二是要尽量减少轨道结构在列车运行时的振动。上海磁悬浮示范线轨道梁主要为箱形梁，呈“工”字形，顶宽 1.78m，底宽 3m，高 2.2m。轨道功能区的精度要求在 1mm 以内，如轨道梁采用预应力混凝土梁时，混凝土收缩、徐变等引起轨道梁跨中竖向变形不得大于 1mm。要求同一梁跨内相邻功能件之间定子铁芯间距 2.5 ～ 5.0mm；相邻梁跨之间定子间隙 90 ～ 100mm；同一梁跨内功能件间隙 5.5 ～ 12.5mm；相邻梁跨之间功能件间隙 55 ～ 70mm。定子面每 1m 长的功能面相对于相邻的 1m 长功能面的倾斜度的偏差值定子面不超过 1.5mm/m，滑行轨面不超过 3.0mm/m。轨道梁相对于空间曲线和线路桩位理论位置的安装公差不超过 ±1mm。

轨道梁变形要求见表 3-27，下部结构允许弹塑性变形要求见表 3-28。

轨道梁变形要求 表 3-27

项目		由列车作用引起的变形	由温度引起的变形
z 向变形 P_z=25.6kN/m	单跨	$f_{zmax} \leqslant -L_{st}/4000$	$t_{上} > t_{下}$时，$f_{zmax} \leqslant \lvert - L_{st}/6500\rvert$； $t_{下} > t_{上}$时，$f_{zmax} \leqslant \lvert + L_{st}/5400\rvert$
	双跨	$f_{zmax} \leqslant - L_{st}/8000$	$t_{上} > t_{下}$时，$f_{zmax} \leqslant \lvert - L_{st}/8000\rvert$； $t_{下} > t_{上}$时，$f_{zmax} \leqslant \lvert + L_{st}/6500\rvert$
	多跨	边跨符合双跨梁要求	边跨符合双跨梁要求
		中跨符合单跨梁要求	中跨符合单跨梁要求
		梁端切向扭转角[θ] =0.0008rad	—
		由混凝土收缩徐变等材料特性引起的长期变形，长期变形值应处于长波偏离允许公差范围内	
y 向变形 P_y=25.6kN/m	单跨	$f_{ymax} \leqslant \lvert L_{st}/15000\rvert$	$f_{ymax} \leqslant \lvert L_{st}/5800\rvert$
	双跨	$f_{ymax} \leqslant \lvert L_{st}/18000\rvert$	$f_{ymax} \leqslant \lvert L_{st}/6960\rvert$
	多跨	边跨符合双跨梁要求	边跨符合双跨梁要求
		中跨符合单跨梁要求	中跨符合单跨梁要求
		梁端切向扭转角[θ] =0.0008rad	—
		由混凝土收缩徐变等材料特性引起的长期变形，长期变形值应处于长波偏离允许公差范围内	

下部结构允许弹塑性变形要求 表 3-28

x 向变形	由列车作用引起的变形	正常运行[ΔS_x] =10mm
y 向变形	下部结构的塑性变形	梁端支墩 $\Delta y=\pm L_{sys}/6000$
	下部结构的弹性变形	梁端支墩 $\Delta y= L_{sys}/$（0.0013-1/6000）K
z 向变形	下部结构的塑性变形	梁端支墩 $\Delta z=\pm L_{sys}/6000$
	下部结构的弹性变形	梁端支墩 $\Delta z=\pm L_{sys}/6000$
x 向变形	由列车作用引起的变形	特殊运行[ΔS_x] =20mm
	由列车作用引起的变形	正常运行[ΔS_x] =10mm
y 向变形	下部结构的塑性变形	多跨梁的中间支墩 $\Delta y=\pm L_{sys}/4500$
	下部结构的弹性变形	多跨梁的中间支墩 $\Delta y=L_{sys}/$（0.0015-1/4500）K，其中 $K=h/20$
z 向变形	下部结构的塑性变形	多跨梁的中间支墩 $\Delta z=\pm L_{sys}/4500$
	下部结构的弹性变形	多跨梁的中间支墩 $\Delta z=\pm L_{sys}/4500$

3.2.4 供电系统

常导长定子磁悬浮列车供电系统给地面长定子线圈供电提供列车运行所需的电能。供电系统包括变电站、沿线供电电缆、开关站和其他供电设备。其主要流程为：从公用电网引入交流高压电，经过降压变压器压，整流成为直流电，再由逆变器变成交流电，升压后通过线路电缆和开关站供给线路上的长定子线圈，在定子和车载电磁铁之间形成牵引力。

根据《磁浮铁路技术标准（试行）》（TB 10630—2019）：外部电源进线电压等级宜采用110kV 或以上电压等级。中压供电网络电压等级宜采用 35kV、20kV、10kV。牵引分区应保证最大编组列车的运行时间满足最小发车间隔要求。行车间隔不但要考虑列车在该分区的正常运行时间，还应考虑安全制动时间和适量的缓冲时间。牵引分区供电方式应保证牵引分区供电的冗余性。定子段的长度应满足系统所要求的各种编组列车在该定子段上运行时的最大牵引能力要求。定子段最小长度应为最大编组列车长度的两倍，困难条件下，经技术论证可小于此限制，但不应连续布置。牵引模块的数量应满足对应分区供电方式和冗余的要求。牵引模块变流器单元的数量应满足定子段换步方法的要求。牵引模块的容量、输出频率、输出电压和电流应满足最大编组列车在对应牵引分区上的运行需求。高、中功率牵引模块变流器单元输入端电压宜采用三相 50Hz，10kV、20kV、35kV 供电，变流器单元控制系统应具有可靠的诊断、保护功能，并应设置与运行安全相关的设备或接口。长定子电缆敷设在定子槽中，电缆外径应与定子铁芯槽的尺寸相匹配，电缆的固定方式应考虑耐受长期振动的影响。长定子电缆固定在轨道梁上时，使用的卡具不应构成环绕长定子电缆的闭合磁性回路。常导长定子磁悬浮铁路应在车站、区间车辆低速运行区段、辅助停车区、维修基地等处设置动力轨。动力轨应具有充足的载流能力和良好的授流条件，满足磁悬浮车辆低速运行和停靠充电时的取流要求。

TR 系统在变电站内实现高压交流电的降压、整流并再逆变成 0 ～ 300Hz 的交流电，因此站内设备有降压变压器、整流变压器、整流器、逆变器和输出变压器。变电站一般设在线路旁边，一条线路设若干变电站，每个变电站可向两旁的线路区段供电。沿线供电电缆用于对牵引电机的长定子供电。每条磁悬浮线路有三相电缆对线路两侧的长定子供电。开关站沿线路分布，将同一供电区间的电机长定子分为若干小段（数百米），在列车通过时交替接通。除了对长定子供电以外，还需要相关电气线路为道岔、车线数据传输天线、车站或停车点的静止列车等供电。车辆主要设备功率见表 3-29。

车辆主要设备电功率 表 3-29

设　备	工　况	每套电网功耗(kW)	总功率(kW)
悬浮	待机	0.48	1.9
	0km/h	15.83	63.3
	80km/h	17.64	70.6
悬浮	100km/h	18.15	72.6
	150km/h	19.38	77.5
	400km/h	25.92	103.7
	500km/h	28.89	115.6
导向	待机	0.48	1.9
	10m/ 侧风	3.12	12.5
制动	待机	0.12	0.48
	全功率	27.25	109
空压机	全功率	9	18
空调	全功率	20	40

3.2.5 运行控制系统

运行控制系统实现对牵引控制、牵引供电、道岔及磁悬浮列车等设备的控制与安全防护，确保系统实现对列车运行的安全防护、过程控制和自动调度等。按功能属性可划分为中心调度指挥、地面轨旁控制、车载设备、车地无线通信四个核心组成部分。

根据《磁浮铁路技术标准（试行）》（TB 10630—2019）：运行控制系统涉及行车安全部分的设计必须符合故障导向安全的要求，应满足设计速度的列车运行要求，同时应满足行车组织与运营管理的需要，包括列车追踪间隔、不同列车编组形式混合运行、双方向运行和车站到发与折返等技术作业要求，保证列车运行安全、高效。车—地无线通信系统应满足列车最高运行速度下的运控数据（OCS）、牵引定位数据（PRW）、列车诊断数据（VDC）、乘客信息系统（PIS）等业务的数据传输时延、速率、传输周期等指标要求。车地无线通信系统的主要数据传输性能应满足表 3-30 的要求。

车地无线通信系统的主要数据传输性能　　表 3-30

业务名称	数据时延(ms)	丢包率(‰)	传输周期(ms)
运控数据(OCS)	<160	0.1	100
牵引定位数据(PRW)	<5	0.001	20
列车诊断数据(VDC)	<1000	1	100
乘客信息系统(PIS)	视频<500; 语音、文本<100	1	事件触发
列车操作数据	<1000	1	事件触发
操作人员语音通道(OVC)	<40	0.1	事件触发

TR 系统运行控制系统包括运行控制中心、分散控制系统、车载控制系统及通信系统。运行控制中心负责安排行车计划，编制运行图。分散控制系统直接参与列车的控制和运行。车载控制系统的主要任务是对各种车载设备进行检测和控制，保证它们正常工作。列车与控制台之间的联络使用配备冗余部件的定向无线电数据传输设备。

3.3 低温超导磁悬浮轨道交通技术

超导磁悬浮轨道交通是指利用超导材料在一定温度下呈现出的超导（接近零电阻）特性，制造超导磁铁绕组，提供数十倍于永久磁铁的磁场强度，实现列车悬浮与驱动。低温超导是指利用液氦提供工作温度，制造绕组实现超导。日本在低温超导领域开展了几十年研究工作，技术水平世界领先，已开始准商业运营山梨试验线。日本低温超导列车运行悬浮高度可达到 100mm 以上，2015 年，其在山梨试验线创下载入行驶 603km/h 的世界纪录。

3.3.1 低温超导材料

目前已发现有 28 种元素具有超导特性，包括 Ti、V、Zr、Nb、Mo、Ta、W、Re 等 18 种过渡族（副族）元素，Bi、Al、Sn、Cd、Pb 等 10 种非过渡族元素。其中 Nb-Ti 合金应用广泛，制造技术相对成熟，性能稳定，生产成本较低，是制造磁流体发电机和大型磁体较为理想的材料。合金以线材形式使用，Ti 含量 50‰～ 70‰，用作电磁场强度为 9 T 的电磁铁导线，超导临界温度随合金成分有变化，铌钛合金（Nb50Ti）临界温度约为 9.9K。Nb-Zn 合金用于制作超导磁体，具有低磁场高电流的特点，在高磁场下仍能承载很大的超导临界电流密度，材料的加工性能好，抗拉强度高，便于线圈的制作。日本物质材料研究机构研究小组研究、合成了含有金和硅元素的新型超导化合物。在 1500℃、60000 个大气压的高温、高压条件下，使金和硅以及二硅化锶等发生化学反应，生成 SrAuSi3 的新型超导体，在 1.6 K 绝对温度下达到超导状态。理论计算分析该新型超导体电子结构与原子序号较大的金元素相比，电子数有所增加，电子磁性和自旋轨道耦合均较强，属于 BaNiSn3 构造的化合物。

低温超导材料一般是指超导临界转变温度低于 30K 的材料。日本低温超导磁悬浮系统使用了将超导物质铌钛合金（NbTi）的极细多芯线埋设于铜制母材的方法制成绕组，将其浸入车载制冷机内的液体氦中并冷却到零下 269℃时即进入零电阻的超导状态。车载制冷机中的液体氦，受外界热及运行时产生的余热影响会逐渐蒸发为气体。通过改良制冷机，可以将蒸发的氦气体回收到液体氦状态从而实现再利用。宫崎线“MLU002”型车辆的同类装置长 1.7m、宽 0.5m，表征磁铁强度的起磁力只有 450 ～ 700kA。山梨试验线的超导磁铁包括制冷机在内的体积有所减少，起磁力提高到 700kA，并且失磁现象得到控制。超导磁铁 SCM（Super-Conducting Magnet）的相关数据见表 3-31。

超导磁铁 SCM 相关数据 表 3-31

项目	数据
磁极间隔	1.35m
额定磁势	700kA
左右安装间隔	2.98m
绕组尺寸	1.07m×0.5m
重量	＜ 1400kg
悬浮力	231kg
配置	4 极 2 列左右同极配置
磁极间隔	1.35m
安装高度	0.57m（车轮走行时超导绕组中心高度）
绕组形状	赛车环道形
车载制冷系统	采用直接冷却循环再液化方式
静态热负荷	＜ 5W（液氦温度）
全部热负荷	＜ 8W（模拟运行状况）

3.3.2 车辆

日本低温超导磁悬浮列车有第一编组和第二编组两种形式。第一编组列车包括三节车厢，车头形状有两种形式，分别为双尖点型和流线型，中间车辆为标准车型。第二编组列车包括四节车厢，增加了一节长尺寸中间车。车头的特殊设计主要是为了减小空气阻力与空气噪声，优化车头形式后车头部的长度由原来的 9.1m 增加到 23m。头车和中间车辆的车体下部的形状也由过去的圆形改为棱角形，减少与转向架连接处的形状变化，改善整体的空气动力特性。经试验，优化车头形式后列车运行空气阻力系数可降低45‰。车体采用铝合金半硬壳结构。中间车辆的车体使用“挤成型材”，实现外板与支撑骨架的一体化，减少车辆制造工时，降低制造费用。采用双层窗提升空气层厚，使用阻隔振动的内装修材料及加厚外板厚度降低车内噪声，以提高乘车舒适性。列车编组相关数据见表3-32。第一编组列车相关数据见表3-33。

列车编组相关数据 表3-32

<table>
<tr><th colspan="2">分　类</th><th>长度
（m）</th><th>重量
（t）</th><th>车辆定员
（人）</th><th>坐席构成
（人/排）</th><th>列车长度
（m）</th><th>转向架方式
试验装置</th></tr>
<tr><td rowspan="2">第一编组</td><td>两端车</td><td>28</td><td>32</td><td>甲府方向46；东京方向30</td><td>2+2</td><td rowspan="2">77.6</td><td>非弹性支持方式；
连接转向架方式</td></tr>
<tr><td>中间车</td><td>21.6</td><td>20</td><td>62</td><td>—</td><td>走行道摩擦制动；
轮胎与转动装置</td></tr>
<tr><td rowspan="3">第二编组</td><td>两端车</td><td>28</td><td>33</td><td>—</td><td>—</td><td rowspan="3">101.9</td><td rowspan="2">非弹性支持方式；
弹性支持方式；
连接转向架方式</td></tr>
<tr><td>标准中间车</td><td>21.6</td><td>20</td><td>62</td><td>—</td></tr>
<tr><td>加长中间车</td><td>24.3</td><td>22</td><td>70</td><td>2+2</td><td>感应发电装置</td></tr>
<tr><td rowspan="3">新编组</td><td>甲府方车头</td><td>28</td><td></td><td>16</td><td>2+2</td><td rowspan="3">80.3</td><td rowspan="2">非弹性支持方式；
弹性支持方式；
连接转向架方式</td></tr>
<tr><td>东京方车头</td><td>28</td><td></td><td>46</td><td>2+2</td></tr>
<tr><td>加长中间车</td><td>24.3</td><td></td><td>68</td><td>2+2</td><td>感应发电装置</td></tr>
</table>

第一编组列车相关数据 表3-33

<table>
<tr><th>项　目</th><th>甲府方向车头</th><th>标准中间车</th><th>东京方向车头</th></tr>
<tr><td>试验最高速度（km/h）</td><td colspan="3">552</td></tr>
<tr><td>磁场间距（m）</td><td colspan="3">1.35</td></tr>
<tr><td>车辆构成</td><td colspan="3">超导磁铁集中配置、连接转向架方式</td></tr>
<tr><td>车体结构</td><td colspan="3">半硬壳式铝合金结构</td></tr>
<tr><td>车辆长度（m）</td><td>28</td><td>21.6</td><td>28</td></tr>
<tr><td>车辆宽度（m）</td><td colspan="3">2.9（车体）/3.22（转向架处）</td></tr>
<tr><td>车体高度（m）</td><td colspan="3">3.28（悬浮）/3.32（未悬浮）</td></tr>
<tr><td>横断面积（m^2）</td><td colspan="3">8.9</td></tr>
<tr><td>列车质量（t）</td><td colspan="3">73（空车）</td></tr>
<tr><td>最大质量（t）</td><td>30</td><td>20</td><td>30</td></tr>
<tr><td>乘客定员（人）</td><td>46</td><td>62</td><td>30</td></tr>
<tr><td>超导磁铁</td><td colspan="3">每个超导磁铁4个极性、左右同极励磁（700kA）</td></tr>
<tr><td>制动装置</td><td colspan="3">空气动力制动＋车轮圆盘制动</td></tr>
<tr><td>最大减速度</td><td colspan="3">0.16g</td></tr>
<tr><td>防火对策</td><td colspan="3">以铁道构造规则为准</td></tr>
</table>

车辆的连接部设置“连接转向架形式”。通过将超导磁铁设置在远离座位的连接部，遮断可能会对人体产生有害影响的磁场；另外，这种形式可以降低座席的高度，减少空气阻力。安装在车辆连接部的转向架，具有将超导磁铁产生的驱动力与悬浮力传递到车体、保障旅客安全、减少振动的功能。转向架上还安装有供低速行驶用的支承轮和导向轮。在进入高速悬浮行驶之前的低速行驶阶段，使用通常飞机采用的高性能轮胎（支承轮和导向轮）在导轨内滑行，当速度超过 120km/h 后，超导磁铁与地面绕组之间通过电磁感应产生悬浮力和导向力，列车开始进入悬浮无接触行驶状态。

当列车运行速度低于 120km/h 之后，所产生的悬浮力较小，不足以支承车辆悬浮。故当运行速度低于 120km/h 时，日本的超导磁悬浮车辆需依靠安装在转向架底部的车轮支承行驶；当速度高于 120km/h 时，车辆就自动悬浮起来。车辆以 500km/h 的速度运行时，其悬浮高度约为 100mm。

车辆低速行驶时使用车轮行驶和导向，轮上的高性能轮胎由高强度、高耐热性的橡胶制造，以层层叠加的方式增加各部分的强度。重达 300t 的大型飞机使用橡胶轮胎离地起飞或着地滑行，安全上并没有问题。磁悬浮列车的轮胎承受的荷载比飞机起落架低得多，因此长大的磁悬浮列车在进入悬浮行驶之前或降落到导轨之后也可以像飞机一样利用轮胎安全行驶。车轮盘形制动使用轻质碳素纤维及炭素树脂复合材料，制动盘的能量吸收能力很高，可以进行全自动制动（控制减速度不变）以及防抱死。同时采用空气翼制动，在车体上部向外竖立空气制动翼，制动时打开，伸出车体，产生空气阻力。

车内换气系统利用高速行驶时的空气流，采用节能轻量的换气装置，将新鲜的空气送入车内，使车内既安静又舒适。在隧道内这种换气装置既能防止气压变动引起的耳鸣，又能连续向车内提供新鲜空气，一举两得。列车使用屏蔽材料，降低车外磁场对车内乘客的影响，确保乘客安全。

最新的 L0 型车（图 3-6）最长达到 12 节编组，车身变得更加狭长、低矮，列车整体性更突出，减少了原车身的一些突出部分，使用了延伸至整个车身的狭长条形涂装，具有更佳的视觉观赏效果，同时更加符合高速运行下的列车安全需求。车头形状犹如“鸭嘴”，长达 15m，以满足隧道内高速运行降低空气阻力和噪声的需求。

图 3-6 日本 L0 型磁浮列车

3.3.3 轨道

轨道上微小的高低不平顺都有可能对结构稳定性、乘客舒适性、列车运行安全性产生严重影响。日本低温超导磁悬浮系统采用“U”形导轨。“U”形导轨不仅起通常轮轨铁路轨道的作用，还是直线电机绕组安装载体。“U”形导轨的底平面供列车行驶，列车启动加速到 120 ～ 150km/h 之前，利用车轮在导轨底平面凸台行驶，之后，车体悬浮约 100mm 进入超导悬浮行驶状态，以 500km/h 及以上的超高速行驶。信号系统以东海道新干线原有形式为基础，在全线设置了交叉引导线，能在数厘米的精度内检测列车的位置，为安全运行奠定了基础。

“U”形槽为预制混凝土结构，采用非铁性的钢筋（高锰钢）和预埋连接件。“U”形槽分段预制，每段长度12.6m。在“U”形导轨的侧壁设置有驱动绕组、悬浮绕组及导向绕组。在山梨试验线，采用了三种将悬浮绕组、导向绕组及驱动绕组安装在导轨上的方式：梁式、嵌板式及直接式。

梁式导轨的侧壁和底面是分开的独立结构。导轨的侧壁使用独立的混凝土梁，在试验线附近设置制梁厂（临时工厂），完成从侧壁梁的制作到安装地面绕组的一系列工作。之后将成品侧壁梁运到导轨施工现场，安装在底梁上。板式的导轨“U”形槽是一个整体结构，在“U”形槽的侧壁内侧安装绕组嵌板，在嵌板内安装地面绕组。在试验线附近设置加工场地，进行嵌板的制作、地面绕组安装工作。之后将成品板运到导轨施工现场，使用10个螺栓将嵌板固定在预先设置的混凝土侧壁上。直接安装方式是指在隧道、桥梁施工现场，先使用混凝土制作导轨侧壁部分，然后在现场直接将地面绕组安装在制作完毕的侧壁上。直接方式不需要建设加工场地及安排运输安装车辆，经济合算。但是，对地面绕组的安装偏差只能逐个进行调整，而且调整余地很小。

日本低温超导磁悬浮系统的轨道为“U”形，道岔装置的规模变大，需要驱动装置、控制装置及特殊的固定装置。在山梨试验线使用了三种形式的道岔：导轨平移方式道岔、侧壁移动方式道岔及车辆基地道岔。前两种道岔的转换时间均在30s以内，后者则用在列车进出库的线路上，结构非常简单。

导轨平移式道岔适用于车辆在正线方向（直线侧）悬浮高速通过、在侧线方向（导曲线侧）依靠车轮低速通过的转辙地点。在道岔范围内，导轨被分割为多段短的导轨梁，在其连接处安装横向移动动力装置，各装置的移动距离根据道岔转辙需要进行精确控制，这样可以完成列车正线通过或侧线通过的功能，是日本磁悬浮轨道交通正线的主要道岔。侧壁升降式道岔设在起讫点枢纽正线股道及车辆依靠车轮低速侧线通过的线路分岔地点。侧壁升降式道岔装置长68m。车辆基地用道岔设置在山梨试验线的车辆基地、列车进出库时使用的道岔，其结构非常简单，通过在地面上铺设导向钢轨来实现对车辆的导向。

3.3.4 供电系统

日本低温超导高速磁悬浮供电系统主要包括变电站、变流器及车内供电系统。电流经过“交流—直流—交流”的变流过程，完成供电。即先通过整流器将交流电转换为直流电，然后再经逆变器将该直流电变换为频率、幅值和相位可控的三相交流电，经输出变压器提供给行驶中的列车。处于超导状态的超导磁铁一旦通电后，电流将半永久性地流动不绝，行驶时没有必要为牵引系统一直供电。但车内的照明、空调等设备也需要供电。由于低温超导高速磁悬浮系统没有架空供电线路，采用无接触供电的方式，使用车辆绕组产生感应电流为车内电气设备供电。车载蓄电池在列车运行过程中超导磁铁产生电量来进行充电。车辆静止时，使用车载蓄电池保证电能供应。山梨试验线南、北线分别装有3组变流器，提供20MVA、38MVA的电力。

3.3.5 控制系统

日本低温超导磁悬浮轨道交通没有轨道控制信号。为保证列车安全、准确地运行，将驱动绕组按一定间距进行分段（山梨试验线分段间距 453m，计划将来商业运营线路间距 40 ～ 50km），按列车的位置切换供电开关，确保前后列车的运行安全。

控制系统的总体结构可以分为三个子系统：集中控制子系统、沿线路分散的控制子系统和移动的车上控制子系统。集中控制子系统即控制中心，控制和监视整个线路和运行设备。沿线路分散的控制子系统的分段与变电站的供电区段一致，控制和监测相应的供电区段线路和磁悬浮列车运行情况，其受控制中心控制，并实现与移动子系统的通信。磁悬浮列车的运行是由地面自动控制的。

车辆的定位和测速采用交叉感应回线。车上设有发射天线，发射一定频率的脉冲信号，沿线路凹形槽底部中心有 6 股每隔 45cm 交叉一次的感应回线，能感应车上天线发出的脉冲信号，由此可确定磁悬浮列车的行驶方向、位移和速度。列车与线路间的安全信号也通过交叉感应回线来传输。此外，在线路上每隔 400m 还设有标明线路绝对位置的编码标志，磁悬浮列车经过时，可得到磁悬浮列车相对线路的绝对位置，并由此校正交叉感应回线定位系统通过相对计数可能产生的累积定位误差。

在紧急情况下，车上的控制系统具有不依赖线路牵引系统和线路侧控制系统，独立实现安全保护的功能。

3.4 高温超导磁悬浮轨道交通技术

高温超导磁悬浮是利用第Ⅱ类超导体磁通钉扎作用，在外磁场中产生一个较大的屏蔽电流实现磁悬浮的同时，部分穿过超导体的磁通实现横向稳定的导向力。高温超导磁悬浮轨道交通是悬浮和导向不需要控制的自稳定悬浮系统，通过非理想高温超导体在外磁场中的自稳悬浮实现。我国西南交通大学率先研制出载人高温超导磁悬浮列车，在高温超导磁悬浮轨道交通领域技术领先。现阶段，高温超导高速磁悬浮轨道交通仍处于实验室研究阶段。

3.4.1 高温超导材料

与低温超导材料比较，高温超导（HTS）材料具有较高的临界温度、临界电流密度和临界磁场，工作在液氮温区可以大大降低制造和运行成本。一般将采用适合于液氮工作温度 77K 的超导材料制作线圈绕组的磁悬浮称为高温超导磁悬浮。

目前，钇系是研究最为深入的高温超导材料。YBCO 临界转变温度在 92K 左右，在此温度可展现出超导特性。钇钡铜氧化物（Y-Ba-Cu-O），常用结构为 $YBa_2Cu_3O_{7-\sigma}$，由三个钙钛矿单元堆垛而成，随着氧含量的降低，结构由正交相转变为四方相，超导临界转变温度也逐渐降低。汞系超导材料是目前发现的超导临界转变温度（Tc）最高的一类超导材料，在高压下合成材料，其临界转变温度还会进一步提高。汞钡钙铜氧化物（Hg-Ba-Ca-Cu-O），临界转变温度约 94K，Hg $Ba_2CaCu_2O_{6+\sigma}$，临界转变温度约 128K，

$HgBa_2CaCu_2O_{8+\sigma}$，临界转变温度约 134K。

我国西南交通大学研制出了高温超导磁悬浮系统，超导材料使用以钇（Y）为主的钇钡铜氧（YBaCuO）高温超导体块材。车载超导体一般采用熔融织构法制备的圆柱形或者方形超导体 YBaCuO 块材。

3.4.2 车辆

1997 年，中国和德国联合研制出高温超导磁悬浮模型车，车重 20kg，悬浮高度 7mm，轨道直径 3.5m。2000 年西南交通大学研制出世界首辆载人超导磁悬浮车，名为"世纪号"。该车可搭载 4 名乘客，悬浮高度大于 20mm，在长 15.5m 的直线轨道上运行，悬浮力可达 6350N，可持续工作 6h。世界第一辆载人高温超导磁悬浮列车"世纪号"主要参数见表 3-34。

"世纪号"列车主要参数 表 3-34

主要参数	数值	主要参数	数值
乘客座位数	4	悬浮间隙（mm）	20
轨道长度（m）	15.5	总导向力（N）	1980（悬浮高度 20mm）
车体尺寸（mm）	2268×1038×120	加速度（m/s^2）	1
车外尺寸（m）	3.5×1.2×0.8	驱动形式	直线感应电机
总悬浮力（N）	6350（悬浮高度 20mm）		

2004 年，德国固体与材料研究所研制超导磁悬浮实验车"Supra Trans Ⅰ"，直线轨道长 7m，最大载重能力为 350kg。改进的第二代超导磁悬浮环形试验线"SupraTrans Ⅱ"，可承载 2 人，最大加速度 $1m/s^2$，速度可达 20km/h，轨道为 80m 的环形线。其悬浮力约为 9kN，车体质量约 400kg，悬浮高度 10mm，采用同步短定子直线电机。

2008 年，西南交通大学牵引动力国家重点实验室建成 45m 环形永磁轨道中 / 低速 HTS 磁悬浮车试验线（图 3-7）。磁悬浮车 2.2m 长，1.1m 宽，在悬浮间隙 15 ～ 20mm 时可载 1 人。西南交通大学 HTS 磁悬浮车系统设计参数见表 3-35。

图 3-7 西南交通大学环形磁悬浮车试验线

西南交通大学 HTS 磁悬浮车系统设计参数　表 3-35

参　数	数　值	参　数	数　值
每米载客数	10	车长(m)	12
每米载客重(kgf/m)	750	车总重(t)	13.8
每米车毛重(kgf/m)	400	运行速度(km/h)	100
每米悬浮重(kgf/m)	1150	加速度(m/s^2)	0.8

2013 年，西南交通大学牵引动力国家重点实验室建设完成真空管道高温超导(ETT-HTS)磁悬浮车环形试验线平台(图 3-8)。其系统参数见表 3-36。

图 3-8　西南交通大学真空管道高温超导磁悬浮系统

西南交通大学真空管道 HTS 磁悬浮车系统参数　表 3-36

参　数	数　值	参　数	数　值
悬浮高度	10 ~ 20mm	最大加速度	0.5m/s2
车体承载	300kg（载 1 人）；最大 1000kg	运行速度	25km/h（载入）；50km/h（空载）
推进方式	长定子直线感应电机	管内气压	0.1 ~ 1 倍大气压

3.4.3　轨道

高温超导磁悬浮轨道由 NdFeB 永磁体和聚磁铁轭等结构组装。磁轨道所产生的磁场为静磁场，以西南交通大学 Halbach 型永磁轨道为例，距离永磁轨道上方 56mm 处的磁场为 34.05mT，低于国际非电离辐射防护委员会 ICNIRP 推荐的静磁场暴露标准(不高于 40mT)。

“世纪号”NdFeB 永磁轨道长 15.5m，表面浓缩磁场 1.2T，在轨道表面 20 mm 高处磁场 0.4T。车载 8 个 HTS 磁悬浮装置的尺寸均为 150mm×516mm×168mm，由长方体液氮低温容器和 43 块 YBCO 块材组成。车载薄底液氮容器底厚仅 3mm，持续工作时间 6h。用 SCML-01 HTS 磁悬浮测试系统测量了在永磁轨道上单个车载 HTS 磁悬浮装置悬浮力，在 15mm 和 8mm 悬浮间隙时的悬浮力分别是 1202N 和 1724N。用 SCML-01 测试系统分别测试8个车载HTS磁悬浮装置的悬浮力和导向力。在净悬浮间隙20mm的情况下，整车总的悬浮力是6350N，导向力是1980N。在净悬浮间隙10mm的情况下，整车总的悬浮力达到10431N。

3.4.4 供电及控制系统

超导磁悬浮系统还在试验阶段，尚未进行工程应用。从既有研究成果上来看，基于高温超导磁体的磁悬浮系统和基于普通磁体的磁悬浮系统在控制和供电上没有本质区别。但是高温超导磁铁的动态特性有别于普通磁体，如何精确进行高温超导磁体的动态特性辨识，利用高温超导磁体的自身特征，实现更低能耗、更大悬浮高度、更可靠安全的供电及控制系统，仍是一项值得深入探讨的课题。

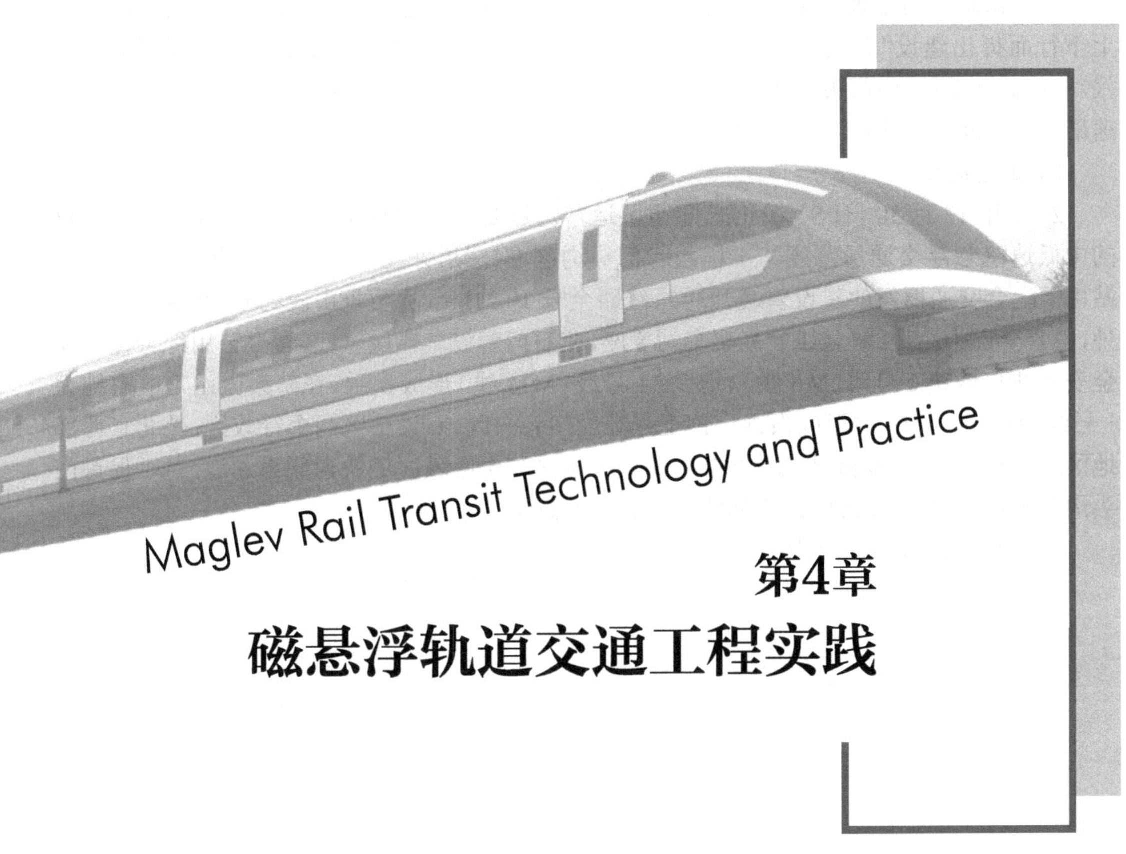

第4章 磁悬浮轨道交通工程实践

4.1 北京磁悬浮交通示范线

4.1.1 概述

1）项目背景

北京市最初考虑使用磁悬浮技术，始于1999年初。八达岭长城景区外扩，为方便游客上下行而提出建设“八达岭磁悬浮列车旅游示范线工程”，但该项目由于种种原因最终搁浅。直到2011年，由门头沟通往市区的北京首条中低速磁悬浮交通示范线——北京市中低速磁悬浮交通示范线（S1线）立项，北京的磁悬浮交通建设才得以重新开始。

2）工程简介

2017年12月30日，S1线正式开通试运营。这是我国建成的首批具有自主知识产权的中低速磁悬浮交通示范线。工程西起门头沟区石厂站，东至石景山区苹果园站（苹果园站由于配合交通枢纽的建设暂缓开通），线路全长10.21km，除石景山段约0.28km的隧道段外，其余全部为高架线，全线设高架车站8座，在石门营设车辆段一座，含办公用综合楼。在金安桥站与地铁6号线（M6线）、地铁11号线（M11线）形成换乘，在苹果园站与既有地铁1号线（M1线）、M6线形成换乘。该工程经过门头沟区、石景山区两个行政区，是北京西部地区的一条东西方向的轨道交通线路，是门头沟区与中心城区的快速联系通道，对于促进门头沟新城发展、改善城市西部交通状况具有重要意义。

北京S1线平面示意图如图4-1所示。

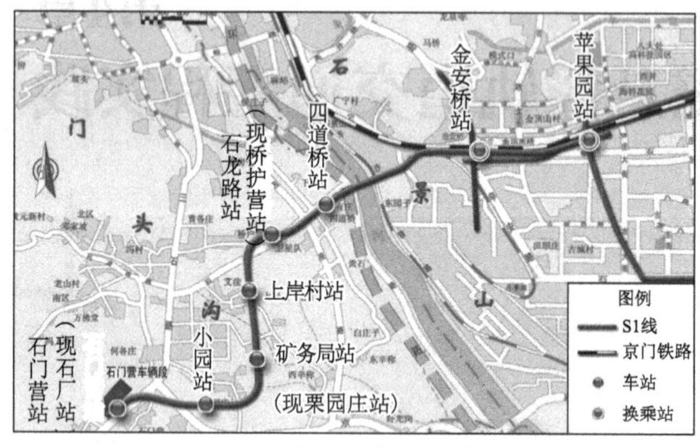

图4-1 北京S1线平面示意图

S1线列车编组为6辆编组，全线配属车14列，初期10列，远期14列。初期发车12对，间隔5min，运输能力单向约1.24万人次/h；近期18对，间隔3.3min，运输能力单向约1.86万人次/h；远期20对，间隔3min，运输能力单向2.03万人次/h。行驶中的北京S1线列车如图4-2所示。

3）速度目标值

一条线路的速度目标值的选择，应考虑技术上可行、经济上合理，应与世界先进水平相适应，也与经济发展水平相适应，应考虑在综合交通运输体系中的竞争能力等诸多因素。磁悬浮列车的最大特点就是消除了传统的轮轨摩擦，因而具有起动快、爬坡能力大等诸多优点。磁悬浮列车行车速度决定于列车的牵引能力（牵引加速度）、所受到的空气阻力（与车体形状有关）以及线路设计的各项参数。

图 4-2　行驶中的北京 S1 线列车

根据线路平、纵断面条件及车辆、信号设备配置情况，北京 S1 线列车最高速度采用 100km/h，苹果园站至石厂站列车纯运行时分为 10.5min，旅行速度可以达到 38km/h。

4）设计输送能力

初、近、远期采用 6 辆编组，初期开行 12 对列车，输送能力可达 12384 人次 /h，储备系数为 16.33%；近期开行 18 对列车，输送能力可达 18576 人次 /h，储备系数为 15.77%；远期开行 20 对列车，输送能力可达 20640 人次 /h，储备系数为 15.25%，能够较好地满足运输需求并留有一定的运能储备。

5）运营情况

2019 年 8 月 13 日，S1 线日客运量首次超过 4 万人次，达 4.0213 万人次，创该线历史新高。随着苹果园站的正式开通，未来待 S1 线实现与 M1 线的换乘后，客运量还会有较大提升。北京 S1 线首末车时刻表如表 4-1 所示。

北京 S1 线首末车时刻表　　表 4-1

车站名称	往石厂方向		往苹果园方向	
	首车时间	末车时间	首车时间	末车时间
苹果园	5:51	23:32	—	—
金安桥	5:54	23:35	5:40	23:22
四道桥	5:58	23:39	5:36	23:18
桥户营	6:00	23:41	5:34	23:16
上岸	6:03	23:44	5:31	23:13
栗园庄	6:05	23:46	5:29	23:11
小园	6:08	23:49	5:26	23:08
石厂	—	—	5:24	23:06

注：资料来自 2022 年 3 月北京地铁官网。

4.1.2　线路

1）线路特点

磁悬浮列车系统车辆与轨道之间无接触、无磨损的支承和导向，以及无接触的牵引特性和制动特性，极大改善了线路的曲线半径条件和爬坡能力要求，为线路的选线提供了较大的灵活性。

2）线路平面设计

北京S1线工程线路全长10209.806m，其中高架段9931.406m，隧道段278.4m，全线设站8座，全部为高架站，在石门营设车辆段1座（图4-3）。

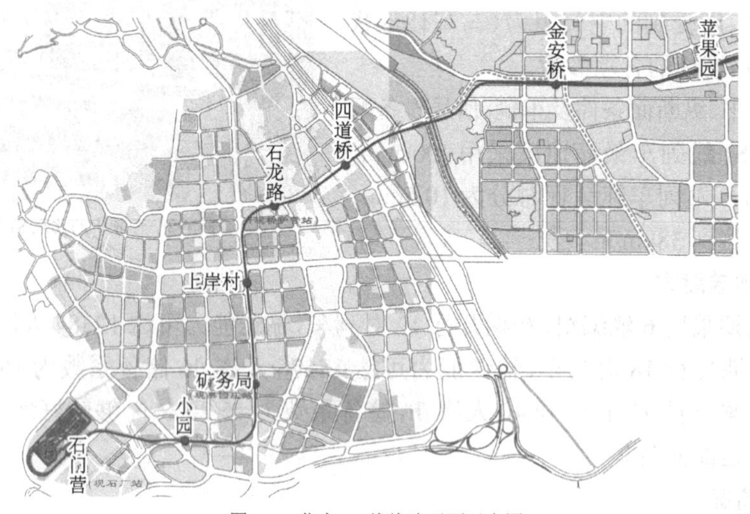

图4-3 北京S1线线路平面示意图

S1线西起门头沟新城西南角的石厂站，线路布置在京原路西侧，为高架二层侧式站，车站东、西端各设一条单渡线，以便列车折返，车站西段线路与车辆段相连；出站后线路向东采用300m半径曲线跨越京原路，经预留的轨道交通走廊跨莲石路至小园站，车站位于规划沙石坑西侧路北侧，现状莲石路东侧，车站形式为高架三层侧式，为了满足桥梁在跨越莲石路时在既有分隔带上设墩的要求，线路在小园站前设置了一处反向曲线；线路出小园站后，由沙石坑西侧路沿规划为S1线预留的防护绿化走廊，以半径250m曲线转向滨河路南延，并沿其中央分隔带敷设，在规划滨河路南延上，锅炉厂南路西延道路南侧，北京精雕科技有限公司厂房西侧设栗园庄站，高架三层侧式站；线路出栗园庄站后继续沿滨河路南延中央分隔带向东高架敷设，在规划滨河路南延上，规划长安街西延南侧，上岸村村委会南侧设上岸站，为高架三层侧式站；而后以半径200m曲线沿规划预留的防护绿化走廊转向石龙路，在规划石龙路南侧，规划沙石坑西侧路西侧，规划交通枢纽用地北侧设桥户营站，根据运营需要，在车站的西端设置一条单渡线，为高架三层侧式站；线路出桥户营站后继续沿规划石龙路南侧向东高架敷设，在规划石龙路南侧，现状西苑路和规划六环路西侧辅路之间，门头沟新城永定河西岸设四道桥站，为高架三层侧式站；线路出四道桥站向东高架敷设，过西河堤路后，线路与石龙路间距拉大，跨过永定河、铁路丰沙线后，线路以隧道形式穿越石景山，过石景山后线路以半径200m曲线向东转，平行于既有京门铁路南侧敷设，在现状北辛安路及阜石路高架交叉路口东南象限，现状京门铁路南侧设金安桥站，与M6线、M11线形成换乘，该站为高架二层侧式、地下一层车站，东端设置一组单渡线，用于列车折返；线路出金安桥站后，线路继续向东沿京门铁路南侧控制带敷设，至苹果园交通枢纽，车站位于M1线苹果园站和既有铁路南侧，金顶东路和金顶西路之间，与既有M1线、M6线形成换乘，该站为高架三层侧式、地下一层车站，并在该站东、西端设置一组单渡线，用于列车折返。

北京 S1 线曲线段如图 4-4 所示。S1 线线路共设计 18 个曲线，长度 4166.882m，其中最小半径 200m 的曲线 2 个，曲线长度为 687.804m，占曲线总长的 16.5%。设计范围共设 8 座高架站，车站平均站间距 1.380km，最大站间距 2.736km（四道桥站—金安桥站），最小站间距 0. 834km（桥户营站—四道桥站）。

图 4-4　北京 S1 线曲线段

正线为双线，疏散平台设置在两线之间，直线地段线间距采用 4.6m，曲线地段需加宽，设置单渡线的位置根据道岔的需求不小于 6.23m，正线平面最小半径 200m，最大坡度 5.3%，车场线最小曲线半径为 75m。

3）线路纵断面设计

线路纵断面设计根据线路平面、线路敷设方式、车站位置及高程、跨越公路、铁路、河流时净空要求等各种情况综合考虑。

线路起点主要受石厂站高程控制，石厂站为高架二层车站，轨面至地面高程按 9m 考虑，该段由于涉及车站及折返要求，设计为平坡。出站后，为拉大轨面至高压线的竖向距离，线路采用 390m 长，4% 的下坡，同时应满足规划新 31 路的净空要求。小园站、栗园庄站、上岸站、石龙路站、四道桥站均为高架三层车站，轨面至地面高程按 15m 考虑，车站两端区间在满足竖缓不重合的情况下，尽量采用节能坡。

线路跨永定河时，规划部门考虑景观要求，要求 S1 线与规划石龙路纵向平行等高，同时考虑到线路应尽量拉大与永定河西岸高压线的竖向距离，故该段线路出四道桥站后，先采用 400m 长、3.1% 的下坡至规划西河堤路东侧，而后采用与规划石龙路相同的坡度（2.498%）跨越永定河、丰沙铁路线。为减小 S1 线对石景山的影响，本次设计考虑采用隧道方案穿越石景山，线路采用 290m 长、2.498% 的下坡，以加大隧道埋深。金安桥站为高架三层车站，轨面至地面高程按 15m 考虑，线路跨越阜石路高架桥时，受苹果园站高程控制，分别采用 490m 长、13% 上坡和 350m、2.8% 下坡。全线最大坡度为 4%，位于石厂至小园区间。北京 S1 线线路纵断面如图 4-5 所示。

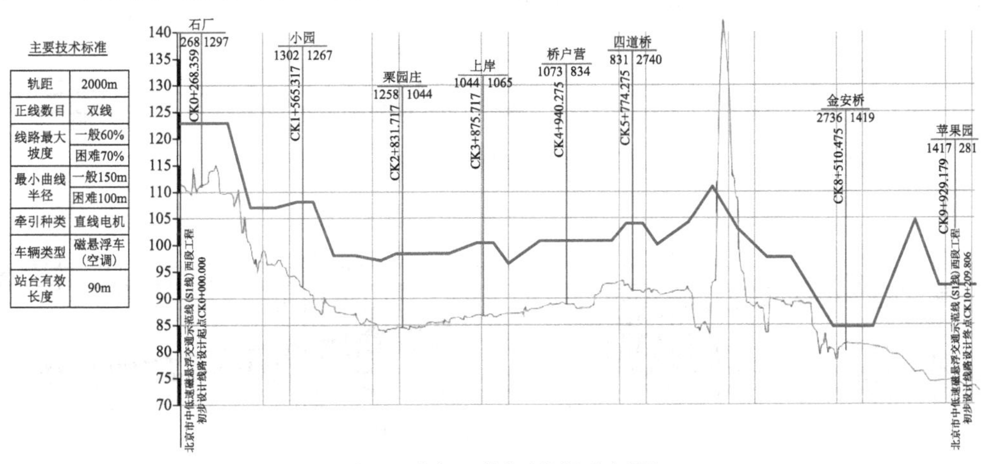

主要技术标准

轨距	2000m	
正线数目	双线	
线路最大坡度	一般60%	
	困难70%	
最小曲线半径	一般150m	
	困难100m	
牵引种类	直线电机	
车辆类型	磁悬浮车（空调）	
站台有效长度	90m	

图 4-5　北京 S1 线线路纵断面示意图

4）道岔

道岔是中低速磁悬浮交通系统的一个重要组成部分，与传统铁路道岔区别如下：①转向方式不同，传统铁路中低速磁悬浮道基本轨保持不动，转动尖轨和心轨，而中低速磁悬浮道岔由液压或电动机械驱动钢梁整体转辙，使磁悬浮列车在缓和的近似圆曲线的折线上通过；②安装方式不同，传统铁路道岔的安装方法与正线铺轨敷设基本一致，而中低速磁悬浮道岔则须另设基础及相关配套设施。

中低速磁悬浮道岔系统工程包括：道岔、道岔基础、轨排、接触轨、供电、控制系统。

S1 线道岔有单开道岔（图 4-6）、三开道岔（图 4-7）、单渡线道岔（图 4-8）和交叉渡线道岔（图 4-9）四种。

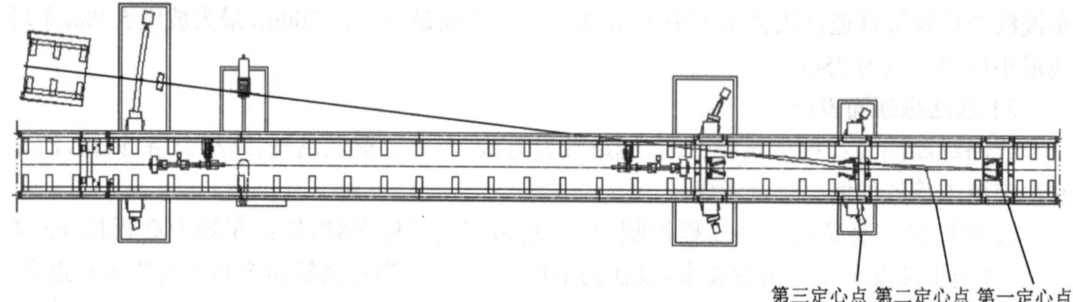

图 4-6 单开道岔平面图

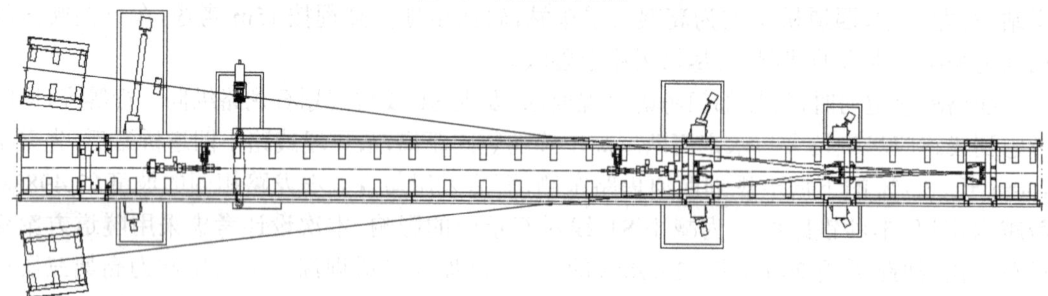

图 4-7 三开道岔平面图

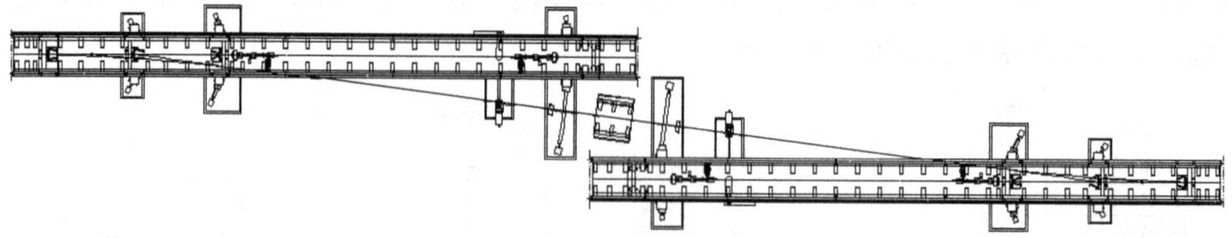

图 4-8 单渡线道岔平面图

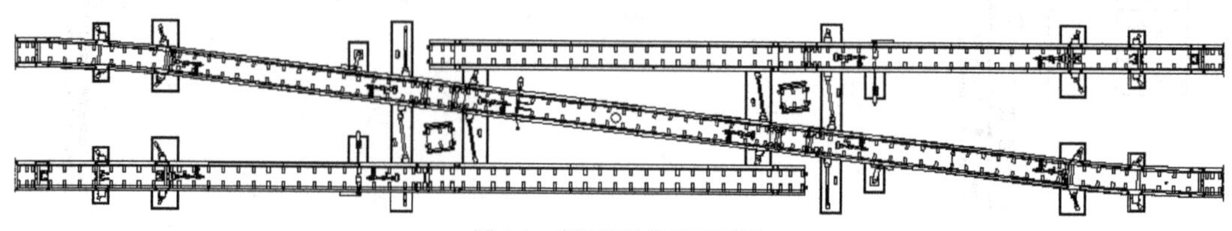

图 4-9 交叉渡线道岔平面图

4.1.3　轨道及轨下结构

1）轨道

磁悬浮轨道结构（图 4-10）主要包括轨排、扣件、承轨台、承轨梁、道岔、伸缩节等。轨道结构的设计主要包括：轨排的设计，扣件、承轨台及承轨梁的设计，道床及其基础的设计等。

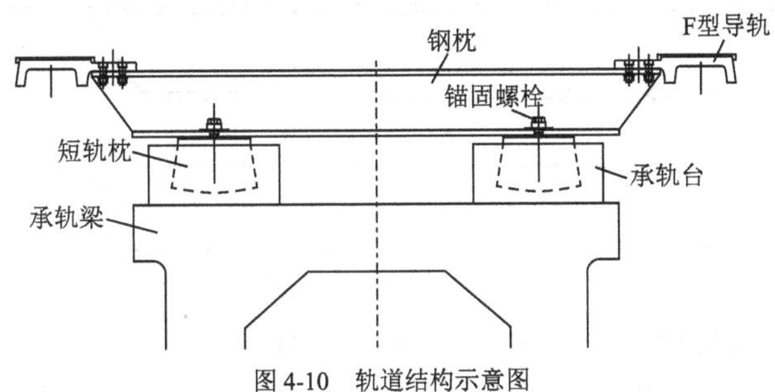

图 4-10　轨道结构示意图

轨排由 F 型导轨与钢轨枕装配而成。轨排与轨排之间、轨排与道岔之间通过伸缩节相连而形成轨道，轨排与轨下基础通过扣件固定。

轨下基础包括支撑块、承轨台以及承轨梁。正线桥梁上设置门形承轨梁结构，出入段线及车场线单梁位置设置短轨枕结构，库内采用柱式结构。在正线、试车线的末端铺设液压缓冲滑移式车挡；在库内线根据工艺要求分别采用固定式液压缓冲车挡以及可拆卸式液压缓冲车挡。

2）轨排及其配件

轨排（图 4-11）是轨道结构中的主要部件。它直接承受列车荷载，在列车动荷载作用下，轨排产生弹性挠曲变形，因此轨排应有足够的承载能力、抗弯强度、断裂韧性及稳定性、耐磨性、耐腐蚀性。

图 4-11　轨道

轨排目前均采用整体供货的形式，即在厂内完成组装，运至施工现场。特别困难时也可现场组装轨排，但需要建立专业的组装平台、组装车间等。

轨排为由 F 型导轨与 H 型钢组成的整体框架。

轨排按其线形可分为直线轨排、圆曲线轨排、缓和曲线轨排、不规则轨排等。轨排按其长度可分为 12m 标准轨排和非标轨排。非标轨排的最小长度不宜小于 3.6m，长度一般取为 1.2m 的整数倍。

（1）F 型导轨

F 型导轨示意如图 4-12 所示。F 型导轨采用热轧 F 型钢，导轨上覆铝制反应板，理论质量为 126.5kg/m。F 型导轨标准长度为 12m，短于标准长度时应为 1.2m 的倍数，并且长度不应小于 3.6m。导轨每隔 1.2m 或 0.8m 用钢枕连接，组成框架结构。

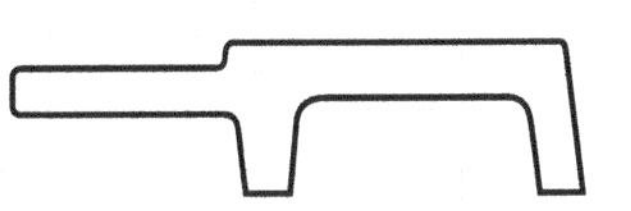

图 4-12　F 型导轨示意图

F 型导轨下表面有两个磁极，起悬浮及导向作用；上表面覆盖有铝感应板，作为直线电机的定子起列车驱动作用；导轨外部垂直法兰用于机械制动。

（2）H 型钢枕

H 型钢枕如图 4-13 所示。其采用热轧 H 型钢，理论质量为 94.15kg/m。制造时上部两侧预留与导轨连接的螺栓孔，下部预留与扣件连接的螺栓孔。长钢枕长 1750mm、高 230mm，轨枕铺设间距 1.2m，轨排接头处前后各一根轨枕间距为 0.8m。

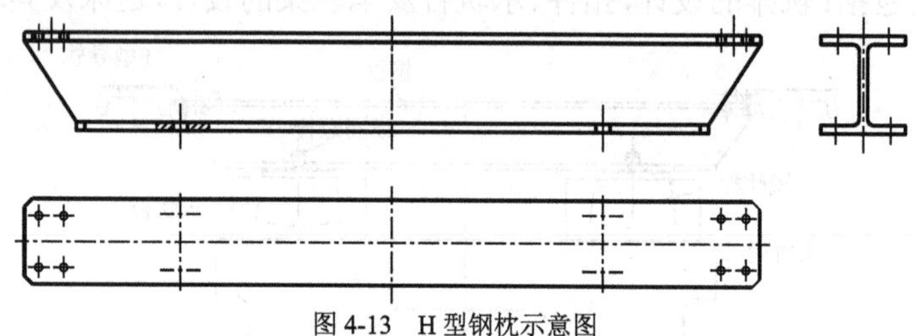

图 4-13 H 型钢枕示意图

H 型钢枕按其锚固螺栓孔的形状，可以分为 A、B 型枕。其中，A 型枕为椭圆孔，B 型枕为圆孔。按锚固螺栓孔的间距又分为 A-1、A-2、B-1、B-2 等。在个别地段为满足工艺检修要求，在轨排中需要设置 C 型枕（图 4-14）。

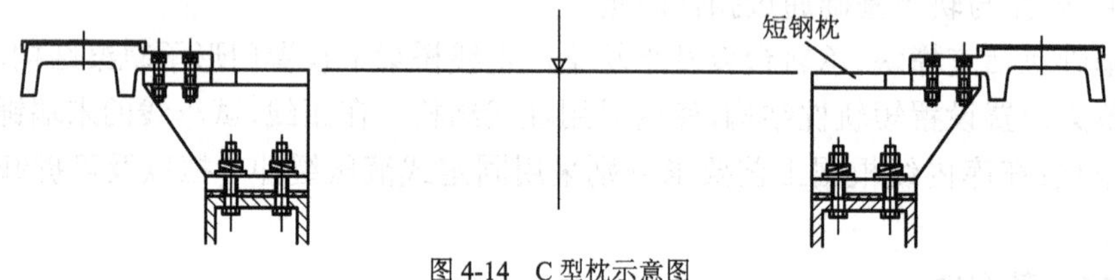

图 4-14 C 型枕示意图

（3）磁感应板

磁感应板的材质可以为铝材或铜材，厚度为 4mm。磁感应板安装在 F 型导轨的上表面，是车辆或列车牵引用直线感应电机次级的组成部分。力学性能指标详见《中低速磁浮交通轨排》（Q/CYBGM 004—2009）。

（4）连接螺栓

导轨在每个钢轨枕支撑点处通过 4 组高强度螺栓、螺母及弹性防松垫圈与其实现刚性连接。目前此高强度螺栓在工程中出现了断裂病害，因此在设计中需要对此进行研究，特别是在缓和曲线、圆曲线地段、加速度变化大的地段均需要进行设计计算。

（5）轨排接头

轨排接头主要用在轨排相接的地段。根据伸缩量的不同，主要采用了三种接头形式，即 JⅠ 型、JⅡ 型、JⅢ 型导轨接头（图 4-15、图 4-16），分别设 1 个、2 个、4 个轨缝。

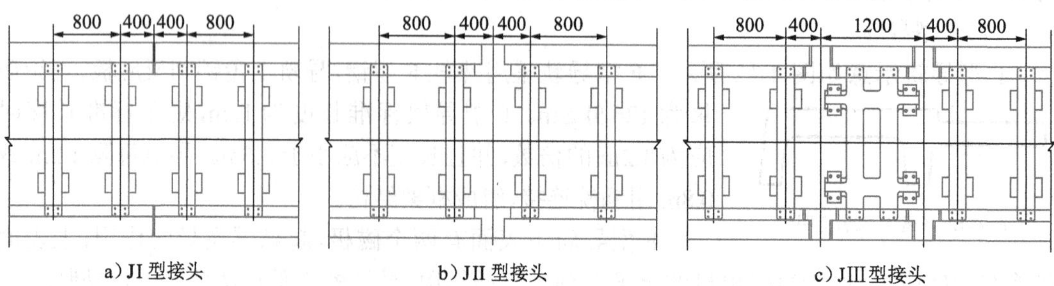

图 4-15 接头形式示意图（尺寸单位：mm）

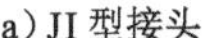

a）JⅠ型接头

b）JⅡ型接头

c）JⅢ型接头

图 4-16　接头形式实物图

JⅢ型、JⅠ型、JⅡ型导轨接头对应的伸缩量分别为 10mm、20mm 和 40mm。

JⅠ型接头与 JⅡ、JⅢ型接头的最大区别在于 JⅢ型接头需要设置单独的基础，且基础在施工过程中应采用架轨法施工。JⅢ型接头的长度为 1.2m，经计算，此接头用在曲线上也可满足要求，因此在设计过程中不再需要单独设置曲线型接头。

另外，工程还采用了部分 JⅣ型接头（图 4-17），JⅣ型接头是在 JⅠ、JⅡ、JⅢ型接头等基础上，为适应大跨度温度变形而研发的新型接头。该接头适用于伸缩量在 60mm 以内的工况。

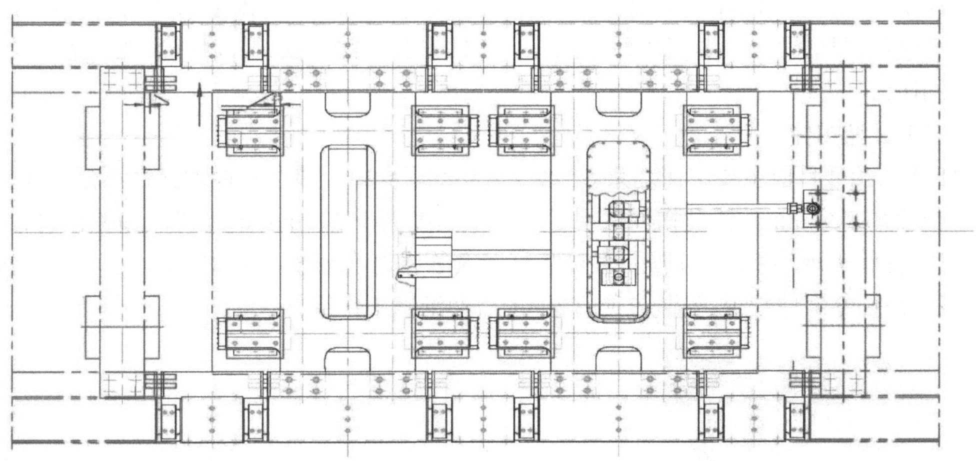

图 4-17　JⅣ 型接头示意图

JⅣ型接头与 JⅢ型接头类似，也需要设置单独基础，基础施工应采用架轨法施工。JⅣ型接头的长度为 2.4m，为保证接头能顺利工作，接头不宜设置在曲线上。

（6）扣件

扣件的作用是固定轨排在正确位置，阻止轨排的纵向位移和横向位移，防止轨排倾翻，还能提供适量的弹性，并将钢轨所受的力传递给轨枕及承轨台。

磁悬浮交通工程扣件基本上是在日本磁悬浮扣件基础上发展而来的。扣件除刚性、弹性之分外，大致可分为分开式、不分开式，有 T 型螺栓、无 T 型螺栓几大类型。

S1 线中主要采用的扣件有 TF-IA 型、TF-2 型、TF-3 型及 TF-4 型扣件。其中正线采用的扣件为 TF-2 型，其余扣件都在车辆段轨道中采用。

① TF-1、TF-1A 型扣件。

唐山磁悬浮试验线采用的扣件为 TF-1 型扣件，此扣件为弹性不分开式扣件，扣件示意图如图 4-18 所示。该扣件的刚度为 75kN/mm，调高量为 10mm。

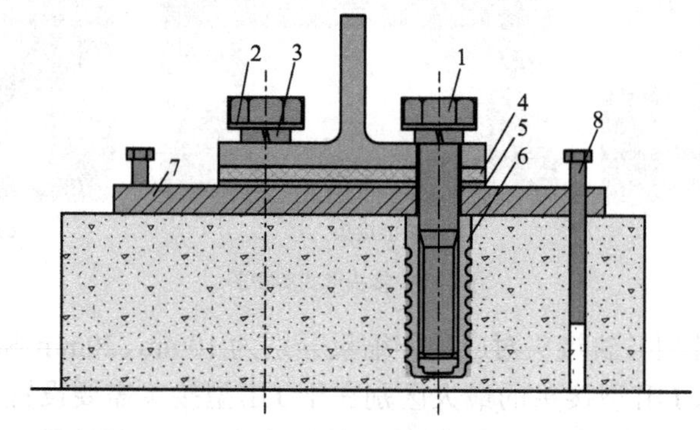

图 4-18 TF-1 型扣件示意图

1- 锚固螺栓；2- 平垫圈；3- 重型弹簧垫圈；4- 弹性垫板；5- 调高垫板；6- 绝缘套管；7- 底板；8- 道钉

该扣件适用于轨道结构高度较低的工况，但其在施工过程中容易造成扣件抗拔力不足，且后期养护维修困难。在此基础上发展了 TF-1A 型扣件。

TF-1A 型扣件（图 4-19）主要用在库内立柱式检查坑地段。该型扣件为弹性不分开式扣件，刚度及调高量与 TF-1 型扣件一致。该扣件主要由铁垫板、锚固螺栓、枕下垫板及调高垫板等组成。

② TF-2 型扣件。

TF-2 型扣件目前主要用在北京 S1 线工程中（图 4-20），该型扣件为弹性不分开式扣件，扣件刚度为 75kN/mm。该型扣件适用于承轨台高度大于 210mm 的地段。扣件在设计中避免了尼龙套管需现场浇筑的问题，直接将尼龙套管预制在短轨枕之中，保证了套管抗拔力。另外该型扣件零部件较少，安装方便，减少了后期维修工作量。

图 4-19 TF-1A 型扣件

图 4-20 TF-2 型扣件

③ TF-3 型扣件。

TF-3 型扣件（图 4-21）目前在 S1 线工程中主要用于库内圈梁地段。该型扣件为弹性分开式扣件，刚度为 75kN/mm，调高量 10mm。

④ TF-4 型扣件。

TF-4 型扣件（图 4-22）主要用在库内立柱，该型扣件为弹性分开式扣件，刚度为 75kN/mm，调高量 10mm，且有 T 型螺栓。该扣件主要由铁垫板、锚固螺栓、T 型螺栓、板下垫板、调高垫板等组成。

图 4-21　TF-3 型扣件

图 4-22　TF-4 型扣件

3）轨下支撑结构

由于轨道及轨排与常规轮轨不同，磁悬浮交通工程的轨下支撑结构也与传统轮轨的轨下支撑结构有较大的差别。根据中低速磁悬浮制式的技术特点，轨道结构的上半部分被磁悬浮车辆包裹，下半部分与下部基础（桥梁、隧道、路基、房建结构）连接。轨道结构给列车提供支撑、驱动和导向，是列车运行的基础。轨道结构上部采用钢轨排，F 型导轨上敷铝感应板，下部基础采用钢筋混凝土结构。

依据线路敷设在不同地段，轨下支撑结构采用不同的形式。轨下结构形式包括：单梁的承轨结构、梁上复合承轨梁结构、低置路基段承轨台式结构及库内支墩式结构。在 S1 线工程中，正线（除隧道外）均采用梁上设置承轨梁的复合桥梁结构；仅在车辆段出入段线、段内等采用单梁承轨梁式结构；承轨台及支撑柱式主要用于低置路基段及库内，以方便后期工务人员检修作业。

（1）正线及出入段线高架结构

由于磁悬浮车是抱轨运行，轨道下的支撑结构不仅要考虑车辆荷载，还要考虑供电轨的安装及车辆检修空间，使得轨道支撑结构多样且复杂。S1 线桥梁上的承轨梁主要包括梁上承轨梁（图 4-23、图 4-24）及单梁形式，作为示范线，其正线均采用梁上设置承轨梁的方式，在增加刚度的同时，也便于大跨度跨越城市主干道。

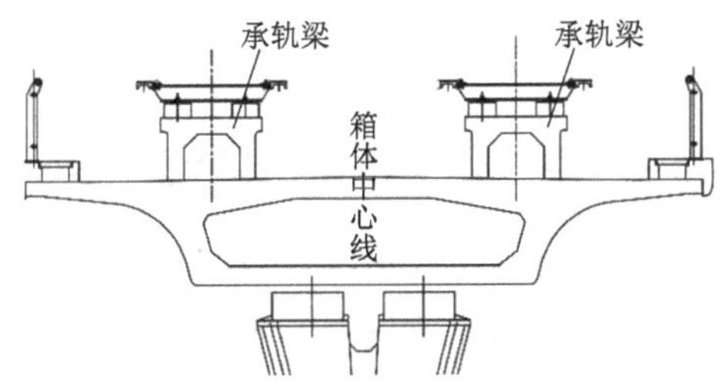

a）桥梁上设置承轨梁复合桥梁形式

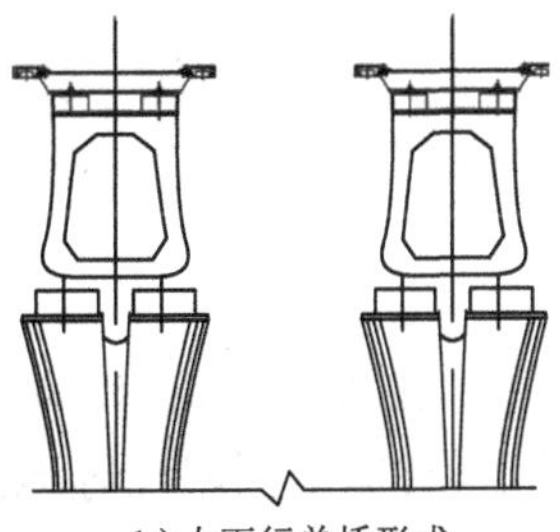

b）上下行单桥形式

图 4-23　正线桥的梁上承轨梁结构示意图

图 4-24　正线桥的梁上承轨梁结构

（2）路基、隧道及库内的低置结构

除了桥梁的高架结构，还要考虑路基段、隧道段以及库内的低置结构，低置结构主要采用承轨台座以及柱式支撑结构。

低置结构的布置方式在考虑结构安全的同时，要综合考虑美化环境，利于减振、降噪，便于施工、运营养护、线间排水、管线布置等因素，设置在室外的结构还要考虑野外环境中抵抗温度变形的能力。低置结构的布置方式如图 4-25 所示，这几种形式在北京 S1 线中都有使用。

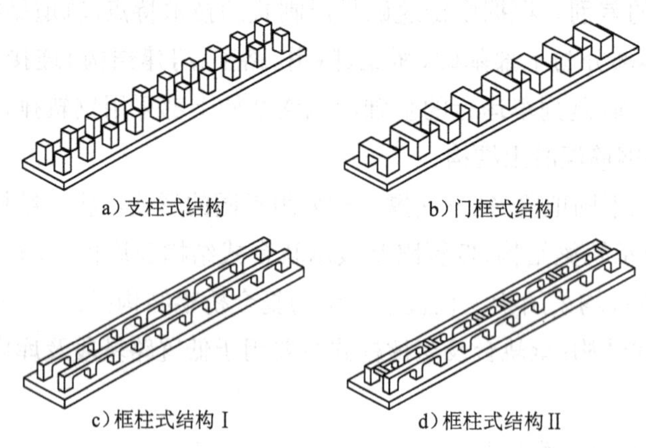

a）支柱式结构　　b）门框式结构

c）框柱式结构 Ⅰ　　d）框柱式结构 Ⅱ

图 4-25　低置结构的布置方式

图 4-26　S1 线车挡

4）车挡

为防止列车在意外情况下冲出线路末端，造成车辆和设施损坏，甚至危及人身安全，S1 线在正线、辅助线及试车线末端设置车挡，车挡长 12.5m（图 4-26）。

4.1.4　区间桥梁及隧道

S1 线位于门头沟区、石景山区，全线除穿越石景山采用隧道（0.278km）外，均为高架结构（图 4-27），沿途跨越长安街西延线、西六环、永定河、石景山、首钢集团旧址等地段。

根据中低速磁悬浮轨排成品模数的要求，12m 为标准轨排，一般情况下按 6m 模数，困难情况下按 1.2m 的模数要求，桥梁跨度采用 6 或 1.2 的倍数。结合线路特点，S1 线桥梁孔跨布置原则为：平曲线半径 R>300m 时，采用简支箱梁，标准跨度为 24m；跨越道路、河流等时，采用 30m 跨度箱梁或其他大跨结构；为满足轨道的模数要求，全线局部以 18m、19.2m、26.4m、27.6m、31.2m 等跨度简支箱梁调整。平曲线半径 $R \leqslant$ 300m 时，采用连续箱梁，常用跨度为 3×24m、3×26m、4×24m。道岔区采用 5×17m 刚构连续梁。

在一般路段采用常规桥梁，特殊路段根据所需跨度、净高要求采用连续刚构、连续梁、拱桥、钢 - 混凝土结合梁作为承重梁。标准跨度桥墩采用“Y”形墩，与箱梁斜腹板协调一致，个别特殊节点采用门式墩、框架墩。基础采用钻孔灌注桩，个别工点采用挖井基础。支座采用简支梁球型支座、连续梁球型支座、钢梁铰轴滑板钢支座、拉力调高支座。

S1 线石景山隧道为四道桥站—金安桥站区间的一段，隧道穿越石景山体，山体北侧为石景山区京能热电厂，西侧为丰沙铁路线及永定河干涸的冲积河谷。为减小 S1 线对石景山的影响，本次设计考虑采用隧道方案穿越石景山。进口位于石景山体西侧，出口位于山体东北侧，隧道全长 278.4m，结构横断面总高 9.63 ～ 9.66m、总宽 12.44 ～ 12.84m，最大埋深 38.4m，为单洞双线隧道，隧道内线路纵坡为 2.5% 和 1.4% 下坡，隧道进、出口皆与桥梁对接，使用期间隧道结构均为暗洞结构（图 4-28）。

图 4-27　北京 S1 线桥梁

图 4-28　北京 S1 线隧桥对接

隧道平面线形进口至 DK6+900.780 为直线段，DK6+900.780 至 DK6+990.780 为缓和曲线段，DK6+990.780 至出口为 350m 半径左转曲线段（图 4-29）；隧道内纵坡为单字坡，进口至 DK7+100 为 25‰下坡，DK7+100 至隧道出口为 14‰下坡（图 4-30）。

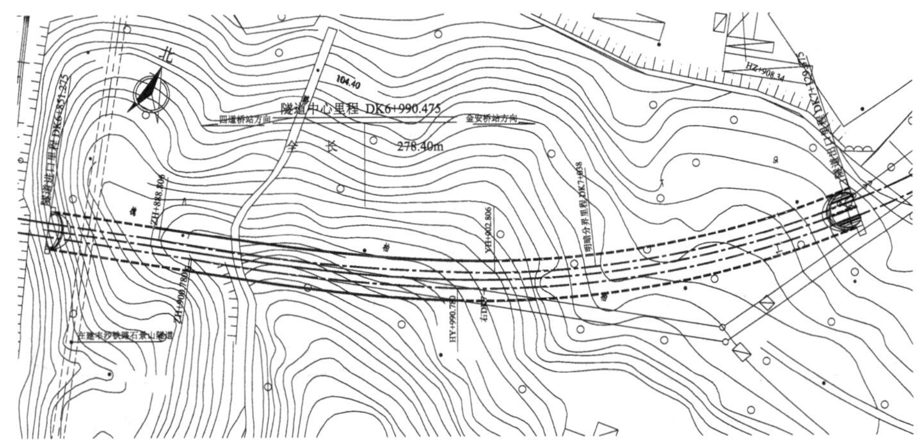

图 4-29　石景山隧道总平面图

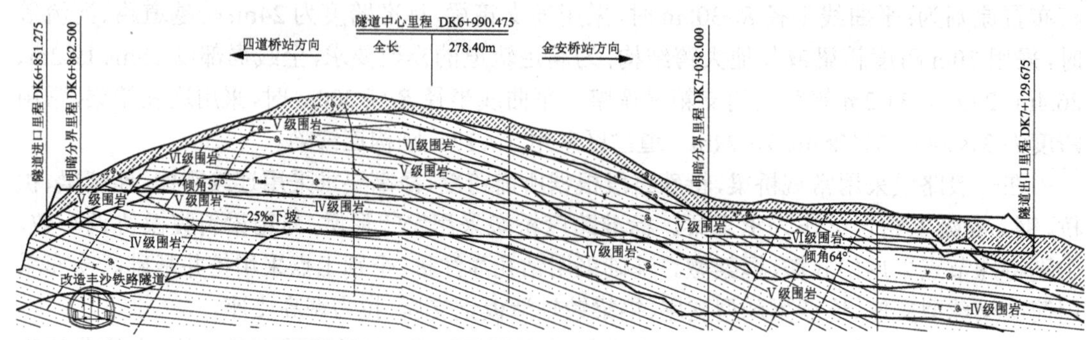

图 4-30 石景山隧道纵断面图

1）隧道轮廓

S1 线采用 CMS-03A 型磁悬浮车辆，建筑限界充分考虑车辆、养护维修及其他使用情况所需的空间、综合管线悬挂设备布置要求、轨下构筑物布置宽度等因素，同时考虑到暗挖结构施工误差、结构变形、位移及后期沉降（上浮）的影响，隧道内轮廓在建筑限界基础上进行适当外放。根据相关工程经验以及隧道大部分位于凝灰质石英砂岩地层的特征，隧道顶部及边墙内轮廓按建筑限界外放 50mm 确定，隧道仰拱范围与建筑限界重合。

石景山隧道范围线路平面分为直线段和 350m 半径曲线段，其中直线段线间距 4.6m，长度 49.505m，圆曲线段线间距 5.205m，长度 138.895m，缓和曲线段线间距连续平顺过渡，长度 90.0m，结合限界专业提供的车辆在直线段和曲线段的限界资料，以及隧道内的各种管线设备的布设方案和净空要求，隧道存在直线段、圆曲线段、缓和曲线过渡段等多种断面，设计和施工都较为不便。为减少断面的变化、便于设计施工，同时也保证工程的经济性，圆曲线段采用线间距 5.205m 内轮廓，直线段及缓和曲线段内轮廓全部采用缓和区间加宽断面标准（按限界专业要求，自圆曲线至缓和曲线中点，并向直线方向延长 10m，采用圆曲线加宽断面；其余缓和曲线自直缓分界点向直线方向延长 15m，采用缓和曲线中点加宽断面，其加宽值取圆曲线加宽值的一半），按线间距 4.8m 断面要求进行隧道内轮廓拟定。隧道内轮廓尺寸如图 4-31 所示。

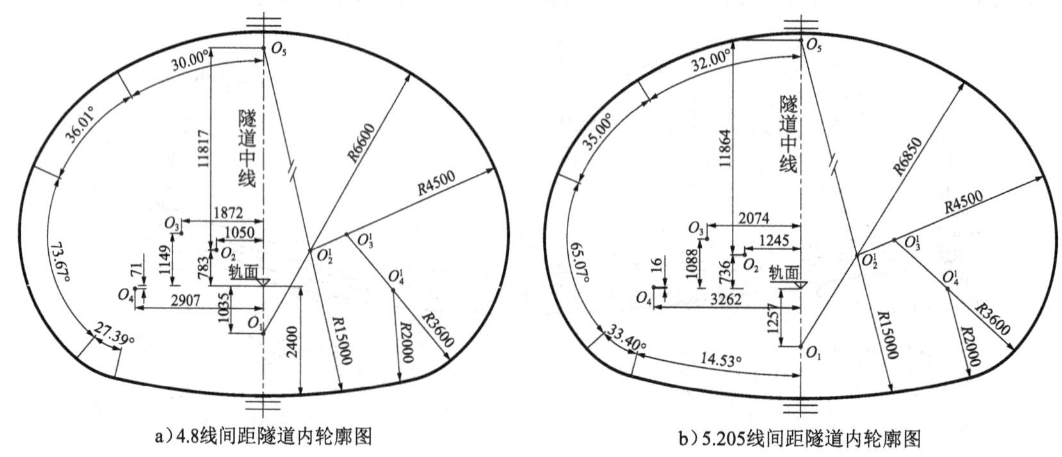

a）4.8线间距隧道内轮廓图

b）5.205线间距隧道内轮廓图

图 4-31 隧道内轮廓图

2）隧道施工工法

目前，城市里区间隧道施工主要有明挖法、矿山法和盾构法三种。这三种施工方法在国内地铁区间工程中都已有大量成功应用，且积累了丰富的工程经验，各有其适应的条件和范围。各施工方法优缺点比较见表 4-2。

区间隧道施工方法优缺点比较　　表 4-2

序号	明　挖　法	矿　山　法	盾　构　法
1	技术、工艺简单，需要大型设备	技术、工艺简单，无须大型机械	需要有配套设备，技术、工艺复杂
2	施工灵活，适用于断面的变化	施工灵活，适用于断面的变化	固定断面尺寸，断面变化时需特殊处理（如岔线等）
3	机械开挖、支护，安全性较好	人工开挖、支护，支护封闭前安全性差	在盾构机钢壳的保护下进行出渣、管片拼装等，安全性好
4	作业环境较好	作业环境恶劣	作业环境优越
5	作业环节较多，施工速度较快	作业环节多，施工速度慢	机械化程度高，施工速度快
6	现浇混凝土，质量可靠	喷射及现浇混凝土，支护质量不易控制	预制管片精度高，质量可靠
7	防水质量较好	防水质量不易保证	防水质量较好
8	需降水或止水，覆土浅时土建施工造价较低	在无须降水地段，施工造价低；地下水位高的地层，需降水或止水	不需降水，造价与矿山法相当
9	需采用基坑支护措施	一般需超前支护，遇特殊地段需采取地层加固措施，造价很高	除在盾构进出井外，无须进行地层改良加固措施
10	不需设置施工竖井	需设置一定数量的临时施工竖井	需设盾构进出井，附建管片加工厂
11	能够有效控制地表变形，受地层影响小	地表沉降不易控制，尤其遇到不良地层时，易塌方，对沉降控制更难	能够有效控制地表沉降，受地层影响小
12	施工风险小	施工风险较大	施工风险小

选择施工方法要根据隧道所穿越的地层情况、地面环境要求和隧道埋深，从施工安全、环境影响、施工速度及施工质量等方面进行综合比较，确定经济合理的施工方法。

S1 线隧道进、出口端明洞结构结合暗挖隧道口刷坡明挖施工，明挖基坑边坡与隧道口边仰坡一并设计；隧道暗挖段地层主要为Ⅳ～Ⅴ级微风化～全风化凝灰质石英砂岩，其中 DK6+874.782 ～ DK6+898.863 存在破碎带，破碎带局部侵入隧道顶部，DK6+937.841 ～ DK6+981.937 存在破碎带，破碎带距离隧道顶板最近距离约 3m，受破碎带影响，上述两区段地层结构较为破碎，呈碎块状，易坍塌，自稳能力差。综合底层情况及类似隧道工程的实施经验，Ⅳ级围岩采用上台阶中导洞超前的台阶法施工，Ⅴ级围岩采用中隔壁法施工，土质地段采用人力及机械开挖，石质地段采用悬臂式凿岩机开挖。

3）隧道结构设计

隧道主体明挖段及洞门结构采用现浇钢筋混凝土结构，暗挖段采用初期支护 + 二次现浇钢筋混凝土衬砌的复合式结构。

4）桥隧相连设计

石景山隧道进、出口均与高架区间直接相连，受地形限制，桥台直接与隧道结构相连，其中隧道进口端山体坡面较陡，桥台与隧道洞门共用基础，同时隧道进口邻近既有运营丰沙铁路，设计、施工难度及风险高，是隧道设计的重难点所在；同时，隧道出口端与桥梁结构衔接部位处于地层渐变区，部分明挖隧道及洞门结构基础逐渐由岩层过渡到粉土层，而桥梁采用桩基，直接支承于石英砂岩层，导致隧道与桥梁衔接部位基础刚度差异大，容易引起结构差异沉降，如何处理好基础之间的刚度差异也是该隧道设计的重点。

（1）隧道进口桥隧相连设计（图 4-32）

隧道进口端山体受丰沙铁路建设影响，坡面较陡，隧道洞口范围自然坡面为 20° ～ 35°，下部由于人工开山，坡面近直立。根据地质详勘资料，隧道进口位置地层岩性、构造为：表层出露地层为第四系粉土 Q_4^{dl+pl}，厚 1 ～ 3m，表层风化呈土状植被茂盛；以下为强风化～弱风化普坚岩。根据区域地质资料，工程场址所处无大的构造带通过。水文地质条件方面：地下水主要基岩裂隙水，由大气降水补给，水量很小，调查期间附近山体未见地下水出露。

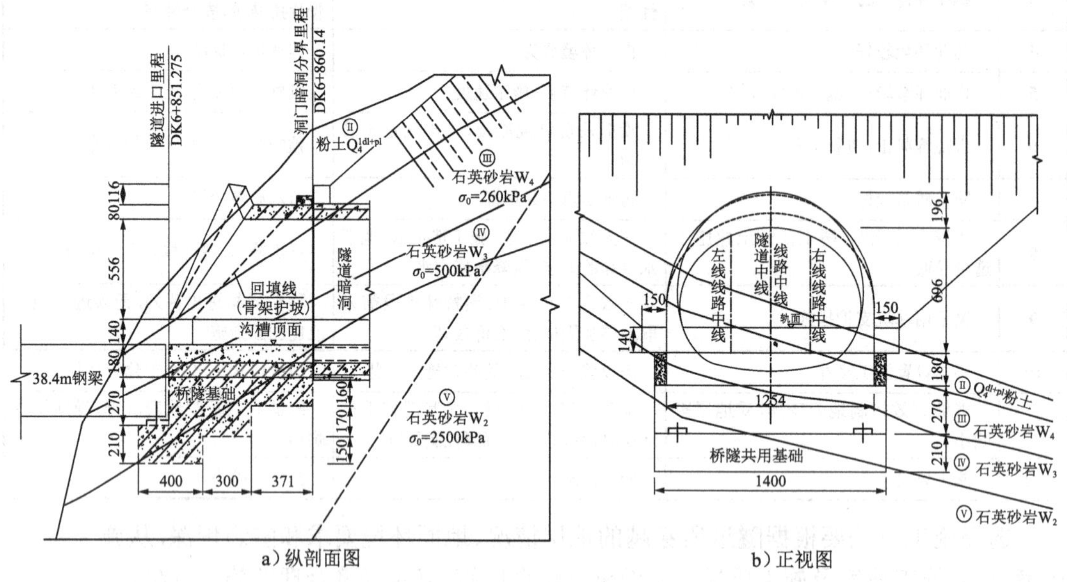

图 4-32　隧道进口桥隧相连设计图（尺寸单位：cm）

基于山体坡面较陡及下伏基岩整体性、承载力均较好的情况，敲碎相连设计时，隧道洞门与 24 号桥梁墩台共用基础，施工时桥隧基础应深入弱风化石英砂岩不小于 0.5m，确保桥梁基础的稳定以及桥隧过渡范围基础刚度的平顺过渡，以有效避免工后差异沉降的产生。

（2）隧道出口桥隧相连设计（图 4-33）

出洞口位于山体东北侧，自然坡角约 10° ～ 20°，人类活动影响相对较大，主要为工程建设，植被覆盖相对较好，表层普遍分布有素填土，厚度不大，下部为褐黄色粉土，粉质黏土和含粉质黏土碎石等。

隧道出口端 DK7+038.000—DK7+129.67 区段采用明挖法施工，隧道口直接与桥梁结构连接，桥梁基础采用直径 1.0m 钢筋混凝土钻孔灌注桩，桩端进入弱风化石英砂岩层，隧道洞门及邻近段底部位于粉土及强风化石英砂岩地层，桥梁基础与隧道洞门及邻近区段基础存在明显的刚度差异。为有效减小刚度差异的影响，在隧道洞门及邻近区段底部打设长度按里程递增的直径 1.0m 素混凝土钻孔灌注桩，以实现基础刚度的平顺过渡，有效规避工后差异沉降的产生。

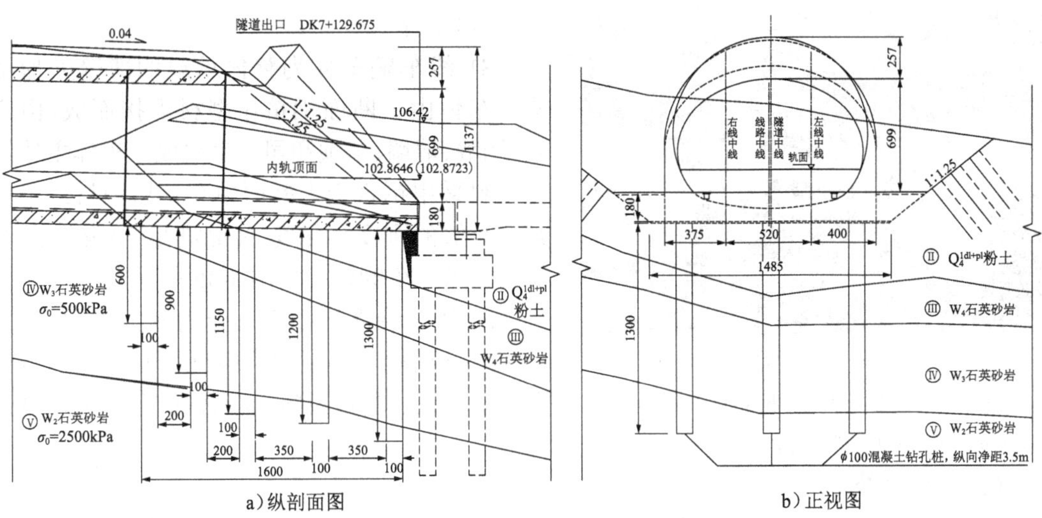

a）纵剖面图　　b）正视图

图 4-33 隧道出口桥隧相连设计图 （尺寸单位：cm）

4.1.5 车辆与限界

1）车辆及其主要组成部分

S1 采用国产中低速磁悬浮列车。列车由 6 辆动车车辆编组而成（其中头尾车为带司机室的动车，其他为中间动车），编组形式为 -MC*M*M*M*M*MC-，其中：MC 为头车（带司机室，动车）；M 为中间车（动车）；- 半自动车钩；* 半永久牵引杆。列车全长 89.6m，列车宽度 3.0m，车辆最大高度 3.7m，列车额定载客数 1032 人 / 列，采用（DC）1500V 正、负极轨供电，侧式受流方式，实际最高运行速度 80km/h，具备 100km/h 最高运行速度的能力。车辆侧面、断面示意图如图 4-34 所示。

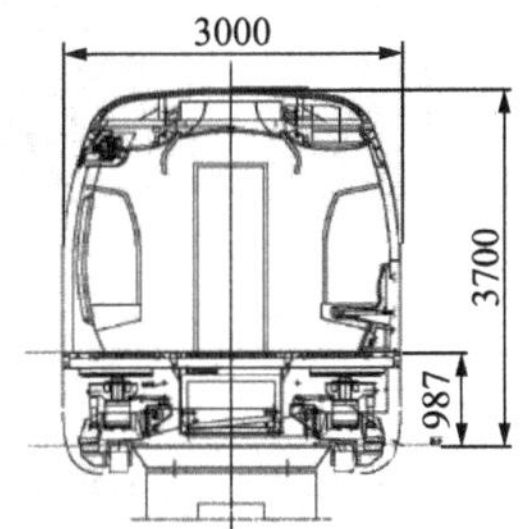

a）中低速磁悬浮车辆横断面示意图

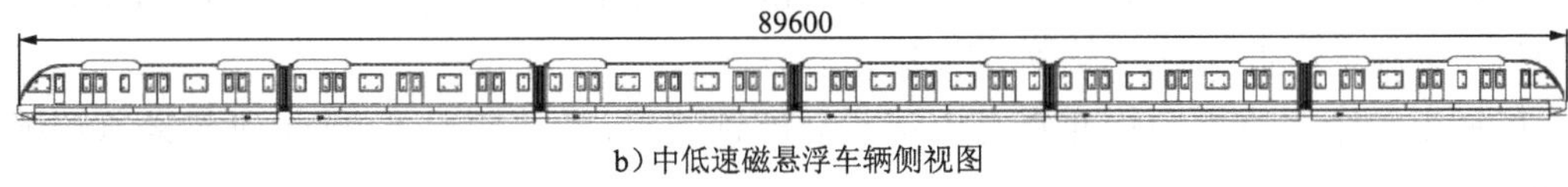

b）中低速磁悬浮车辆侧视图

c）中低速磁悬浮车辆俯视图

图 4-34 车辆侧面、断面示意图（尺寸单位：mm）

图 4-35 车辆外观

(1)车体

S1 线车辆车体为整体承载的薄壁鼓形结构。车体由大断面铝挤压型材焊接而成,由底架、侧墙、端墙、车顶和司机室组成。车体主体结构材料采用铝合金大断面中空挤压型材。车体具有足够的刚度和强度,能够满足 30 年使用寿命的要求。车辆外观如图 4-35 所示。

S1 线磁悬浮裙板系统分为两大类:车顶裙板和车下裙板。其中,车顶裙板为铝合金型材,起到保护车上设备和美观的作用;车下裙板为玻璃钢夹层复合材料,起到保护车下吊装设备及转向架和美观的作用。

(2)内装系统

车厢内景如图 4-36 所示。车辆内装系统包括内装车顶、内装侧墙、内装端墙、内装地板及车体防寒材。内装工程所使用的材料,防火方面应满足《轨道车辆中的防火措施　第 2 部分:原材料和配件的燃烧特性与燃烧边界效应;分类,要求和检测程序》(DIN 5510-2)标准规定的防火和安全要求;环保方面应满足《机车车辆内装材料及室内空气有害物质限量》(TB/T 3139—2006)的要求。

a)

b)

图 4-36 车厢内景

(3)车门系统

车门系统布置于车辆两侧的侧墙上,客室侧门采用外挂密闭门,司机室侧门采用单扇手动铰链门。每辆 M 车布置有 4 个客室侧门,每辆 Mc 车布置 4 个客室侧门、2 个司机室侧门。

客室侧门水平通过尺寸(宽度)为 1300mm;客室垂直通过尺寸(高度)为 1850mm;司机室侧门为单扇手动折页门,其内外都能锁定和打开。

每辆车每个客室侧门均布置有内部紧急解锁装置,紧急情况下,操作内部紧急解锁装置,可以手动打开车门。

每辆车每侧布置有一个外部紧急解锁装置,设于车辆中心线上。紧急情况下,可以在车外操作外部紧急解锁装置,打开车门锁闭装置,手动开门,作为应急门来使用。

(4)车窗系统

客室的车窗采用单元组合式整体车窗,并采用夹层玻璃。

（5）座椅

客室两侧纵向布置 3 人座椅和 6 人座椅。客室座椅采用铝合金骨架 + 结构泡沫玻璃钢座椅面板结构。

（6）灭火器

每辆车在客室内设置 2 个 2kg 的干粉灭火器，分别安装于车辆端部及 6 人座椅的下方。

（7）应急锤

每辆车布置 2 个应急锤，紧急情况下使用。应急锤位于车辆两端的内装侧墙上。

（8）转向架

磁悬浮转向架是磁悬浮列车核心部件，其作用是悬浮支撑列车，推进列车、转弯、制动等，同时使磁悬浮车辆能通过小半径曲线和大坡道。车辆的动力、制动、受电、悬浮等装置均装在转向架上。

磁悬浮车转向架主要机构包括整体电磁铁、直线电机、驻车滑橇、直线电机梁、侧导向滑块、液压支撑轮、综合支架、电磁铁托臂连接件、托臂、防滚梁组件。

每辆车由 5 个转向架组成，通过 20 个空气弹簧、纵横向拉杆组成的空气悬架系和转向机构与车厢连接。转向架及其结构分别如图 4-37、图 4-38 所示。

图 4-37　转向架

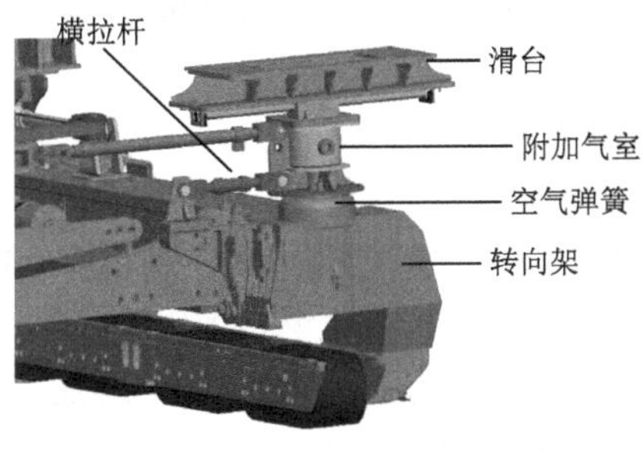

a）

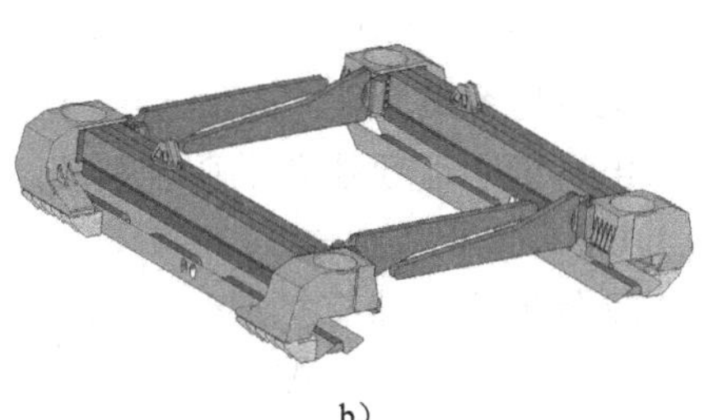

b）

图 4-38　转向架结构示意图

（9）二次悬架系及转向机构系统

二次悬架系及转向机构系统由转向机构和二次悬架系组成，主要作用是保证车辆各种运行状态下车体和转向架之间相对位置的正确性，传递车体垂向力和纵向力，并起到减振缓冲的作用。

转向机构由滑台和转向操纵机构组成。滑台主要由上滑台和下滑台组成。转向操纵机构由可调钢索、T 形臂、转向推杆等组成。

二次悬架系主要由空气弹簧悬挂、牵引连接、横向连接和高度调节阀等组成。其中空气弹簧能够自动充放气来调整车体高度。

（10）空调系统

空调系统包括客室空调机组、送风道、回风装置、自然通风器、客室电加热器、司机室电加热器和排水管等。客室采用单元顶置式冷暖型变频空调机组，每辆车设置2台空调机组。

（11）制动系统

制动系统采用微机控制直通电空制动，具有自诊断和故障记录功能。其由空气制动和电制动组成，主要包括电子制动控制系统（EBCU）、空气制动控制系统（BCU）、增压缸、制动器、风源系统、气动系统附件等。

车辆采用电制动＋空气-液压制动的混合制动模式，具有常用制动、保持制动、快速制动、紧急制动和落车制动5种制动模式。其中，紧急制动为纯空气-液压制动，完全独立控制。

（12）悬浮控制系统

悬浮控制系统是控制悬浮电磁铁产生适当电磁力来使磁悬浮列车稳定悬浮在轨道上的系统。悬浮控制系统首先通过悬浮传感器得到电磁铁的悬浮状态；然后根据所得到的悬浮状态和悬浮控制算法得到电磁铁的电流，来达到控制电磁铁电磁力的目的，以保证电磁铁与轨道之间的间隙始终保持在设定的间隙值，从而实现磁悬浮列车的稳定悬浮。

每辆磁悬浮车有10个悬浮模块，每个模块安装1套悬浮控制器系统。每套悬浮控制系统包括1台悬浮控制机箱、2台悬浮传感器和1台整体电磁铁。

（13）牵引与电制动

列车牵引系统采用VVVF逆变器-直线电机构成的交流电传动系统，每节车1台单模块VVVF逆变器给10台直线电机供电。电机采用5串2并的电气接线形式。

牵引和电制动系统是由受流器、高压分线箱、线路滤波器、高压电器箱、牵引逆变器、三相异步直线牵引电动机组成的交流传动系统。

受流：磁悬浮列车采用正、负极轨供电，侧式受流方式。

（14）辅助供电系统

辅助供电系统的运行独立于牵引系统，其主要由AC 380V辅助逆变器、DC 330V悬浮电源、AD 110V充电机等组成。

AC 380V辅助逆变器有扩展供电功能，当一个单元中的1台AC 380V助逆变器故障，本单元中相邻的一个AC 380V辅助逆变器可通过扩展供电为AC 380V辅助逆变器发生故障的车厢的基本负载供电。

辅助供电系统应包括以下设备：

①辅助电源，DC 1500V/3AC 380V，用于提供3AC 380V电源，每辆车一台；

②控制电源，3AC 380V/DC 110V，用于提供DC 110V电源，每辆车一台；

③悬浮电源，DC 1500V/DC 330V，用于提供DC 330V电源，每辆车一台；

④ 110V蓄电池组，用于提供DC 110V应急电源，每辆车一组；

⑤ 330V蓄电池组，用于提供DC 330V应急电源，每辆车一组；

⑥紧急逆变器，用于列车空调系统通风机组用电，每辆车一台；

⑦低压柜，用于车辆低压系统的配电。

（15）辅助供电设备

①火灾报警系统。

火灾报警系统在每个司机室配置一台火灾报警控制器(即主机,也称为 FU),在中间车各车厢配置一台火灾报警分控器(FCU),在司机室及客室内布置若干台烟温复合探测器(FD),对司机室车顶、客室车顶的空调回风口处及车内电气设备柜等进行有效探测。烟温复合探测器发现火情后,将火情信息传送到火灾报警控制器,火灾报警控制器将发生火情的位置信息通过多功能车辆总线传送给列车控制和管理系统(TCMS)。同时,该信息也通过 MVB 总线传送给视频监控系统,视频监控系统的相应客室内的摄像头将对报警部位进行摄录,并将摄录内容通过车载 PIS 天线实时上传至运营控制中心(OCC)。

②照明系统。

前照灯主要负责线路照明和头尾信号、防护信号指示。在司机台上设有前照灯远近光选择开关,司机可根据需要选择远光或者近光。

前照灯采用整体密封式结构,包括远光灯 / 近光灯和防护灯。远光 / 近光均为氙气灯;尾灯采用红色 LED 灯。

客室照明设有平行布置于顶板的四条灯带和门区灯,设有主照明、全照明和应急照明三种工作模式。在司机台上有万转开关“客室照明”:开关置于“全照明”位后,客室全部照明灯亮;置于“主照明”位后,客室全部主照明灯亮;置于“应急照明”位后,客室全部辅助照明灯亮。

③司机室和司机台照明。

司机室灯的电源和控制电源均使用低优先级母线电源供电,在司机台上有自锁按钮开关。司机台上设置有风压表照明。

④电气柜。

车上电气柜分为电气柜、低压控制柜、微机控制柜。

客室电气柜主要部件有液压支撑单元、烟火探头、客室 PIS 主机、烟火探测控制器、空调控制器、低压控制器件等。其具备五部分功能:客室空调控制与配电功能、液压支撑单元的控制与配电功能、照明单元控制与配电功能、PIS 主机与网络硬盘摄像机的控制功能、烟火报警控制功能。

低压柜主要为列车提供 DC110V 直流低压配电、DC330V 直流低压配电、AC380V 交流低压配电。

微机控制柜内部主要设备包括 BECU、AXMe、DIMe、DXMe、ERMe、RCMe、VLCU、GWMe、REP 等控制模块,可实现列车制动、悬浮、通信、车辆控制等功能。

(16)列车广播和乘客信息系统

列车广播和乘客信息系统由列车广播(PA)系统、乘客信息显示系统(PIDS)、视频监控(CCTV)系统组成。

列车广播(PA)系统:主要由司机室内广播控制盒、司机室控制单元、司机室扬声器、客室广播单元、客室扬声器、紧急报警器等设备组成,主要功能是为列车内部乘客提供语音通信与语音广播。

乘客信息显示系统(PIDS):通过客车车门上方 LED 动态地图显示屏、客车车厢中的乘客信息 LED 显示屏以及 LCD 多媒体播放显示屏为乘客提供高质量的视频和列车运行信息。其能够及时准确地提供站点信息、路线信息、媒体广告信息等服务,是列车广播和乘客信息系统里为乘客提供列车运行资讯的重要系统。

图 4-39 列车信息系统

视频监控（CCTV）系统：通过安装在客室车厢内的半球摄像机，用于对客室车厢内的人员活动情况进行监督记录，司机可通过司机室内的触摸显示屏，对车厢内（图 4-39）乘客情况进行实时监控。

列车广播乘客信息系统的主要功能是播放列车到站动态等运营信息的音 / 视频广播，使旅客及时了解列车的运行情况、到站信息等，方便旅客换乘其他线路，减少旅客下错站的可能性。在发生灾害或其他紧急情况下，进行紧急广播，以指挥旅客疏散，调度工作人员抢险救灾，减少意外造成的损失。同时，司机可以通过司机室内的司机室监视器实时监控客室的情况。

（17）列车网络和控制

S1 线磁悬浮列车控制主要以网络控制方式为主，利用计算机网络进行列车的控制和诊断。此外，为进一步提高列车控制系统的可靠性，由硬线继电控制来实现列车的应急运行控制。

列车控制系统由四部分组成：一是牵引控制系统；二是制动控制系统；三是辅助控制系统；四是悬浮控制系统。牵引控制、制动控制、悬浮控制、辅助供电控制、空调控制、列车广播与乘客信息显示系统、中央控制单元、车载 ATO/ATP 装置、车载无线装置等均包含在列车计算机网络系统中。每列车设两套中央控制单元。

全列车设有列车总线及车辆总线，列车总线贯通全列车。列车总线网络由具有冗余结构的列车总线和多功能车辆总线以及相关控制单元、显示器、输入 / 输出接口等组成。

2）限界

中低速磁悬浮交通限界分为车辆限界、设备限界、建筑限界。受流器限界是车辆限界的组成部分，接触轨限界属于设备限界的辅助限界。限界应根据车辆轮廓线和车辆有关技术参数，结合轨道和接触轨的相关条件，并考虑设备安装误差，按规定的计算方法进行设计。具体选用的建筑限界标准如下。

（1）区间高架线直线地段建筑限界

区间高架线设紧急疏散平台时，线路中心线至紧急疏散平台边缘内侧距离 1750mm，轨顶面至紧急疏散平台面高度 900mm。

（2）车站直线地段建筑限界

①高架线地段侧式站台车站：线路中心线至站台边缘内侧距离 1600mm，轨面至站台面高度 935mm。

②高架线地段岛式站台车站：线路中心线距边墙内侧距离 2300mm，线路中心线至站台边缘内侧距离 1600mm，轨面至站台面高度 935mm。

③在站台有效长度范围外：站台边缘距线路中心为 1800mm。

④车站范围内有墙、柱处的建筑限界：当墙、柱上悬挂设备时，岛式站台直线限界为 2300mm；侧式站台直线限界为 2300mm；当墙、柱上不安装设备或管线时，直线限界为 1950mm。

(3)车辆段(含车场线)建筑限界

①车辆段库外连续建筑物至设备限界净距,当有人行便道时取 1000mm。

②车辆段库外非连续建筑物(其长度不大于 2m)至设备限界净距,当有人行便道时取 600mm。

S1 线限界如图 4-40 ～图 4-42 所示。

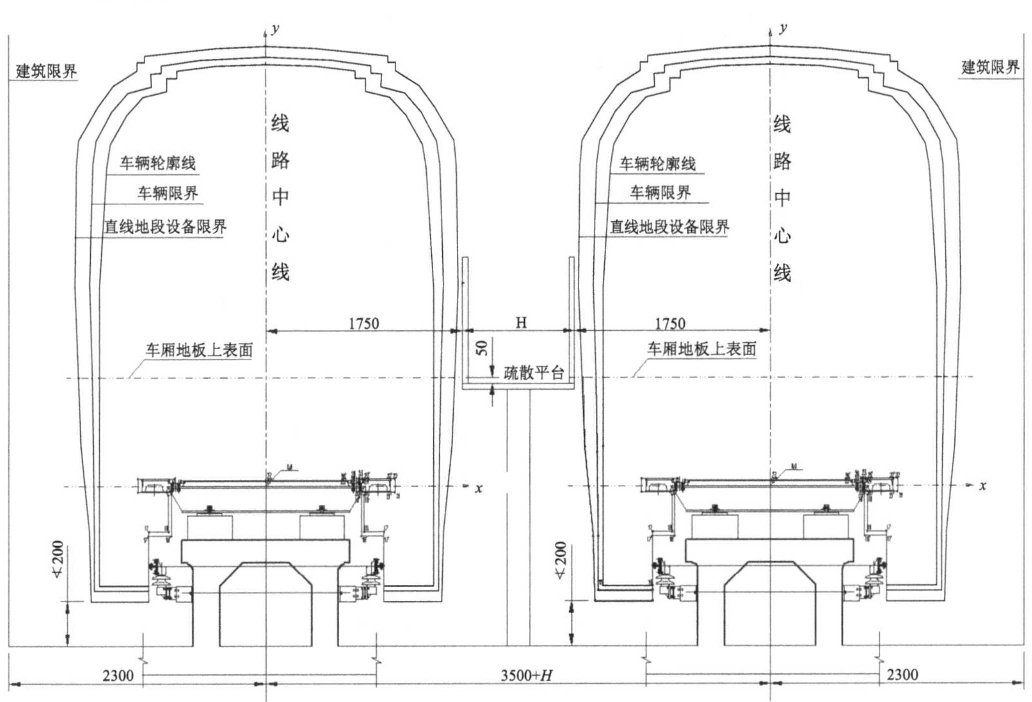

图 4-40 区间直线地段高架双线限界图(尺寸单位:mm)

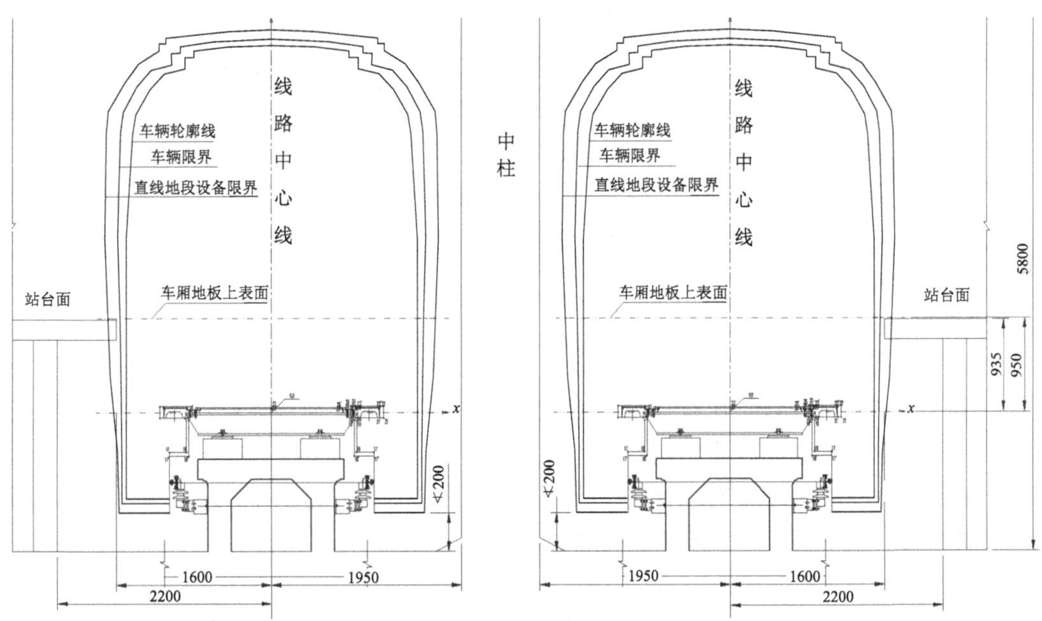

图 4-41 高架直线地段侧式车站限界图(尺寸单位:mm)

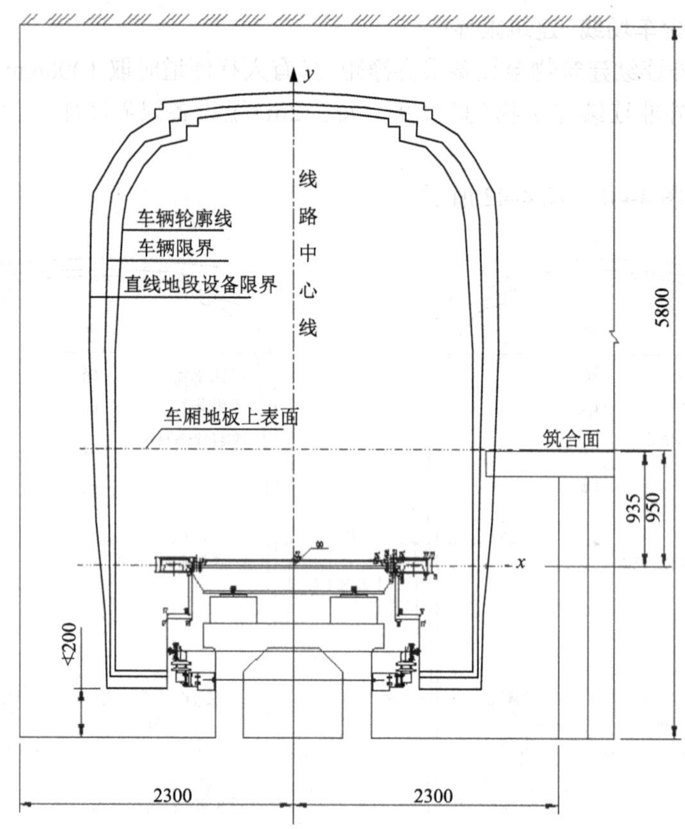

图 4-42　高架直线地段岛式车站限界图(尺寸单位:mm)

4.1.6　车站

全线设置 8 座车站,其中 2 座为高架二层站,其余均为高架三层站;金安桥站和苹果园站为换乘车站。车站站台有效长度 90m,全线均采用侧式车站,侧站台宽度符合北京市轨道交通相关规范的要求;车站顶棚结构采用了内收倒四角锥双铰复杂钢管桁架结构体系,支座能够多向转动;车站轨道梁支座为满足列车抗倾覆的要求,率先采用了可调高式抗拉球型钢支座。

车站涵盖了路侧、路中高架、二层、三层以及与枢纽结合五种类型,充分体现了磁悬浮制式交通车站的灵活适用性,并均采用侧式车站。

1）车站分布

(1)石厂站

车站位于京原路(规划三石路)西侧,石厂村东侧。车站周边现状主要为村庄,另有石门营小学、市公路局养路段、在建住宅、公交首末站等。西侧规划为商业、交通设施用地(石门营车辆段),东侧规划为居住用地。

车站形式为高架二层侧式,车站东、西端各设一条单渡线,以便列车折返,车站西段线路与车辆段相连。车站外立面图如图 4-43 所示。

(2)小园站

车站位于规划沙石坑西侧路北侧,现状莲石路东侧。车站周边现状为小园村、东方丰盛家具公司等，部分居住小区正在开发建设。规划为商业、居住用地。

车站形式为高架三层侧式。车站外立面图如图 4-44 所示。

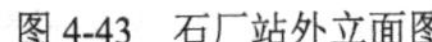
图 4-43　石厂站外立面图

图 4-44　小园站外立面图

（3）栗园庄站

车站位于规划滨河路南延上，锅炉厂南路西延道路南侧，北京精雕科技有限公司厂房西侧。车站周边现状为栗园庄和乡镇企业，如北京汉斯新图木业有限公司、北京九发药业有限公司、北京凝华科技有限公司等，另有北京科技技术学校、北京矿务局中学等学校。规划为办公、金融商业及工业用地。

车站形式为高架三层侧式。车站外立面图如图 4-45 所示。

（4）上岸站

车站位于规划滨河路南延上，规划长安街西延线南侧，上岸村村委会南侧。车站周边现状为村庄和种植大棚，规划为金融商业、办公、工业及居住用地。

车站形式为高架三层侧式。车站外立面图如图 4-46 所示。

图 4-45　栗园庄站外立面图

图 4-46　上岸站外立面图

（5）桥户营站

车站位于规划石龙路南侧，规划沙石坑西侧路西侧，规划交通枢纽用地北侧。车站周边现状为砂石坑、空地和村庄，规划为交通设施、金融商业和办公用地，外围为居住用地，根据运营需要，在车站的西端设置一条单渡线。

车站形式为高架三层侧式。车站外立面图如图 4-47 所示。

（6）四道桥站

车站位于规划石龙路南侧，现状西苑路和规划六环路西侧辅路之间，门头沟新城永定河西岸。车站周边现状为四道桥村庄，规划为商业金融和混合用地。

车站形式为高架三层侧式。车站外立面图如图 4-48 所示。

图 4-47 桥户营站外立面图

图 4-48 四道桥站外立面图

（7）金安桥站

车站位于现状北辛安路及阜石路高架交叉路口东南象限，现状京门铁路南侧。车站周边现状主要为低矮平房区。S1 线金安桥站与拟建的 M6 线西延线换乘，S1 线金安桥站为高架站，地下一层，地上二层；M6 线车站位于 S1 线金安桥站南侧，为地下二层车站。S1 线金安桥站地下一层与拟建 M6 线车站站厅层相连。

车站形式为高架二层侧式、地下一层。该站东端设置一组单渡线，用于列车折返。车站外立面图如图 4-49 所示。

（8）苹果园站

车站位于 M1 线苹果园站和既有铁路南侧，金顶东路和金顶西路之间。周边现状为居住和商业用地，有苹果园六区、金顶街四区、首钢职工大学、京西灯饰城、苹果园装饰城、同京旅社等。规划为交通枢纽用地，交通枢纽用地外围为金融商业用地和居住用地。设站主要解决与苹果园交通枢纽、M1 线接驳换乘，并兼顾周边客流。

车站形式为高架三层侧式、地下一层。该站东、西端设置一组单渡线，用于列车折返。车站外立面图如图 4-50 所示。

图 4-49 金安桥站外立面图

图 4-50 苹果园站外立面图

2）车站外立面景观设计

车站外立面设计以菱形为基本元素，呼应“山”“水”，贴合 S1 线所处区位，呼应永定河与太行山麓。综合考虑车站长、宽、高三维尺度，在整体造型上，将站台雨棚、站厅及地面设备层纵向分为三段处理。站台雨棚采用梭形的三维曲线造型，以金属材质凸显整座车站的性格，站厅层采用玻璃幕墙进行弱化处理，地面设备层采用金属格栅，进一步弱化。因此，从整体效果上更显修长，感觉不到车站尺寸的短小。

北京 S1 线车站设计效果如图 4-51 所示。

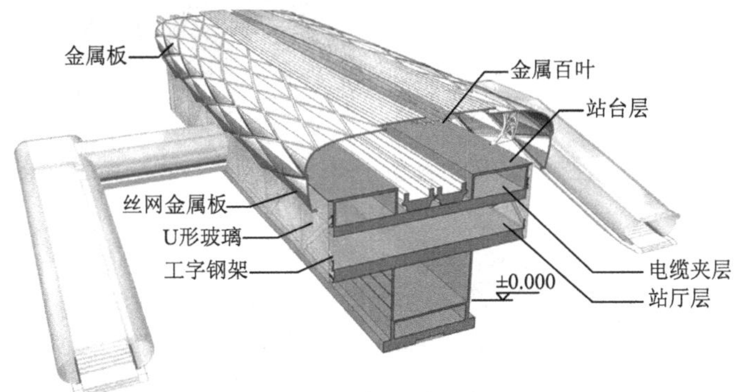

图 4-51　北京 S1 线车站设计效果图

3）车站装修

线路途经石景山区和门头沟区，石景山区是重工业企业、高科技单位聚集区，门头沟区主要以西部山区为主，自然生态环境优美，旅游资源丰富。结合 S1 线在北京市轨道交通线网的整体定位、线路文化、车站现有建筑情况，设计思路定为在注重共性的同时，兼顾北京多元化、S1 线磁悬浮的特点。同时，结合车站建筑情况及周边人文，将全线 8 座车站设定为 5 座标准站和 3 座重点站（石厂站、金安桥站和苹果园站）。

S1 线以“炫之线”为概念主题，标准站公共区装修通过提取生态绿叶为元素，体现简约、现代的地铁空间，并贯穿全线。每座车站一种颜色，在统一中又变化丰富，同时也增加了车站的可识别性，方便乘客（图 4-52）。

重点站石厂站公共区装修设计提取潭柘寺佛教文化莲花为设计元素，以线面结合的手法，将莲花造型体现在柱面以及站名墙上，营造出简洁、现代科技、生态的地铁空间（图 4-53）。

重点站金安桥站，提取西山森林公园红叶为元素，抽象表达，将生态感贯穿于全线之中（图 4-54）。

a）

b）

图　4-52

c)　　d)

e)　　f)

图 4-52　北京 S1 线标准站内景

a)　　b)

图 4-53　北京 S1 线石厂站内景

a)

b)

图 4-54　北京 S1 线金安桥站内景

车站承轨梁首次采用了适合于中低速磁悬浮列车的轨道梁支座支承系统，从刚度与振动特性等方面探索形成了不同跨度下不同断面的小箱梁体系；其下部支座采用了"车站用可调高式抗拉球型钢支座"，支座可以在运营期间根据需求进行高度调整，并可以提供抗拉力，防止列车抱轨导致的侧向倾覆。

4）车站一体化设计

车站交通接驳一体化和物业开发一体化设计。

（1）交通接驳一体化

在满足客流功能的基础上，对北京S1线沿线站点的物业开发和交通接驳进行了研究。其中，小园站、上岸站、桥户营站、金安桥预留了与周边大型商业、交通枢纽建筑的接口，苹果园站与苹果园综合交通枢纽一体化建设。随着北京S1线的通车运营，不仅方便了周边居民出行，而且带动了沿线周边经济发展。

设计方案分别在石厂、桥户营、四道桥、金安桥和苹果园设置公交首末站。其中，桥户营站、四道桥站和苹果园站可以结合规划的公交枢纽和首末站。石门营站主要衔接距离为9km左右的潭柘寺镇沿108国道以及国道周边村镇往新城的客流，此外还可以服务于中心城往潭柘寺旅游客流。在新城规划中冯村人口为4.8万人，占整个新城约20%的人口（新城规划为25万人），同时上岸村是长安街西延和滨河南路交叉地区，因此用地紧张，可以结合规划在冯村规划公交首末站开行针对S1车站的公交，在上岸村车站做好过路公交的衔接。石龙路站公交首末站服务新城区北部以及妙峰山等地沿石担路和滨河路南下的客流，距离分别为7km、13km。四道桥站公交首末站主要是服务于沿六环西侧辅路北侧老城区和南侧的长安街滨河区域的客流，距离均为3km。金安桥站公交是服务于北侧三家店、高井等，南侧首钢地区的客流，距离分别是4.5km、2.5km。苹果园公交站则是服务于斋堂镇等区域、沿109国道至石门路往东的客流，军庄镇沿石门路南下以及石门路周边三家店、高井等区域的客流。

（2）物业开发一体化

"磁悬浮＋综合开发"模式是政府在城市轨道交通等基础设施建设投、融资管理体制上的探索和尝试，通过实现磁悬浮与物业产权的统一，使沿线土地升值的外延收益转为投资者的内部收益，进而吸引非财政资金投入到包括轨道交通在内的城市基础设施建设上来。

与传统轮轨制式相比，磁悬浮线路因其无粉尘、无噪声的环保特点使车站综合开发利用的适用性更强。S1线沿线用地条件比较好，尤其是门头沟地区，不少地块处于规划或待开发状态，综合开发可使物业与轨道交通共享的城市空间，促进地区发展结构向更合理的方向转变。

在城市轨道交通设计和咨询的各个阶段，特别是在工程的前期，包括可研阶段，更要结合"车站建筑、车站周边及停车场综合开发研究专题"，强化磁悬浮＋综合开发的经营地铁的设计理念，促进整个城市快速、高效、可持续发展。

5）车站结构

车站顶棚钢结构采用了内收倒四角锥双铰复杂钢管桁架结构体系。支座系统采用了新型向心关节轴承销轴钢支座，能够实现平面内及平面外均可转动的功能，该种支座目前的工程实例较少。

目前《混凝土结构设计规范》（GB 50010—2010）对混凝土结构伸缩缝最大间距规定是

55m，结构工程师针对车站混凝土干缩和温度作用下的伸缩进行了细致分析研究，实现了高架车站百米无缝设计，以满足磁悬浮列车运行对结构的整体刚度需求。

4.1.7 车辆基地

北京市中低速磁悬浮交通示范线（S1 线）在门头沟区石门营设置车辆段及综合维修基地，车辆段内共设置车场线路 21 条。其中出入线 2 条，均为双方向运行设计，试车线 1 条，有效长 804m，可满足中低速试车要求。停车日检库线 10 条（6 条为 2 列位，2 条为 1 列位），周月检线 2 条，工程车线 2 条，定临修及厂架修线共 3 条。石门营车辆段鸟瞰图如图 4-55 所示。

图 4-55 石门营车辆段鸟瞰图

石门营车辆段北侧为改移后的西峰寺沟，东侧为规划的石园北路，总用地面积为 14ha，其中车辆段功能部分用地 13.5ha，总建筑面积 63922.59m^2。其中主要建构筑物包括包括生产和办公生活两大类建筑。其中生产类建筑包括运用联合库、检修联合库、咽喉区、综合楼、轨道交通派出所、试车线用房、蓄电池检修间、油脂间、锅炉房、牵引变电所、蓄电池间、油脂间、试车线用房和轨料存放棚等，办公生活类建筑包括综合办公楼、公安局公交分局派出所、垃圾存放棚、门卫（4 个）等建筑，共 15 个建筑单体（图 4-56）。

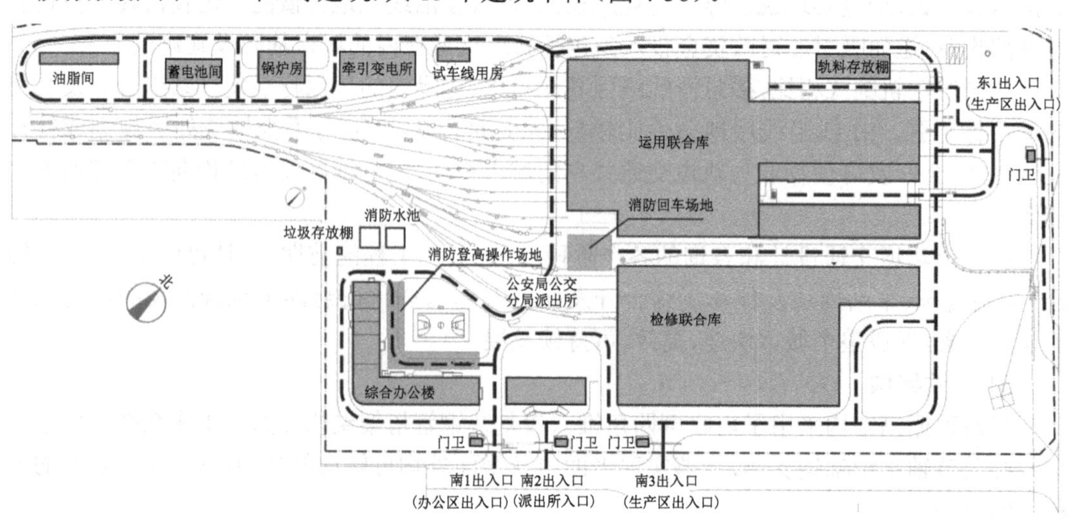

图 4-56 车辆段建筑总平面示意图

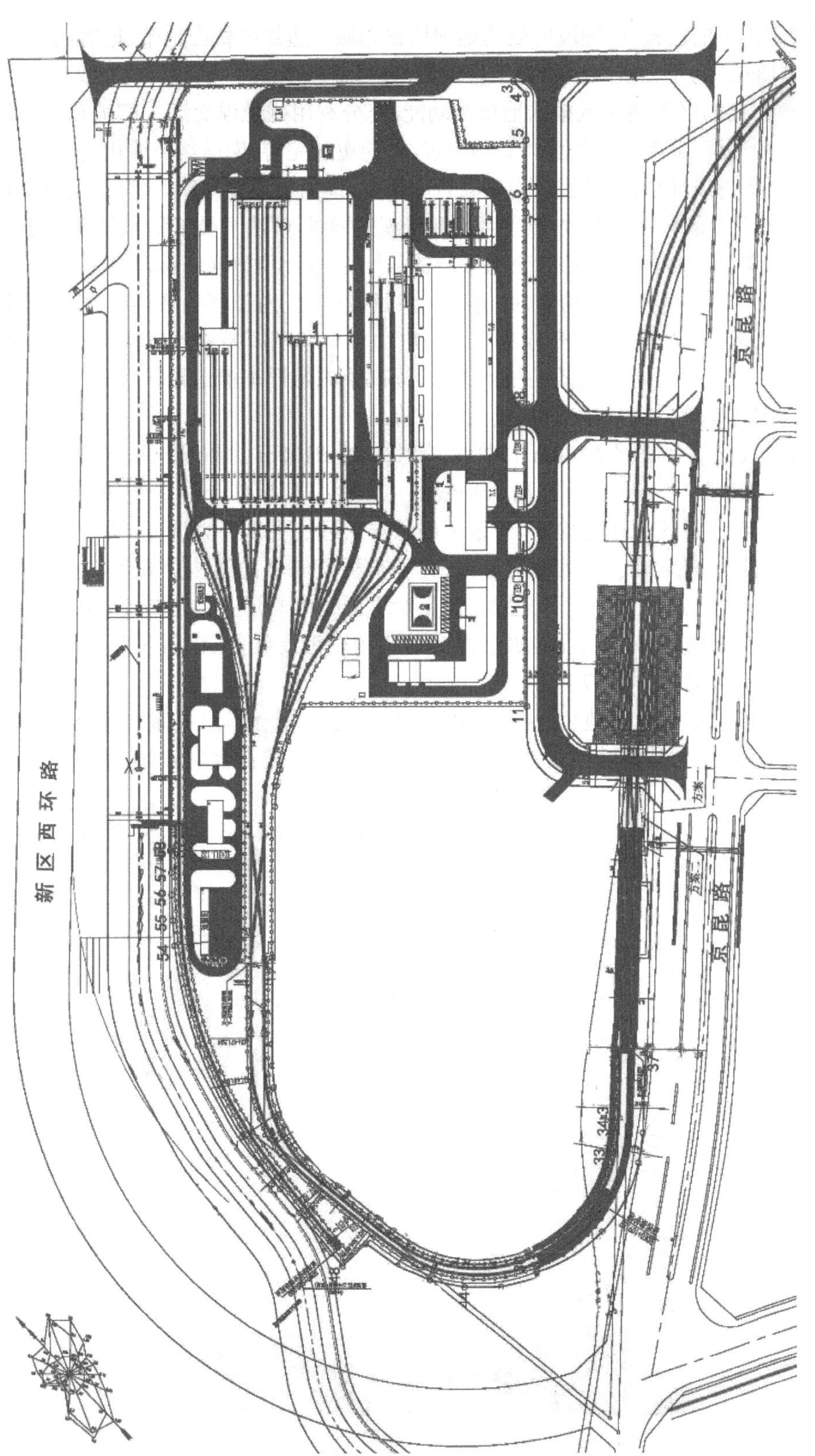

图 4-57　出入段线平面示意图

按照规划选址的位置，车辆段所处的地理位置为城市边缘的低山地带，地势西高东低，高差最大相差18m。为了大量减少填方工程数量，并尽量减少高填方，设计方案采用了竖向阶梯式立体布置，在场区不同区域根据地形及功能，充分利用磁悬浮交通大爬坡和小半径的特点，采用不同的高程，使车辆段的整体布局合理，功能更加完善，库前线路采用桥梁结构，库前道路与车库四周形成环形消防通道，运用联合库架空，地面层设置生产用房，下层空间设置为小汽车停车场，整个场段错落有致，改善环境和景观的同时，解决了员工私家车停车问题。

该车辆段为国产中低速磁悬浮交通系统的第一个综合养护维修示范基地，实现了国产中低速磁悬浮车辆运用和检修功能，并进行同步建设配套，为工程的联调、运营开通和日后的养护维修创造了良好的条件；充分考虑了与唐山机车车辆厂磁悬浮车辆调试厂房在各技术环节的对接，并进行了卓有成效的技术改进，提高了磁悬浮车辆运输和接车上线的交付效率，为后续磁悬浮车辆的大规模交付，提供了经验。

出入线平面设置了2组R100m的曲线，其中一组R100m的曲线与纵向45‰的坡度叠加（竖曲线与缓和曲线不重合），在出入场线的17道岔（厂架修分解组装线）后，设置了一组R75m的小半径，经过试运行检验，验证了磁悬浮交通的小半径大坡度的特点；出入线、试车线的单梁形式与正线梁上承轨梁的形式、路基与桥梁结合的结构形式等，充分示范了各种轨下结构；车辆段内独特的三开道岔、交叉渡线正线单开道岔的成功应用，完整示范了中低速磁悬浮交通线路可能敷设的磁悬浮交通中的辅助配线，工程科研和示范意义深远。出入段线平面示意图如图4-57所示。

结合车辆段的实际地形地势，通过局部架空，使运用联合库的主库与检修库（图4-58）处在同一水平面上，同时将功能复杂的运用联合库各部分进行合理安排，既满足了使用要求，又满足了视觉美感。

a）

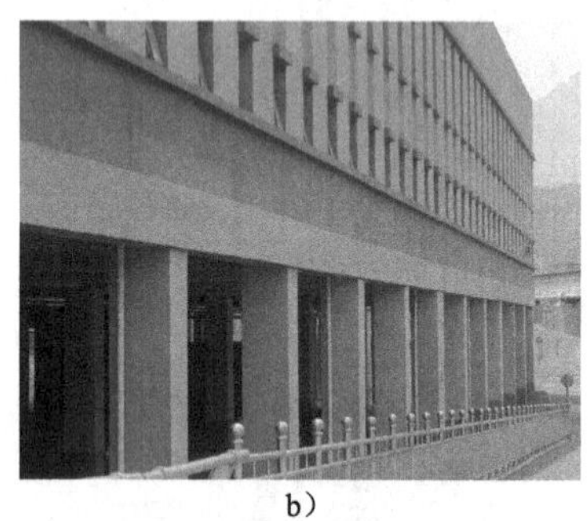

b）

c）

图4-58 检修库与运用联合库之间实景图

架空使运用联合库的外立面虚实变化更加丰富，层次更加突出，打破了传统厂房千篇一律的立面扁平化的样式，更加具有立体感，给人带来视觉上的享受，同时这种架空库的设计方案有效解决了磁悬浮车辆与车下土建结构共振的难题。运用联合库通过设置站台板将整个检修平面抬高，方便工作人员对车辆的检修作业。同时，使下方留有足够的空间，方便铺设管线，保证了库内管线能够有充足合理的布置空间。并设有检修通道，方便工作人员在库内的通行。从整体上提高了运用联合库的体验等级，为工作人员提供了一个舒适的工作环境。

结合北京京港地铁有限公司在车辆段整体调度的经验及中低速磁悬浮交通中道岔转辙时间较长的特点，集中设置车辆基地的控制中心（DCC），将车辆调度、行车调度、电力调度进行整合，提高了整个车辆段运转调度及维修的效率。

整合设置综合办公楼（整合了综合维修、备用控制中心、办公、乘务员食宿等）的功能，功能分片清晰；综合办公楼采用 L 的布局形式，在布局中通过空间与形体的处理，使综合楼与整个车辆段结合起来，并由上至下层层退台，增强了层次感与节奏感，与室外环境相融合；综合楼总体布局分区明确，流线通畅，减少功能区块之间的相互干扰，有利于运营单位的管理。另外，台式的 L 形综合楼建筑体型，形成围合之势，使得广场气氛亲切、宁静，增强了空间的场所感（图 4-59、图 4-60）。

图 4-59　综合办公楼

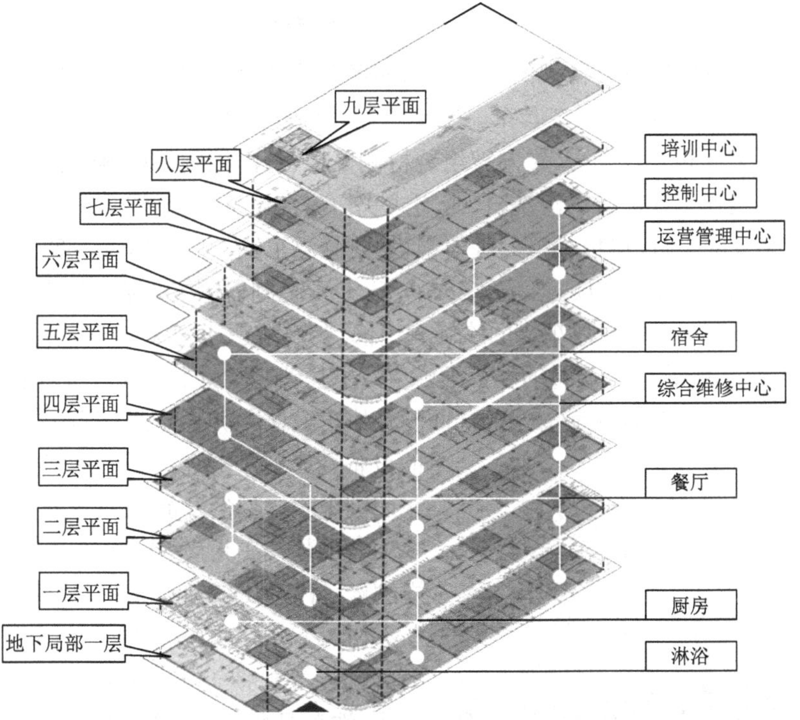

图 4-60　综合楼各层平面分区示意图

通过合理的分区组合，使原本功能复杂的不同职能的房间能够高效快捷地运行与使用，体现了综合办公楼的“综合”性质。

4.1.8 车辆检修工艺及工装设备配置

作为北京第一条中低速磁悬浮交通示范线，北京 S1 线石门营车辆段（图 4-61）考虑了磁悬浮车的不同检修需求，咽喉后设置 6 组三开道岔。其中，3 ～ 8 股道为双列位停车线，9、10 股道为单列位停车线，可完成日常的停车列检功能；11、12 股道为周月检，设置有检修平台；13、14 股道为工程车库及特种车库；15、16、17 股道为定临修及架修线；18、19 股道为洗车库和吹扫吸尘库，21 股道通往试车线。

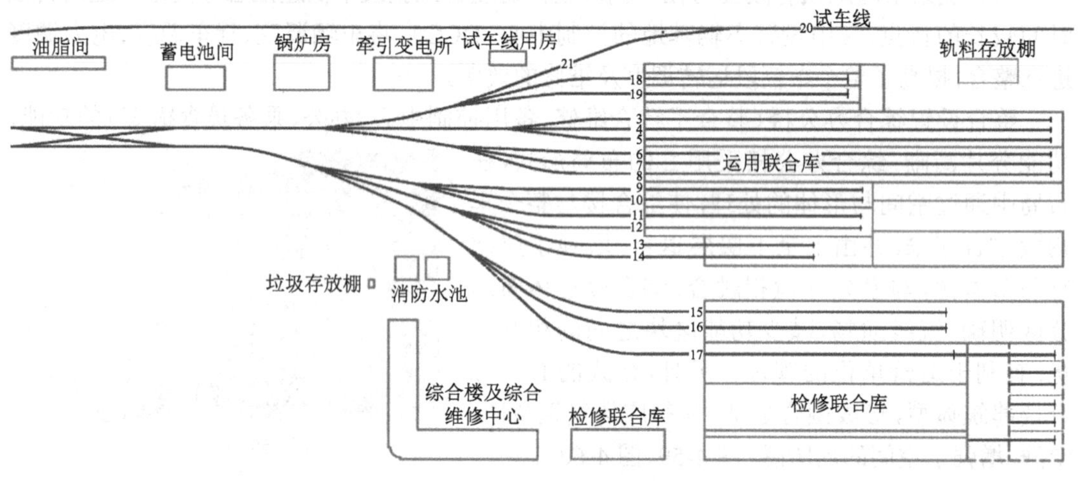

图 4-61 石门营车辆段示意图

车辆检修工装设备包括：常规的车辆运用整备和检修设施、起重设备、自动化立体货架、运输车辆、通用设备、救援专用工具车。专用于磁悬浮交通专用的设备设施包括：轨道动态检测设备、转向架拆装升降平台、转向架组装检测平台、悬浮控制器检测试验平台、整车悬浮调试电源、移动式列车外部自动清洗机、密闭式吹扫除尘设备、磁悬浮列车牵引装置、静调电源、转向架拆装升降平台、司机模拟驾驶仪、其他磁悬浮车辆专用非标设备等。

在北京 S1 工程设计中，以磁悬浮车辆转向架、悬浮控制器等核心部件为主，按照完整的检修工艺进行配套，解决了磁悬浮车辆的临修和定修、架修难题，以工程车和动态轨检系统为代表的技术装备为线路高效、高质量的养护维修奠定了基础。避免了先开通而后配套，养护维修缺少技术手段和装备而影响运营安全的局面。其他在磁悬浮轨道交通工程中具有典型创新性的设备及系统集成还包括移动式自动洗车机、全封闭列车吹扫吸尘设备、转向架拆装升降平台等。多项技术装备在北京第一次使用，为科技创新、高端制造、智能制造产业化落地北京打下了基础。

图 4-62 移动式列车外部自动洗车机

（1）移动式列车外部自动洗车机（图 4-62）

该设备能够全自动或手动运行各工序，车辆静止，洗车机移动，完成列车外部清洗功能；具备完整流程工序显示及故障显示功能；具备完善、可靠的系统保护、报警功能；具备洗涤液自动、手动加入功能;具有选择清水清洗和加入洗涤剂清洗、选择端洗和不选择端洗、自动或手动排水及补水,以及清洗剂自动、手动加入选择的功能;具备对清洗列车的车号、洗车次数及日期,以及清洗机自身故障情况等数据的记录、输出和打印等情况的数据管理功能。清洗列车用水可循环使用,减少废水排放。

(2)全封闭列车吹扫吸尘装置(图 4-63)

图 4-63　密闭式吹扫吸尘设备

磁悬浮列车在运行过程中,电磁铁始终处于吸引状态,除了承担列车重量,也吸附很多空气中的浮尘等带电颗粒物;此外,牵引短定子在形成牵引磁场的同时也会吸附颗粒物,因此,磁悬浮列车的车底会频繁附着灰尘及杂物,需要经常进行除尘,如果采用普通轮轨用的敞开式吹扫装置,不仅效果难以保证,吹扫库内会充斥着浮尘,对员工的健康不利。在北京 S1 线设计中,充分考虑上述两方面的因素,在车辆段与综合基地设置密闭式吸尘装置,效果良好。

(3)磁悬浮交通抢险救援工程车(图 4-64)

抢险救援工程车用于北京市中低速磁悬浮交通示范线(S1 线)工程石门营车辆段与综合基地,主要承担列车救援,轨道巡检、接触轨检修、轨行区设备、设施的巡检、维修更换,工作人员、工具和物料的运输工作。

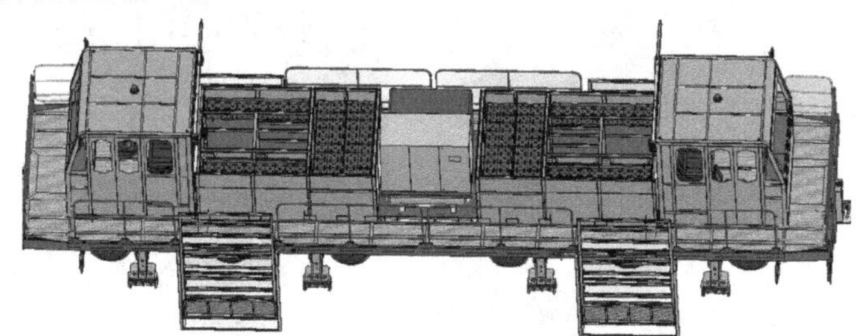

图 4-64　抢险救援工程车

抢险救援工程车包括机械、液力、电气控制、安全保护及辅助设施部分。设备主要由司机室、控制系统、电源系统、安全保护系统、导向装置、驱动系统、外挂工作吊篮、工作照明等部分组成。

(4)列车牵引装置(图 4-65)

列车牵引装置能够实现在中低速磁悬浮交通的平直轨道、平面曲线轨道、坡道上安全牵引、制动、导向,高效运行的同时还能满足列车救援牵引和接触轨、轨排的自动化检测、检查维护作业,解决了中低速磁悬浮列车救援牵引的难题,并具备高效、安全、低噪声环保的特性。在中低速磁悬浮交通领域为世界首创。

(5)转向架拆装升降平台车(图 4-66)

结合磁悬浮列车多转向架,每个转向架较短,车辆和轨排"穿袖"安装的特点,研发制造专门的转向架拆装升降设施,提高了磁悬浮列车检修的方便灵活性,同时降低了检修的危险性。当列车某一个转向架出现故障,必须更换时,可以从转向架组装厂内调用一台匹配的转向架,在车库内具有该装备的位置,进行更换,可以减少大修及架修的工作需求。

图 4-65　磁悬浮列车牵引装置

图 4-66　转向架拆装升降平台车

（6）其他各类诊断检测设备

根据磁悬浮交通轨道及磁悬浮列车的特点，国防科技大学及相关工艺设备承包商研发多种适用于磁悬浮交通的诊断和检测设备，包括动态轨检测设备、转向架组装检测装置、悬浮控制器故障诊断设备、间隙传感器高低温检测设备等在北京第一次使用。

图 4-67 所示为轨道动态检测设备，用于对轨道平整度及多方位的施工误差进行检测，确保磁悬浮车辆顺利通过。图 4-68 所示为转向架组装检测平台。

图 4-67　轨道动态检测设备

图 4-68　转向架组装检测平台

4.1.9　供电系统

供电系统采用分散式供电方式，设置 3 座 10kV 电源开闭所，每座开闭所自城市电网引入两路独立电源，开闭所与车站变电所合建。中压供电网络采用开环双环网接线。全线设置 6 座牵引变电所（包括苹果园站 1 座）和 10 座降压变电所（包括苹果园站 1 座），当牵引变电所和降压变电所处于同一车站内时，合建为牵引降压混合变电所。牵引网系统采用直流 1500V 供电制式，采用侧部正负极接触轨授流方式。全线采用电力监控系统对供电设施进行控制和监测，电力监控在中央级和车站级纳入综合监控系统，变电所内采用综合自动化系统。

10kV 系统采用双环网供电方式，开闭所与车站、车辆段的牵引变电所合建。全线共设 3 座开闭所，分别设在石门营车辆段、上岸站和金安桥站。

各变电所的 10kV 接线均采用单母线分段接线，开闭所的两路 10kV 进线电源分别引自与本线相近的城市电网变电站，两路进线电源分列运行；其他变电所从开闭所或相邻变电所两段 10kV 母线以“环串接线”方式引入 2 回电源进线。

10kV 开关柜如图 4-69 所示。

图 4-69　10kV 开关柜

直流 1500V 系统采用双母线系统，设直流工作母线和直流旁路母线。直流 1500V 开关柜如图 4-70 所示。

交流 400V 系统采用单母线分段接线方式，母联开关常开。进线、母联、馈线开关均采用断路器。400V 开关柜如图 4-71 所示。

图 4-70　直流 1500V 开关柜

图 4-71　400V 开关柜

为保证磁悬浮列车的可靠制动和节约能源，每座牵引变电所各设置一套逆变 + 电阻型再生电能利用装置（车辆段仅设置电阻型），如图 4-72 所示，可以将部分制动能量回馈到 400V 母线。

整合不间断电源系统采用 1+1 并机冗余、双总线、纯在线式一体化不间断电源（UPS）整合系统。

牵引网系统由接触轨及附件、绝缘支座、避雷器等组成，接触轨采用钢铝复合材质，截面采用改进工字形轨。

轨道及供电装置如图 4-73 所示。

图 4-72　再生电能利用装置

图 4-73　轨道及供电装置

4.1.10 通信系统

由于 S1 线基本为高架线路和高架车站，因此，未考虑单独设置民用通信系统，S1 线通信系统由专用通信系统和警用通信系统两部分组成。

1）专用通信系统

专用通信系统包括以下子系统：传输系统、公务 / 专用电话系统、无线通信系统、时钟系统、广播系统、电视监视系统、门禁系统、集中告警及集中录音系统、电源及接地系统。

（1）传输系统

①系统功能。传输系统是通信网络的基础承载平台，不但通信各子系统的信息需其传输，而且还需为信号、乘客信息（PIS）、办公自动化（OA）、自动售检票（AFC）、综合监控（ISCS）、火灾自动报警（FAS）等专业提供可靠的、冗余的、可重构的、灵活的传输信道。由于各系统所需信道和接口种类各不相同，因此，传输系统的最大特点在于它的综合业务承载能力。

②系统方案。根据传输系统业务需求分析、技术发展趋势及 S1 线实际应用情况，由于 OA、PIS、综合监控等多个系统自行组网，S1 线业务主要以低速数据为主，并兼有部分 100M/1000M 以太网业务，加上 S1 线传输节点不多，通道容量需求不大，S1 线传输系统采用 MSTP 传输网方案，系统传输容量暂定为 10G。

③系统构成。S1 线在小营 TCC（线网级综合监控系统）综合信息机房、本线小营控制中心综合机房、9 号线小营控制中心综合机房、车辆段备用控制中心通信机房、车辆段 DCC 通信机房、8 座车站通信机房各设置一套 MSTP 10G 传输设备，共 13 个传输节点，利用敷设于线路两侧的光缆组成 2 个以小营控制中心为切点的二纤复用段保护环。其中，小营 TCC 传输节点、本线小营控制中心传输节点、9 号线小营控制中心传输节点组成 1 个传输环，本线小营控制中心传输节点、车辆段备用控制中心传输节点、车辆段 DCC 传输节点和 8 个车站传输节点组成另外 1 个传输环。该工程各传输节点采用隔站跳接方式。

（2）公务 / 专用电话系统

①系统功能。

a. 公务电话能够提供本线管理部门、运营部门、维修部门的工作人员进行内部及外部公务联系。

b. 专用电话作为指挥列车运营、电力供应、防灾救护的重要手段，设置电力调度、行车调度、环控防灾调度，能够提供选呼、组呼、全呼、一般呼叫和紧急呼叫等功能，同时能提供站内直通电话和站间行车电话。

②系统方案。

建议采用公务专用合一电话系统，即公务电话系统与专用电话系统共享综合电话交换机及车站交换机（或远端模块）、公共设备及网管设备。

③系统构成。

系统在小营控制中心、车辆段备用控制中心设置行车调度电话、电力调度电话、环控（防灾）调度电话、维修调度电话、总调度电话。

行车调度电话、电力调度电话、环控（防灾）调度电话、总调度电话等总机设置于控制中心中央控制室的各相应调度台上，供相关调度人员对本线行车、电力、环控及防灾等情况进行指挥调度。

行车调度电话、环控（防灾）调度电话等分机设于车站、车辆段 DCC 综合控制室，供车站值班员或车辆段 DCC 值班员使用。电力调度电话分机设于各变电所的主控室，供其值班人员使用。

S1 线在车辆段备用控制中心新设 1000 线公务 / 专用电话交换机 1 套，在小营控制中心新设 500 线公务 / 专用电话交换机 1 套。在各站新设 1 套公务 / 专用电话系统远端交换模块。车辆段不设远端模块，利用车辆段备用控制中心电话交换机直接配线。

为保障专用电话系统的可靠性和稳定性，建议电话系统中的中心交换机和车站交换机等设备均采用主控板、电源板等冗余配置。

（3）无线通信系统

①系统功能。

无线通信系统为北京 S1 线固定用户（包括：控制中心的行车调度员、环控防灾调度员、维修调度员、电力调度员、AFC 调度员、各车站的车站值班员、车辆段内的行车调度员、列检值班员等）和移动用户（列车司机、防灾人员、维修人员）之间或移动用户之间语音和数据的信息交换，提供可靠的通信手段，并提供无线传输通道。

场强覆盖范围：车站站台及站厅、高架区间轨道中心两侧 5m 内以及车辆段半径 1km 内。

②系统方案。

在满足服务质量的基础上，结合 S1 线车站分布和线路特点，从系统的安全性和可靠性出发，该工程采用全基站小区制方案。全基站小区制方案系统功能较强，当某个基站故障时或在灾害发生时，与周围的基站互不影响，各个基站都能独立工作，可靠性高，且无线通信系统由同一厂家供货，系统招标、施工、维护简化。

③系统构成。

S1 线无线通信系统采用 800M TETRA 数字集群无线通信系统，按工作区域及作业性质不同，其无线通信系统在用户组成上分为以下 5 个子系统：行车调度子系统、综合维修调度子系统、环控防灾调度子系统、车辆段调度子系统、电力调度子系统。

S1 线全线基本为高架线路，由于北京市区内铁塔安装高度受到城市景观规划的限制，且地面高大建筑较多，地形复杂，故 S1 线采用全线车站各新设 1 套 2 载频基站，结合漏泄同轴电缆的方式实现正线的覆盖（图 4-74），在正线车站采用室内无线天线覆盖。在车辆段新设 1 套 2 载频基站，采用铁塔覆盖段、场内区域（图 4-75）。

a）

b）

c）

图 4-74　区间漏泄同轴电缆及车站的无线覆盖

a)

b)

c)

图 4-75　地面及综合楼的铁塔天线

在磁悬浮车辆上部和下部分别安装车载天线。

S1 线在车辆段新设独立的集群交换控制设备，作为备用。按照线网无线规划，9 个基站通过传输链路接入既有 9 号线无线交换机。

S1 线为车站值班员配置固定台，列车上配置车载台。

(4)时钟系统

①系统功能。

时钟系统为控制中心调度员、车站值班员或与行车相关的各部门工作人员以及乘客提供统一标准，同时还可对其他系统设备提供统一的时间信号，使各系统设备同步运行。

②系统构成。

为统一 S1 线时间，在小营控制中心新设一级母钟，满足运营需要。为保证北京市轨道交通全网时间统一，母钟与小营路网指挥中心 TCC 母钟进行时钟同步。

S1 线在车站、车辆段设置二级母钟及子钟。在车站的车站控制室、站长室、票务室、电控室等与运营行车相关房间内设置 3 英寸数显子钟，在站台司机位置设置 3 英寸发车子钟，在站厅内设置 10 英寸数显双面子钟，在车辆段运用库内安装 10 英寸数显双面子钟(图 4-76)。

a)

b)

图 4-76　车站、车场子钟

(5)广播系统

①系统功能。

广播系统应能满足以下主要功能要求:

a. 控制中心列车调度员、防灾环控调度员通过各自的播音控制台可全线选站、选路进行广播,同时可根据需要选择监听任意车站的广播情况。

b. 车站值班员可通过车站播音控制台对本站某指定分路或全站广播,同时可根据需要选择监听本站各广播区的广播情况。

c. 站台客运服务人员可随时加入向本站台进行语音广播。

②系统构成。

广播系统由正线车站广播系统、车辆段广播系统组成。

正线车站广播系统由控制中心广播设备,车站广播设备和传输信道组成,采用控制中心、车站两级控制方式。每个车站设置一套广播设备供控制中心调度员及车站值班员进行广播。播音区域包括:上、下行站台、站厅及出入口、站内设备、管理用房;控制中心广播设备设置在控制中心内;广播区包括控制中心各楼层走廊、公共区及设备、管理用房。

在小营控制中心、车辆段备用控制中心分别设置行调广播控制台、环控(防灾)调度广播控制台和总调度广播控制台,分别设于中央控制室各相应调度台。

车辆段广播系统由广播控制台、广播功率放大器和扬声器构成。车辆段广播控制设备设置在运用库通信设备室内,广播控制台等设备设置在DCC控制室,广播区包括列检停车库作业区及管理用房等。

车辆段内广播系统相对独立,不与全线广播系统联网。

(6)电视监视系统

①系统功能。

a. 中心调度员可选择本线各车站、各列车的摄像机的画面进行监视,可实现自动循环切换,手动切换和对摄像机的云台、焦距的控制。

b. 车站值班员可选择本站任一摄像机的画面进行监视,可实现自动循环切换,手动切换和对摄像机的云台、焦距的控制。

c. 各调度员、值班员可根据需要进行录像。

d. 列车停站时,司机可通过站台司机位监视器观察乘客上、下车的情况。列车行进时,司机室内监视器轮询显示车内图像,并自动录像。

②系统方案。

本线电视监视系统采用高清数字摄像技术组网。

③系统构成。

S1线电视监视系统由小营控制中心电视监视系统、备用控制中心电视监视系统、车站电视监视系统、车辆段电视监视系统和列车电视监视系统组成。

a. 小营/备用控制中心电视监视系统。小营/备用控制中心设备由中心视频服务器、接口服务器、视频存储设备、录像回放终端、视频监控终端、网管设备、监视器构成。

b. 车站电视监视系统。车站电视监视系统由控制中心视频设备、车站视频设备和传输信道组成,采用两级控制方式。包括:车站视频服务器、视频管理终端、监视器、录像

图 4-77　车站控制室监视终端

回放终端、视频存储设备、高清视频解码器、图像合成器、以太网交换机、前端高清 IP 摄像机（所有前端与警用视频监控前端合用，警用视频监控系统不另设前端设备）及配套线缆构成。

车站控制室监视终端如图 4-77 所示。

车站视频服务器与综合监控车站管理控制终端互联，执行综合监控终端的监控指令。传输通道由通信传输系统提供的 1000M 以太网通道，监控视频采用 H.264 压缩编码方式，回放视频采用 100M 以太网方式上传。车站摄像机如图 4-78 所示。

a)

b)

图 4-78　车站摄像机

c. 车辆段电视监视系统。系统设备由视频服务器、视频管理终端、高清监视器、视频存储设备、前端高清 IP 摄像机及配套线缆构成。

d. 列车电视监视系统。由车站视频编码器、车载解码器、车载司机监视器、车载硬盘录像机、控制中心解码器构成，利用 PIS 系统设置的车地无线通信系统组网。

（7）门禁系统

①系统功能。

a. 门禁使用本线员工票作为进入授权区域的门禁卡，统一管理持卡人的访问权限，可根据轨道交通运营需要灵活设置门禁管理方案。

b. 门禁系统运行模式分为在线、离线、灾害三种模式，并且可根据不同情况自动转换。

c. ACS（门禁系统）在紧急情况时通过设置在车站控制室的 IBP 盘上的门禁紧急按钮统一断电。

②系统构成。

门禁系统采用中心、车站两级管理，中心、车站、就地三级控制模式。中心级门禁系统通过通信传输系统提供的以太网信道与车站级门禁系统通信。

小营控制中心设置网管工作站、授权管理工作站。

车辆段备用控制中心级设备包括网管工作站、授权管理工作站、数据库服务器、打印机、网络设备等。

车站级设备由监控工作站、门禁主控制器、门禁就地控制器、门锁、读卡器、门磁开关、出门按钮、紧急按钮开关、感应式门禁卡、接口模块等构成。

（8）集中告警及集中录音系统

①系统功能。

集中告警系统对通信各子系统进行集中管理，将告警信息集中在告警终端上进行显示，使通信维护人员能及时、准确地了解整个通信系统设备的运行状况和故障信息。能够对子系统的告警进行采集、汇总、显示、确认及报告，能进行故障定位。

集中录音系统是实现地铁通信集中管理的应用系统，通过在车站、车辆段、停车场、控制中心对通信系统中公务电话、专用电话、广播、无线通信的通话语音内容进行集中录音，方便日后查询管理。

②系统构成。

系统由集中告警服务器、接口服务器、告警终端、网络设备等构成，在控制中心与通信其他子系统网管服务器或监控终端相连。

录音系统由车站 / 车辆段 / 停车场录音系统设备、网络交换机、控制中心录音系统设备、网管及查询终端设备等。车站 / 车辆段 / 停车场录音系统设备通过传输系统 10M/100M 以太网通道与控制中心录音系统互联。

（9）电源及接地系统

①系统功能。

a. 提供不间断、无瞬变的供电电源，在外供电源故障时，蓄电池能提供主要设备备用电源。

b. 向本地通信各子系统设备提供工作接地和外壳保护接地，确保系统正常工作和操作人员的安全。

c. 具有集中监控管理功能，能对交流配电屏故障、交流不间断电源（UPS）的输出过压 / 欠压、蓄电池放电电压低等情况报警。

②系统构成。

通信系统用电为一级负荷，由供电系统提供两路电源至通信机械室并负责完成双电源切换。通信系统交流用电设备采用不间断电源 UPS 供电，后备时间 2h，由综合 UPS（电力专业设置）统一供电；直流用电设备采用 –48V 高频开关电源供电，后备时间 2h。

在控制中心、车站、车辆段由供电系统设置综合接地装置，接地电阻 $\leqslant 1\ \Omega$，引至各处通信机房地线盘。

2）警用通信系统

（1）警用信息网络系统

①系统功能。

警用信息网络系统是为公交总队与派出所及车站提供数据及视频信息传送的网络平台，同时与市警用计算机网络互联，可与之进行数据信息交流。本网络系统能够提供以下信息传输：网管信号、公安系统本身的管理、监控信号、其他数据及信息。

②系统构成。

警用信息网络采用三层千兆以太网交换机组网，采用环形拓扑结构。网络层次为骨干层（公安公交总队）、汇聚层（本线派出所）、接入层（本线车站）三层。

在本线各车站新设接入层交换机，接收本站警用通信数据、管理信息。

在本线管辖派出所新设汇聚层交换机，与各车站交换机组成千兆以太环网。本线警用通信数据信息均接入本交换机。本线若按行政区划归多个派出所管辖，则多个所的汇聚层交换机组成二层网络，否则接入层和汇聚层按单网部署。

在汇聚层交换机通过光纤与市公安公交总队骨干层交换机互联。

（2）警用电视监视系统

①系统功能。

a. 为本线车站警务室、所属派出所、公交总队的值班干警提供视频图像监控功能。车站值班干警可监控本站安防视频；派出所值班干警可监视本辖区所有站安防视频；公交总队值班干警可监控本线所有安防视频。

b. 车站设置存储设备能够对本站所有警用视频信号进行实时不间断录像，车站、派出所、公交总队可对辖区内的任意录像视频进行查询和回放。

c. 系统具有现场声音采集功能。

②系统构成。

正线车站警用视频监控系统采用全高清数字视频系统，利用专用通信传输网络提供的以太网通道组网，在备用控制中心通过光缆与车辆段派出所视频以太网交换机互联，再通过公安骨干光缆与公交总队视频监控网络互联。

a. 车站设备。

警用视频监视系统仅在警务室设视频回放终端、视频监控终端和监视器设备，前端摄像头设备、交换机网络设备、存储监控终端、高清解码器设备及配套线缆均与运营视频监控系统共用，不单独设置。

b. 派出所设备。

由视频监控终端、数字录像回放终端、高清解码器、DLP 监视器墙和交换机网络设备构成。

c. 公交总队设备。

由视频监控终端、数字录像回放终端和交换机网络设备构成。

（3）警用电话系统

①系统功能。

为公交总队、派出所、车站警务室之间提供电话通信，同时作为市警用专用电话网的延伸，可提供本线公安干警与其他公安部门之间的公务联系。

②系统构成。

利用公务电话系统与市话网的连接，实现警用电话系统功能。在本线各车站警务室设公务电话 1 部，直通电话 1 部，在本线派出所设轨道交通多部公务电话，由专用通信系统中的公务电话系统统一考虑。

（4）警用无线通信系统

①系统功能。

北京 S1 线警用无线通信系统为公安调度员和车站值班员民警、民警和民警等之间建立通信手段，由 S1 线地下 350MHz 集群分基站和地面公安集群通信网组成。

由于北京 S1 线公安 350MHz 集群分基站系统是市局公安无线系统的一部分，因此该系统应与市局公安无线系统在使用功能及系统构成等方面保持一致。

该系统除了应满足车站内执勤民警之间、执勤民警与派出所之间的正常无线通话外，如果发生各种突发情况或大型活动保卫，还应满足现场指挥的调度通信以及地面多警种在车站内的通信。

②系统构成。

警用无线通信系统主要由 350MHz 模拟集群无线分基站、POI（将 350MHz 和 800MHz 合路）、网络交换机、网管等设备构成。手持台由公安部门统一配置。

北京 S1 线公安 350MHz 无线集群通信系统采用集中引入方式，与市局既有无线集群通信系统联网采用有线链路联网方式。在 S1 线设置线路交换设备 1 套，在全线各车站、车辆段派出所各设置 1 套无线集群同播基站，共 9 套，线路交换设备和无线集群同播基站通过计算机网络系统提供的 IP 通道互联。各基站配置链路天线及 GPS 天线作为备份。线路交换设备通过有线链路（计算机网络提供的有线通道）与市局交换控制中心互联，实现有线联网。线路交换设备应满足全线同播基站业务交换。

在车站的站台和站厅层公共区内安装室内小天线，以覆盖站台和站厅层，室内覆盖系统预留 800MHz 政务网引入条件。

设置无线网管设备，对本线无线集群同播基站、线路交换机及用户统一进行管理、配置及故障监测报警。网管信息可上传至北京市公交总队网管。

在公交总队新设调度台，远程接入本线交换机，对本线公安调度进行管理。

（5）警用电源及接地系统

①系统功能。

a. 提供不间断、无瞬变的供电电源，在外供电源故障时，蓄电池能提供主要设备备用电源。

b. 向本地通信各子系统设备提供工作接地和外壳保护接地，确保系统正常工作和操作人员的安全。

c. 具有集中监控管理功能，能对交流配电屏故障、交流不间断电源（UPS）的输出过压 / 欠压、蓄电池放电电压低等情况报警。

②系统构成。

车站、派出所内的警用通信设备用电为一级负荷，由供电系统提供两路电源至警用机房并负责完成双电源切换，再通过 UPS 为设备供电，后备时间 2h。

公交总队内的警用通信设备用电为一级负荷，采用机房内既有 UPS 电源供电，后备时间 2h。

车站、派出所设备利用车站综合接地，警用通信系统新设机房接地盘，接地电阻 $\leqslant 1\Omega$。

公交总队内的设备利用既有接地装置，接地电阻 $\leqslant 1\Omega$。

4.1.11 运行控制系统

S1 线运行控制系统由正线列车自动控制系统和车辆段信号设备组成。正线列车自动控制信号系统为 FZL200 型 MATC 信号系统，包括：列车自动监督（ATS）、列车自动防护（ATP）、列车自动驾驶（ATO）、计算机联锁（CI）、数据通信（DCS）、维护监测子系统等。

FZL200 型 MATC 系统结构如图 4-79 所示。

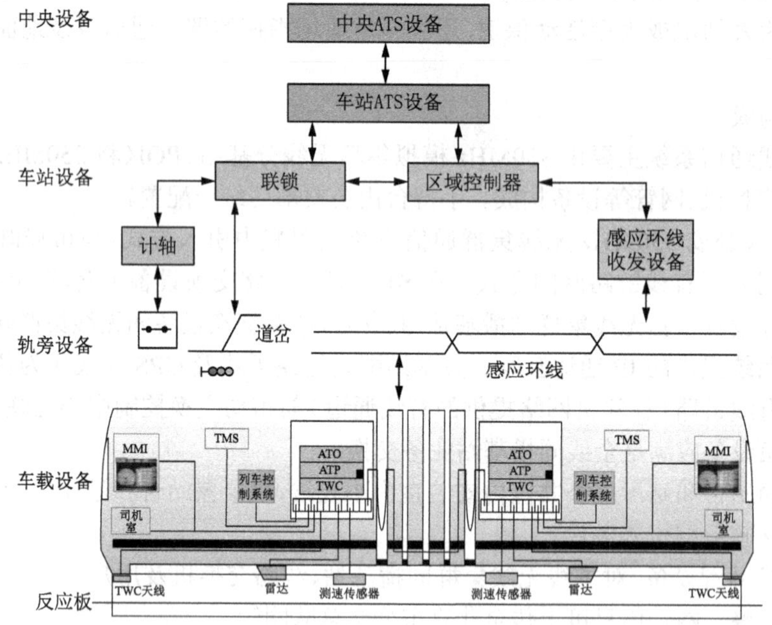

图 4-79 FZL200 型 MATC 系统结构示意图

全线分为 3 个控制区域，设置 3 个设备集中站（石门营站、桥户营站、金安桥站），设置联锁、ATP、ATS、TWC 等设备。设备集中站及其控制范围如图 4-80 所示。

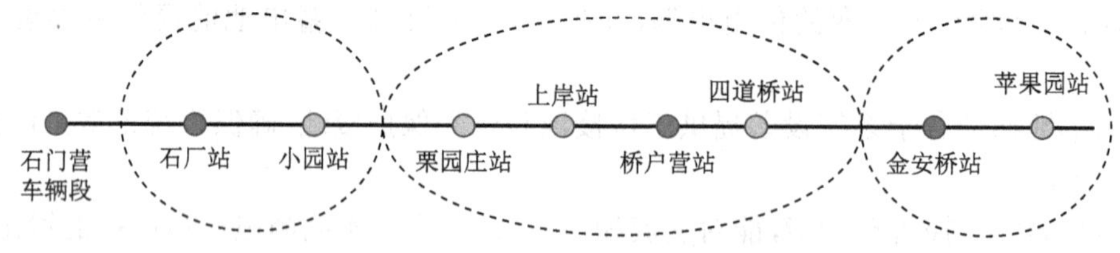

图 4-80 设备集中站及其控制范围示意图

联锁区划分及控制范围划分见表 4-3。

联锁区划分表 表 4-3

序 号	设备集中站	被管辖车站	道岔组数
1	石厂站	石厂、小园站	4
2	桥户营站	栗园庄站、上安站、桥户营站、四道桥站	2
3	金安桥站	金安桥站、苹果园站	6

1）列车自动监督（ATS）子系统

ATS 子系统按地域划分，由控制中心设备、备用控制中心、车站设备、车辆段、试车线及培训中心设备组成。

在控制中心设置应用服务器、数据库服务器（包括磁盘阵列）、接口服务器、大屏接口计算机、调度员及调度长工作站、运行图显示工作站、运行图编辑工作站、维护工作站、培训服务器、培训模拟器、培训工作站、打印机和网络设备等。

在备用控制中心设置应用服务器、数据库服务器（包括磁盘阵列）、接口服务器、调度工作站、运行图显示工作站、运行图编辑工作站、维护工作站、打印机和网络设备等。

在设备集中站各设置一套冗余的车站 ATS 设备，通过冗余 ATS 网络与中心 ATS 设备相连。

在设备集中站设置就地控制工作站，非设备集中站设置 ATS 监视工作站。

运营交路折返站及与车辆段接轨车站设置运行图显示终端（暂设于石门营站、金安桥站）。

在车辆段设置一套 ATS 分机和 ATS 终端设备，用以监视车辆段室外设备状态及监督进出车辆段列车的运行情况，管理车辆段的车辆派班。在车辆段的司机派班室设置司机派班 ATS 工作站。在培训中心设置 ATS 分机等培训设备。

2）联锁（CI）子系统

在设备集中站各设置一套计算机区域联锁设备，用以实现管辖区内的联锁控制。

在车辆段设置一套计算机联锁设备，实现对车辆段内的联锁控制。

在试车线和培训中心各设置一套联锁设备，以满足试车及培训的功能要求。

3）列车自动防护及驾驶（ATP/ATO）子系统

在每个设备集中站设置一套区域控制器设备（ZC），用以实现管辖区域的控制，进行列车移动授权的计算，并与 TWC、ATS、联锁等子系统接口。

TWC 设备采用集中控制方式，在每个设备集中站各设置一套 TWC 控制设备，用以控制管辖车站内的环线。

在每列车首尾各安装一套车载设备，包括 ATP 计算机、ATO 计算机、TWC 设备、操作和显示单元、计轴感应板、发送 / 接收天线等。

在试车线和培训中心各设置一套 ATP/ATO 设备及 TWC 设备，以满足试车和培训的功能要求。

4）数据通信（DCS）子系统

DCS 子系统由骨干传输网络和车地通信系统两部分构成。

（1）DCS 有线网络

骨干传输网络由 SDH 传输设备和以太网交换机构成。在正线设备集中车站、车辆段、控制中心和维修中心设置网络交换机，在正线设备集中站设置 SDH 设备。节点配置示意图如图 4-81 所示。

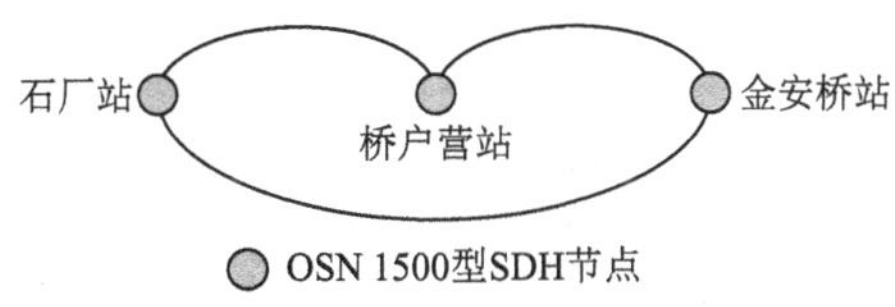

图 4-81　SDH 节点配置示意图

ATS 子系统通过设置在控制中心、备用控制中心、设备集中站、非设备集中站、车辆段的 ATS 交换设备将 ATS 中心及本地子网接入通信系统提供的传输通道。

维护监测子系统通过设置在控制中心、设备集中站、车辆段和维修中心的维护交换设备将维护中心及本地子网接入通信系统提供的传输通道。

此外，由通信系统提供电源监测网络通道，各站电源设备接入电源监测网络中。

（2）车地通信系统

车地信息传输采用TWC环线设备，包括TWC室内设备，轨旁环线设备、车载环线设备。

5）维护监测子系统

维护监测子系统由维修中心设备、数据采集设备及维护工作站等组成。主要承担的功能包括：

①对整个系统所有设备的工作状态、接口状态进行在线监测；

②采集、显示、处理包括联锁、ATS、ATP、ATO、微机监测机等子系统设备的报警信息；

③提供故障信息、事件日志查询。

维护监测子系统设备配置示意图如图4-82所示。

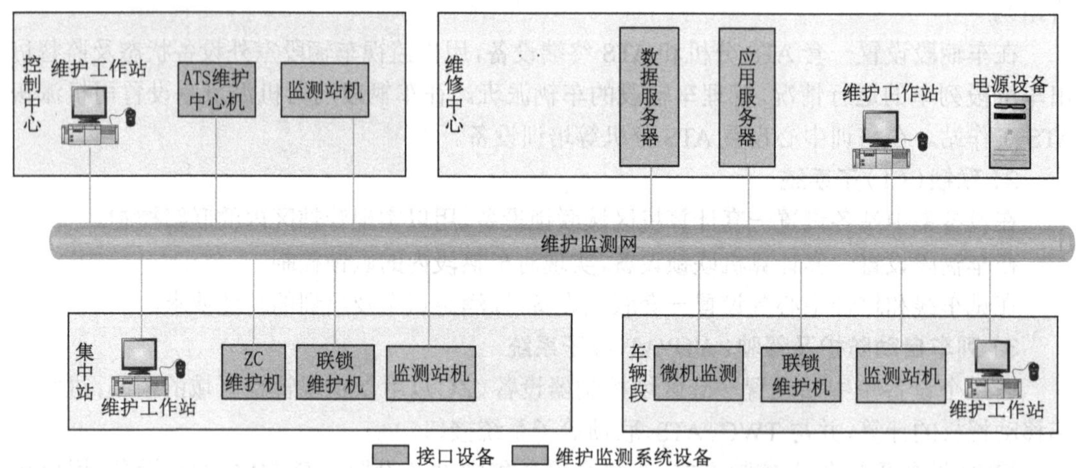

图4-82 维护监测子系统配置示意图

4.1.12 综合监控系统

北京S1线综合监控系统涵盖8座车站、1座车辆段、1个备用控制中心、1个控制中心。采用中央级和车站级两级管理，中央级、车站级和底层设备控制层（现场级）三级控制的分层分布式结构，系统设两层网络结构，车站级、中央级本地监控网络均采用以太网构建，其中，车站级（含车辆段）采用10M/100M双星形冗余以太网，中央级采用100M/1000M双星形冗余以太网。

综合监控系统由中央级综合监控系统（CISCS）、车站级综合监控系统（SISCS）、车辆段综合监控系统（DISCS）以及维修子系统（MMS）、仿真测试平台（STP）、培训子系统（TMS）、网络管理子系统（NMS）等组成。

综合监控系统深度集成环境与设备监控系统（BAS）及电力监控系统（SCADA），其中FAS、BAS系统在站段及中心两级实现与综合监控系统的集成，SCADA系统在控制中心实现与综合监控系统的集，界面集成广播系统（PA）、电视监视系统（CCTV）、门禁系统（ACS），可在中心、车站工作站实现其人机界面功能，综合监控系统与火灾自动报警系统

(FAS)、乘客信息系统(PIS)、站台门(PSD)系统、信号系统(SIG)、时钟系统(CLK)、自动售检票系统(AFC)、通信系统(TEL)、大屏幕等互联。

综合监控系统面向的对象为控制中心的电调、环调、维调和总调(值班主任)及车站的值班站长、值班员及维修中心维修管理人员和车辆段管理人员,通过综合监控系统实现对全线机电设备系统的监控及运营指挥,同时北京 S1 线综合监控系统接入上一层线网管理信息平台(如 TCC),为其提供相关系统信息如:客流、灾害报警、供电信息等基于线网统一监控协调管理的相关信息,同时接收其协调管理指令,并需与相关线路共享相关信息以实现线网级相关线路间的协调联动,其结构示意图如图 4-83 所示。

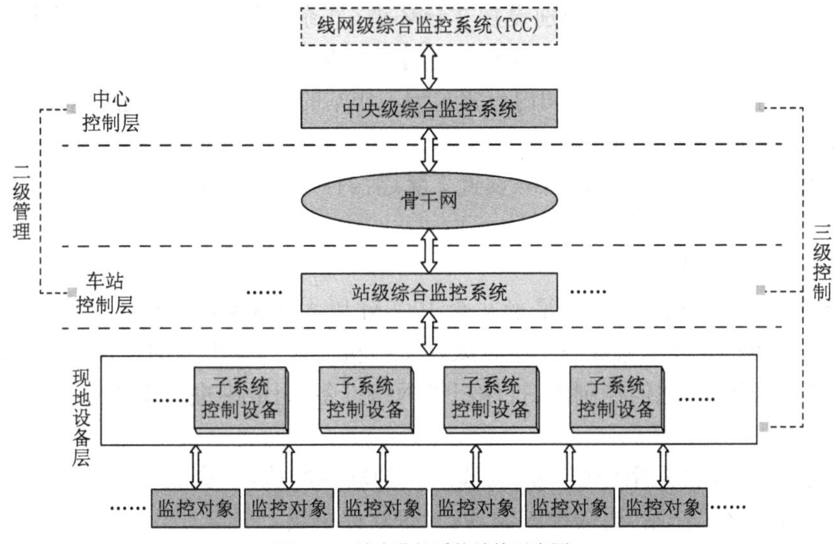

图 4-83　综合监控系统结构示意图

其中,较常规轮轨特殊的是道岔远程监测设施,该设施用于实时采集并存储 S1 线各道岔系统设备实时状态数据为 S1 线运行维护管理信息系统提供道岔数据支持,实现对道岔的实时状态监测、故障预警、故障分析、故障处理、质量综合分析、维修策略制定等,减少道岔系统故障风险,提高维修效率。

1)小营控制中心系统构成

本线在小营控制中心二期工程设主用控制中心(OCC),作为一个节点纳入全线 ISCS 骨干网络,石门营控制中心为备用控制中心。综合监控系统在小营控制中心设 100M/1000M 冗余星形工业以太网。控制中心设备主要有 2 台实时服务器、2 台历史服务器、2 台骨干网交换机、2 台通信控制器、2 台环调工作站、2 台电调工作站、1 台总调工作站、1 台网管服务器、1 台网管工作站及打印机等设备。小营控制中心综合监控系统设置 2 台通信控制器作为与 TCC 接口的设备,通信控制器由 TCC 统一管理。

各种调度员工作站设在小营中心二期十层调度大厅,服务器、交换机、网管设备设在四层弱电综合机房及网管室。

2)石门营备用控制中心系统构成

北京 S1 线工程在石门营车辆段设置备用控制中心,在小营控制中心设置本系统线控制中心。本项工程在备用控制中心设置中央级综合监控系统,同时在小营二期控制中心设系统中央级设备。

中央级综合监控系统主要由中央级系统服务器、系统网管设备、各种调度员工作站、通信控制器、系统网络及系统软件构成，系统信息点处理能力按30万点考虑，系统集成BAS、SCADA功能，互连FAS、信号、CCTV、PIS、PA、ACS、通信集中告警、CLK、UPS等系统。

（1）中央级系统服务器

在控制中心综合监控设备机房内分别设置一套冗余的实时服务器和一套冗余的历史服务器，另外，历史服务器尚需配置两套外置的磁盘存储阵列。

（2）各种调度员工作站

在控制中心中央控制室内分别设置2套环调（冗余配置）、2套电调（冗余配置）、1套总调（值班主任）调度员工作站及打印机等附属配套设备。

另外，在综合维修中心供电车间内设置电调工作站的复示终端，以满足电力维修的需求。

（3）通信控制器

在控制中心的综合监控设备机房设置2套通信控制器，以互联PIS、AFC、PA、信号、通信集中告警、CLK、UPS等系统。

（4）中央级系统监控网络

中央级系统监控网络采用双星形冗余1000M以太网网络结构，在综合监控设备机房内设置2套骨干网1000M冗余的三层以太网交换机完成与骨干网的衔接，同时连接系统网管、各种调度员工作站、通信控制器、打印机等网络设备，组成中央级系统监控网络。

（5）软件

综合监控系统软件采用分层、分布、模块化的软件结构，中央级软件包括：实时服务器、历史服务器、调度员工作站、通信控制器、网管等软件模块。

（6）设备维护子系统

主要由子系统服务器、维修工作站、网络设备、系统软件模块及附属配套的打印机等组成。

子系统服务器：在备用控制中心综合监控设备机房内设置1套子系统服务器接入综合监控系统的中央级监控网络。

维修工作站：综合维修中心设置1套维修工作站，在车辆段综合维修基地内综合监控维修工区设置维修工作站复示终端。

网络设备：考虑到设置在综合维修基地的维修工作站/复示终端距综合监控系统网络较远，在复示终端处设置以太网交换机通过光口接入综合监控系统网络。

系统软件：主要包括子系统服务器、维修工作站及复示终端等软件模块。

（7）培训管理子系统

培训管理子系统设置在车辆段综合维修基地内，系统采用1套100M以太网交换机组成一个独立的星形局域网网络，主要包括1套子系统服务器、1套教员工作站、9套学员工作站、1个IBP盘及配套的相关系统软件模块、打印机等。

（8）仿真试验平台

仿真试验平台设置在备用控制中心内（图4-84），系统采用1套100M以太网交换机组成星形局域网网络，并通过交换机的光口纳入综合监控系统网络，主要包括1套子系统服务器、1套软件测试工作站、1套仿真通信控制器、1套仿真工作站及配套的相关仿真软件模块、打印机等。

3）车站级系统构成

车站级综合监控系统面向的服务对象是全线各车站的车站值班员及车辆段值班员，车站级综合监控系统在车站集成环境与设备监控系统（BAS）、电力监控系统（SCADA），互联ACS、CCTV、FAS、PIS、PA、PSD、UPS等系统，车站级综合监控系统信息点处理能力按1万点考虑。

图 4-84　备用控制中心

车站级综合监控系统主要由车站级系统服务器、值班员工作站、通信控制器、IBP盘、车站局域网及系统软件构成。

车站综合监控系统机柜、车站控制室布置分别如图 4-85、图 4-86 所示。

图 4-85　车站综合监控系统机柜

图 4-86　车站控制室布置图

（1）车站级系统服务器

在车站 / 车辆段的综合监控设备机房内设置一套冗余的实时服务器。

（2）值班员监控工作站

在各车站综合控制室分别设置 2 套值班员监控工作站及打印机等附属配套设备。

在车辆段车场控制中心行车控制室设置 2 套值班员监控工作站及打印机等附属配套设备。

（3）通信控制器

在车站 / 车辆段 / 停车场的弱电综合机房内设置 2 套通信控制器，以互联 ACS、CCTV、PIS、PSD、FAS、PA、UPS、能源管理等系统。

图 4-87　车站 IBP 盘

（4）IBP 盘

在车站综合控制室设置 IBP 盘（图 4-87），集中设置 AFC、门禁、FAS、信号、电扶梯、PSD、供电等系统设备的紧急模式按钮。

（5）车站级系统监控网络

车站级系统监控网络采用双星形冗余10M/100M 以太网网络结构，在车站 / 车辆段场的弱电综合机房内设置 2 套骨干网三层以太网交换机完成与骨干网衔接，同时连接车站值班员工作站、BAS、SCADA 现场级主控制器、通信控制器、打印机等网络设备，组成车站级系统监控网络。

（6）软件

车站级综合监控系统软件主要包括：车站级实时服务器、值班员监控工作站、通信控制器等软件模块。

现场级系统构成。现场级主要包括 BAS 系统、变电所自动化系统。

环境与设备监控系统（BAS）为综合监控系统的集成子系统，采用两级管理三级控制的系统构成方式，整个系统构成由中央级、车站级、现场级三级控制，完成控制中心级、车站级两级管理，其中央级与车站级由综合监控系统统一设计。

北京 S1 线为地面线路，BAS 系统集中监控的设备主要为照明、电扶梯、磁悬浮特有的道岔系统设备及根据具体车站形式或外部条件可能会有的设备机房通风设备、给排水设备等。

北京 S1 线 BAS 系统现场监控网络采用集中构成方式，在综合监控设备机房设置冗余 PLC 控制器，在现场照明配电室、空调机房等被监控设备集中地点设置远程 I/O 接入被控设备，系统网络采用以太网。

BAS 系统现场级监控网络主要由控制器、现场网络、I/O 接口、执行器、探测器、传感器、控制电缆等组成。

控制器、I/O 接口之间通过以太网组成 BAS 现场级监控网络；主控制器通过 BAS 交换机接入综合监控系统，向下，通过控制电缆连接被监控设备或传感器、执行器、探测器的监控接口；同时，通过标准、开放的通信接口与 FAS 现场级的主报警控制器互联。

BAS 系统在车辆段的综合楼、运用库分别设置 1 套冗余 PLC 控制器，在综合楼、运用库、检修库等地设现场 I/O，综合楼 BAS 系统单独设置，单独管理，运用库 BAS 系统纳入车辆段综合监控系统统一管理，控制器与 I/O 之间采用以太网连接。

4.1.13 疏散平台

本项目的疏散平台系统包括：随车配备的疏散踏板（用于车辆停在区间时车辆与疏散平台的接驳）、区间疏散平台、道岔区域的疏散楼梯及疏散标示、疏散平台与侧式车站接驳的疏散渡板。

北京地铁 S1 线工程区间疏散平台设置于线路中心位置，其疏散模式为：列车停在区间后，乘客通过侧门和疏散踏板下至疏散平台，并沿疏散平台步行离开车体，乘客通过区间的疏散平台步行至车站端部通过设置在站台端部的疏散渡板进入站台。

北京地铁 S1 线工程区间疏散平台设置于线路中心位置，需同时满足限界及疏散最小宽度要求，单平台最小宽度为 1100mm，双平台处最大宽度为 2700mm，即疏散平台宽度满足限界条件下的最大值，全线疏散平台宽度随曲线半径、轨道超高的不同而不同。

疏散平台（图 4-88）安装结构简单，且所采用的膨石步板具有防滑耐磨作用，能够有效满足维修人员通行、紧急疏散及电缆敷设等功能需要。疏散平台结构主体主要由锚栓、平台支架、平台步板、平台扶手、平台步梯构成。

疏散平台除了满足紧急疏散的需求外，还可以满足维修人员通行、电缆敷设等功能需要。

由于磁悬浮交通中，疏散系统与轮轨交通有诸多不同，疏散平台系统在研究时结合磁悬浮交通的特点进行研究，因地制宜，人性化考虑疏散平台的设置。

图 4-88　疏散平台

列车地板面与桥梁面有较大的高差，在梁上梁结构的桥梁上，全线疏散平台高度与车厢地板高度对应，直线段基本平齐，这样就有利于行动不便的人员水平过渡到疏散平台，相对于传统疏散平台有很大的便利优势。在曲线地段受轨道超高角影响两侧车厢与平台会有 300mm 左右的高差，水平间距有最大 400mm 的缝隙，为解决这种地段的高差与间隙，与车辆制造工程师联合设计了一种车载疏散踏板（随车），方便过渡（图 4-89）。

在站前或站后设置有道岔的范围内，由于道岔梁与普通桥梁有较大的高差，疏散系统通过扶梯进入较低的道岔梁，不再设置平台，引导制宜充分利用道岔梁底部的空间和道岔高承轨梁之间距离以及道岔两侧检修通道，直接将乘客疏散至侧式车站站台安全区域（图 4-90）。

道岔梁区域充分利用承轨梁与承轨梁之间间隙进行疏散，如图 4-91 所示。

图 4-89　疏散平台至普通桥梁面钢梯

图 4-90　普通桥梁面至道岔梁的钢梯

图 4-91　道岔梁区域充分利用承轨梁与承轨梁之间间隙进行疏散

图 4-92　车站内的疏散渡板实景图

在站前或站后未设置道岔的车站，疏散平台进入有效站台的范围内，通过设置在站台端部的疏散渡板进入侧式站台，紧急情况下如果疏散渡板（图 4-92）不能落下，站台范围内两线间还有通向设备区的楼梯可以使用。

疏散平台栏杆选型及尺寸研究：应急疏散平台采用的“门”形栏杆，立柱中心间距 500mm、高 1100mm，此种栏杆能很好地适应磁悬浮列车随机停车的需求，与 1300mm 的车门开启尺寸对应后，最小供人通行的尺寸 438mm（直线段），栏杆横向间距约 1.05m，可供疏散乘客两手抓握。

疏散平台的结构设计：北京 S1 线区间应急疏散平台采用独立的结构设计，是由结构构件组成的一个体系，具有整体性，而不是分离的、孤立的部分，具有可靠的安全性。

综合的功能考虑：北京 S1 线区间应急疏散平台在满足了事故人员疏散要求的同时，还综合了检修通道、电缆桥架、检修照明、景观照明等多种功能。将照明灯具与应急疏散平台护栏结合，即将疏散平台护栏的部分构件用安全灯具取代，既起到防护作用，又满足检修照明及景观照明的需要。

以人为中心的设计理念：疏散平台的栏杆双侧交互错位布置，交错布置的栏杆，一方面可以防止乘客下车疏散之时过冲至对面轨行区，另一方面可与行人行走的摆臂动作相协调；在设计中对板材的制造及平整度提出了要求，并在板材四角增加了钢制护角，以增加平台板的稳固性，给乘客增加舒适平稳度，有利于疏散；在每块平台板中间设置了疏散指示标识。

方便施工的装配式产品：S1 线区间应急疏散平台采用装配式设计，安装简便、功能综合性强、施工周期短、维修周期长、经济适用、设计新颖。疏散平台构件工厂制作，现场拼装，各构件在安装过程中主要采用螺栓连接，现场焊接量少，施工便捷、快速，易于更换。

应急疏散平台实景如图 4-93 所示。

a）

b）

图 4-93 应急疏散平台实景图

4.2 上海磁悬浮交通示范线

4.2.1 概述

1）项目背景

与德国、日本等国相比，我国 800 ～ 1500km 中长距离的客运市场潜力巨大。21 世纪，随着经济的持续快速发展和社会飞速进步，已经并将继续产生极大的高速客运交通需求。作为大运量客运体系的重要方案之一，高速磁悬浮有着较高的经济运行速度，既适合百公里以上的长距离快速客运，还适用于几十公里的市域间客运交通系统。

1999 年，在国家进行京沪高速铁路预可行性研究论证的过程中，有专家提出在京沪干线上采用高速磁悬浮技术，专家认为高速磁悬浮交通系统具有无接触运行、速度高、启动快、能耗低、环境影响小等诸多优点，且国外试验线技术已经历十余年的运行，相对成熟，累计安全运行里程超过 60 万 km。但部分专家持反对意见，他们认为高速磁悬浮技术仍停留在试验阶段，缺乏商业化运行实践，其技术性、安全性和经济性尚未得到进一步验证，而高速轮轨系统技术经过几十年的实践已经成熟，我国对高速轮轨系统技术的开发也已经取得了重大进展。

两种声音僵持不下，经过激烈的争论，最终达成共识，先期建设高速磁悬浮商业化运行示范线，以验证高速磁悬浮交通系统的经济性和安全性，并经国家相关部门批准，在北京、上海、深圳三地中选址建设，并经过多方比选最终于 2000 年 6 月确定将示范线建于上海市。

2）工程简介

上海磁悬浮交通示范运营线，又称上海磁悬浮铁路、上海磁悬浮列车示范线、上海磁悬浮商业运营线、上海磁悬浮高速列车工程等，简称上海磁悬浮示范线，具有交通、展示、旅游观光等多重功能，是世界上第一条投入商业化运营的线路。

高速磁悬浮铁路系统由线路、车辆、供电、运行控制四个主要部分构成。上海磁悬浮示范线项目依据德国 TR 高速磁悬浮铁路的成功运行，车辆、控制系统、驱动系统以及附属在轨道梁上的定子铁芯和线圈电缆等设备，全部由德方按成套设备方式供货，系统调试由德方负责；轨道梁在德方技术转让的基础上，由中方负责设计、制造；土建工程及设备安装由中方负责。

上海磁悬浮列车示范运营线项目，起点为上海地铁 2 号线龙阳路站南侧，终点为浦东国际机场，主要解决连接浦东国际机场和市区的大运量高速交通需要。2003 年 10 月 11 日，上海磁悬浮列车示范运营线开始开放运行，2006 年 4 月 27 日，上海磁悬浮列车示范运营线正式投入商业运营。正线全长 29.63km，维修基地出入走行线 2.497km，检修线长 1.19km。双线上下行折返运行，设 2 个车站（龙阳路站及控制中心和浦东机场站）、2 个牵引变电站和 1 个维修基地。初期配置 3 列车，每列 5 节编组，共 15 节车，设计最高运行速度为 430km/h，单向运行时间约 8min，发车间隔为 10min。

线路与地铁 2 号线平行向东，跨越罗山路后，沿罗山路东侧的绿化带向南分别跨越高科路、张衡路、川杨河后由北向东转，沿迎宾大道的北侧继续向东，先后跨越申江路、环东二大道、华东路、远东大道等主要道路，然后进入迎宾立交已预留的线位，在机场主进场路的中央分隔带至浦东国际机场候机楼。线路基本走向如图 4-94 所示。

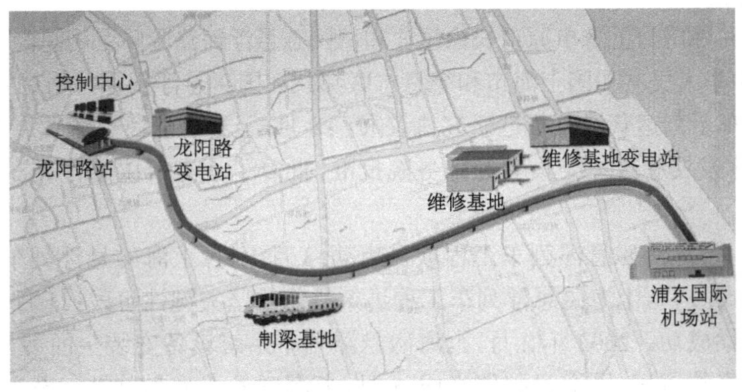

图 4-94 上海磁悬浮列车示范线路示意图

磁悬浮轨道梁既是承载列车的承重结构，又是列车运行的导向结构，其制造的精度要求极高，梁体的加工和组装都必须在恒温车间进行。为了生产、加工磁悬浮轨道梁，特在浦东新区建立了磁悬浮轨道梁生产基地。

上海磁悬浮列车示范运营线的历史使命是为中国高速客运交通的模式选择提供可借鉴的经验，因此，它的速度应取较高的目标值，即列车商业运行最高速度为430km/h；列车示范运行最高速度为505km/h。

上海磁悬浮交通示范线运输能力按设计水平，9节车厢可坐乘客959人，每小时发车12列，按每天运行18h计，每天客流量为4万人次左右，年客运量可达1.5亿人次。初期将引进德国常导长定子超高速型的最新磁悬浮列车3列，其中2列运营。

不同年度的设计能力见表4-4。

设计能力表 表4-4

预测年度	列车编组(辆/列)	高峰时每小时单向人次
2003	单线单列三节车试运行	
2005	5	1970
2010	6	2988
2020	8	4412

3）环境保护

针对磁悬浮系统所产生的环境影响，上海磁悬浮交通示范线采取了多项措施避免或降低环境影响。

（1）选线：线路基本沿既有交通走廊行走，可减少对周边环境的影响，同时又可以节约沿线土地资源。

（2）限速：市区内最大车速控制在200km/h以下。

（3）轨道梁断面形状优化：采用矩形梁，可使噪声能量更集中指向地面，减少对两侧区域的影响范围。

（4）局部采取暗埋或基本暗埋的方式。

（5）对距离外侧轨道中心线22.5m内的敏感目标进行动迁。

4）建设历程

2000年6月30日，上海市原市长徐匡迪和德国磁悬浮铁路国际公司总经理Wahl先生在德国签署了《中华人民共和国上海市和德意志联邦共和国磁悬浮国际公司（TRI）共同开展上海市磁悬浮列车示范运营线可行性研究协议书》；8月，上海磁悬浮交通发展有限公司成立；8月24日，国家发展和改革委员会经国务院批准，批复了上海市磁悬浮列车示范运营线工程项目建议书。

2001年1月，上海磁悬浮列车工程项目启动；3月1日，上海磁悬浮列车示范运营线工程举行开工仪式；9月，上海磁悬浮列车工程进入技术攻坚关键性阶段；11月，上海磁悬浮列车龙阳路站架梁成功。2002年2月，上海磁悬浮列车系统设备安装全面展开；7月，上海磁悬浮列车进行系统调试，轨道梁制作完成；8月，上海磁悬浮列车首批三节车厢运抵上海；9

月，首列上海磁悬浮列车上线参加综合调试；11 月 2 日，上海磁悬浮列车示范运营线首根轨道梁起运；12 月 31 日，上海磁悬浮列车示范运营线举行了通车典礼。

按照项目进展计划，2003 年 1 月至 2003 年 9 月为单线一列三节车试运行，2003 年 10 月全线开通，开始双线折返试运行。2003 年 12 月全线完成考核验收。2004 年 1 月 29 日，上海磁悬浮列车示范运营线开始全天对外试运行。2006 年 4 月 27 日，上海磁悬浮列车示范运营线正式投入商业运营。

5）运营情况

上海磁悬浮示范线运行时刻如表 4-5 所示。

上海磁悬浮示范线运行时刻表 表 4-5

方向	时间段	发车间隙(min)
磁悬浮龙阳路站发出	06:45	15
	07:00—08:40	20
	09:00—18:45	15
	19:00—21:40	20
磁悬浮浦东机场站发出	07:02—08:42	20
	09:02—18:47	15
	19:02—21:42	20

注：信息据 2019 年 8 月 26 日上海磁悬浮官网显示。

上海磁悬浮示范线票价如表 4-6 所示。

上海磁悬浮示范线票价表 表 4-6

票种	车票细则	票价(元)
普通单程票	适用于购买当天使用的普通席单程车程	50
普通往返票(7d 往返)	适用于 7d 有效期内搭乘往返磁悬浮列车，往来机场站及龙阳路车站的普通席往返车程	80
贵宾单程票	适用于购买当天使用的贵宾席单程车票	100
贵宾往返票(7d 往返)	适用于 7d 有效期内搭乘往返磁悬浮列车，往来机场站及龙阳路车站的贵宾席往返车程	160
凭当日机票单程票	适用于凭当日飞机票，可在磁悬浮列车享受单程普通席 40 元的优惠票价	40
交通一卡通	直接刷交通一卡通进站，可乘坐普通席单程车程(计扣 40 元)	40
单程预售券	可凭此券于磁悬浮列车龙阳路站或机场站换取普通席单程车票	50
往返预售券	可凭此券于磁悬浮列车龙阳路站或机场站换取普通席往返车票	80
磁悬浮通多次卡	包含 30 次磁悬浮列车单程车程	900

注：信息据 2019 年 8 月 26 日上海磁悬浮官网显示。

截至 2017 年 9 月 5 日，上海磁悬浮列车总计运输乘客 5000 万人次、安全运行 1688 万 km。

6）文化特色

磁悬浮龙阳路站设有上海磁悬浮交通科技馆(图 4-95)，位于上海市浦东新区龙阳

图 4-95 上海磁悬浮交通科技馆内景图

路 2100 号（上海磁悬浮列车龙阳路站底层），面积约 1000m²，是磁悬浮列车相关历史和知识最为集中的展示场所，全年 09:00—17:00 开放。整个科技馆由“磁悬浮的诞生”“上海磁悬浮线”“磁悬浮探秘”“磁悬浮优势”和“磁悬浮展望”五个展区组成。

4.2.2 线路

1) 线路平面

上海磁悬浮示范线正线为双线，全线除浦东国际机场景观水池到机场站一段为地面线外，其余均为高架线路。项目起点为龙阳路站，终点为浦东机场站，线路与地铁 2 号线平行向东，跨越罗山路后，沿罗山路东侧的绿化带向南分别跨越高科路、张衡路、川杨河后由北向东转，沿迎宾大道的北侧继续向东，先后跨越申江路、环东二大道、华东路、远东大道等主要道路，然后进入迎宾立交已预留的线位，在机场主进场路的中央分隔带至浦东国际机场候机楼。线路基本走向如图 4-96 所示。

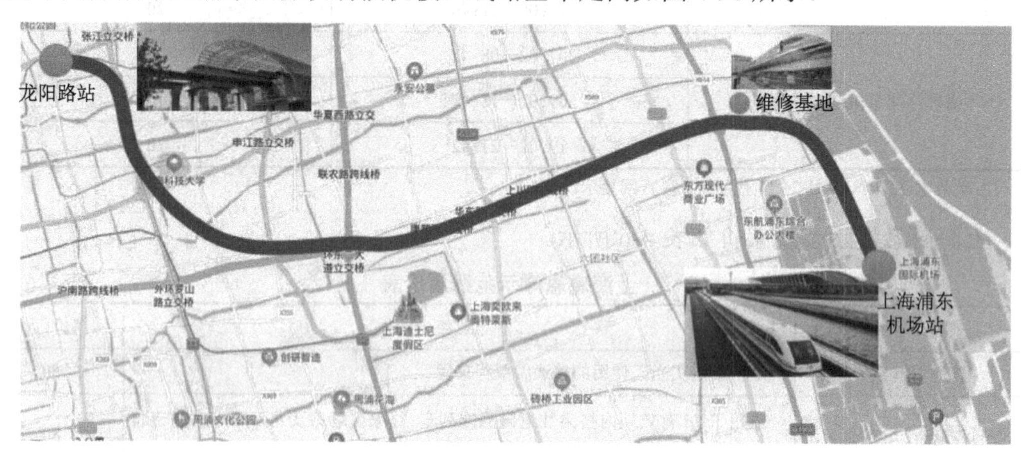

图 4-96 上海磁悬浮列车示范线路示意图

线路主要由三部分组成：一是正线，即 A 线、B 线；二是车辆维修基地维修线和进出线，即 C 线、D 线、E 线；三是渡线，即 F 线、H 线和 G 线，F 线和 H 线各有 2 跨 24m 标准梁，G 线为道岔直接相连。见表 4-7、图 4-97。

正线平面设计结果汇总表 表 4-7

项 目	B 线	A 线	C 线	D 线	E 线
正线线路总长（km）	29.908	29.873	2.474	0.674	0.674
曲线个数（个）	6	6（2）	1	1	
曲线线路延长（km）	18.518	18.627	0.634	0.080	0.080
曲线占线路总长（%）	61.9	62.3	25.6	11.9	11.9
最大曲线半径（m）	7997.450	8002.550	1200	650	650
最小曲线半径（m）	1292.520	740.000	650	650	650
最长缓和曲线长度（m）	2399.3276	2400.6860	140	20	20
最短缓和曲线长度（m）	290.000	290.000（28.099）	20	20	20

注：括号内数字是指浦东机场站后的折返线。

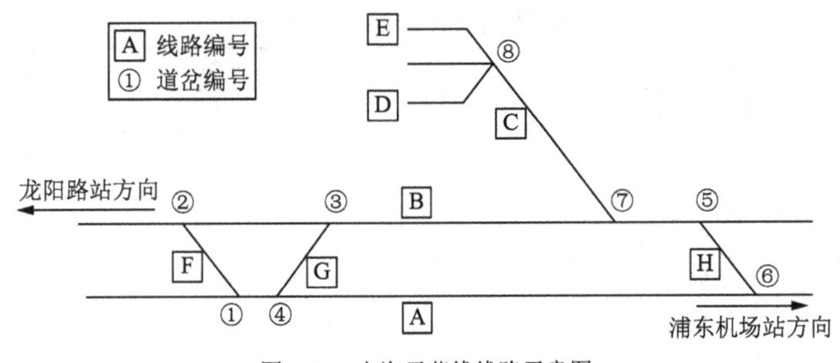

图 4-97　上海示范线线路示意图

(1) 曲线设计

上海磁悬浮示范线设计之初，为满足城市规划要求，避开张江高科技园区，线路共设置 7 处曲线，占线路总里程的三分之二。

经过精密的测算，在综合考虑工程和运营因素后，设计人员在曲线要素之间使用正弦形缓和曲线连接，为它"定制"了一条成正弦曲线走向的路线，它的线形平顺，动力学特性好，即使列车在拐弯处，也不用降低车速，还能保持行驶过程中的稳定，并且维护工作量极少。

(2) 横坡设计

线路在直线区段，为了便于排水，轨道梁设置排水横坡；在线路曲线区段为了消除和较少侧向加速度，必须设置超高横坡。

在进行线路横坡角设计时，重点要解决好线路排水横坡与线路曲线区段超高横坡的衔接问题。当线路排水横坡与线路曲线区段超高横坡是同向时，线路排水坡就是线路曲线区段超高横坡的起点坡；当线路排水坡与线路曲线区段超高横坡是反向时，那么应在线路曲线起点前 20m 处作为线路排水坡的终点，而线路曲线起点的横坡角为零。表 4-8 为正线超高横坡设计汇总表。

正线超高横坡设计汇总表　　表 4-8

曲 线 编 号	曲线半径(m)	横坡角(°)
1	-1000	-4.50
2	900	12.00
3	-4500	-7.00 ~ -12.00
4	-8000	-6.00
5	4000	12.00
6	2260	12.00
7	2500	6.00

注：往里程增加方向看曲线右转为 +；左转为 -。

2) 线路纵断面

正线纵断面是由直线和竖向曲线组成的，磁悬浮列车特点之一是它的爬坡能力强，在线路区间范围内（非辅助停车区），它的最大纵坡度可达 10%。因此，设计中，在跨越既有市政工程结构时，可以适当增加起伏，克服高程障碍。

上海磁悬浮示范线纵断面设计结果如表 4-9 所示。D 线、E 线为平坡，未列入表中。

纵断面设计结果汇总表　　表 4-9

项　目	A 线	B 线	C 线
全线坡段总数(段)	7	7	5
其中平坡段长度(km)	4.27	4.28	1.80
平坡段长度占线路总长(%)	14.3	14.3	72.9
最大坡度(%)	-1.078	-1.076	-4.554
最长坡度(m)	14114	14105	1543.84
最短坡度(m)	649	650	170
最大竖曲线半径(m)	80000	80000	2500
最小竖曲线半径(m)	45000	45000	2300
最长缓和曲线长度(m)	100	100	20
最短缓和曲线长度(m)	20	20	20

上海磁悬浮示范线项目采用的是钢 - 混凝土复合梁结构，目前尚不具备数控加工的条件。为了降低轨道梁设计、制造的难度，其线路设计采用了“避免竖曲线与平面缓和曲线重叠”的设计原则。

4.2.3　轨道结构

1）轨道梁

上海磁悬浮示范线全线共有高架桥墩（台）1554 座。一般地段轨道离地面的高度为 12 ～ 13m。共生产了 2551 根轨道梁。轨道梁采用复合轨道梁形式，呈“工”字形，顶宽为 1.78m，底宽 3m，高 2.2m，如图 4-98 所示。轨道梁梁型按长度分有 5 种，分别为 50m 型、24m 型、21m 型、18m 型、12m 型，以及为大跨度跨河桥梁专门开发的 6m 型叠合梁，每一类又分几种不同的形式，共有 1000 多种规格。

铺设完成后的轨道梁及在其上运行的列车如图 4-99 所示。

图 4-98　轨道结构

图 4-99　轨道梁及车辆

上海磁悬浮示范线采用的轨道梁主要有以下几种结构形式：

（1）应力钢筋混凝土复合梁

预应力钢筋混凝土复合梁（图 4-100）是在德国技术转让的基础上优化和创新产生的，由预应力混凝土梁及功能件组合而成，预应力混凝土梁预埋连接件。用特殊的五坐标双铣镗床系统对连接件的连接面及螺栓孔、定位销孔进行整梁机加工后通过高强度螺栓连成整体。预应力混凝土梁设计、制造时均按零挠度控制，以确保梁体混凝土发生收缩、徐变后仍能保持直线状态。

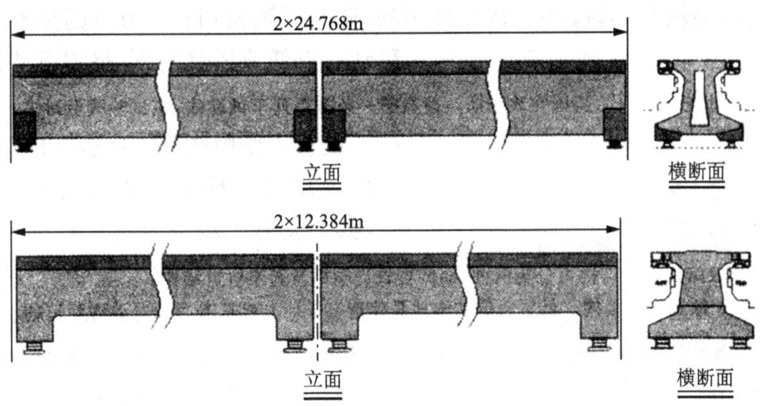

图 4-100　预应力钢筋混凝土复合梁

（2）钢复合梁

钢复合梁与预应力钢筋混凝土复合梁结构类似，是由功能件与钢梁通过连接件连接复合成的轨道梁。钢复合梁为直线梁，采用单箱单室断面，顶板设双向排水坡，如图 4-101 所示。

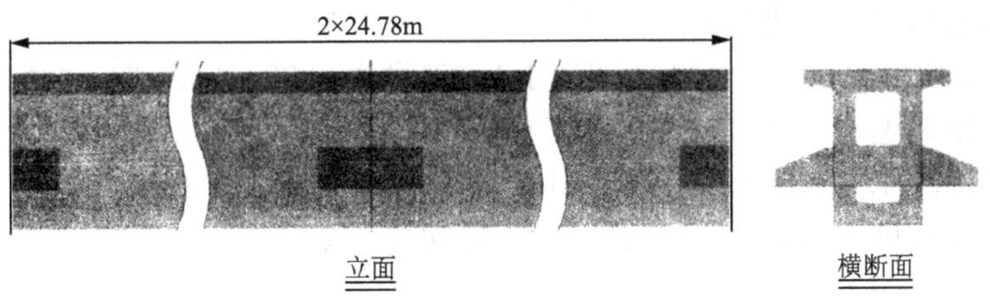

图 4-101　钢复合梁

功能件采用与预应力钢筋混凝土复合梁相同的形式。连接件采用钢结构，使用材料与钢梁相同（S355N），并设计为一整体。

（3）桥上轨道梁

上海磁悬浮示范线跨越浦东运河等有通航等级河道时采用了桥上轨道梁。采用上层轨道梁、下层桥梁结构及上下层连接结构组成的双层叠合式结构。上层为 6.192m 的钢筋混凝土板梁，下层支撑结构一般为三跨连续钢梁。上下层通过连接型钢及高强度螺栓、焊钉连接。

（4）维修基地钢梁

维修基地钢梁采用分段整体框架式结构，由功能件及支承横梁等组成，每段长 3.096m 和 6.192m，为磁悬浮列车提供检修平台，满足检修时安装各种传感器需求的同时，具有和主梁相同的动力性能、变形控制和操作限界等各项技术要求。

（5）可调支座

上海磁悬浮交通发展有限公司牵头，通过多方合作，研制并采用了多种三向无级可调支座，有效限制了两支墩之间的不均匀沉降引起的上部轨道结构移位，解决了轨道自重过大导致的沉降问题。

2) 道岔

上海高速磁悬浮列车是通过转向架环抱轨道运行，其与常规铁路道岔有显著的不同：常规铁路道岔只动尖轨和心轨，基本轨保持不动；磁悬浮道岔（图 4-102）则是整个轨道梁一起移动。以低速道岔为例，钢梁下共设置了 6 个墩柱，其中，0 号墩柱上设置道岔基座，1 ～ 5 号墩柱上设置了作用在基础底板上的道岔移动横梁，可以使道岔沿横梁向固定滑轨移动，除 0 号墩外，其余支座上均设置定位和锁定装置，以保证道岔钢梁可以弯曲到设计的位置。道岔梁五跨长分别为 15.48m、14.448m、16.512m、14.448m、14.896m，道岔区总长度为 78.432m，道岔梁末端最大横向移动距离为 3.6m。

图 4-102 磁悬浮道岔

为了缩短整个道岔的长度，磁悬浮道岔采用直线 - 回旋曲线 - 圆曲线 - 回旋曲线 - 直线组成的平面组合来拟合平面曲线线形。为了尽可能避免钢梁的扭转，没有在道岔上设置横向坡度，不允许在道岔范围内设置竖曲线。除渡线外，为满足舒适的要求，在侧向过岔后的线路上设置一段运行时间大于 2s 的直线段。道岔梁的驱动和制动加速度最大为 1.5m/s^2。道岔梁的最大自由侧向加速度为 2.0m/s^2。

根据侧向过岔速度，可将道岔分为侧向过岔速度为 400km/h 的超高速道岔、侧向过岔速度为 196km/h 的高速道岔和侧向过岔速度 98km/h 的低速道岔。

上海示范线共设置 8 组低速道岔，其横截面结构如图 4-103 所示，其中 1 组是三开道岔。道岔均为电动机械驱动，道岔移动一次的时间约 28s。

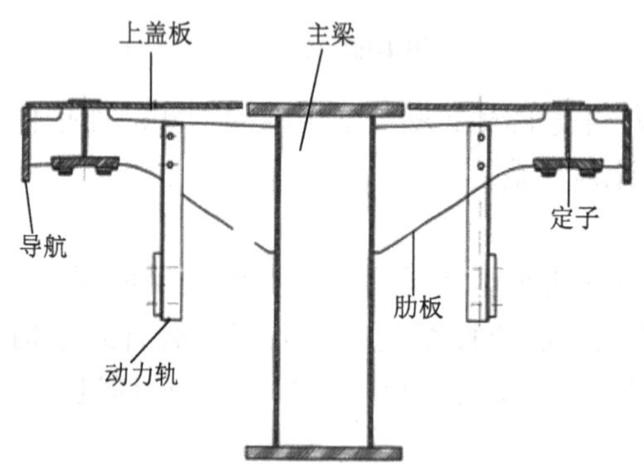

图 4-103 低速磁悬浮道岔横截面结构

3) 轨道功能件

磁悬浮轨道主要分为两个部分：一部分是轨道梁及附着其上的轨道设备（主要为功能件及定子），另一部分是支撑结构或称为下部结构。其中，功能件提供了系统的三个工作面，包括顶板滑行轨面、两侧磁性导向板面及定子铁芯底面，承担和传递磁悬浮系统所产生的悬浮力、驱动力和导向力。轨道功能区结构布置如图 4-104 所示。

顶部滑行板使用 S355N 钢板，厚度 15mm，宽度 360mm，为列车停止状态下提供支承作用：列车运行出现故障或列车安全制动时，通过滑橇降落在滑行板上，由滑行板提供支承力和摩阻力。

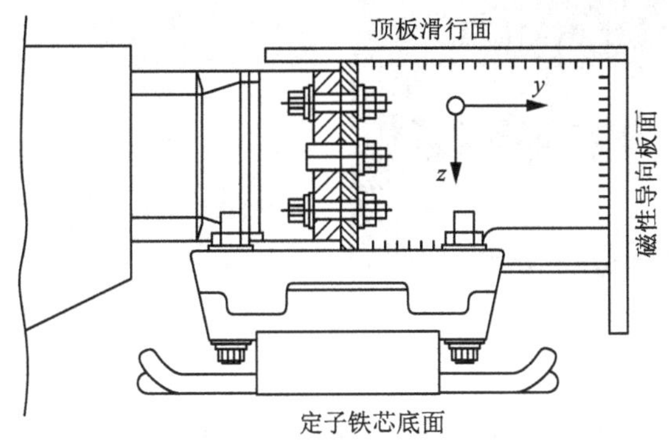

图 4-104 轨道功能区结构布置

磁性导向板面，又称为侧面导向轨面，与列车导向系统共同完成列车的导向功能，侧面导向板使用软磁结构钢，厚度为 30mm，高度 305mm。

定子铁芯底面，也称为定子面，是长定子直线同步电机的组成部分。电机的定子部分沿线路纵向铺设在轨道梁上，电机的转子安装在车上。列车的牵引和制动，由地面固定设备调节频率、电压、电流及相位角，通过长定子直线同步电机来实施控制。

除上述主要部分外，还有腹板、竖向及水平肋板等部件，起到连接及加强功能件各主要部分的作用。

4.2.4 车辆

车辆是整个高速磁悬浮交通的核心技术之一，高速磁悬浮交通的安全和舒适与车辆设计密切相关。为此，车辆采取了全自动控制、冗余功能设计、故障自动诊断、故障导向安全等一系列可靠性技术和安全措施。

上海磁悬浮示范线项目车型与德国 TR08 型列车基本一致，为“常导磁吸型”列车。车厢由铝型材梁和三明治蜂窝铝板通过焊接和铆接的方式构成。各部分具有优化设计的外形和平滑的表面。侧面窗户由两层玻璃组成，分别从内侧和外侧固定在车体上，前方玻璃则由三层经化学硬化的活动玻璃板组成。为了增加车体的刚度，车门设在车辆的端部。车内装修按航空防火标准进行设计。目前共有 4 辆投入运营，分别为 3 ～ 5 节编组，其中 1 列为国产化列车。列车可分为首尾端和中间车。每列车的首车定员为 56 人，中车定员为 110 人，尾车定员为 78 人。端车长 27.5m、宽 3.7m、高 4.66m（含天线）；中间车长 255m、宽 3.7m、高 4.1m，车内净宽 3.43、净高 2.28m。

车辆包括悬浮架及其上安装的电磁铁、二次悬挂系统和车厢。此外还有车载蓄电池、应急制动系统和悬浮控制系统等电气设备。

（1）车厢

磁悬浮列车车厢参照航空器标准设计。每节车配有 4 套紧急逃生系统，分别独立安装在车门附近。当紧急情况发生时，待车辆停稳后，逃生管将被伸展开，由车门延伸地面，乘客可以通过逃生管滑到地面。车辆外观、车厢内景分别如图 4-105、图 4-106 所示。

图 4-105 车辆外观

图 4-106 车厢内景

（2）悬浮架

悬浮架又称为转向架，如图 4-107 所示，用于车辆驱动、悬浮、导向和制动，每节车厢设 4 个悬浮架，与车厢用水平调节的空气弹簧和摆式悬挂连接。悬浮导向磁铁和悬浮制动磁铁均安装在悬浮的架梁上，成为一个磁铁模块，如图 4-108 所示。

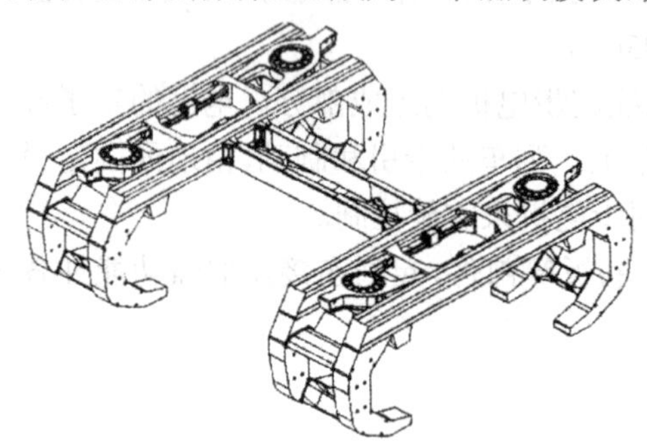

图 4-107 悬浮架

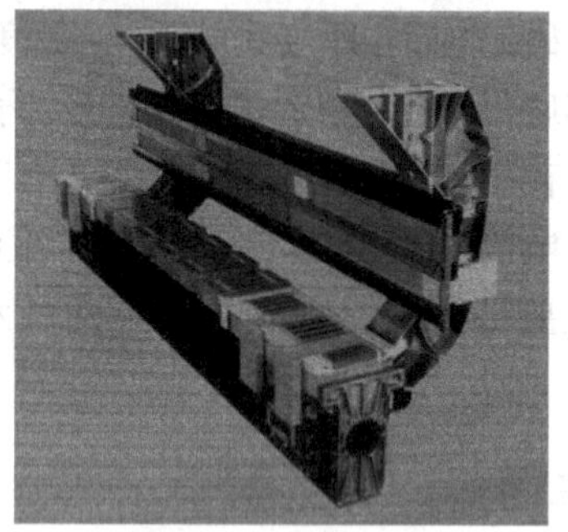

图 4-108 磁铁模块单元

每个悬浮架在车底两侧各安装一个悬浮电磁铁，相邻两个悬浮架之间也是由悬浮电磁铁连接在一起，因此车辆两侧是由悬浮电磁铁首尾相接布满全列车，即使有几个电磁铁同时失效甚至某一节车电磁铁失效，剩余的电磁铁仍能提供足够的悬浮力保证列车安全运行；另外每个悬浮电磁铁的两端分为两个独立的控制单元，如果电磁铁的某个控制单元发生故障，另一控制单元仍能控制该电磁铁继续工作，大大提高了系统的可靠性。

与悬浮电磁铁的安装对应，车辆悬浮架的侧面用于安装导向电磁铁，其中部分位置（每隔两个磁悬浮架的中间）用于安装涡流制动器。由于采用了冗余设计，个别导向电磁铁的故障不会导致列车运行中断。

（3）二次悬挂系统

二次悬挂系统包括空气弹簧、摆动机构和防侧滚稳定器，其作用是将车厢荷载传递给悬浮架，同时通过减振装置使车辆 / 线路界面间的振动在传递到车厢之前得到衰减。二次悬挂系统使悬浮架与车厢之间的相对横向和垂向位移成为可能，从而使列车能够在曲线和坡道上运行。

每节车的车厢和悬浮架之间安装了 16 个空气弹簧，每个弹簧载质量为 2t，提供车体与轨道间的减振作用。每节车厢有 16 个导向摆杆与悬浮架相连，可以同时产生侧向和纵向运动。

当列车运行中遇侧向风力，或者存在未被平衡离心加速度时，车厢将产生侧滚运动。为了衰减车辆的侧滚运动，车厢与悬浮架之间的摇臂上还设计了防侧滚稳定器，这种液压装置可有效减轻车厢的侧滚效应。

（4）电气设备

车载电气设备主要包括悬浮、导向、紧急制动、车载控制系统、照明、空调和车载电源设备等，设计中大部分采用了多重冗余设计，大大提高了车辆运行的可靠性。此外电气及电子部件多采用模块化设计，更换方便。对于故障诊断系统监测到的故障部件，可以迅速更换，维修时间短，整车的利用率高。

悬浮和导向控制系统的作用是保证电磁铁与轨道之间维持正常的间隙。当列车需要紧急停车时，使用车载的电涡流制动器紧急制动。车载电源可在列车高速运行时充电，在列车紧急或故障运行情况下供电。

（5）诊断系统

车辆在线诊断系统一方面用于自动诊断车辆电气设备故障，为维护人员提供信息，确保列车运营的高效性，并减少维护时间、降低维护成本等；另一方面，车辆在线诊断系统用于控制与列车安全无关的设备功能，以及在运行控制释放条件下，提供与列车安全相关的设备功能的操作命令入口。

4.2.5 车站

上海磁悬浮示范线共设两座车站，即龙阳路站和浦东机场站。

1）龙阳路站

上海磁悬浮示范线始发站为龙阳路站，其位于上海市浦东新区龙阳路南侧、白杨路东侧，也是上海地铁 2 号线、上海地铁 7 号线和上海地铁 16 号线的换乘站，如图 4-109 所示。

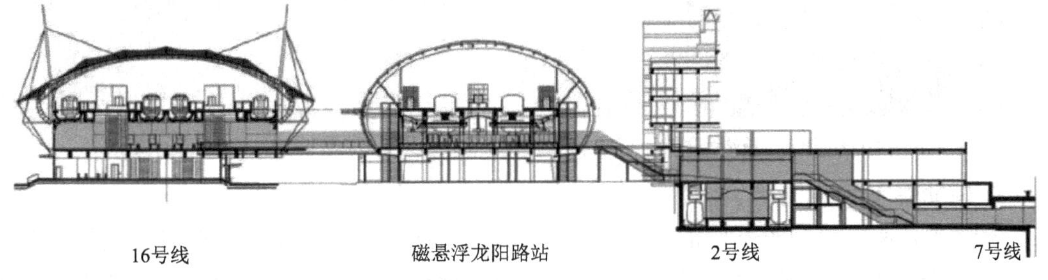

图 4-109　龙阳路站剖面示意图

龙阳路站呈长方形，周线尺寸（长 × 宽）为 27.88m×210.504m，外立面采用流线型钢结构，并选用铝合金板加玻璃的建筑材料。车站两端采用 45° 的悬挑，如图 4-110 所示。

磁悬浮龙阳路站车站为地上三层建筑，其中第一层为步行街、商场、科技馆、设备机房等，第二层为磁悬浮运营控制中心及办公用房等，第三层为磁悬浮列车的站台层。总建筑面积为 18369m^2。车站站台采用岛、侧结合的形式，岛式站台宽度为 8.28m，两侧设宽为 7.0m 的侧式站台。如图 4-111 所示。

图 4-110　龙阳路站实景图

图 4-111　龙阳路站站台实景图

2）浦东机场站

浦东机场站（图 4-112）作为上海磁悬浮示范线终点站，位于一期航站楼、停车库与二期航站楼、停车库之间通道处，与地铁 2 号线终点站通道换乘。车站站位中心正对候机楼的中央廊道。车站总建筑面积为 45620m^2，南北长 384m，东西宽为 50.2m，屋面高程为 14.9m。结构类型为框架结构，一层为站台层，二楼为候车大厅。该站采用站后折返方式。为了设置一条渡线，在站台南将线间距由 5.1m 扩大到 7.4m。同时为了运行组织与停放车辆的方便，站后设两条折返线。折返线的有效长度按 8 辆编组计算并设 30m 的安全距离，全长为 240m。

浦东机场站站台实景如图 4-113 所示。

图 4-112　浦东机场站远景图

图 4-113　浦东机场站站台实景图

3）辅助停车区

与通常高速轮轨列车不同的是，磁悬浮列车在出现故障需要紧急停车时需要停靠在特定的区域，这个区域即辅助停车区。这是由于磁悬浮列车在低于 100km/h 时需要外部的供电轨给它供电，以使车辆保持悬浮，为降低投资，因此除车站、维修站外，特设带有供电轨的辅助停车区。列车运行中一旦发生故障而停车时，依靠列车的惯性和车载安全制动器的控制使它停到辅助停车区内。辅助停车区的位置与列车的行驶速度有关，低速区较密，高速区较稀。辅助停车区同时具有疏散乘客的条件。

4.2.6　车辆基地

上海磁悬浮示范线共设置一处维修基地，对磁悬浮车辆进行维护保养。正常运营时，两列车在正线上运行，一列车在库内作备用车，因此车辆的维护工作基本在夜间非运营时段进行。

4.2.7 供电及控制系统

1) 供电系统

上海磁悬浮示范线的高速磁悬浮列车是从德国引进的 TR08 型磁悬浮列车，采用长定子直线同步电动机和常导吸浮式系统。其牵引供电系统主要由高压变压器、输入变压器、输入变流器、逆变器和输出变压器等部分组成。牵引供电系统为磁悬浮列车提供所需要的动力，牵引供电技术是高速磁悬浮交通技术中关键技术之一。

上海磁悬浮示范线列车牵引供电系统从 110kV 网压经高压变压器变为 20kV，再由输入变压器和输入变流器变为 ±2500V 的直流电压。交流系统根据运行控制系统（OCS）的要求，通过大功率变流系统对输出电压和电流的幅值、频率与相位进行实时调节，并通过馈电电缆和轨旁开关分段对磁悬浮列车所在的长定子直线电机供电，从而实现对磁悬浮列车牵引力的有效控制，完成启动、恒速运行，以及制动停车等各种运行要求，是磁悬浮列车严格地按照设定的路程 - 速度 - 曲线，高速、安全和舒适运行。供电系统设置在主变电站中。

上海磁悬浮示范线牵引供电系统包括一个控制中心、2 座 110kV 主变—牵引变电所，由于列车所需牵引动能均由牵引变电所提供，而牵引负荷又非常大，因此主变电所就设在牵引变电所旁，以满足其负荷。110kV 主变一牵引变电所实际上是由 110kV 主变电所、牵引变电所和制动电阻器室这 3 座构筑物组成。2 座 110kV 主变—牵引变电所分别设在龙阳路站东侧和浦东国际机场西北侧维修基地附近。主变—牵引变电所内设两台 110/20kV 主变压器。每座变电所均各引入两台独立的 110kV 电源，两路电源同时运行。

110kV 电源经主变压器降压至 20kV 向主变一牵引变电所内牵引模块、辅助用电变压器、动力轨整流变压器等供电，同时通过全线敷设电缆向轨旁开关站、轨旁变电所、轨旁道岔开关站、动力轨等轨旁设备供电。其中轨旁开关站的作用是把定子线圈分成一段，以减少长定子线圈中的电能损耗。牵引的能量只输送到有列车正在经过的定子段上。定子段的划分采用了三步法和两步法两种方式，三步法用于高速段使列车经过定子段换段期间牵引力变化较小，但是与两步法相比，三步法需要的馈电电缆要增加 33%。

2) 运行控制系统

运行控制系统通过计算机控制、计算机网络、通信及信息处理等先进技术与磁悬浮交通系统的车辆、牵引、线路及道岔等设备或系统相连，完成对列车运行的控制、安全防护、自动运行及调度管理等任务。

上海磁悬浮示范线运行控制系统（OCS），是西门子公司按德国及欧洲铁路标准的要求专门针对磁悬浮系统设计开发的，包含所有用于运行保护、控制、执行和计划，以及用于设备之间相互通信的功能。整个系统包括中央运行控制子系统、分区运行控制子系统和车载运行控制子系统。

中央控制子系统位于控制中心，主要任务是实现列车计划的制订和执行，并对列车运行状态进行监视与控制。其主要由操作员终端（OTS）、列车自动运行（ATO）和诊断终端（DTS）等组成。

分区运行控制系统包含用于列车控制、监视和防护所需的全部功能和技术设备。它的主要设备位于牵引变电站中，包含分区控制计算机（DDC）、分区安全计算机（DSC）、分区牵引切断(DPS)、分区道岔模块(DSM)、分区传输计算机(DTC)和连锁总线(IL-BUS)等设备。

车载运行控制系统与其他控制部件一起协同工作,保证列车的安全操作。

4.3 长沙磁悬浮快线

4.3.1 概述

1) 项目背景

长沙市是我国中部地区重要的交通枢纽城市,陆、水、空交通皆较发达,尤其是高速铁路支撑着北至北京,南抵深圳,西达昆明,东至上海的高速客运交通网络。同时,长沙黄花国际机场旅客吞吐量稳居中部第一,铁路和航空旅客增长迅速,急需一条连接机场和火车站的交通线路将两大枢纽连接,为乘客提供安全、快捷、舒适的交通出行方式,实现长沙两大重要交通节点(长沙南站与长沙黄花国际机场)的"无缝衔接"。而中低速磁悬浮交通系统具有成本较低、安全可靠、环境友好、适应性强等优势,且国内外的研发和商业运行实践表明该技术已经较为成熟,具有在城市轨道交通领域发展的潜力。长沙磁悬浮快线应运而生。

2) 工程简介

2016 年 5 月 6 日,长沙中低速磁悬浮快线正式商业运营,该条线路全长 18.6km。长沙中低速磁悬浮快线是中国首批具有自主知识产权的磁悬浮工程之一。线路自长沙南站东广场北侧引出至劳动路南侧后折向东走行,跨过浏阳河后走行至劳动路路中,沿劳动路路中向东走行 4.6km 至黄兴大道转向北,设榔梨站后下穿沪昆客运专线,线路再沿黄兴大道路中走行 1.1km 抵机场高速南侧,折向东上跨黄兴大道东半副车道,后沿机场高速公路南侧走行,过收费站后向北上跨机场高速公路,沿机场大道西侧走行 0.5km 后上跨机场大道垂直接入T1、T2 航站楼间连廊。

长沙磁悬浮工程线路平面示意图如图 4-114 所示。

图 4-114 长沙磁悬浮工程线路平面示意图

3) 速度目标值

根据车辆性能参数,通过列车牵引模拟计算,可以计算出长沙磁悬浮工程全线(长沙南站—黄花机场站)的区间最高运行速度可以达到约 100km/h,全线旅行速度为 61.94km/h,考虑到实际运营情况与模拟计算会有一定差异，以及考虑运营调整的需要，长沙磁悬浮工程全线平均旅行速度取 60km/h。

4）设计输送能力

该线建成后，远期高峰小时开行 16 对 / h，最大设计输送能力为 4912 人次 / h，可满足 4106 人次 /h 的高峰小时运量需求，并留有 16.40% 的运能富余。系统设计能力为 6140 人次 /h，比远期预测客流留有 33.13% 的余量，能够较好地适应远景客流的波动。各设计年度高峰小时区间乘客最大拥挤度均小于 4 人 /m^2，全线具有较好的乘客舒适度。

5）环境保护措施

（1）振动环境保护措施

施工中各种振动性作业尽量安排在昼间进行，避免夜间施工扰民。在建筑结构较差、等级较低的陈旧性房屋附近施工，应避免或尽量使用低振动设备，减少工程施工对建（构）筑物的影响。对振动敏感点进行施工期监测，事先详细调查并做好记录，对可能造成的房屋开裂影响采取加固等预防措施。

运营期高架段沿线敏感点室外和室内环境振动预测值满足《城市区域环境振动标准》（GB 10070—1988）相应的要求。

磁悬浮列车运行速度不高、车辆与轨道的动作用力较小，所引起的磁悬浮系统振动也相应较小。车辆性能的优劣直接影响振级的大小，车辆选型的噪声指标不宜低于噪声预测评价采用的源强指标，即列车以 80km/h 速度运行时，在车外距轨道中心 7.5m 处，测得的振动值≤ 62dB，并按此指标要求验收车辆。

在运营期要加强轨道的养护、维修，保持轨道的平直，以减少附加振动。

（2）噪声环境保护措施

施工机械作业时间应合理安排，在环境噪声背景值较高的时段内进行高噪声、高振动作业，限制夜间进行高噪声、振动施工作业，因工艺要求必须连续施工作业须办理夜间施工许可证。

磁悬浮工程建设后，沿线敏感点声环境质量满足《声环境质量标准》（GB 3096—2008）相应要求或维持现状不恶化。根据预测，车辆综合基地初期、近期、远期的场界噪声昼间、夜间均达标。

磁悬浮工程作为绿色、环保的新型交通方式，其主要特点就是噪声影响小，在车辆选型及车辆采购技术条件中，车辆选型的噪声指标不宜低于噪声预测评价采用的源强指标，即在自由声场内，列车以 80km/h 的速度匀速运行时，在车外距轨道中心 7.5m 处，测得的连续噪声值≤ 73dB（A），并按此指标要求验收车辆。

对现状声环境目标集中的区段和规划居住用地区段预留声屏障设置条件，磁悬浮工程建成运营后，根据噪声跟踪监测结果确定是否实施声屏障措施。

（3）其他防治措施

对于水污染、固体废弃物等环境污染的问题，磁悬浮列车并不产生有别于现有各种交通工具（尤其是轮轨铁路）的污染物排放，故可采用常规交通环境保护措施。

6）工程进展情况

2014 年 4 月 30 日，湖南省发展和改革委员会批复《长沙磁悬浮工程可行性研究报告》；2015 年 9 月 20 日至 22 日，首列磁悬浮列车运抵车辆段；2015 年 10 月 5 日，长沙磁悬浮快线实现全线“梁通”；2015 年 10 月 16 日，长沙磁悬浮快线实现全线“轨通”；2015 年 12 月 1 日，长沙磁悬浮快线全线试送电成功；2015 年 12 月 2 日，长沙磁悬浮快线完成全线热滑试验；2015 年 12 月 26 日，长沙磁悬浮快线开始试运行；2016 年 2 月 18 日，长沙磁悬浮快线上线试运行开展系统调试工作；2016 年 5 月 6 日，长沙磁悬浮快线开始载客试运营。

7）运营情况

2018 年全年，长沙磁悬浮快线共开行列车 56150 列次，客流量约 329.72 万人次，日均客流量 9159 人次，最高单日客流为 2018 年 10 月 4 日的 1.4501 万人次。长沙磁悬浮快线首末班车时刻表、票价分别见表 4-10、表 4-11。

长沙磁悬浮快线首末班车时刻表　　表 4-10

班　次	往磁悬浮高铁站	车　站	往磁悬浮机场站
首班车	—	磁悬浮高铁站	07:00
末班车	—		22:00
首班车	07:11	磁悬浮榔梨站	07:07
末班车	22:39		22:08
首班车	07:00	磁悬浮机场站	—
末班车	22:30		—

注：从 2018 年 12 月 8 日始，长沙磁悬浮快线每日 19:00—22:30 从磁悬浮高铁站和磁悬浮机场站发出的列车在磁悬浮榔梨不停站通过。

票　价　表　　表 4-11

线　　路	站　　名	价　　格
磁悬浮快线	磁悬浮高铁站—磁悬浮机场站 磁悬浮机场站—磁悬浮高铁站	单程：20 元
	磁悬浮高铁站—磁悬浮榔梨站 磁悬浮榔梨站—磁悬浮高铁站	单程：10 元
	磁悬浮榔梨站—磁悬浮机场站 磁悬浮机场站—磁悬浮榔梨站	单程：10 元

4.3.2 线路

1）线路平面、纵断面设计

该工程根据沿线工程地质和水文地质条件、规划和既有建（构）筑物分布，满足安全及净空要求，并在保证节能环保的条件下进行线路纵断面设计。

该线全线采用地上敷设，共设置 5 个车站，分别为长沙南站、会展站（预留）、榔梨站、汽车城站（预留）及黄花机场站，均为高架站侧式站台。

该线共设置坡段 22 个，最大坡度 40‰，最大坡度位于下穿沪昆客运专线位置，由于受两边劳动路、榔梨站设站及上跨秋江路影响，线路在下穿沪昆客运专线位置为一 V 形坡，且坡度较大，如图 4-115 所示。

2）限界及线间距

（1）高架双线直线地段建筑限界：线间距采用 4400mm，两线间设置疏散平台，疏散平台顶面距轨面 630mm，平台下方布置强弱电管线及检修通道。疏散平台栏杆沿两侧安装，高 1000mm，长度每段 800mm，两段间留出 600mm 间隙，左右侧栏杆间隙错开设置。平台上信号机、无线天线、动力配电箱、通信设备箱等安装在栏杆内侧。高架双线直线地段建筑限界如图 4-116 所示。

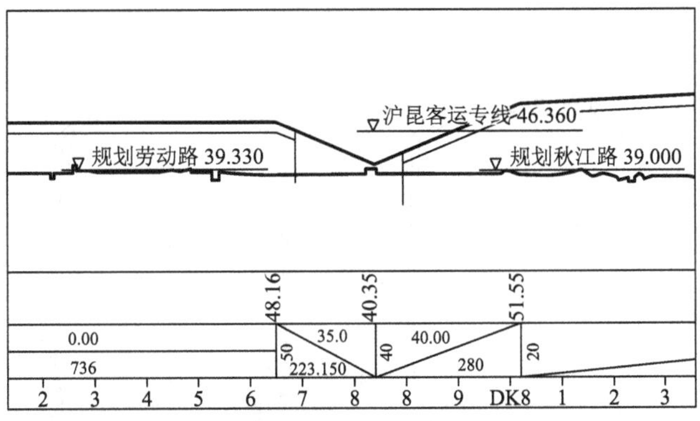

图 4-115　最大坡度处示意图

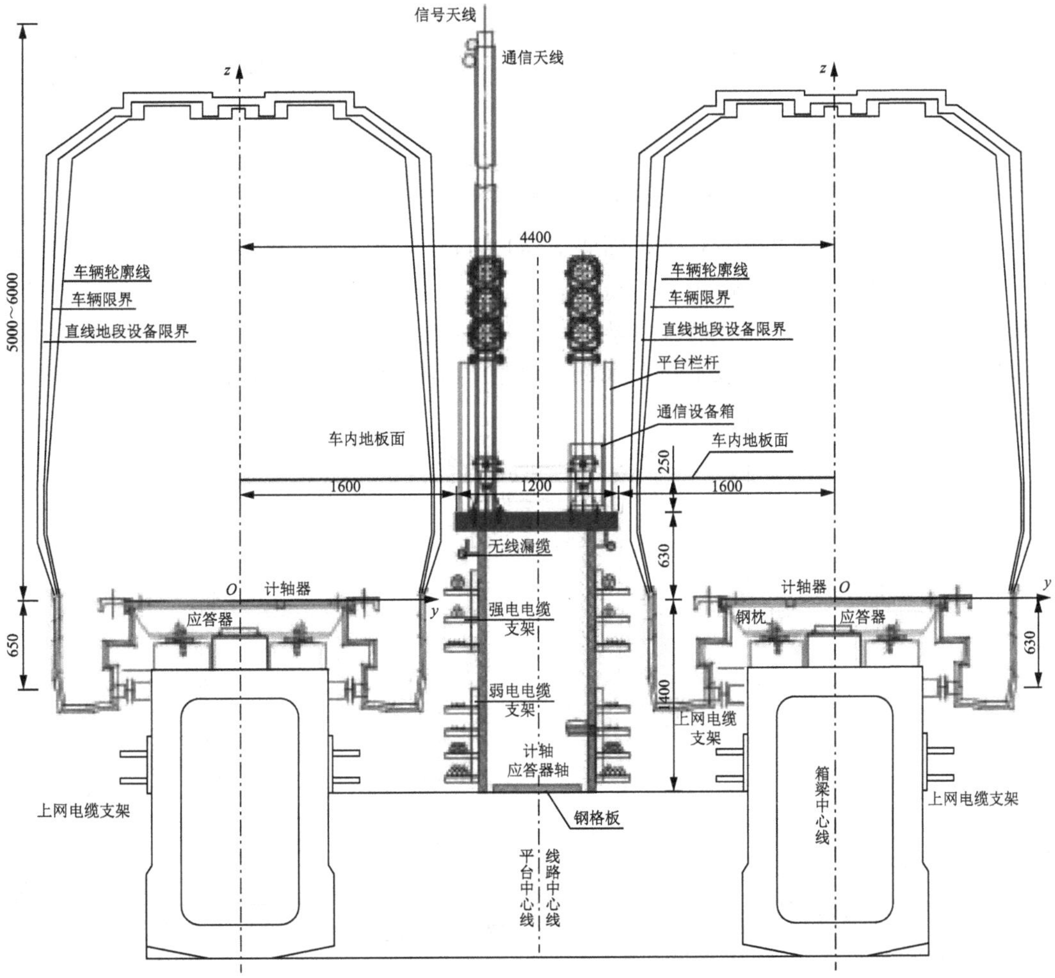

图 4-116　高架双线直线地段建筑限界(尺寸单位：mm)

（2）低置路基直线地段建筑限界：线间距采用 4400 mm，线路外侧预留疏散平台设置条件，两线间布置强电电缆和无线漏缆，线路外侧设置盖板式通号电缆槽、信号机、无线天线、AP 箱、通信设备箱等设备和排水沟。低置路基直线地段建筑限界如图 4-117 所示。

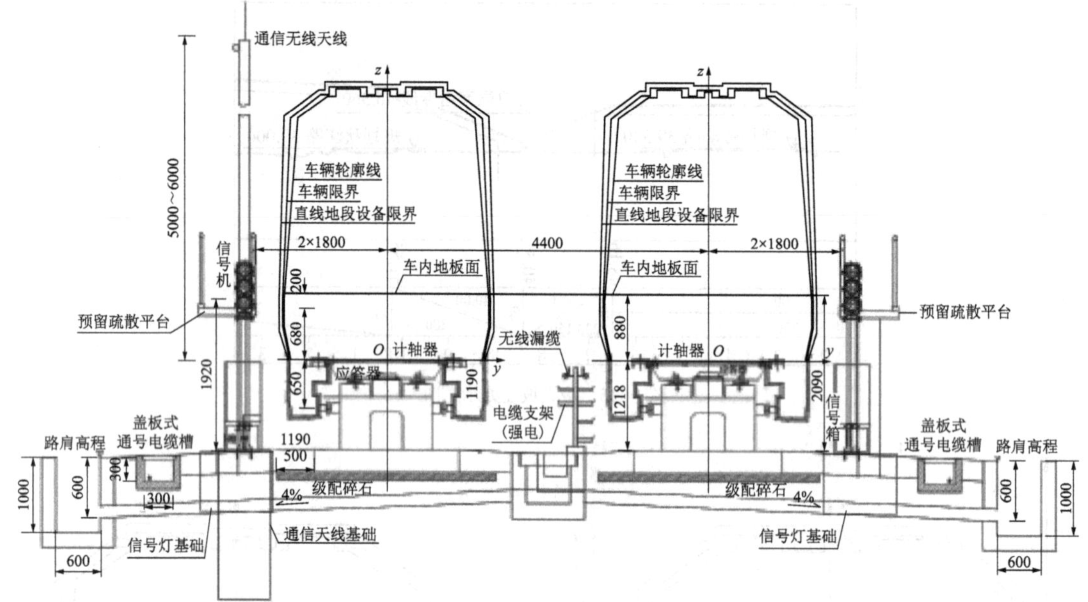

图 4-117　低置路基直线地段建筑限界（尺寸单位：mm）

（3）车站直线地段建筑限界：线间距采用 4400mm，有效站台边缘距线路中心线 1500mm，非有效站台边缘距线路中心线 1700mm，站台面距轨面 840mm，站台门边缘距线路中心线 1530mm。车站轨行区留出信号机、标牌安装空间，站台区起点附近设电缆井供环网电缆下穿，电缆支架与设备限界的距离按不小于 200mm 控制。车站直线地段建筑限界如图 4-118 所示。

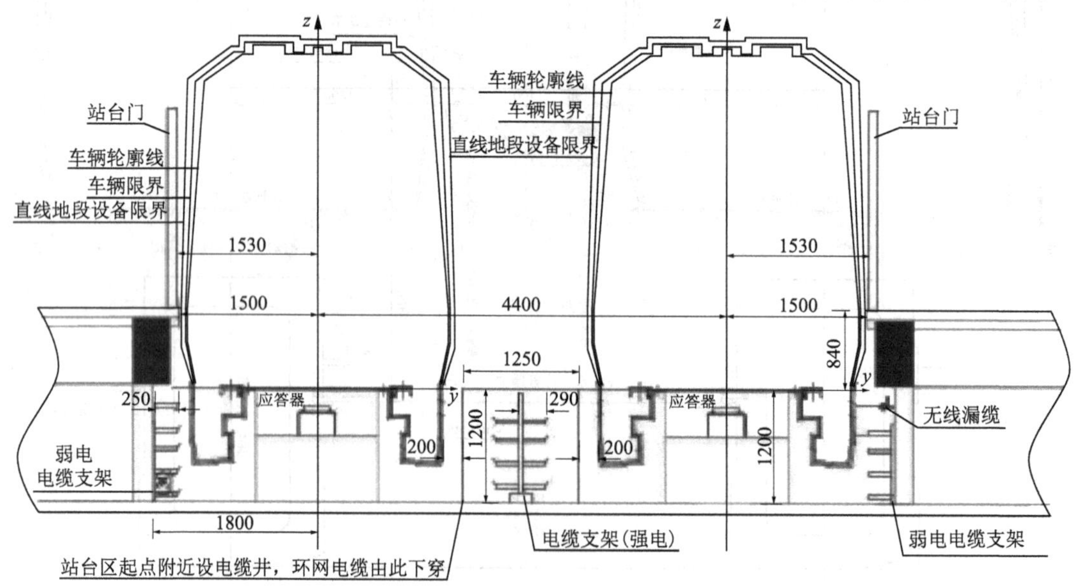

图 4-118　车站直线地段建筑限界（尺寸单位：mm）

4.3.3 轨道结构

长沙磁悬浮工程采用国内外中低速磁悬浮工程中实际应用最广泛的钢轨枕形式中低速磁悬浮轨道结构，轨道自上而下主要由感应板、F 型导轨、接头、连接件及紧固件、H 型轨枕、扣件系统、道床等部分组成。

（1）感应板

感应板作为车辆牵引用直线感应电机次级的组成部分，是非磁性导电材料，安装在 F 型导轨上。感应板设计主要考虑车辆牵引系统的要求以及与 F 型导轨之间的连接强度、平整度要求。本项目采用铝合金板材感应板，感应板宽 244mm、厚 4mm，理论质量 3.4kg/m。

（2）F 型导轨

F 型导轨是承受磁悬浮车辆悬浮力、导向力及牵引力的基础构件，是轨道结构最重要的部件。除传统钢轨具有的承受和传递列车重力、导向力、牵引力和制动力的功能外，还应与车上安装的电磁铁、直线感应电机和传感器构成电磁回路，实现悬浮导向以及牵引、制动及悬浮间隙测量的功能。

（3）轨枕

轨枕是用来连接 F 型导轨，使 F 型导轨与梁体之间保持相对位置固定并传递荷载的基础构件。对于中低速磁悬浮轨道，目前主要有 H 型轨枕和矩形轨枕两种形式，本项目轨枕选用 H 型轨枕，采用耐候钢或碳素结构钢的热轧 H 型钢。正线轨枕间距一般地段采用 1.2m，在轨排接头处轨枕加密；库内轨道轨枕间距根据工艺要求设计。

（4）扣件及道床设计

全线推荐采用适用于 H 型钢轨枕整体道床结构、扣压力稳定、具备双向减振性能、调节能力较强的 CF 型中低速磁悬浮轨道弹性分开式扣件。

正线、辅助线及车辆段库外线均采用承轨台式钢筋混凝土整体道床，车辆段库内线路根据检修工艺的要求采用检查坑整体道床或立柱式整体道床。

（5）接头设计

一般地段均采用单轨缝结构的 I 型接头，轨缝暂按 15mm 设计，并采取有效措施增加接头阻力和道床纵向阻力；在个别大跨度连续梁地段根据检算需要，可以采用双轨缝结构的 II 型接头（两缝间距大于 500mm）。

（6）道岔设计

根据中低速磁悬浮交通特点、国内外工程经验及该线运营条件，道岔采用中低速磁悬浮关节型道岔。正线共铺设 1 组单开道岔、2 组单渡线道岔组合，出入段线铺设 1 组单开道岔，车场线铺设 1 组单开道岔、2 组三开道岔。

4.3.4 车辆

长沙磁悬浮快线使用中车株洲电力机车研究所有限公司自主研发生产的中低速磁悬浮列车"追风者"号。全线共有 5 列磁悬浮列车投入试运营，为"红白黑""蓝白黑"两种配色，设计最高速度为 100km/h。每列车长约 48m、宽 2.8m、高 3.7m，由 3 辆编组而成（含半节车厢预留给值机行李托运），综合了高铁与地铁列车的车厢布局，座位既有横排设置也有竖排设置，共设置座椅 86 个，每列车最大载客量为 363 人。

长沙磁悬浮快线列车车身和车头分别采用白色和黑色，整体配以红色装饰色带，醒目并贯穿于整列车辆。列车内饰简单而大方，充分利用车厢内的空间；车内扶手采用不锈钢拉丝材料，整列车高低扶手设置充分；座位线条简洁，红椅大方亮眼；列车地板采用了 PVC（聚氯乙烯）地板布，通过灰色和蓝色拼接的形式，划分出乘客行走的区域。

（1）列车编组。

每列车由 3 辆车组成，由 1 辆不带司机室的中间车辆（M 车）和 2 辆带司机室的端部车辆（Mc1 车和 Mc2 车）组成，固定编组，预留两列或多列编组运行模式接口。

（2）车辆主要结构尺寸。

①车体宽度为 2800mm。

②列车长度（两端车钩连接面之间长度）为 48280mm。其中，Mc 车车体长度为 15700mm，M 车车体长度为 15000mm；车辆长度（车钩连接面之间长度），Mc 车为 15700mm+640mm，M 车为 15000mm+600mm。

③车辆最大高度（距轨面）为 3700mm；

④客室地板面沿车辆中心线到天花板高度为 2100mm。

⑤每节车每侧车门对数为 2 对，每节车悬浮架模块装配数量为 5 个。

⑥悬浮架模块中心距为 2800mm，车辆悬浮高度为 8mm±2mm，车钩中心线距轨面高度为 600mm。

（3）悬浮、导向系统。

列车采用常导电磁悬浮，悬浮电磁铁兼用导向。

除悬浮架及悬浮系统外，其他部件和系统与其他种类的城市轨道交通车辆类似。悬浮架采用五模块装配，具有承载车体重量，传递悬浮力、牵引力、制动力及导向力的作用，适应曲线及线路不平顺的机械解耦。悬浮系统采用常导电磁悬浮，实现列车的支承与导向，主要由悬浮控制器、间隙传感器和悬浮电磁铁等组成。

为保证悬浮控制系统可靠，对于气隙检测、加速度检测采用多路传感器冗余设计，单个气隙或加速度传感器故障不影响悬浮控制。

（4）可以实现完全由列车自动运行（ATO）子系统控制的有人监视自动驾驶。

（5）列车故障运行能力及列车救援能力。

在最大载客工况下，当列车丧失 1/3 动力时，列车仍然可以在最大坡道上起动，并能以正常运行方式完成一个单程运营。

在最大载客工况下，当列车丧失全部动力时，应能由另一列相同空载列车在最大坡道上牵引（或推送）至邻近车站，清客后继续牵引（或推送）至车站故障存车线或车辆段。

（6）列车立、平、剖、正面图，如图 4-119 所示。

磁悬浮列车为采用常导电磁悬浮和车载短定子单边直线电机牵引的中低速磁悬浮列车系统。根据行车组织安排，本次设计推荐采用 3 节固定编组的磁悬浮列车。磁悬浮列车适用于市内和市郊交通系统。车辆设计寿命为 30 年。

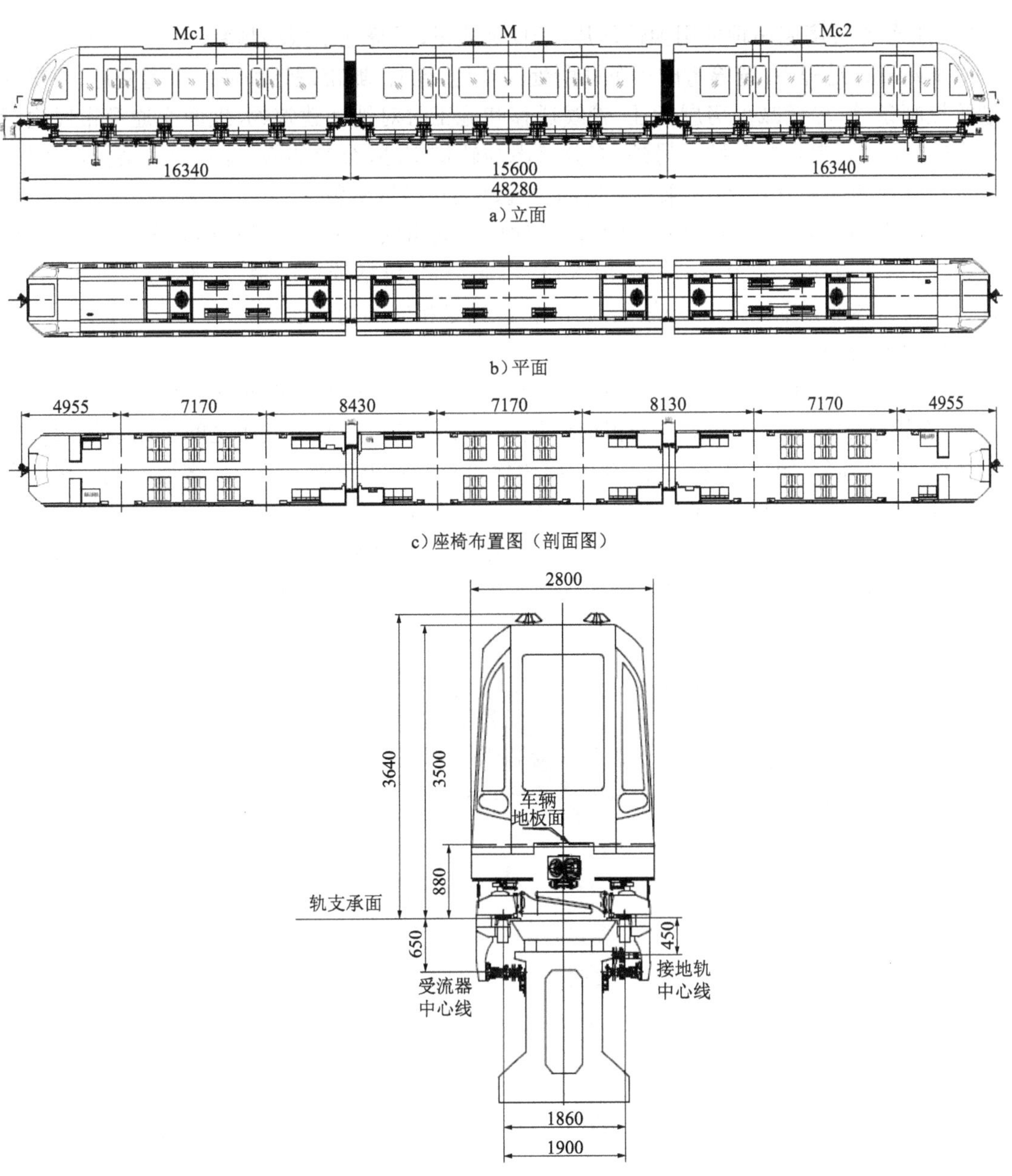

a）立面

b）平面

c）座椅布置图（剖面图）

d）正面

图 4-119　中低速磁悬浮列车立、平、剖、正面图（尺寸单位：mm）

4.3.5　车站

长沙磁悬浮快线车站采用“站桥一体化”设计，既美观大方，又降低建设成本。所谓“站桥一体化”，即站房与正线桥梁合二为一，桥在站内，站在桥上，不分彼此。由于要缓冲列车驶入时的振动，站台底板与主体框架柱之间不能无缝连接，采用在两者之间预留伸缩缝、以橡胶条填充的方式进行缓冲；车站内板材与挂件之间的“硬性连接”全部采用带有缓冲效果的“柔性连接”;房屋吊顶使用弹性垫片,既保证质量,又降低了振动频率。

车站设计过程中,统筹考虑了车站所处的环境、地貌、城市规划和城市轨道交通、公交规划等控制条件,尽量减少房屋拆迁、管线迁移和施工时对地面建筑物、地面交通及市民生活的影响,因地制宜布置车站。另外,充分考虑与轨道交通、公交的换乘,预留换乘接口条件,并选择合理的换乘方式,使换乘客流组织合理、快捷,尽量避免交叉。

车站空间一般由公共使用空间和内部使用空间组成。公共空间包括候车站台、乘客集散站厅(售检票厅)、通道、楼扶梯、出入口;内部空间,包括管理用房、设备用房、辅助用房、管道间等。各部分空间分区明确,合理组合,并满足相应的功能要求。

1)长沙南站

车站(图 4-120,图 4-121)位于沪昆客运专线东广场东北角,南北向平行沪昆客运专线股道,布置于沪昆客运专线坡脚与拟建沪昆客运专线站房进站高架桥之间。站址周边规划为交通、商业办公、城市绿化用地。现状周边建筑有西侧正在施工的沪昆客运专线站房及客运专线股道,东侧为拟建高架桥及沪昆客运专线配套市政东广场,南侧为沪昆客运专线站房进站高架平台,北侧为市政道路支路二。车站站位主要受周边沪昆客运专线股道护坡、高架桥、沪昆客运专线进站平台以及北向区间出入段线、车辆段选址的限制。

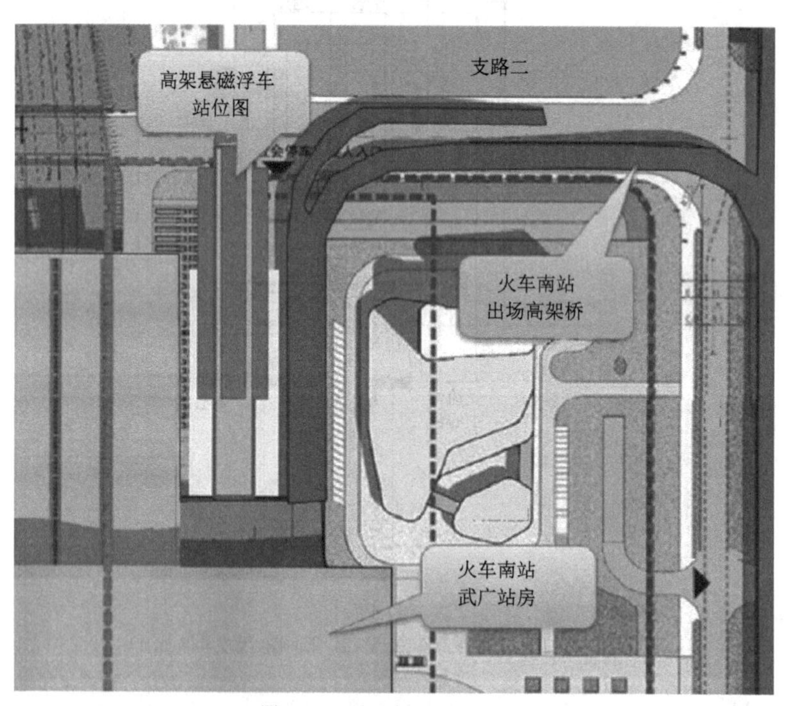

图 4-120 长沙南站站位示意图

该站为城市磁悬浮工程起点站,为了使磁悬浮车站与高铁车站更好地换乘,车站站厅层高程与沪昆客运专线高架进站平台高程一致。车站采用高架三层 9m 宽侧式站台车站,车站站后设事故停车安全线。地面一层为设备层,地面二层为站厅层,非付费区平接沪昆客运专线高架进站平台,并设天桥到达地面沪昆客运专线出站大厅。地面三层为站台层。磁悬浮站厅走行到沪昆客运专线站房间距约 190m。

图 4-121　长沙南站效果图

长沙南站结构横剖面图如图 4-122 所示。

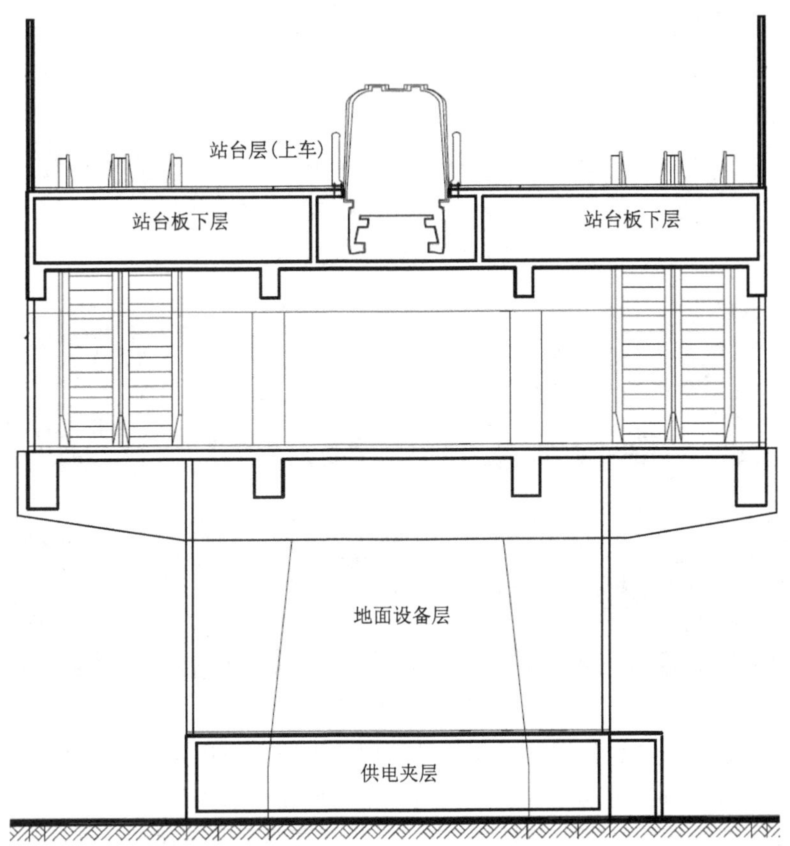

图 4-122　长沙南站结构横剖面图

2）榔梨站

榔梨站为该线第二个车站，为中间车站。车站位于长沙县黄兴大道与规划劳动路交叉口以北，黄兴大道西侧地块内。车站沿黄兴大道呈南北向布置。为高架两层 7.8m 宽侧式站台车站。车站主体全长 111.00m，标准段宽为 23.00m，车站采用桥建合一，两层三跨钢筋混凝土框架结构形式。榔梨站结构横剖面图、位置示意图、效果图分别如图 4-123 ～图 4-125 所示。

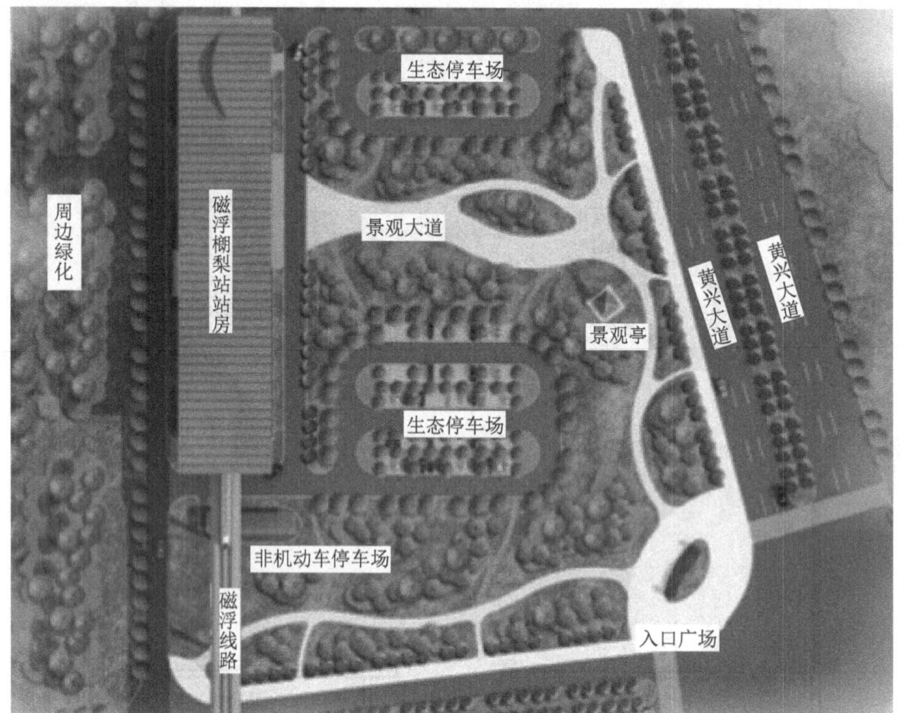

图 4-123　椰梨站位置示意图

图 4-124　椰梨站效果图

周边用地规划为防护绿化用地。现状站址周边主要为农田及空地。黄兴大道规划红线宽度为 50m，为城市干道，劳动路现状未实施。车站地面一层为站厅层，地面二层为站台层，车站轨面高度主要受南侧区间上跨规划劳动路，北侧高架区间下穿沪昆高铁高架桥限制。

3）黄花机场站

该站位于黄花机场西航站区 T1、T2 航站楼之间，国际厅西侧现停车场内。东西向垂直拟建 T1—T2 航站楼连廊布置。站址周边规划为机场配套的物流、办公用地。现状周边建筑有北侧暂停使用的 T1 航站楼及机场指挥塔楼，南侧正在使用的 T2 航站楼及即将启用的新指挥塔楼，东侧为原国际出发航站楼及拟建航站楼连廊，西侧为机场内道路及景观池塘。该站站位主要受新、老航站塔楼间距要求，及西侧区间进西航站区走向的限制。

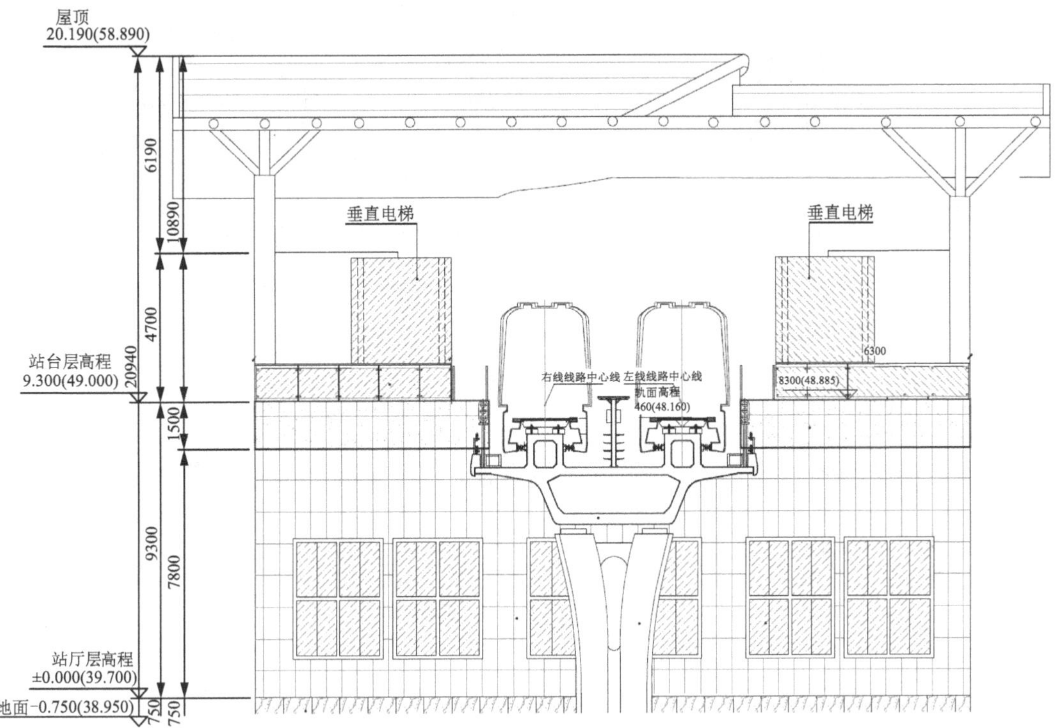

图 4-125　榔梨站结构横剖面图(尺寸单位:mm;高程单位:mm)

黄花机场站车站效果图、位置示意图、横剖面图分别如图 4-126 ～图 4-128 所示。

图 4-126　黄花机场站车站效果图

该站为城市磁悬浮工程终点站，为了使磁悬浮车站与机场更好地换乘，车站站厅层高程与机场 T1 和 T2 航站楼之间连廊高程一致。根据行车要求，车站采用双线侧式站台，站前设折返线，站内右线为故障停车线兼存车线，站后设置安全线。故车站一侧站台（北侧站台）为上、下客站台；一侧站台（南侧站台）为故障停车清客站台。车站采用高架三层 11m 宽侧式站台（北侧站台）车站。地面一层为设备层，地面二层为站厅层，非付费区平接航站楼连廊非隔离区，并设天桥到达地面。地面三层为站台层。

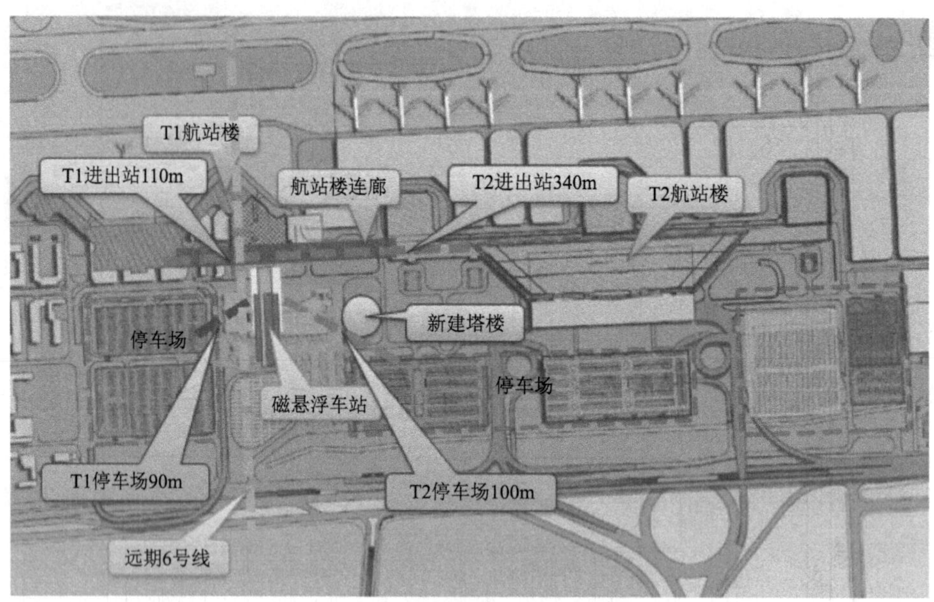

图 4-127 黄花机场站位置示意图

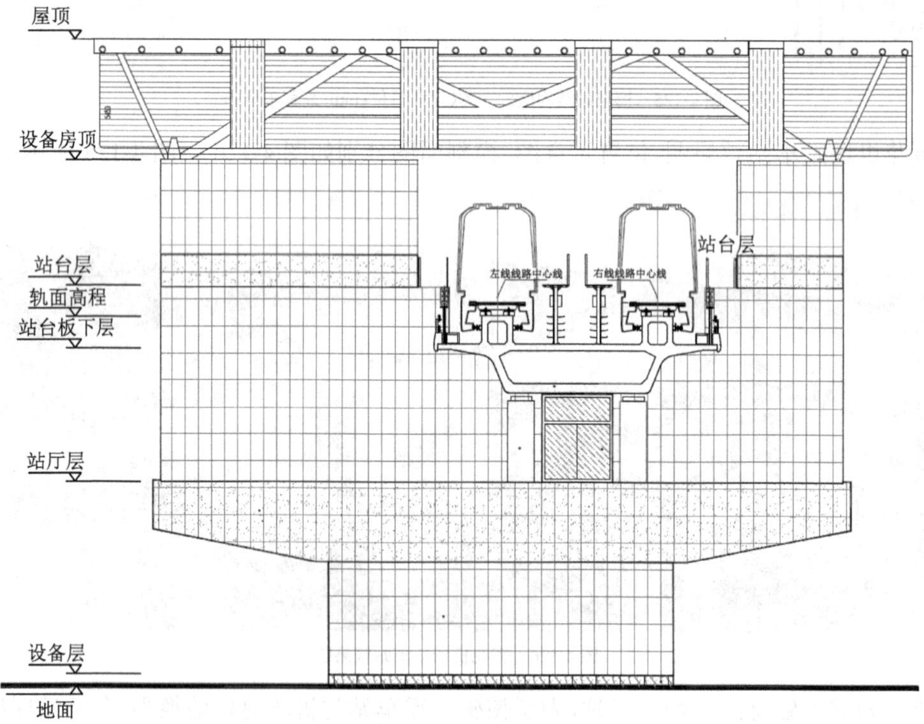

图 4-128 黄花机场站横剖面图

4.3.6 车辆基地

车辆基地(图 4-129)为全线后勤保障基地,主要由车辆段、综合维修中心、物资总库、培训中心、磁浮运营公司等机构组成,另外全线运行控制中心(OCC)也设于车辆基地内。

新建房屋建筑面积21284m²。基地内设停车列检线3条，另预留4条，每条可停放3辆编组磁悬浮列车2列，设检修线2条，每条1列位，其中1列位为定临修线，另一列位为月检线。基地内配套设置了对应的车辆运用检修工装设备和设施，食堂、浴室及公寓等生产生活配套设施。设计规模满足近期车辆运用检修、综合维修、物资仓储等功能需求，并预留了远期发展条件。

图4-129 车辆基地效果图

1）车辆段

（1）综合库

该库由停车库、检修库和辅助检修车间组成，全长123m，宽53.4m，建筑面积7947m²。

①停车库。

停车库长123m，宽17.4m，库内设停车线3条（另在库房西侧预留4条），线间距为4.8m。股道中心线到柱中心距离为3.9m。每条停车线可停放2列3辆编组磁悬浮列车，近期停车能力为6列（远期14列）。

停车库主要承担列车的日检、日常保养及停放功能，停车线均要求铺设具有电气防护的接触轨入库（分段设置），而且每股道库前装有分段隔离开关及其联锁装置、报警音响及标志灯，以确保工作人员安全。

为方便司机及工作人员上下列车，每股道均设置固定式上车梯，库内适当位置设拖布池，以便于车内清扫及库内地面清洁作业。

②检修库。

检修库长123m，宽24m，库内设月检线（检查1、检查2）1条，检修线（定、临修）1条，按每线停放1列3辆编组列车设计，线间距为9m，月检线到柱中心距离为6m，检修线到柱中心距离为9m，确保车辆入库组装和检修作业时的作业面需求。

月检线承担磁悬浮车辆的检查1和检查2作业。对车辆进行全面技术检查和必要的检测，主要对受流器、司机室电器、车载通信信号设备、转向架、控制系统、制动系统、辅助电源系统、牵引系统、空压机、蓄电池、客室设施、空调进行全面检查、清洁，并对部分设备进行检测及更换易损件，进行蓄电池充电作业。

检修线承担磁悬浮车辆的定修（年检）及临修作业。根据车辆定修规程对车辆进行全面技术检查，主要包括检查牵引及制动系统、转向架及走行部分、车门及其控制系统、受流器、空调装置等，对车辆的临时故障进行检修，对需检修的部件进行拆卸更换，对蓄电池进行补液、充电或更换，最后对车辆进行静态调试。列车的动态调试在正线进行。初近期基地内的叉车、蓄电池车、各种搬运车考虑在综合库内停放，并在段内预留远期设置汽车库的条件；综合库还考虑配置蓄电池充放电设备，蓄电池充放电作业考虑在综合库内进行。

为便于技术检查、检测、检修、部件的更换和运输，检修库内配置16/3.2t和5t桥式起重机、悬浮架升降台、静调电源柜、限界门、便携式检测工具、移动作业平台、蓄电池叉车等设备。

③辅助生产车间。

在检修库东侧设长123m、宽12m边跨一处，一层设空调检修间、电器检修间、机械检修间、备品间、车载通信信号设备室、配电室和消防控制室，二层设运用和检修班组用房、司机休息室、会议室等辅助生产车间。

(2)洗车机棚及控制室

洗车机棚及控制室与污水处理站合设一处，便于生产废水的处理和回用，房屋建筑面积514m^2。配备列车外皮洗刷机1套，运用车洗刷周期按每列车3～7d洗刷1次考虑。

2)综合维修中心

综合维修中心是中低速磁悬浮交通系统的重要组成部分，对长沙磁悬浮工程各系统，包括供电、通信、信号、防灾报警、自动售检票、环控、安全门、给排水、电梯及自动扶梯等机电设备和房屋建筑、轨道、桥涵、车站等建筑设施进行维护、保养和检修等。

综合维修中心由工建车间、机电车间、供电车间、通号车间、自动化车间、备品备件库、工程车队等组成。

3)物资总库

单独设有材料棚一座，材料棚长60m，宽18m，建筑面积1096m^2。材料棚承担全线所需各种物资的储存、发放及管理等工作。在该工程建设期间可作为建设物资及机电设备的临时仓储场地。棚内配置起重机及搬运设备。

4)其他办公生活设施

车辆基地内设综合楼一座，为地上8层房屋，综合楼由车辆段办公、磁悬浮公司运营部门、综合维修中心办公用房、培训办公、食堂、公寓、控制中心组成，建筑面积9869m^2。

4.3.7 供电及控制系统

1)供电系统

长沙磁悬浮工程采用10kV分散供电方式，即从地方电网直接引入10kV进线电源向沿线的变电所供电。工程设置3座10kV开闭所，分别与区间牵引所1、区间牵引所2以及黄花机场站牵引变电所合建。每座10kV开闭所均从电力系统变电站引入两回专用进线电源。

该工程10 kV供电网络采用分区环方案。以每个供电分区的配电级数2～4级为标准来划分供电分区(主保护采用光纤纵差保护，后备保护采用过电流保护)，每个供电分区中最靠近开闭所的牵引(降压)变电所直接从开闭所的两段10kV母线上分别引入一回10kV进线电源，其他牵引(降压)变电所采取环接形式从相邻的牵引(降压)变电所引入两回

10kV 进线电源。

牵引供电制式采用在走行梁两侧绝缘敷设的 DC1500V 正极轨受电、负极轨回流方式，全线共设 7 座牵引变电所，其中，正线 6 座（车站牵引变电所 3 座，区间牵引变电所 3 座）、车辆段 1 座。

2）信号系统

信号系统由正线及车辆段两部分构成。正线信号系统配置列车自动监控子系统（ATS）、计算机联锁子系统（CI）、列车超速防护子系统（ATP）及集中监测子系统；车辆段信号系统配置计算机联锁及监测系统。

正线列控方式采用目标距离控制曲线模式，选用基于固定闭塞原理的计轴 + 应答器 + 局部连续通信设备构成的点 - 连式 ATP 信号系统方案，并预留升级为 CBTC 系统的条件。正线联锁和 ATP 按双方向设计，正方向设计区间追踪间隔 160s，折返能力和出入段能力在 180s 基础上预留一定的余量。除常规的点式 ATP 功能外，联锁和 ATP 的设计还支持车门和安全门联动功能。ATS 采用中央和车站两级控制模式，具有自动和人工两种控制方式，系统支持运行图编辑及调整功能。车辆段列控方式采用固定限速下的人工驾驶模式，选用单独联锁控制的系统方案。联锁设备将与磁悬浮轨道梁单开道岔和三开道岔接口，实现道岔的安全监控。

正线信号系统的主要设备及材料有：中央 ATS 设备、车站 ATS 分机、应答器、局部连续通信设备、点式 ATP 编码单元（LEU）、计轴设备、信号机、联锁计算机及驱动采集设备、监测采集设备、接口继电器、防雷元件等。车辆段信号系统主要设备有：计轴设备、信号机、联锁计算机及驱动采集设备、监测采集设备、接口继电器、防雷元件等。

2018 年 6 月 6 日，长沙磁悬浮快线完全自主列车自动驾驶系统上线，首列自动驾驶的列车在长沙南站驶出。列车自动驾驶系统（ATO）在列车自动防护系统（ATP 系统）防护下工作，是实现列车自动行驶、精确停站、站台自动化作业等功能的列车自动控制系统。往来于磁悬浮高铁站和磁悬浮机场站间的 ATO 列车，已实现单程运行时间较原来缩短约 2min。

4.4 日本山梨试验线

4.4.1 概述

日本于 1962 年开始研究磁悬浮铁路，1977 年在南部九州建成宫崎超导磁悬浮试验线，线路全长 7km。宫崎试验线是单线线路，不包含坡道和隧道，不能满足全部的试验要求。因此，从长远的有效利用方面着想，日本决定修建新的磁悬浮试验线路，并将山梨县设为新试验线的基地。1990 年日本政府通过山梨试验线的建设计划，1992 年开始建设。该试验线也是日本第一条磁悬浮线东京—大阪的一部分。首先开通的是试验线先行区间，该线于 1997 年 4 月开始进行运行试验，同年年底达到了设计最高速度 550km/h。2006 年 4 月 JR 东海铁路公司宣布修建完整的试验线，并于 2008 年 5 月开工建设，2015 年 4 月进行载人试验，并达到 603 km/h 的新纪录。

4.4.2 线路

山梨试验线为双线，线路总长为42.8km，分南线和北线。首先开通的试验先行区间（图4-130），线路长度为18.4km，位于北线，最小曲线半径8000m，最大坡度40‰，其中12.8km为复线，复线区间的最小导轨中心间隔5.8m。隧道总长16km，占线路长度的80%，隧道外区间为高架桥构造。

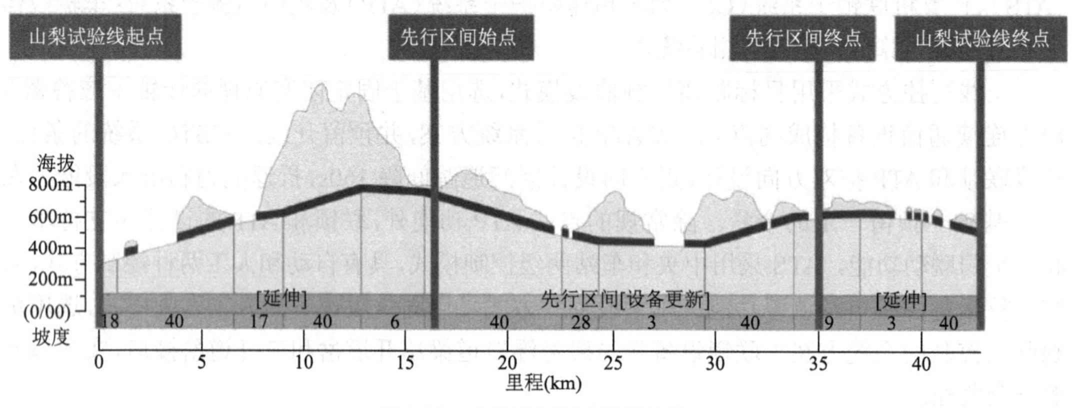

图4-130 山梨试验线的区间示意图

4.4.3 轨道结构

1）导轨

日本超导磁悬浮铁路采用U字形导轨，主要由两个部分构成，分别为常规的轨道部分与直线电机绕组部分。这两个主要部分可以保证超导磁悬浮车辆在高速运行时的安全和舒适。图4-131所示的是山梨试验线使用的导轨。

图4-131 山梨试验线导轨

在加速到速度120～150km/h时，列车利用车轮在导轨底平面凸台（称为走行路或车轮支承面）行驶，在速度120～150km/h之后车体开始进入悬浮状态，悬浮高度约10cm，并逐渐加速至500km/h的速度。交叉引导线、供电开关、电力电缆与通信电缆等埋设在导轨下方，保障试验列车行驶间隔准确无误。其中交叉引导线设置于全线，可以在数厘米的精度内监测列车位置，为列车的安全行驶提供安全保障。

“U”形槽分段混凝土预制结构，每段长度12.6m，采用高锰钢钢筋和预埋联结件。在导轨侧壁设有驱动绕组、悬浮绕组与导向绕组，其安装方式可分为梁式、嵌板式与直接式三类。通过山梨试验线，分别测试分析三种安装方式的优劣，以找到适应未来运营线路使用的方式。

（1）梁式

梁式安装是将导轨分为两个部分，一是侧壁，另一个是底梁，其中侧壁由施工现场附近的预制工厂（临时）完成，安装好地面绕组，然后将侧壁成品运送至施工现场，安装在底梁上。其结构如图4-132所示。

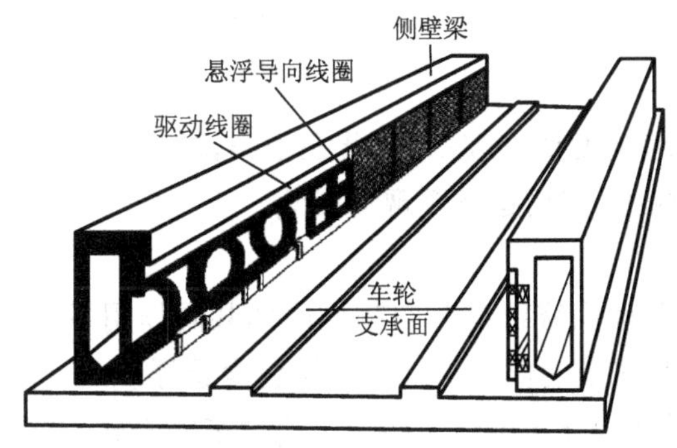

图4-132　梁式安装方式图

（2）板式

板式安装是将“U”形槽制作为一个整体结构，将安装好地面绕组的嵌板，运送至施工现场，并将嵌板通过螺栓等固定件，安装在混凝土“U”形槽侧壁上，其结构如图4-133所示。

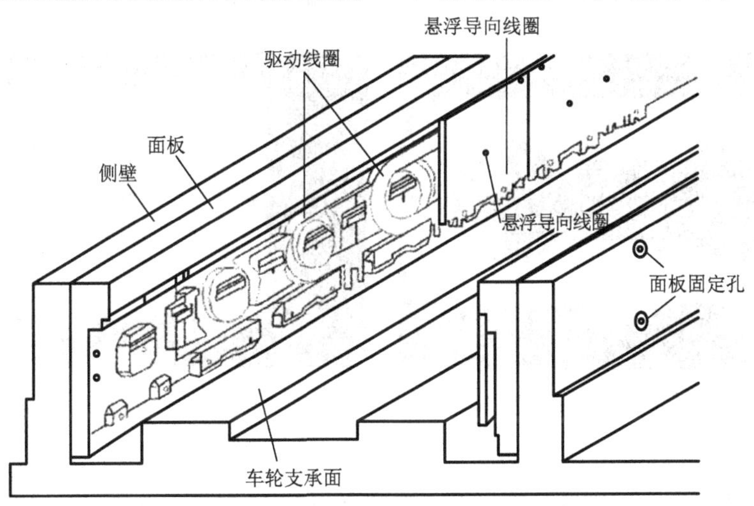

图4-133　板式安装方式

（3）直接式

与梁式与板式两种方式不同，直接式无须现场加工场地和安排运输安装车辆，有利于隧道、桥梁部分的施工。由于地面绕组是现场直接安装到混凝土浇筑的导轨侧壁上，需要现场逐个调整安装偏差，并且调整余地较小。其结构如图4-134所示。

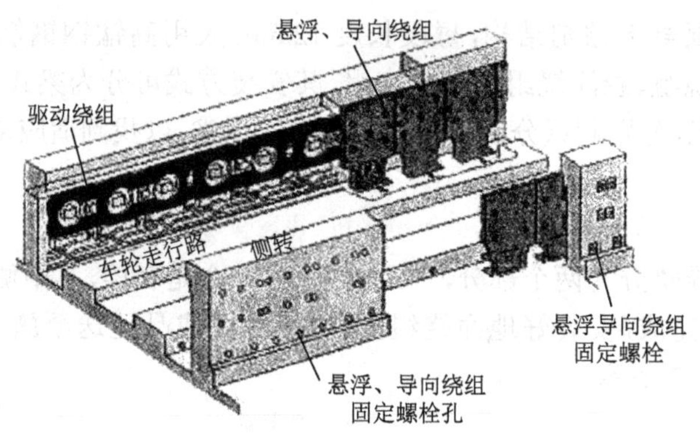

图 4-134　直接式

由于高速磁悬浮轨道精度要求较高，因此在山梨试验线中，主要采用板式安装方式，即在工厂将绕组安装在嵌板上，然后运送至现场安装。

2）地面绕组

超导磁悬浮铁路是在地面绕组与车载超导磁体共同作用下运行的，其中地面绕组起着常规铁路中电机的定子及轨道的作用。地面绕组包含悬浮绕组、导向绕组与驱动绕组，其中悬浮绕组对车辆起悬浮作用，导向绕组主要用于引导车辆沿轨道行驶，驱动绕组作用为驱动车辆前进。在山梨线上，驱动绕组（图 4-135）是独立的，悬浮绕组与导向绕组使用同一绕组（图 4-136）。山梨试验线采用侧壁式悬浮方式，地面绕组安装于“U”形轨道侧壁，在建设初期，采用了对超导磁体干扰较少的双层绕组即驱动绕组外侧设置悬浮和导向绕组，同时，为了降低绕组成本，在山梨线部分区间仅采用了单层驱动绕组。

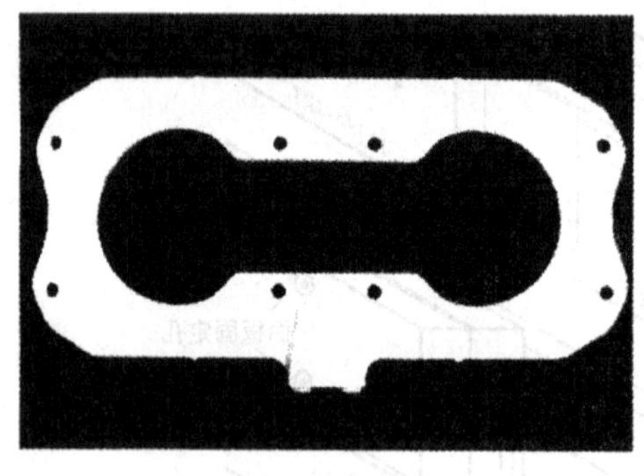

图 4-135　地面驱动绕组

图 4-136　地面悬浮 / 导向绕组

3）道岔

由于日本超导磁悬浮铁路的轨道采用“U”字形结构，其道岔规模比常规铁路大了很多。道岔包含驱动装置、控制装置及固定装置。山梨试验线使用了导轨平移式道岔、侧壁升降式道岔与车辆基地用道岔三种形式的道岔。

（1）导轨平移式道岔

导轨平移式道岔也称高速道岔、横切道岔，适用于车辆在正线方向悬浮高速通过、在侧线方向依靠车轮低速通过的转辙地点。导轨在道岔范围内被分割为多段短的导轨梁，在其连接处安装横向移动动力装置。这种道岔是 ML 日本磁悬浮铁路的主要道岔，这种结构形式也在德国的磁悬浮铁路道岔中使用过。导轨平移式道岔分为油压驱动和电力驱动两种类型，道岔的转换时间在 30s 以内。

高速用的油压驱动道岔利用油压缸推动可移动梁的下部驱动装置，即可转换梁的方向及位置。其原理如图 4-137 所示。由于列车侧向通过时依靠导曲线完成列车的转向，所以为了尽量缩短道岔总长度，导曲线半径为 800m，是正线最小曲线半径的十分之一。因此，为了保障行车安全以及乘坐舒适度，列车在侧向通过时运行速度应低于 120km/h。

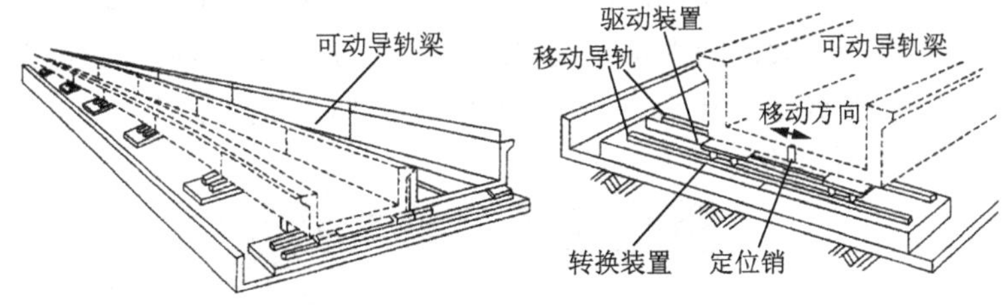

图 4-137　导轨平移式道岔

电力驱动道岔装置长 74m，导曲线线型也为圆曲线，导曲线半径为 600m，略小于油压驱动道岔的导曲线半径。

（2）侧壁升降式道岔

侧壁升降式道岔也称低速用道岔，道岔装置长 68m，铺设在起讫点枢纽正线股道及车辆依靠车轮低速侧线通过的线路分岔地点。位于道岔中部的内侧侧壁上下移动，位于道岔两端的内侧侧壁左右移动则可完成列车运行方向的转换。其原理与普通铁路道岔相似，道岔的转换时间在 30s 以内。如图 4-138 所示。

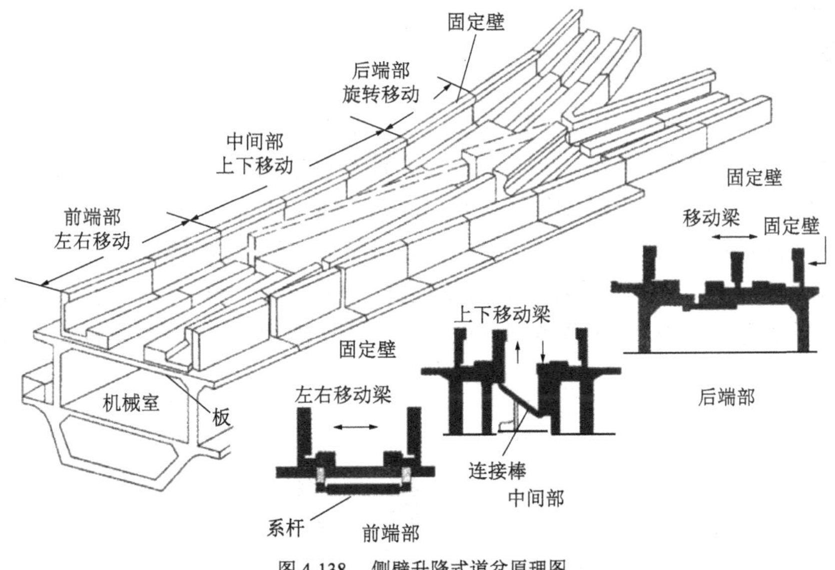

图 4-138　侧壁升降式道岔原理图

（3）车辆基地用道岔

车辆基地用道岔是设置在山梨试验线的车辆基地、列车出入库时使用的道岔。道岔结构较为简单，通过在地面上铺设导向钢轨实现对车辆的导向。

4.4.4 桥梁及隧道结构

1）桥梁

地面段高架桥上的导轨建在桥墩上，桥墩高达 10 ～ 20m，宽 12.7m，上、下行线均设置“U”字形导轨。其结构如图 4-139 所示。

列车通过跨度较大的桥梁时，列车对桥梁施了加静、动荷载，使得桥梁挠度增加，这虽然对低速列车运行过程中的平稳性影响不大，但对高速磁悬浮铁路的影响比较大。为了减少桥梁挠度，降低对列车行驶的影响，山梨试验线进行了大量的试验，比如通过调整悬浮绕组的高度，使得悬浮绕组在桥梁范围内预先设置的上拱度与列车通过时产生的挠度相平衡。

山梨试验线在跨越富士吉田公路时修建了一座大跨度的系杆拱桥（图 4-140），全长140m，就上述问题在该桥上进行了大量的试验。

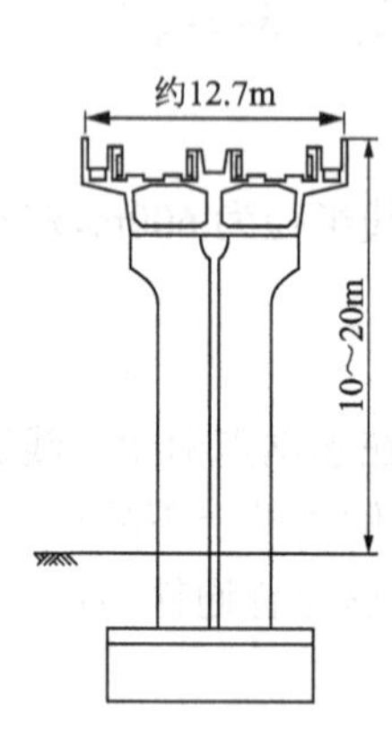

图 4-139　桥梁结构

图 4-140　山梨试验线上的系杆拱桥

2）隧道

山梨高速磁悬浮试验线的隧道断面比普通铁路大许多，隧道宽 12.6m，高 7.7m，隧道净空面积为 $74m^2$。隧道断面如图 4-141 所示。高速行驶的磁悬浮列车在进入隧道时会产生脉冲波，一部分在入口附近辐射，形成隧道进口波，一部分随车辆行进方向传播，并在隧道出口形成微压波，两种波都属于次声波，会对隧道洞口附近建筑物的环境产生严重影响，同时发出的轰鸣声，也会造成乘客耳朵的不适，严重者甚至导致失聪。为解决其带来的问题，除了加大隧道断面面积以外，还在隧道洞口处增加了气压缓冲装置，如图 4-142 所示。

图 4-141　隧道气压缓冲装置照片

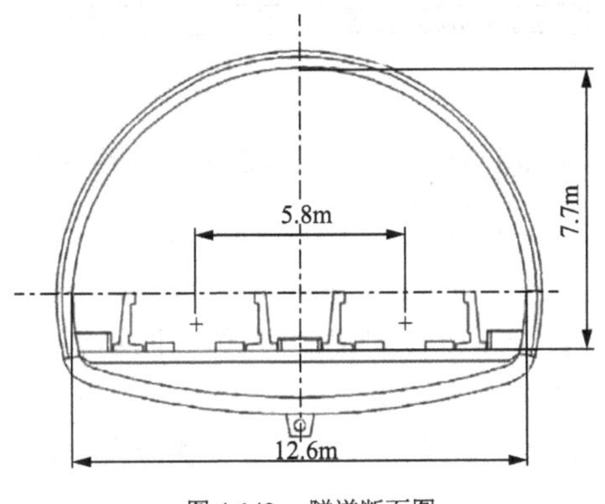

图 4-142 隧道断面图

4.4.5 车辆

日本超导体磁悬浮列车从 20 世纪 70 年代开始研究，由东海旅客铁道（JR 东海）和铁道总合技术研究所（JR 总研）主导，首列实验列车名称为 JR-Maglev MLX01。山梨线试验列车分为第一编组、第二编组、第三编组和新旧车辆混合编组。

1）列车编组

（1）第一编组

第一编组列车为三辆编组，两个车头形状不同，如图 4-143 所示，甲府方向列车车头呈“鸭嘴”形（MLX01-01），东京方向列车车头为流线型（MLX01-02），呈“气楔”形，中间车辆为标准型车辆（MLX01-11）。

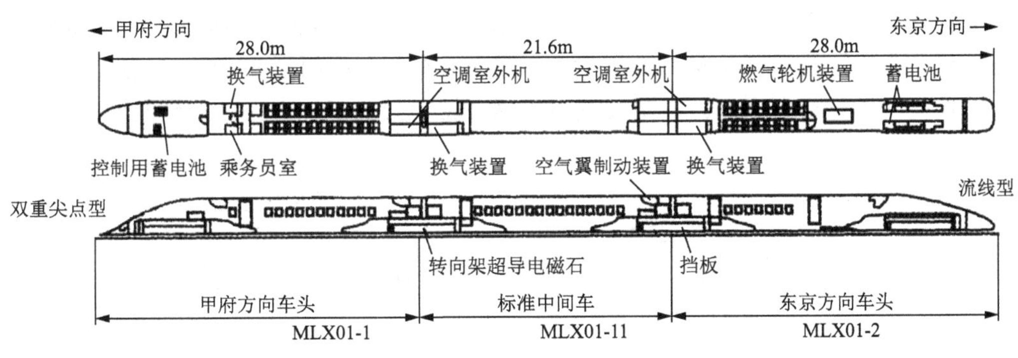

图 4-143 第一编组（三辆编组）列车

“MLX01”型列车三节铰接式车体放置于四台转向架上，整体为三辆编组四转向架形式，转向架设置在车辆连接处。

（2）第二编组

第二编组列车为四辆编组，甲府方向与东京方向列车分别为 MLX01-03 和 MLX01-04，中间车辆为标准车辆（MXL01-12）和加长中间车辆（MXL01-21）混合编组，如图 4-144 所示。

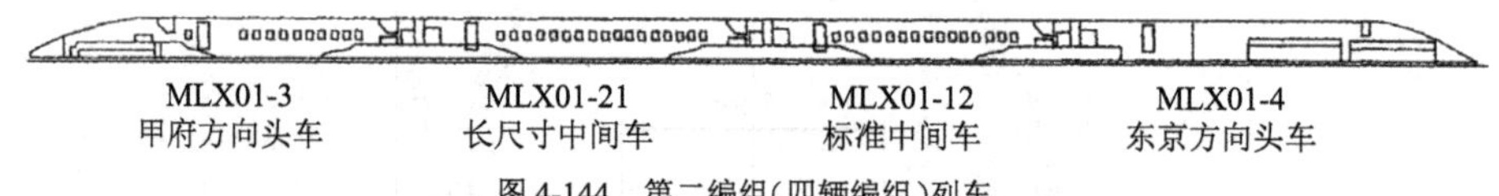

图 4-144 第二编组（四辆编组）列车

列车四节铰接式车体放置于五台转向架上，整体为四辆编组五转向架形式。

自 1998 年开始，第二编组列车在山梨试验线上进行了与第一编组车辆同样的车轮走行与悬浮走行试验。此外，还在第二编组列车上开展了感应发电的试验。

（3）新编组

2002 年 6 月开始，新的试验车辆驶入车辆基地，开始使用新的列车编组并开展相关试验。甲府方向的车头为流线形状更好的列车（MLX01-901），东京方向车头为原先的 MLX01-04，中间车辆为加长车辆（MLX01-22），如图 4-145 所示。

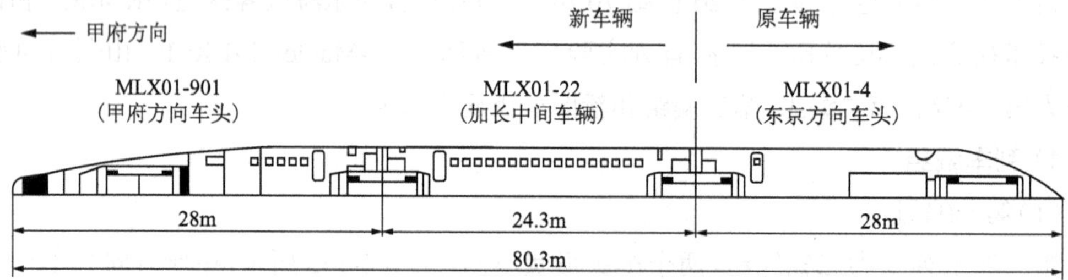

图 4-145 新编组（新旧车辆混合编组）列车

2）车辆

甲府方向列车（MLX01-01）车头长 28m，车体最大宽度 2.9m，转向架部分的最大宽度为 3.22m，列车悬浮行驶时高度为 3.28m，载人时重 29t，车辆断面面积 8.9m2。其他车辆及车头与上述长度与重量略有不同。山梨线试验车辆在转向架及车体中央处的横断面如图 4-146 所示。

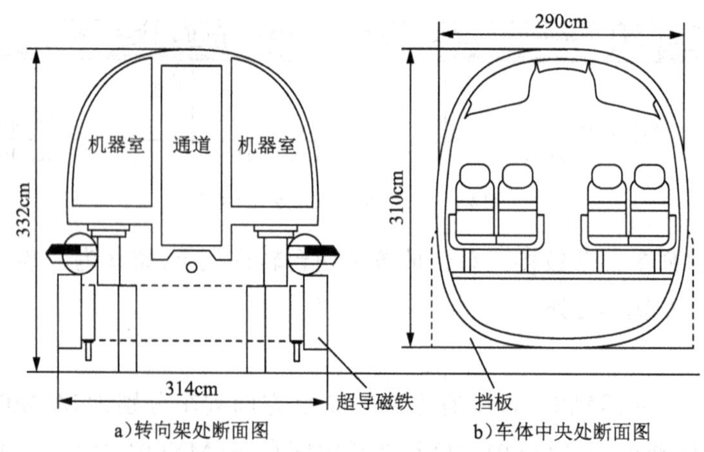

图 4-146 车辆横断面图（第一、二编组）

为减小阻力与噪声，车体外表面尽可能光滑，车窗与车体平齐，同时根据风洞试验的结果，甲府方向列车车头设计为双重尖点（Double Cusp）形状，磁悬浮列车车厢的截面比以往新干线列车的小，高度减少 400mm，宽度减少 500mm，如图 4-147 所示。

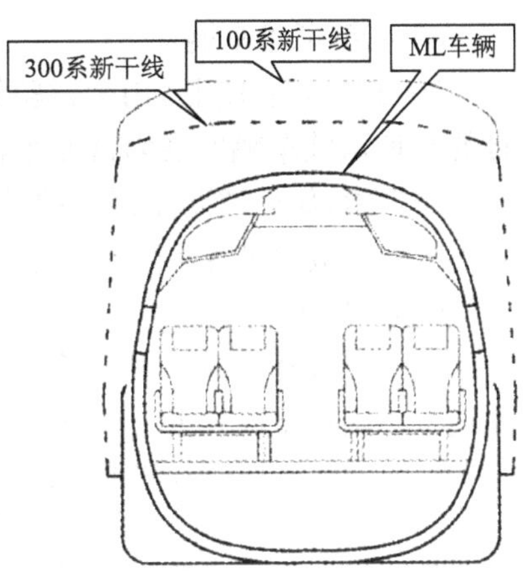

图 4-147　磁悬浮车辆与新干线车辆比较图

3）转向架

列车在车辆连接部设置“连接转向架”。东北新干线的试验车辆与小田急电铁的豪华型车辆均采用过此种形式。这种“连接转向架”与普通转向架相比，可以将超导磁铁设置在远离座位的连接处，将可能对人体有害的磁场隔断，可以降低座席高度，减少空气阻力。转向架的位置如图 4-148 所示。

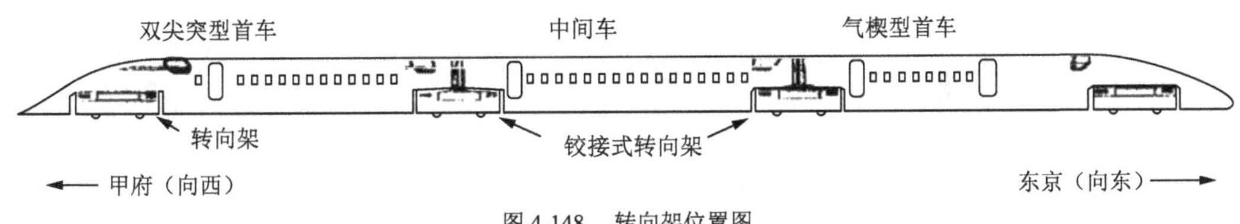

图 4-148　转向架位置图

转向架安装在车辆连接部，具有保障旅客安全、传递动力与减振缓冲等功能。转向架安装有支承轮和导向轮，用于车辆低速行驶使用。转向架构造如图 4-149 所示。当速度达到 120km/h 后，地面绕组与超导磁铁之间通过电磁感应产生悬浮力和导向力，列车开始进入悬浮无接触的行驶状态。

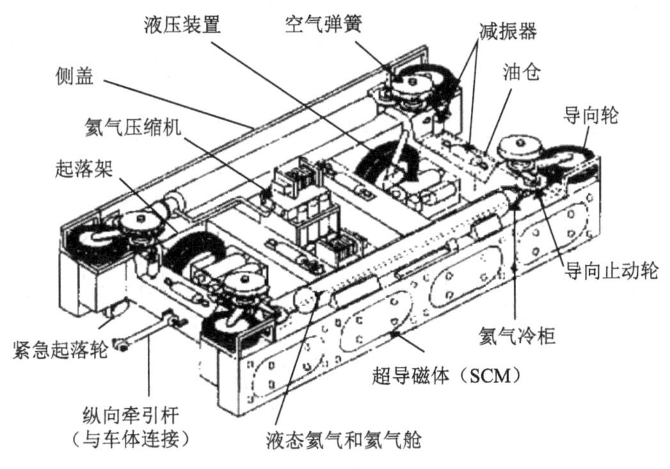

图 4-149　转向架构造图

磁悬浮列车在低速行驶时使用车轮行驶，车轮轮胎由高耐热性、高强度的橡胶制造。当列车出现异常状况，从时速 550km 的悬浮行驶状态紧急着地，进入停车或地上行驶状态，轮胎的性能可满足安全行驶要求。

4）新型试验车辆

2002年6月18日，山梨试验线的新型试验车进入车辆基地，制作这些新型试验车辆的目的是把试验车辆发展为营业车辆。为了验证车辆的性能，新型试验车辆在多方面进行了试验与探索，如车体断面、车头形状、转向架和乘车舒适性等方面，对原来车辆无法获得的运动学特性等数据进行了收集与分析。

（1）车辆形状

为了有效降低微气压波，新型试验车辆的车头采用截面面积变化率较小的车头形状，其流线型特点相比原来更为突出。甲府方向车辆车头的长度增加至23m，如图4-150所示。

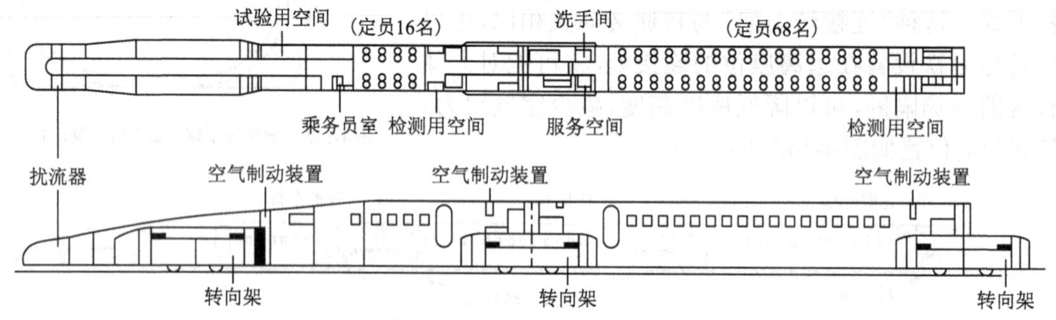

图4-150 新试验车辆结构示意图

超导磁悬浮车辆以500km/h的速度运行，车外会产生较大的空气压力变化，因此车体采用了气密性结构来减小车内空气压力的波动，避免乘客发生耳压增大等不适情况。同时，由于车体内外空气压力差较大，车体承受了较大的荷载，因此从车体强度角度考虑，宜采用接近圆形的车体截面。但由于超导磁铁的影响，采用圆形截面将造成空气的涡流现象，给沿线环境带来不利影响。

因此在新型车辆的车体下部与转向架接近的断形状由过去的圆形变为棱角形，减小了车体中部与车体下部的断面变化率，改善了整体的空气动力特性，如图4-151所示。

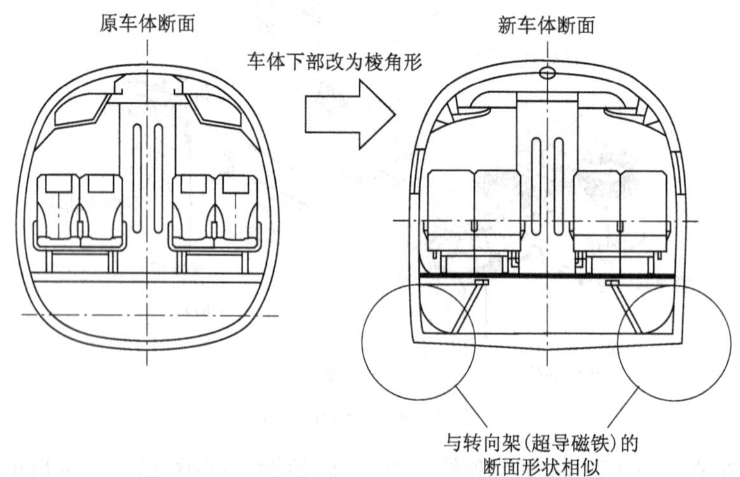

图4-151 新旧试验车辆横断面对比图

（2）改善乘车舒适性

通过对车体内换气设备、空调、盥洗室等装置严格按照轻量化要求进行优化设计，在重量方面变得更轻。

为提高乘客室的静音效果，采取了以下措施：

①侧窗为内、外两层结构；

②车体内装饰板与外板之间配置绝热、隔音和隔绝空气的材料；

③车体内装饰板粘贴防振板。

此外，侧窗、隔音绝热材料的厚度等参数均考虑了车体外部的噪声频率，利用理论分析与模拟车体外板的声音穿透试验得到最优方式。通过以上防噪声措施，当车辆在隧道内的运行速度达到 500km/h 时，噪声减小了 3dB（A）。

（3）转向架改进

转向架构架采用铝合金焊接结构，为了确保轻量化和可靠性，使转向架拥有合理的结构和良好的焊接质量，采取了以下措施：

①尽可能减少焊接点数量；

②焊接处尽量不设置在高应力处；

③采用两面焊接；

④严格控制焊接环境，保证焊接质量。

（4）车厢

为了减少列车高速运行时的空气阻力、确保行驶安全，重点从提高空气动力特性角度出发，研发了理想的列车两端车辆与中间车辆。新型试验列车不仅要确保投入使用后大量运输需要的座位数量，还要考虑到列车安全舒适旅行的特点。为了给乘客提供安心乘车感觉，列车内部装饰以柔和为主题，尽可能使用了光滑曲面造型，并在部分车辆内采用了日本传统的和纸花色，将未来感和传统融于一体。车辆的外形设计以浅白色为基调，以深蓝色线条为陪衬，与城市及沿线风景相协调，设计充满未来感。

（5）改进后的超导磁铁

超导磁铁装置是新试验车辆的核心部分，是磁悬浮铁路系统中最关键的技术，山梨试验线的立车超导磁铁性能相比宫崎试验线有了很大提升。超导磁铁在产生磁场后，受到从悬浮绕组的悬浮力、驱动绕组的驱动推力与导向绕组的导向力，从而使车辆在超高速状态下悬浮行驶。

新型车辆的超导绕组由内槽、外槽及车载制冷机组成，车载制冷机装有冷却用的液体氦，其构造如图 4-152 所示。

超导磁铁绕组位于细长的收纳装置内，将其浸入车载制冷机内的液体氦中，冷却到零下269℃时进入超导状态。受外界环境与运行时产生的热量影响时，车载制冷机中的液体氦会逐渐蒸发为气体，通过改良车载制冷机，将蒸发的气体氦回收到液体氦状态，可实现循环利用。

超导磁体的失超问题是影响列车正常运行的关键因素，因日本超导磁悬浮系统的超导磁体没有冗余设计，为保证磁悬浮列车的使用效率，要求超导磁体具有很高的可靠性。研发人员通过计算机模拟、电磁加振试验等方法，经过近十年的研究，得到失超现象的发生机制，从根本上消除了失超的可能性，在以往试验运行中存在的失超问题得到了较好改善，超导磁体平均无故障工作时间已达到 10 万 h 以上。

山梨试验线的试验车安装了三家公司提供的超导磁铁，截至目前均未出现失超现象，超导磁体失超现象的解决使超导磁悬浮铁路向实际应用迈出了坚实的一步。

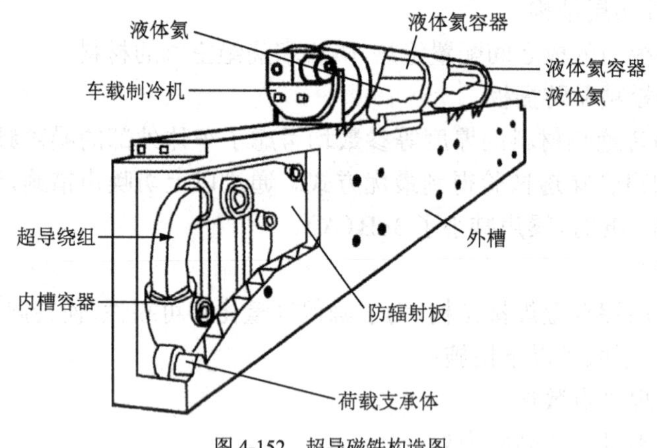

图 4-152 超导磁铁构造图

（6）制动装置

山梨线试验车辆的制动装置为电力再生制动装置。为保障从高速到停车的各级速度范围都具有稳定的制动力，车上还装有两类其他制动装置：车轮盘形制动装置与空气翼制动装置。

车轮盘形制动装置制动盘的能量吸收能力较强，可实现全自动制动及防抱死制动，当系统检测到车轮滑动或空转时会进行自动控制以减弱制动力，当滑动或空转停止后可自动恢复至原来的状态。

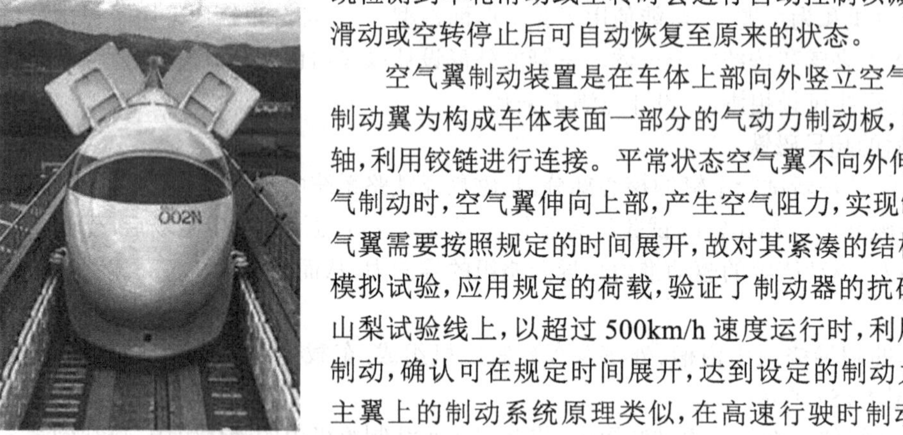

图 4-153 车辆的空气翼制动

空气翼制动装置是在车体上部向外竖立空气制动翼，空气制动翼为构成车体表面一部分的气动力制动板，以枕木方向为轴，利用铰链进行连接。平常状态空气翼不向外伸出，当需要空气制动时，空气翼伸向上部，产生空气阻力，实现制动效果。空气翼需要按照规定的时间展开，故对其紧凑的结构进行了制动模拟试验，应用规定的荷载，验证了制动器的抗破坏性能。在山梨试验线上，以超过 500km/h 速度运行时，利用制动器进行制动，确认可在规定时间展开，达到设定的制动力。这与飞机主翼上的制动系统原理类似，在高速行驶时制动效果比较明显，如图 4-153 所示。

4.4.6 车辆基地

日本山梨试验线在先行区间的东端修建了车辆基地，基地主要负责车辆的日常检查、保养、超导磁铁检修等相关工作。超导磁铁中的超导绕组平时浸在液体氦中，在液氦的冷却作用下可进入超导状态工作。受外界环境和列车运行产生的热量影响，液氦容易气化，因此在车辆基地要将气化产生的气体氦进行精制液化回收，实现再利用，发挥超低温车辆基地的作用。

4.4.7　供电及控制

日本超导磁悬浮铁路供电及控制系统主要包括变电站、变流器、运行控制系统与控制中心。以下重点介绍变电站、变流器及运行控制系统。

1）变电站

试验线专用变电站占地面积 3.5 万 m^2，于 1995 年 10 月在都留市小形山建成，内含接受电力设备及变电设备，由东京电力公司供电。接受电力设备为常用与备用双路，电压 154kV，主变压器容量 60MV·A。

超导磁悬浮铁路变电站与普通铁路变电站相比存在较大差异，其输入电流及频率需随列车运行控制的要求及时进行变化，实现列车无人驾驶运行。对高速驶入车站停车的列车，变电站需要改变输入电流的相位及频率，使列车准确停靠在设定的位置。

为保证列车安全、准确地运行，将驱动绕组按一定间隔进行分段，按列车的位置切换供电开关，保证前后列车的运行安全。

2）变流器

变流器控制单元的作用是完成变电站的电力转换。变流器控制单元主要包括整流器、逆变器和中间直流环节。首先利用整流器将交流转换为直流，然后通过逆变器将直流电转换为频率、相位与幅值可控的三相交流电，经输出变压器给列车提供供电。

山梨试验线在南、北线分别装有 3 组变流器，提供 20MV·A、38MV·A 的电力。电力通过该变流器转换为控制列车速度所需的频率。为调节列车运行速度，南线的频率范围为 0 ～ 46Hz，对应的列车速度为 0 ～ 450km/h；北线变流器提供的电力频率范围为 0 ～ 56Hz，对应的列车速度为 0 ～ 550km/h。

3）运行控制系统

山梨试验线运行控制系统可分为三个子系统：集中控制子系统、沿线分散控制子系统和车上移动的控制子系统，其整体结构与德国 TR 系统较为相似。

集中控制子系统即为控制中心，负责控制和监视整条线路；沿线分散控制子系统负责控制与监测相应供电区段的线路和列车的运行情况，并受控制中心控制；车上移动的控制子系统对车上的重要设备和系统进行监控。

4.5　韩国仁川机场线

4.5.1　概述

韩国开始磁悬浮铁路研究较晚，直到 1985 年才开始低速常导 EMS 磁悬浮铁路的研究，并推出两种试验车。

1993 年曾在大田世界博览会上展出一辆载人磁悬浮试验车和 520m 试验线，车长 18m、重 28t，有 40 个座位。磁悬浮车试验线速度达到 60km/h。

韩国磁悬浮车的结构和尺寸都与日本的 HSST-100 型磁悬浮车相近。在此基础上韩国还对汉城（现首尔）—釜山的高速客运线是采用磁悬浮系统，还是轮轨系统进行了论证，最后决定引进法国 TGV 轮轨高速铁路，从而一度停止磁悬浮铁路的研究开发和技术引进。

2005 年，韩国铁路车辆企业 Rotem 和韩国机械研究院共同开发的磁悬浮列车在 1.3km 长的线路上成功运行，最高速度 110km/h，载客量 135 人。

2006 年韩国开始发展第三代磁悬浮车辆并着手仁川机场线的前期研究，2006 年获土地等相关部门批准，2007 年开工，2012 年竣工投入试运营，总投资 3.6 亿美元，由韩国政府、仁川市及仁川机场公社和现代铁路公司共同融资。全线 6.1km，设置 6 座车站，最高时速 110km，全程大约需要 15min；2013 年 9 月开通后，因为运行中的各种问题而停运，直至 2016 年 2 月正式开通运营。

仁川机场线线路规划示意图如图 4-154 所示。

图 4-154　仁川机场线线路规划示意图

全线（图 4-155）均为高架线，共设 6 座车站，一座车辆基地，连接机场和机场生活区，途经地均为繁华市区。

图 4-155　仁川机场线

4.5.2　行车组织及运输能力

行车组织及运输能力：设计高峰小时最小行车间隔为 6min，平峰时段行车间隔为 15min，区间最高运行速度 80km/h，单程运行时间 15min，开行之初，9：00—18：00 全天开行 71 对车，全天共计运输乘客 42600 人。

4.5.3　列车选型、编组及参数

两辆车编组成列；车辆参数：车辆宽度 2.7m，车辆长 12m，高 3.45m，每车 4 转向架；最大载客量 230 人，两辆编组总长度为 24m；空车重 19t/ 车，满载 26.5t/ 车。

列车加减速度：最大加 / 减速度为 1.1m/s²。

最大减速度：正常运营为 1.11m/s²。

紧急制动减速度为 1.25m/s²。

最大运营速度：设计最大速度 110km/h，运营速度 80 ～ 100km/h。

4.5.4 线路轨道及道岔

线间距 4.5m；线路最大坡度 70‰，平面最小曲线半径 50m，最小竖曲线半径为 1500m；轨距为 1.85m；正线在仁川机场站设置铰接的交叉渡线，还设置有两处两开道岔和一处三开道岔。车辆段设置有两处两开道岔，四处三开道岔。仁川机场线道岔如图 4-156、图 4-157 所示。

图 4-156　仁川机场线道岔（1）

图 4-157　仁川机场线道岔（2）

梁型采用轨道梁结构，两线间用细梁连接，中间架设维修疏散通道（图 4-158、图 4-159）。其中电缆线等架设于维修通道下，通信线缆埋设在轨道下。桥梁基本孔跨主要采用 30m、35m 两种形式，其中跨度 30m 的梁居多，主要考虑缩短工期，运架梁便捷。道岔梁采用槽形梁的形式。

图 4-158　仁川机场线轨道梁结构（1）

图 4-159　仁川机场线轨道梁结构（2）

4.5.5 车站与维修基地

车站（图 4-160）：全线设置 6 座车站，包括仁川国际机场站、长期停车场、合同厅舍、百乐达斯城、水上公园站、龙游站，为高架两层站或三层站。

车辆段（图 4-161）：仁川机场线车辆段设置在龙游车站附近。

车辆段出入库采用全自动控制，出库时在检查线停车检查，实施车门开闭等检验后再进入主线；所有入库车辆按照自动控制系统指令，通过停车线入库，次日按照程序有序自动出库。需要检修的车辆在进入检修场时需要将自动驾驶转换为人工驾驶。

图 4-160　仁川机场线车站

图 4-161　仁川机场线车辆段

4.5.6 供电及控制

供电：车辆动力使用（DC）1500V 直流电，车载 1 台逆变器控制 10 台直线电机；车下供电设备要求确保最低电压在 1100V 以上，以保障车辆的稳定运行。此外，为了回收、利用车辆的再生电力，设置了再生电力处理装置；供电轨设置了铝质导体，弯曲部分使用了不锈钢复合体导线；在道岔范围内设置尖轨，尖轨尖端，供电轨采用上下搭接的方式连接，保证正常供电。接触轨（图 4-162）在桥梁两侧，采用 T 型接触轨，有横向调节装置，配合轨道超高设置完成列车过弯要求。

图 4-162　接触轨

信号及列车测速定位：韩国机场线采用 ATO 系统运行，最短运行间隔可达 90s；采用无人驾驶自动运行，司机室也设置有手动驾驶设备；ATP 系统具有车辆监测、车速计算并传输轨道信息；ATS 具有监测、管理和控制车辆的运行。信号系统包括地面信号系统和车载信号系统。

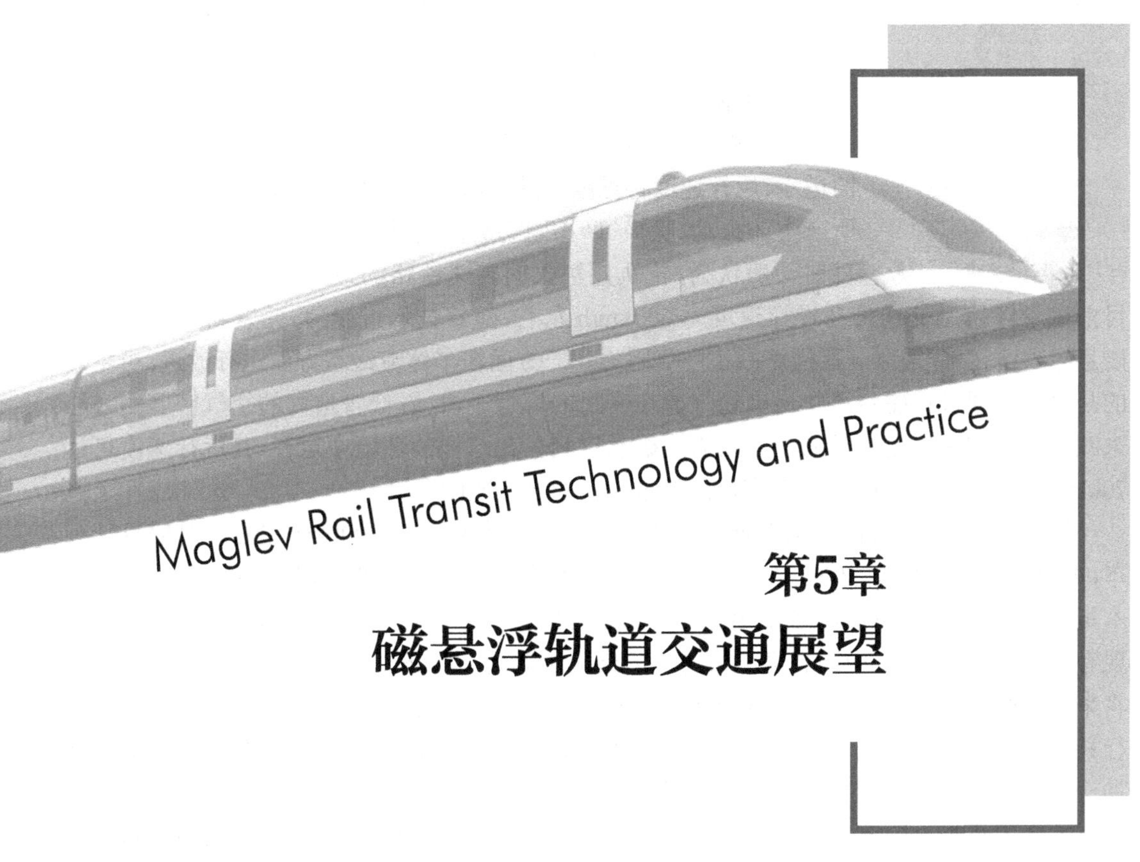

第5章 磁悬浮轨道交通展望

5.1 磁悬浮轨道交通优劣势分析

5.1.1 磁悬浮轨道交通优势

磁悬浮技术之所以能够成为目前世界的先进技术，是因为它向世人展现了强大的技术优势潜力，未来它具备着超越轮轨系统的能力。高速、安全、舒适、节能、环保五大优势（图 5-1），决定它成为一种全新的现代交通工具。

图 5-1　磁悬浮轨道交通优势

1）高速

高速铁路目前的最高运行速度为 350km/h 左右，随着将来技术的进步，运行速度将继续提升。由于高速铁路仍采用轮轨接触方式，所产生的振动、噪声、摩擦阻力会随着速度的增加呈非线性增加，故目前一般认为，轮轨接触式的高速铁路的最高运行速度存在极限。目前磁悬浮轨道交通最高设计速度为 600km/h 左右，随着技术进步，将开发新一代超高速磁悬浮铁路技术，采取一些措施减小空气阻力。一方面在车体流线型方面进行改进，更主要的是将来可通过将磁悬浮轨道交通修建在密封的管道之内、降低管道内的空气密度的方法来减小列车超高速运行时的空气阻力。磁悬浮列车在这样的环境中运行，其运行速度可达 700km/h 飞机的飞行速度，甚至有可能超过飞机的飞行速度。

行程时间方面，目前中国普通铁路半日到达的距离范围为 1000km 左右。对磁悬浮列车，如果其运行速度按 500km/h 考虑，则其直达列车半日到达的距离将达 5000km 以上，基本覆盖中国全国的范围，即在全国范围内依靠陆路运输工具可以实现半日到达的目标。按现有铁路线里程计算，中国省会城市之间的最大距离为 5062km（哈尔滨至乌鲁木齐），假如将来在这两个城市之间修建速度 500km/h 的磁悬浮轨道交通，直达列车在这两个城市间运行只需要 11h。当然，若考虑将来在一些中途大站停车等因素，磁悬浮列车的运行时间会增加一些，但同时由于磁悬浮轨道交通的实际运行线要比既有铁路线缩短，故实际运行时间不会有太大的增加。因此将来依靠磁悬浮轨道交通，可以在中国全国的范围内实现半日到达的目标，这将使轨道交通的竞争力大幅度提高。将来在磁悬浮轨道交通成网以后，人们的长距离出行将可能主要依靠磁悬浮轨道交通。

2）安全

从安全角度来说，虽然磁悬浮列车时速高，但其运行过程中，车体抱着轨道行驶，不存在脱轨风险；轨道分上行和下行两条线路，车辆循环运行，在不同轨道上行驶，不会发生对撞；车站末端最端头轨道设计通常会安装短路线圈，即使列车失控行驶至此区域也会产生反向电磁阻力，保障了列车不会冲出车站；列车的悬浮、导向和驱动系统都是模块式的，配备自动诊断系统，所有重要的子系统和部件均采用冗余技术，个别部件故障并不会导致整体系统运行故障。此外，磁悬浮列车通常采取自动控制系统，按照已存储的行车时刻对运行程序进行中央自动化控制，避免了司机误操作造成的风险。综上，随着磁悬浮技术的不断完善，磁悬浮轨道交通将会更加安全。

3）舒适

相对于传统交通工具，成熟的磁悬浮轨道交通运行更加平稳。轮轨交通工具为集中荷载，整个列车的重量都压在轮子上，在力学角度属于点支撑。磁悬浮列车对于轨道来说是面支撑，其重量分散在整个列车的底部，对轨道的冲击很小。这种分散形成的荷载是舒适性的一个重要保障，给乘客带来最直接的感受就是乘坐时觉得运行非常平稳。

对于不同的交通工具，喷气式飞机起飞距离 200m 处噪声约为 130dB；高速列车以速度 200km/h 驶过，距离 25m 处噪声为 85dB；轻轨列车以 60km/h 驶过，距离 25m 处噪声为 80dB；磁悬浮列车以速度 200km/h 驶过，距离 25m 处噪声仅为 73dB。因此，磁悬浮轨道交通对外界噪声影响最小。此外，磁悬浮列车车厢为全封闭设计，且无车轮与轨道的接触，因此内部噪声相对较小，为乘客提供了一个安静的空间。

4）节能

据日本运输省的报告，汽车、铁路、航空、船舶等交通运输行业的能量消耗量占日本全国消耗量的 24‰，交通运输行业内的能量消耗量比例为道路占 87‰、铁路与水路各占 5‰、航空占 3‰。可见铁路的能量使用效率远远优于道路。

磁悬浮轨道交通与通常的铁路相比增加了磁铁、超低温冷却等额外能量消耗，而且超高速行驶需要消耗更多的能源。但是，未来其速度高于高速铁路，从运行时间的短缩及经济效益等方面综合考虑，可以说磁悬浮列车是节能型的运输工具。

5）环保

我们生活的地球正面临巨大的危机，氟气体、二氧化碳的增加、热岛问题严重等加速了地球的温室化。地球中二氧化碳浓度正在大幅度增加，温室效应逐渐严峻。在所有的高速交通方式中，磁悬浮铁路的二氧化碳排放量是最低的。磁悬浮铁路在 400km/h 的速度运行时二氧化碳的人均排放量只相当于公共汽车，只比轮轨系统铁路增加 1 倍，远远低于小汽车和飞机的排放量，发展磁悬浮铁路，可以达到既能快速输送旅客，又减少二氧化碳排放量的目的。

5.1.2　磁悬浮轨道交通技术不足

客观看待磁悬浮轨道交通技术，不仅要看到这种交通制式的优点，也要敢于正视其存在的技术难题与不足，总结试验线及运营线路暴露出的各种不足或缺陷，进行深入研究，考虑解决办法，只有这样才能使磁悬浮轨道交通系统不断完善，得到更为长久的发展。

结合目前国内外投入商业运营的线路，尤其是国内运营的三条线路，不难发现，尚存在以下不足。

（1）尚未形成完善统一的技术标准

目前的磁悬浮交通还处于工程化应用的起步阶段，很多技术标准不统一。这些标准参数不统一，造成很多弊端，包括：不利于互联互通，不利于市场良性竞争，不利于产业标准化，不利于后续的升级改造，不利于久远发展。

①车辆制造标准不统一。车辆构造和参数不同，不同车辆厂生产的车辆在车辆宽度、车辆长度、重量等基本参数上有区别，车辆车门的设置有单门、两门和三门，车辆座椅有横排座和纵排座椅布置，车底的转向架数量也有不同，有四转向架和五转向架。

②轨道宽度标准不统一。轨道宽度不统一，目前韩国和日本磁悬浮线路的轨距为分别为1.7m、1.85m；我国目前包括试验线在内有三种不同的轨距，包括1.86m、1.9m和2.0m；磁悬浮轨道交通系统无法与既有铁路网和城市轨道交通网连通，只适应于点对点的直通客流。

③车地通信的方式不统一。运行控制系统的核心部件车地通信方式也有不同，如北京S1线运控系统采用了基于交叉感应环线车地通信的移动闭塞（CBTC）系统，而长沙机场线采用计轴+应答器+局部连续通信设备构成的点-连式ATP信号系统方案。车地通信的方式尚未形成标准的技术体系，不利于资源共享。

（2）初期建设投资较高

从建设费的工程费用看，北京S1线约为每公里3.6亿元，长沙机场线约每公里2.5亿元，都比相应规模及功能的轻轨要高。目前磁悬浮轨道交通造价较高的原因主要有以下几个方面。

①车辆、道岔、轨排等造价高。S1线车辆长度约15m，车辆购置费约1000万元，较轮轨B型车高；单开道岔每组约650万元，更比普通轮轨高很多；轨排每公里的造价近3.5亿元，比普通轮轨每公里轨排造价高约1.0亿元。

②土建桥梁的结构标准高。作为地面高架线，桥梁结构的参数选择是影响线路造价的主要因素，主要表现在桥梁的挠变参数：比如磁悬浮轨道交通中单梁设计的竖向挠跨比，日本采用1/1500，韩国采用1/4600，我国之前的试验线上也使用过1/2000或1/2400，但在正式运营线上都采用了比上述值更保守的数值（北京S1线单梁的竖向挠跨比采用的是1/3800，而长沙线采用的是1/4600）。理论上，桥梁的设计刚度越大，则线路轨道在运行中越平稳，也可以避免车辆颤动和振动，但造价增加较多。此外，从已经建成投入运营的线路来看，桥梁结构都还没有尝试标准化、模块化，都采用的现场浇筑的方式，现场施工的时间长，施工的成本比较高。

（3）尚未完善的技术问题

从现已运营的线路看来，目前磁悬浮轨道交通技术仍存在部分问题有待完善。车辆类问题，如车辆转向架辅助构件断裂、车辆制动片磨损严重需要频繁更换、车辆电磁铁过热着火事故、车辆未设计受流器自动起复功能等。轨道类问题，如导轨与轨枕连接螺栓强度不足，不能承受磁悬浮交通复杂的应力，疲劳断裂或被拉断；轨枕与支撑块之间的连接螺栓扭矩不足或扭矩过大引起松动，难以更换等。供电及接地类问题，如车辆在区间运行时车辆与轨道间的电位差导致列车底部打火、轨排烧灼受伤；区间接触轨在冰雪天气形成冰冻层，车辆不能正常受电等。场段通风问题，如场段内车体与轨道摩擦产生磁粉较多，通风风速不宜过大带来的换气降温等问题。

5.2 磁悬浮轨道交通新兴技术及发展趋势

5.2.1 磁悬浮空轨 Sky-Tran 系统

Sky-Tran其实就是在城市上空建造一个空中轨道，然后利用磁悬浮技术，打造一个小型化、个人化的交通运输系统。同传统轻轨或者地铁服务不同的地方在于，Sky-Tran没有固定的运行时刻表或者站点，而是通过打造一系列临时出站口的方式，方便预约这一“用车”服务的乘客上下车，打造一个小型化、个人化的轨道交通运输系统。Sky-Tran 采用磁悬浮的方式在离地面大约 6m 的轨道上运行，每辆车可以搭载 2 人。整个系统由一套复杂的计算机网络控制，乘客通过智能设备预订列车，预定之后，Sky-Tran 会到特定的站点接上乘客并以每小时 70km 以上的速度将乘客送达目的地。

磁悬浮空轨 Sky-Tran 系统效果图和模型分别如图 5-2、图 5-3 所示。

图 5-2　磁悬浮空轨 Sky-Tran 系统效果图

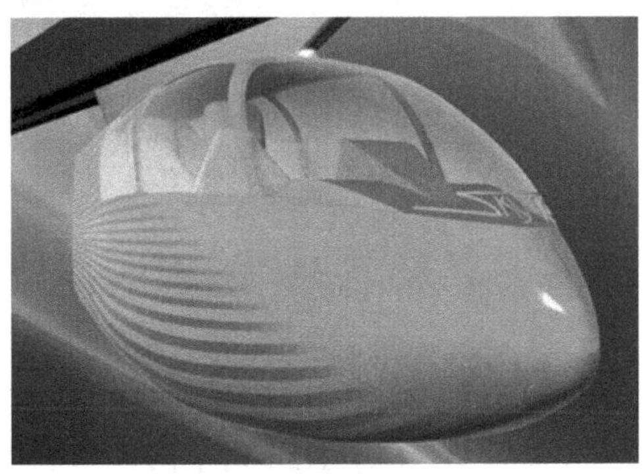

图 5-3　磁悬浮空轨 Sky-Tran 模型

Sky-Tran 是一种高速的、低成本的、悬空的个人快速运输系统。Sky-Tran 运输网络由计算机控制，以一种快速、安全、绿色、经济的方式输送乘客。Sky-Tran 很可能对公共交通领域包括市域内和郊区间的通勤交通方式带来革命性的变化。个人快速运输（PRT）是未来交通的发展方向。PRT 系统已被证明是最方便、安全、高效的公共交通方式。它是“个人的”，因为每辆车是私人的、舒适的并且只包含 1 个或 2 个乘客。它是“快速的”，因为基于乘客出行需求的车辆将采用快速、有效的方式，直接把乘客运送到目的地，同时避免交通拥堵。

Sky-Tran 是在借鉴吸收前两代 PRT 系统教训基础上开发的“下一代 PRT 系统”。前两代均采用轮轨系统，是 PRT 系统设计的主要缺陷。因轮轨与导轨的摩擦、磨损和周期性损坏，轮轨维修便成为一个主要的运营成本。此外，轮轨系统的使用会限制最高安全速度，导致列车只能局限在本地区范围内开行。Sky-Tran 通过使用磁悬浮代替轮轨系统解决了这个问题，在 Sky-Tran 磁悬浮系统中，列车和导轨之间没有物理接触，也就没有磨损或故障。测试表明，Sky-Tran 磁悬浮系统的最高安全运行速度可达 240km/h。

磁悬浮列车技术主要包括有源磁悬浮技术和无源磁悬浮技术。有源磁悬浮系统最好的例子是德国西门子公司生产的 Transrapid 磁悬浮。无源磁悬浮系统的例子是劳伦斯利弗摩尔国家实验室的 Inductrack 系统。还有结合这两种技术的磁悬浮系统，如 Magne-Motion 研制的 M3 系统，在导轨上使用永久磁体，通过电磁体调节磁体的磁场强度；日本山梨系统在类似 Inductrack 系统的电感配置中使用大型超导电磁体，超导电磁体的显著特点是它可以在更大范围内产生高强度的磁场。由于这一原因，山梨系统运行的列车和导轨之间的间距可达 100mm。Sky-Tran 是“下一代磁悬浮系统”，当配备了经过测试被证明是高性能的线性同步电机，它可以达到的最高安全运行速度为 240km/h，允许在地区、区域和国家范围内建设使用。模块化设计保证了部件安装、监测和更换的方便，从而提供了更大的安全空间。同时，它提供了比交流电网更高效的电力管理系统，避免了交流电网采用降压变压器和高压线路损失的不足。

磁悬浮空轨 Sky-Tran 列车如图 5-4 所示。

图 5-4　磁悬浮空轨 Sky-Tran 列车

相对于传统交通方式，磁悬浮空轨 Sky-Tran 系统具有如下优势。

（1）高容量。Sky-Tran 列车由计算机控制，每辆车可以容纳 2 人；Sky-Tran 的基础网络是可扩展的，故它的运输能力也可以说是没有限制的。如果客流需求增加，可以在网络上安装更多的轨道、增加更多的列车以满足客流需求。先进的 Sky-Tran 计算机网络通过计算机确定列车的最佳间距和速度，以安全、有效的方式来处理大量乘客同时乘车的问题。

（2）快速。Sky-Tran 交通网络不会出现交通拥堵的情况。计算机控制系统会提供最优的 Sky-Tran 列车间距，同时可以确定最快的路线，并且保证列车高速运行。列车以无缝的、零中断的车流进入和退出 Sky-Tran 网络，车站也设计成便于乘客快速乘降。

（3）基于旅客需求。其他形式的公共运输方式都是基于列车时刻表运行，Sky-Tran 却是基于用户需求。当乘客准备出行时，用智能设备来预约列车。当选择的列车到达后会直接将乘客送达目的地。Sky-Tran 与火车、公共汽车、轻轨、地铁不同，它没有固定的路线和停车站，同时 Sky-Tran 的另一优势是无须等车。

（4）灵活。Sky-Tran 无论对单人或 2 人一同出行，性价比都很高。对于想要去同一目的地的家庭来说，几辆 Sky-Tran 列车可以通过计算机而编组在一起，从而使整个家庭不分开。同样，出去购物的乘客可以订购一辆紧随其后的货车来装载货物。便捷的 Sky-Tran 车站可以设置在需要的任何地方，车站的设置对周围环境或居民产生影响很小。流线型的车站可以安装在空中、地面或地下，甚至可以安装在建筑物内。

（5）低成本。传统公共运输系统（如铁路和轻轨）需要大量的基础设施，耗能高、成本高。传统公共运输系统的建设、维护和运行的成本是 Sky-Tran 的几百倍。即使是高速公路，每公里的建设成本也是 Sky-Tran 的十几倍。Sky-Tran 轨道可以安装到现有的道路和步行街上，对社区、企业和居民的影响可以实现最小化。低成本和快回报使得 Sky-Tran 成为首选的公共交通运输系统。

（6）安全。Sky-Tran 只允许通过计算机系统识别的乘客上车，未经授权的人会被拒之门外。然而，即使恐怖分子进入到 Sky-Tran 车内，他们也只能在自己的车内对自己进行伤害。

在紧急情况下，Sky-Tran 列车将开启内置的快速停避装置。如果发生电力故障，每辆车都有车载电源保证将乘客安全送到最近的车站。

（7）绿色。Sky-Tran 采用先进的磁悬浮推进器，是公共运输中最节能的方式。驱动 Sky-Tran 几乎没有污染，它不需要太多的电力来供能。运营 Sky-Tran 磁悬浮列车的电力几乎可以完全由太阳能等清洁能源获得。电磁体、轨道和车辆为使用太阳能电池板提供了一个理想的平台。

随着科学技术的不断发展，轨道交通技术也呈现出多元化的发展趋势。我国人口众多，磁悬浮技术不仅适合城际间长距离运输，也适合市域内交通领域。面对我国拥堵的城市交通情况，借鉴国外个人快速运输磁悬浮系统的发展经验，对我国刚刚起步的磁悬浮技术的应用具有积极的作用。

5.2.2　低真空管道高速磁悬浮系统

无论是轮轨式还是磁悬浮式，当车辆处于开放空间大气环境下运行时，均要面临巨大的空气阻力（与速度的平方成正比）和噪声（与速度的 6 ～ 8 次方成正比）问题，尤其当速度超过 400km/h 后，空气阻力占列车运行总阻力的 80‰以上，从而给商业运营带来经济性和环保的挑战。因此，为获得更高的经济运行速度，在利用磁悬浮技术减少轮轨摩擦、振动的基础上，构建低真空运行环境以减小空气阻力和噪声是未来更高速度轨道交通技术发展的重要方向。

低真空管道高速磁悬浮系统是使高速磁悬浮列车（铝和碳纤维材料或其他高强度轻型材料制成密闭车厢）在密闭管道中运行的一种交通工具。其将管道架设在离地面一定高度或埋设在地下，并将管道内抽成低真空，管内空气压力约为海平面大气压力的几百分之一，甚至千分之一。低真空管道高速磁悬浮系统结合了真空管道技术和磁悬浮列车技术，采用该种方式，不存在轮轨动力学问题，也不存在弓网动力学问题，甚至高速磁悬浮铁路面临的巨大空气阻力问题也几乎不存在。因此，低真空管道高速磁悬浮系统可以相对经济地实现地面交通时速 600km 以上的运行速度。

低真空管道高速磁悬浮系统的不足主要包括三个方面。一是作为与轮轨高铁技术迥异的高速交通系统，不能与国内已建成的长达十余万千米的铁路联网运行。二是受高速磁悬浮道岔及相关技术的制约，列车追踪间隔时间较长，影响列车运行效率。但上述不足主要是基于与轮轨高铁竞争为出发点提出的，随着低真空管道高速磁悬浮系统相比于轮轨高铁运行速度的大幅度提高，其对现有交通方式的补充将在很大程度上强化和提升既有交通运输体系的能力与功能。三是部分低真空管道高速磁悬浮系统技术尚未成熟，目前仍处在研究阶段，尚未形成完整的技术体系。低真空环境的实现、维持技术、特殊地段处理技术以及救援技术等，仍处于研究阶段，尚未得到实际应用，其关键技术体系仍需进一步完善。

低真空管道高速磁悬浮系统（图 5-5）是轨道交通领域面向未来的颠覆性技术，它既是一个超大型的系统工程，也是一个复杂巨系统，具有投资和工程规模浩大、技术难度大、层次和接口关系复杂、涉及学科领域众多，同时社会效益和经济效益巨大的特征。发展低真空管道高速磁悬浮系统具有重要的意义。

图 5-5 低真空管道高速磁悬浮系统

①发展低真空管道高速磁悬浮系统是引发交通运输方式变革的重要举措。

低真空管道为密闭环境，受暴风、雨雪等恶劣天气影响较小，列车运行可靠性高，车内和外界噪声小。低真空管道高速磁悬浮系统比飞机具有更大的载运量、更小的能源损耗和环境污染，比高速铁路具有更高的速度，且占地较少，可实现旅客和货物的高速送达，满足人们对更高质量、更快速度交通运输服务的需求，极大地改善信息时代信息传播速度与人和物流动速度极不匹配的现状，引发交通运输方式变革。

②发展低真空管道高速磁悬浮系统是推动“超级城市群”建设、推进全国区域经济快速增长，带动产业发展的重要助力。

过去的十年，中国高速铁路对改善沿线交通基础设施条件、促进区域经济增长及协调发展起到了重要的推动作用。低真空管道高速磁悬浮系统交通运输方式的出现，将推动“超级城市群”的资源优化配置，降低空间距离对人员、产品自由流通的限制，形成覆盖全国范围、半径 600 ～ 1000km 的“一小时经济生活圈”。原有的“中心城市 + 卫星城”的区域性产业经济布局将逐步向以“超级城市群”为代表的全国性经济布局过渡，合理整合原有城市的资源要素，使资金、人才、技术加速聚集，形成巨大的聚集经济效益，带动我国国民经济的转型升级和加速发展。

③发展低真空管道高速磁悬浮系统是贯彻新发展理念，加快建设创新型国家的重要体现。

低真空管道高速磁悬浮系统最大的优点在于其高速度、低能耗、低污染，对于着力解决当前突出的环境问题，推进区域绿色发展，构建清洁低碳、安全高效、绿色出行的新型交通方式意义重大。低真空管道高速磁悬浮系统作为前沿技术的典型代表，相关技术的实际应用对我国相关领域的科技创新也具有很强的引领作用。

④发展低真空管道高速磁悬浮系统是巩固我国高速铁路领先优势，贯彻交通强国战略的有力武器。

当前，我国高速铁路技术发展迅速，在世界铁路行业处于领先地位，与此同时，俄罗斯、美国、法国、德国、日本、韩国等国家正积极筹划和发展各种方式的交通技术。俄罗斯正在设计建设最高速度为 400km/h 的莫斯科至喀山轮轨高铁。日本开展了超导高速磁悬浮技术研究，并于 2015 年创造了载人走行速度 603km/h 的世界纪录。美国开展了 Magplane、Hyperloop 等多种技术方案的研究。国际铁路联盟（UIC）组织成立了管道高铁技术组，拟开展相关前期研究工作。我国亟须在更高速度轨道交通领域深化研究，做好战略技术储备，而发展低真空管道高速磁悬浮系统，是践行国家创新驱动战略，抢占未来交通领域科技制高点，支撑国家更高速度轨道交通战略发展定位的有力方式之一。

低真空管道高速磁悬浮列车如图 5-6 所示。

图 5-6　低真空管道高速磁悬浮列车

理论上，采用真空管道技术，让列车处于真空环境中，没有了空气阻力，将大幅提升磁悬浮列车的速度，但要真正实现“工程化”，在技术、经济、安全等诸多方面仍存在很多问题和争议。在巨系统顶层设计、低真空管道及环境、高速磁悬浮以及商业化运营等诸多方面，低真空管道高速磁悬浮系统仍可能存在科学技术和工程问题。

（1）巨系统顶层设计

巨系统顶层设计主要包括高速磁悬浮线路选线及平纵断面设计，真空度与车辆 - 管道断面合理匹配，站场布置、线路转换及乘客乘降环境过渡，系统与子系统及其部件全生命周期可靠性、可用性、可维修性、安全性（RAMS）体系构建及保障，系统内部与外部接口关系及管理，流 - 固 - 磁 - 热多物理场耦合作用机理及其分析等问题。

（2）低真空管道及环境

低真空管道及环境主要包括低真空管道材料及结构设计，管道支撑结构的类型、铺设精度、温度及沉降变形控制、与管道联结方式及变形协调，管道内运行及辅助系统布置及其与管道联结方式，长距离大断面低真空环境快速构建及控制，车体密封及车内环境维持，车体及电气元件在低真空环境条件下的散热，低真空环境下电气设备特性及电磁场动态畸变，低真空环境下噪声传播机理及车内噪声控制，低真空密闭环境下超高速车地无线通信，低真空环境下应急疏散救援，管道内养护维修等问题。

（3）高速磁悬浮

高速磁悬浮主要包括悬浮导向技术方案选择及轨道梁几何精度合理匹配，高速运行条件下悬浮导向稳定性控制，高速运行条件下驱动与制动方案控制，驱动制动与悬浮导向磁场耦合机理及分析方法，高速运行条件下列车测速定位，高速运行时低真空管内压力波效应及其对列车运行安全性、稳定性影响，高速运行时磁阻效应特性及磁场平顺优化，高速长距离运行条件下多端口同步牵引供电协调控制，高速运动边界引起的气动热辐射、热传导及散热等问题。

（4）商业化运营

商业化运营主要包括相关技术标准体系构建、调度指挥及安全防护、运输组织与客运服务、运营维护，以及与既有交通运输体系的衔接等问题。

低真空管道高速磁悬浮系统作为技术复杂的工程巨系统，需反复进行工程验证试验，虽然西南交通大学正在建设一条低真空磁悬浮试验线，但其总长度为140m，仅可用于400km/h以下的技术测试（图5-7），远远达不到工程验证试验的目的，推动低真空管道高速磁悬浮系统工程应用突破，促进科技成果的工程化和产业化进程，仍尚需一段时间。

图5-7 西南交通大学低真空磁悬浮试验磁悬浮列车

5.3 我国磁悬浮轨道交通发展前景

我国改革开放以来，随着经济的高速发展，主要发达地区面临着人口密度日益增大、交通出行量激增、人均土地资源日益减少等问题。大力发展高速、安全、舒适、节能、环保的磁悬浮轨道交通系统，能够在为人们提供便利的同时，提升我国综合国力，符合我国国情的需要。

首先，速度是人类对交通工具的永恒追求，正是由于人类锲而不舍的追求精神，促使了交通技术的不断创新与社会的不断发展与进步。如今，实现在地面运行速度最高的磁悬浮列车，是我国乃至世界交通界关心的重要问题。我国幅员辽阔，人口众多。南北长5500km，东西宽5200km，四大直辖市以及各省会城市间直线平均距离达1400km。以北京为中心，2000km的直线距离可覆盖北至边疆、南至香港、西达新疆东部的广大地区。我国目前人口超过100万人的城市已有30多个，随着经济的发展，大城市间长距离的客运量将迅速增长。在200～1000km的中长距离范围内，时速300～500km的磁悬浮列车比其他任何交通工具更节约能源与时间。

图5-8 北京S1磁悬浮线

其次，面对如今日益增长的城市交通压力，磁悬浮技术同样显示出优势。磁悬浮列车环抱轨道、不易脱轨、占地少、噪声小、污染少、爬坡能力强的特点，使其轨道线路选择自由度较大，理论上可以利用城市中的一切可行空间资源铺设轨道，磁悬浮列车运用于城市交通受到的地理限制将减少。磁悬浮轨道交通在城市中发展前景同样巨大。目前已建成的北京S1磁悬浮线（图5-8）、上海磁悬浮列车（图 5-9）以及长沙磁悬浮线（图 5-10），为我国磁悬浮轨道交通的发展打开了开端，经过技术的不断完善，其优势逐渐显现，未来将可能得到城市的大力发展。

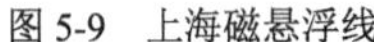

图 5-9　上海磁悬浮线

图 5-10　长沙磁悬浮线

再次，面对如今日益严峻的环境压力，磁悬浮列车作为一种噪声小、污染少、低能耗的现代化交通工具，具有先天的环境保护优势。

最后，磁悬浮列车还可应用于城市观光与景区旅游，既可体现城市科技发展的前沿性，又能显示出城市的时代感，提升民众的自豪感。磁悬浮列车作为一种新的景观元素，其景观功能和交通功能同样重要，它是融于自然山水之间的轨道艺术，可在科技和民众之间搭起一座文化桥梁。当然，磁悬浮列车这一新兴交通工具，与历史上任何新兴事物一样，只有积累经验、解决问题、不断发展，才能够在世界交通史上占据一席之地。

作为高速铁路技术的开拓者和领跑者，日本在不断发展传统轮轨高速铁路的同时，丝毫没有搁置和减少对于磁悬浮技术的投入和发展。日本 JR 东海铁路集团正在规划一种新型新干线高速磁悬浮试验列车，该项目预计能够在约 40 年后进入日本全国路网部署，其速度可达到 500km/h 以上。而中国和日本具有相似的交通状况，都具有较高的人口密度和不断增加的交通出行需求量，而日本、德国的磁悬浮技术研究进行了几十年，研究具有持久性，这种持久性确保了其研究的实力。我国在高速磁悬浮列车技术方面的研究也应保持这种持久性，有了持续的研究，才能在这一前沿技术应用领域取得成果。从目前技术水平来看，高温超导造价相对低、运行噪声低、运行及冷却费用更少等优势，成为未来发展的趋势。我国目前也在大力发展高温超导、低真空磁悬浮等技术，以在未来磁悬浮系统领域中占有一席之地。

纵观我国的高速轮轨铁路技术的发展史，我们在较短的时间内实现技术的引进吸收和再消化，实现了跨越式发展。因此，有理由相信，在不久的将来，中国的高速磁悬浮技术也将走到世界的前列。随着高速磁悬浮列车技术的发展成熟，其建设及运营成本将可大幅度降低，磁悬浮技术的独特优势及巨大经济效益也将日益显现出来。

参 考 文 献

[1] 魏庆朝，孔永健，时瑾 . 磁浮铁路系统与技术 [M].2 版 . 北京：中国科学技术出版社，2010.
[2] 李益民 . 直线电机与磁悬浮驱动 [M]. 成都：西南交通大学出版社，2018.
[3] 吴祥明 . 磁悬浮列车 [M]. 上海：上海科学技术出版社，2003.
[4] 谢海林 . 中低速磁悬浮交通系统工程化应用：长沙磁悬浮快线 [M]. 北京：中国铁道出版社，2018.
[5] 刘建国，张齐坤 . 城市轨道交通概论 [M]. 北京：中国铁道出版社，2010.
[6] 高仕斌 . 轨道交通电气工程概论 [M]. 北京：科学出版社，2013.
[7] 钱仲侯 . 高速铁路概论 [M]. 3 版 . 北京：中国铁道出版社，2006.
[8] 佟立本 . 高速铁路概论 [M]. 5 版 . 北京：中国铁道出版社，2017.
[9] 住房和城乡建设部标准定额研究所 . 城市轨道交通标准汇编 [M]. 北京：中国计划出版社，2009.
[10] 魏庆朝 . 铁路线路设计 [M]. 北京：中国铁道出版社，2016.
[11] 吕刚 . 城市轨道交通车辆概论 [M]. 北京：北京交通大学出版社，2011.
[12] 魏庆朝 . 铁道工程概论 [M]. 北京：中国铁道出版社，2011.
[13] 刘友梅，陈清泉，冯江华，等 . 中国电气工程大典　第 13 卷　交通电气工程 [M]. 北京：中国电力出版社，2009.
[14] 刘万明 . 高速铁路主要技术经济问题研究 [M]. 成都：西南交通大学出版社，2003.
[15] 刘晓娟，张雁鹏，汤自安 . 城市轨道交通智能控制系统 [M]. 北京：中国铁道出版社，2008.
[16] 高伟，金光，等 . 电力机车构造 [M]. 成都：西南交通大学出版社，2014.
[17] 张治中 . 中国铁路机车史（上）[M]. 济南：山东教育出版社，2003.
[18] 郭小碚 . 中国城市及城际轨道交通发展与规划 [M]. 北京：中国铁道出版社，2006.
[19] 蓝志江，雷莲桂 . 高速铁路乘务工作实务 [M]. 北京：北京交通大学出版社，2015.
[20] 张刚毅，刘明晓 . 牵引供电新技术 [M]. 成都：西南交通大学出版社，2017.
[21] 建设部标准定额研究所 . 工程建设标准年册（2003）[M]. 北京：中国计划出版社，2004.
[22] 杨新斌 . 中低速磁悬浮交通技术 [M]. 上海：同济大学出版社，2017.

[23] 王利锋 . 铁路机辆设备工程总体设计 [M]. 成都：西南交通大学出版社，2016.
[24] 华建兵，王辅圣，等 . 中低速磁悬浮工程区间土建施工成套技术以长沙磁悬浮工程为例 [M]. 北京：中国建筑工业出版社，2017.
[25] 高亮，肖宏，李成辉 . 轨道工程 [M]. 重庆：重庆大学出版社，2014.
[26] 史富强，祁国俊 . 城市轨道交通车辆构造 [M]. 重庆：重庆大学出版社，2013.
[27] 王经胜 . 飞转的天桥：万物简史之交通通讯卷 [M]. 延吉：延边人民出版社，2010.
[28] 张碧 . 高速铁路施工概论 [M]. 成都：西南交通大学出版社，2011.
[29] 魏庆朝，蔡昌俊，龙许友 . 直线电机轮轨交通概论 [M]. 北京：中国科学技术出版社，2010.
[30] 赵洪伦 . 轨道车辆结构与设计 [M]. 北京：中国铁道出版社，2009.
[31] 武汛 . 铁路班组长工务技术 [M]. 北京：中国铁道出版社，2009.
[32] 李向国，黄守刚 . 高速铁路技术 [M]. 3 版 . 北京：中国铁道出版社，2015.
[33] 邓午天，李泽民 . 线路工程 [M]. 成都：西南交大出版社，2000.
[34] 聂磊 . 客运专线运输组织技术 [M]. 北京：北京交通大学出版社，2008.
[35] 徐志武，周朝阳 . 土木工程导论 [M]. 长沙：中南大学出版社，2013.
[36] 龚娟，李捷，等 . 铁道概论 [M]. 北京：人民邮电出版社，2015.
[37] 冯仲伟，方兴，等 . 低真空管道高速磁悬浮系统技术发展研究 [J]. 中国工程科学，2018，20（06）：105-111.
[38] 姜冬青 . 火车百年史——高速列车（一）[J]. 铁道知识，2015（05）：32-35.
[39] 张瑞华，严陆光，徐善纲，等 . 几种典型的高速磁悬浮列车方案比较 [J]. 电工电能新技术，2004（02）：46-50.
[40] 张鹫中 . 中国内燃机车的研制与发展 [J]. 中国科技史料，1995（04）：22-34.
[41] 刘琳 . 磁悬浮技术与磁悬浮列车 [J]. 现代物理知识，2004（03）：16-20.
[42] 张金平，张奕黄 . 磁悬浮列车的原理及现状 [J]. 交通科技，2002（06）：81-84.
[43] 徐飞，罗世辉，邓自刚 . 磁悬浮轨道交通关键技术及全速度域应用研究 [J]. 铁道学报，2019，41（03）：40-49.
[44] 姜冬青 . 火车百年史——内燃，电力机车（一）[J]. 铁道知识，2015（02）：40-43.
[45] 骆廷勇，郭其一 . 基于涡流制动技术的高速磁悬浮列车安全制动控制研究 [J]. 铁道机车车辆，2006（05）：41-43.
[46] 徐丽秀，刘汝让 . 德国高速列车的几种制动方式及特性 [J]. 国外铁道车辆，2000（02）：44-46.
[47] 王家素，王素玉 . 高温超导磁悬浮列车研究综述 [J]. 电气工程学报，2015，10（11）：1-10.
[48] 王克诚，杨发文 . 一种新型的轨道交通：磁悬浮列车 [J]. 现代物理知识，2001（05）：31-33.
[49] 杨作刚，刘永光 . 城市轨道交通直线电机系统的研究与应用 [J]. 天津科技，2009，36（01）：47-50.
[50] 时瑾，魏庆朝 . 高速常导磁悬浮交通轨道结构的主要技术特征 [J]. 都市快轨交通，2006（03）：61-63，73.

[51] 常文森 . 各国的磁悬浮列车 [J]. 中国科技信息，2002（23）：40-41.
[52] 张昆仑，蒋启龙 . 电磁型磁悬浮列车导向方式研究 [J]. 铁道学报，1999，21（05）：28-31.
[53] 常文森 . 磁悬浮列车：最新研究趋势 [J]. 科学，1993，45（06）：42-45.
[54] 闫迎利 . 物理悬浮及其应用 [J]. 中学物理：高中版，2011，29（03）：53-55.
[55] 曹卓娜 . 磁悬浮“世界版图”[J]. 世界轨道交通，2017（09）：48-49.
[56] 王国军 . 磁悬浮列车运行控制系统方案的研究 [J]. 轨道交通，2007（06）：64-66.
[57] 姜冬青 . 火车百年史——高速列车（二）[J]. 铁道知识，2015（06）：32-35.
[58] 杨光，唐祯敏 . 几种典型轨道交通运行控制系统的比较研究 [J]. 铁道学报，2009，31（01）：82-87.
[59] 吴祥明 . 高速磁悬浮上海示范线的建设 [J]. 同济大学学报：自然科学版，2002，30（07）：814-818.
[60] 程建峰，苏晓峰 . 磁悬浮列车的发展及应用 [J]. 铁道车辆，2003，41（11）：14-17.
[61] 林国斌，连级三 . 日本磁悬浮高速铁路发展情况及山梨试验线的技术与系统特点 [J]. 机车电传动，1998（04）：5-8.
[62] 邓自刚，李海涛 . 高温超导磁悬浮车研究进展 [J]. 中国材料进展，2017，36（05）：329-334，351.
[63] 张耀平 . 引发运输革命的三种磁悬浮车技术 [J]. 综合运输，2004（06）：19-23.
[64] 武建刚，张思秘，蔡萍 . 超导材料的应用发展和专利分析 [J]. 中国发明与专利，2018，15（11）：12-16.
[65] 邓富甲 . 磁悬浮列车及其铁路工程技术 [J]. 交通工程科技，2001（04）：21-36.
[66] 汪光庐 . 高速磁悬浮列车项目进度计划编制总结 [J]. 中华建设，2013（11）：134-135.
[67] 吴祥明 . 高速磁悬浮上海示范线的建设 [J]. 综合运输，2003（08）：38-39.
[68] 谢庆华 . 浅谈我国动车组的种类及发展历程 [J]. 科技经济导刊，2019，27（28）：9-11.
[69] 沈熙俫 . 铁路史上速度的比赛 [J]. 交通与运输，2016（03）：39-40.
[70] 刘卫东 . 日本 LINIMO 磁悬浮线的技术特点和运行情况 [J]. 城市轨道交通研究，2014（04）：133-136.
[71] 宗和 . 从“和谐号”到“复兴号”：中国高铁跑出速度与质量——拥有自主知识产权的中国标准动车组首次在京沪线投入运营 [J]. 上海质量，2017（07）：6-8.
[72] 夏再祎 . 长沙磁悬浮工程中部分节能技术的应用 [J]. 资源信息与工程，2020，35（01）：139-141.
[73] 王淳 . 上海磁悬浮列车牵引供配电系统的设计 [J]. 城市轨道交通研究，2004，7（02）：60-62.
[74] 大崎博之 . 美国超导磁悬浮列车开发设计的现状 [J]. 低温工程，1995（06）：51-59.
[75] 蒋林洲 . 磁悬浮列车克服重力原理简析 [J]. 科技风，2018，367（35）：144-145.